Der Deutsche Erfolgsfilm

Medienästhetik und Mediennutzung

Herausgegeben von Kerstin Stutterheim und Martina Schuegraf

Band 7

Zur Qualitätssicherung und Peer Review der vorliegenden Publikation

Die Qualität der in dieser Reihe erscheinenden Arbeiten wird vor der Publikation durch einen Herausgeber der Reihe geprüft.

Notes on the quality assurance and peer review of this publication

Prior to publication, the quality of the work published in this series is reviewed by one of the editors of the series.

Franziska An der Gassen

Der Deutsche Erfolgsfilm

**Determinanten erfolgreicher Kinofilme
und Typisierung eines „Deutschen Geschmacks"
im Kontext zuschauerrelevanter Kriterien der Filmauswahl**

PETER LANG

Bibliografische Information der Deutschen Nationalbibliothek
Die Deutsche Nationalbibliothek verzeichnet diese Publikation
in der Deutschen Nationalbibliografie; detaillierte bibliografische
Daten sind im Internet über http://dnb.d-nb.de abrufbar.

Zugl.: Babelsberg, Filmuniversität, Diss., 2015

PO 75
ISSN 2365-2993
ISBN 978-3-631-76824-2 (Print
E-ISBN 978-3-631-76825-9 (E-PDF
E-ISBN 978-3-631-76826-6 (EPUB
E-ISBN 978-3-631-76827-3 (MOBI
DOI 10.3726/b14692

© Peter Lang GmbH
Internationaler Verlag der Wissenschaften
Berlin 2019
Alle Rechte vorbehalten.

Peter Lang – Berlin · Bern · Bruxelles · New York ·
Oxford · Warszawa · Wien

Diese Publikation wurde begutachtet.

www.peterlang.com

Inhaltsverzeichnis

Abbildungs-/Tabellenverzeichnis

Abkürzungsverzeichnis

BAFA	Bundesamt für Wirtschaft und Ausfuhrkontrolle
DFFF	Deutscher Filmförderfonds
FFA	Filmförderungsanstalt
FFF Bayern	FilmFernsehFonds Bayern
FFG	Filmförderungsgesetz
HDF	Hauptverband Deutscher Filmtheater e. V.
HSX	Hollywood Stock Exchange
IMDb	Internet Movie Database
MG	Minimumgarantie
MPAA	Motion Picture Association of America
NATO	National Association of Theatre Owners
P&A-costs	Print and advertising costs (Marketingkosten)
SFX	Special effects
USP	Unique selling point (Alleinstellungsmerkmal)
VFX	Visual effects

1 Einleitung

1.1 Einleitung und zentrale Fragestellungen

> „Mancher heutige Regisseur dreht Filme für einige
> Leute, die dreimal hineingehen, statt für Millionen
> Zuschauer, die einmal hineingehen." – Billy Wilder

Filmemachen ist ein Hochrisikogeschäft, in dem es meist um Millionen von Euro geht. Dabei tritt jeder Film neben dem künstlerisch-kreativen Bestehen, auch in den wirtschaftlichen Überlebenskampf an der Kinokasse. Unabhängig davon, welche Perspektive im Fokus der Betrachter steht – ob der künstlerische Inhalt oder der wirtschaftliche Aspekt eines Films – wer auch immer das Wagnis einer Filmproduktion eingeht, möchte meist Rezipienten erreichen. Umso wichtiger erscheint die Notwendigkeit, Prozesse und Mechanismen des Filmkonsums wissenschaftlich zu untersuchen und sichtbar zu machen. Diese Arbeit versucht diese Prozesse für den deutschen Kinomarkt zu detektieren, zu messen und zu bewerten.

Die deutsche Filmbranche weist bis dato grobe Mängel in seiner erfolgsindu-zierten, wissenschaftlichen Durchdringung auf. In Entwicklungs- und Planungs-prozessen verlassen sich Filmemacher oftmals auf ihr sogenanntes „Bauchgefühl".

Obwohl sich die Deutsche Filmindustrie seit Jahren in einer Strukturkrise befin-det, erscheint es unverständlich, dass die Branche bisher keinen Versuch einer systematischen Durchdringung ihrer ökonomischen Potenziale im explikativen und entscheidungstheoretischen Sinn unternommen hat.

Weder im wissenschaftlichen, noch im angewandten Bereich trifft man in Deutschland auf Systematisierungen. Planungsprozesse, Standardisierungen und Prognosemodelle, wie sie in gängigen volks- und betriebswirtschaftlichen Produktionsabläufen üblich sind, fehlen für das „Produkt Film" nahezu gänzlich. Übrig bleiben heuristische Ansätze der Filmpraxis, die auf persönlichen Eindrü-cken und Erfahrungen von Entscheidern basieren.

Dies liegt möglicherweise nicht zuletzt an der Tatsache, dass der Begriff Film (je nach Adressat) im hermeneutischen Sinne vielseitig definiert und betrachtet werden kann. Kandorfer bringt es auf den Punkt: „Film ist ein Massenkommuni-kationsmittel mit der Potenz einer Kunst und dem Status eines Wirtschaftsguts."[1]

---

1 Kandorfer, 2010, S. 258.

Eine wissenschaftliche Diskussion zum Thema Film könnte sicherlich auch unter einem juristischem, technischem, soziologischem, psychologischem, pädagogischem, philosophischem, religiösem, kunstkritischem, kulturhistorischem und kulturpolitischem Aspekt geführt werden. Diese Studie widmet sich jedoch einer Auseinandersetzung mit dem Thema aus ökonomischer Perspektive und möchte sich im Wesentlichen, auch wenn dies bei einem künstlerischen Produkt schwer fallen mag, auf wirtschaftswissenschaftliche Vorgänge konzentrieren. Diese Studie versucht, sich dem Begriff Film als Wirtschaftsgut zu nähern und Filmkonsum aus wissenschaftlich-analytischer Sicht zu betrachten.

Mit diesem Fokus soll der Versuch unternommen werden, eine deskriptive, retrospektive Durchdringung des deutschen Filmmarkts und seiner Erfolgsfilme der letzten Jahre vorzunehmen. Der Terminus „Erfolg" wird innerhalb dieser Arbeit mit einer hohen Zuschauerzahl in Verbindung gebracht. Aus diesem Grund muss innerhalb der Erforschung besucherstarker Kinofilme besonderes Augenmerk auf die Zuschauer gelegt werden. Denn sie sind es, die mit ihrem Handeln über Erfolg oder Nichterfolg von Kinofilmen entscheiden. Will man sich dem Phänomen Filmerfolg nähern, gilt es somit die folgenden Fragen zu klären:

- Warum haben sich so viele Zuschauer für einen Film entschieden?
- Wie kamen Entscheidungen für einen bestimmten Filmbesuch zustande?
- Welche Faktoren und Kriterien beeinflussten die Auswahl? Welche Faktoren wogen für den Zuschauer schwerer als andere?
- Zu welchem Zeitpunkt wirkten diese Faktoren auf die Zuschauer und beeinflussten eine Kaufentscheidung? Wie sah dabei der Planungsprozess aus? Wie weit im Vorfeld entschieden sich Zuschauer für einen Film? Welche Kriterien wirkten auf die Zuschauer zum Zeitpunkt dieser Kaufentscheidung?
- Welche Informationen lagen den Zuschauern zum Zeitpunkt der Kaufentscheidung überhaupt vor?

Aus den Antworten auf diese Fragen werden sich „Kriterien der Filmauswahl" herausbilden. Diese bereiten die Basis, um sich dem nachfolgenden Fragen- und Themenkomplex zu widmen (Kapitel 3):

- Welche deutschen Kinofilme der letzten Jahre konnten die meisten Zuschauer für sich verbuchen?
- Weisen diese Erfolgsfilme Korrelationen oder Clusterbildung hinsichtlich dieser, als wichtig definierten „Kriterien der Filmauswahl" auf? Im Detail:
- Ist es überwiegend das gleiche Grundthema, das gleiche Genre oder der gleiche Erzählton, der sich in den erfolgreichsten Filmen spiegelt? Gelingt eine Einordnung in implizite und/oder explizite Themen?

- Lag den meisten deutschen Erfolgsfilmen eine popkulturelle Referenz zugrunde? Bildete ihre Story einen gewissen Zeitgeist ab, spiegelte das Thema einen Nerv der Zeit?
- Waren es immer dieselben Schauspieler oder Regisseure, welche die Zuschauer in ihre Filme lockten? Lässt sich somit ein deutsches Starsystem darlegen oder widerlegen? Gab es eine Magnetwirkung für diese *key positions*?
- Welchen Wert kann einer Vorlage zugewiesen werden, die einem Film zugrunde lag? Hatten *brand extensions* signifikanten Anteil am Erfolg?
- Lässt sich ein besonders hoher VFX- oder Animationswert herauskristallisieren?
- Spielte das Budget, der *production value* oder der *Look* eine Rolle oder ist diesen Variablen keine Bedeutung für Erfolg oder Misserfolg zuzuweisen?
- Hatte die Herausbringungsgröße zwingendermaßen Anteil am Erfolg? Liegt eine Signifikanz hinsichtlich des *Releases* durch eine bestimmte Verleihfirma vor? Brachten immer dieselben Verleiher Erfolgsfilme heraus?
- Welche Resonanz entwickelten Filmpreise, Nominierungen oder A-Festivals für Erfolgsfilme? Sind sie ein evidenter Indikator für Erfolg?

Ließen sich Cluster und Regelmäßigkeiten unter den erfolgreichsten Filmen detektieren, welche Aussage hätte dieses Ergebnis? Würde dies für eine gewisse Uniformität hinsichtlich der am Entscheidungsprozess beteiligten Kriterien sprechen? Anders ausgedrückt: Ließen sich Kongruenzen unter den erfolgreichsten Filmen nachweisen, würde das für eine gewisse „deutsche Präferenz", einem wiederkehrenden Auswahlprozess und möglicherweise einem „Deutschen Filmgeschmack" sprechen? Ließe sich daraus eine Typisierung des deutschen Erfolgsfilms ableiten oder gar eine Deutsche Kinematografie?

Diese Forschungsarbeit bemüht sich um die Annäherung an eine Klärung all dieser Fragen. Um eine geeignete Operationalisierung des Forschungsgegenstands zu ermöglichen, werden diese Fragen im Folgenden kumuliert und kondensiert auf fünf zentrale Punkte:

- **Warum haben sich Zuschauer für den Besuch der Erfolgsfilme entschieden?**
- **Welches Kriterium für den Filmbesuch wog dabei schwerer als das andere?**
- **Weisen die Filme Kongruenzen oder Korrelationen hinsichtlich dieser Kriterien auf? Wenn ja, welche?**
- **Lassen sich mögliche Signifikanzen zu einem Cluster subsumieren?**
- **Welchen Schluss lässt die Existenz oder Nichtexistenz von Kongruenzen zu?**

Die Studie vereint medienwissenschaftliche, medienhistorische und medienökonomische Ansätze, die sich im Wesentlichen auf systematisch-empirische Analysen und wirkungswissenschaftliche Studien stützen wird. Methodisch und konzeptionell gesehen wird für diese Studie einen Untersuchungskorpus gewählt werden, der sowohl eine qualitative, als auch eine quantitative Auseinandersetzung mit dem Thema und den Forschungsfragen zulässt. Es soll der Nachweis erbracht werden, ob und wenn ja, welche Kriterien der Filmauswahl für die Zuschauer wichtig waren und ob sich Verdichtungen (Cluster) oder Korrelationen zwischen den publikumsstärksten deutschen Kinofilmen der Jahre 2000–2011 hinsichtlich dieser Besuchsgründe detektieren lassen. Eine detailliertere Beschreibung der wissenschaftlichen Vorgehensweise und Methodik ist im Kapitel „Methodik" zu finden.

Diese Arbeit bemüht sich neben ihrer analytischen Qualität, auch um den Charakter einer Metaarbeit. Großes Augenmerk wurde dabei auf die Herleitung der richtigen Methodik gelegt. Ebenso fällt das Kapitel „Forschungsstand" größer aus, um einen Überblick über Bestandsforschungen und noch unbehandelte Gebiete in der Erfolgsforschung zu erhalten. Dabei konnte beobachtet werden, dass umfangreiche wissenschaftliche Arbeiten rar sind, welche das Thema Filmerfolg differenziert betrachten, Probleme in der Erfolgsforschung diskutieren und abschließend den Versuch wagen, mit diesen differenzierten Entscheidungen eine Erfolgsanalyse mittels qualitativer und quantitativer Methoden vorzunehmen. Die vorliegende Arbeit versucht ein Teil zum *missing link* der Filmerfolgsforschung in Deutschland beizutragen. Dabei erhebt sie ausdrücklich nicht den Anspruch einer prognostischen Qualität für Planungsprozesse.

Im Unterschied zu anderen Studien wird innerhalb dieser Forschungsarbeit nicht nur ein Teilaspekt (z. B. *starpower*, Filmkritik oder Vorlage)[2], sondern ein breites Spektrum der wichtigsten Determinanten betrachtet werden. Zu anderen Studien unterscheiden sich ebenfalls der Zeitpunkt und die Perspektive der Betrachtung. Die Untersuchung setzt vor dem Filmbesuch an, somit zum Zeitpunkt der Konsumentenentscheidung und nicht nach dem Filmbesuch. Damit wird der Fokus der Untersuchung auf die Zuschauer und ihren Auswahlprozess gelegt. Hierin besteht einer der zentralen Alleinstellungsmerkmale dieser Arbeit.

Der häufigste Zeitpunkt der Betrachtung in anderen Studien ist die Filmrezeption selbst, die Filmwirkung und/oder die Auswirkungen danach (*word-of-mouth*).[3] In diesen Studien bleibt die Variable Zeitpunkt nahezu unbetrachtet. Der Zeitpunkt ist jedoch das entscheidende Kriterium, will man Filmerfolg untersuchen,

2   Vgl. Gaitanides, 2000; vgl. Gombert, 2001; vgl. Hennig-Thurau, Houston, & Heitjans, 2009.
3   Vgl. Blothner, 1999; vgl. Zag, 2005.

so die These der vorliegenden Arbeit. Filmwirkungstheorien und morphologische Prozesse, die Filmerfolg daraus ableiten, dass sich ein Schwingen im Inneren der Zuschauer einstellt, gehen davon aus, dass Zuschauer den Film bereits konsumiert haben. Die Entscheidung, sich einen bestimmten Film anzuschauen oder sich eine Kinokarte zu reservieren, haben die Besucher jedoch, wie diese Forschungsarbeit darlegen wird, bereits Tage im Vorfeld gefällt.

Diese Studie verlagert daher den Zeitpunkt der Untersuchung ganz gezielt auf den Zeitpunkt der Kaufentscheidung. Alle den Zuschauern zum Zeitpunkt dieser Kaufentscheidung zur Verfügung stehenden Informationen (z. B. Trailer, Werbung, Plakat, Weiterempfehlung von Freunden), gelten dabei als wichtiges Kriterium. Die Ergründung dieser Kriterien der Filmauswahl stellt somit die Basis für diese Studie dar. Filmpreise, Nominierungen, nachgelagerte *publicity* oder andere den Film betreffende Ereignisse, die erst nach dem Kinorelease stattgefunden haben, werden somit exkludiert. Diese Informationen standen den Kinozuschauern nicht zur Verfügung, als sie ihre Filmauswahl tätigten.

Die Detektion der wichtigsten Kriterien der Filmauswahl lässt anschließend eine profunde Analyse der erfolgreichsten deutschen Filme hinsichtlich ihrer, für die Zuschauer wichtigen Kriterien zu. Lassen sich daraus Tendenzen und Signifikanzen ableiten, sogar Faktoren erfolgreicher Filme?

Diese Studie birgt, neben der Bewusstmachung von Prozessen und Determinanten des Erfolgs, auch die Chance der Detektion eines „Deutschen Geschmacks". Schon Kant beschäftigte sich zu Ende des 18. Jahrhunderts mit dem Begriff „Geschmack".[4] „Geschmack" sei dabei keineswegs logisch, rational oder einem Erkenntnisgewinn folgend. Vielmehr sei Geschmack etwas Unlogisches, etwas, was auf die Zustimmung der Allgemeinheit absinne.[5] „Das Schöne ist das, was ohne Begriffe, als Objekt eines allgemeinen Wohlgefallens vorgestellt wird."[6] Überträgt man Kants Thesen über die ästhetische Beurteilung von z. B. Kunstwerken oder Landschaften nun auf das Medium Film, so interessiert die Frage, ob es eine subjektive Allgemeingültigkeit auch für den deutschen Filmgeschmack unseres Zeitalters gibt? Gibt es ein kollektives Empfinden (der Zuschauer), welches ausdrückt, ob ein Film als „schön", „gut" oder „ansprechend" wahrgenommen wird?

---

4   Kant beschäftigte sich in diesen drei Standardwerken der Philosophie mit dem Urteilsvermögen. Synthetische Urteile sind a priori möglich, so seine Kernthese. Siehe: vgl. Kant, 1986b, vgl. 1986a, vgl. 2009.
5   Vgl. Kant, 2009.
6   Kant, 2009, S. 58, Ziffer 6.

Durch die Betrachtung dieser tiefen, unbewussten Ebene des menschlichen Urteilens soll der Versuch unternommen werden, eine Transparenz hinsichtlich möglicher „Deutscher Präferenzen" zu schaffen. Der Typisierung einer nationalen, kinematografischen Einordnung kann so verstärkt auf die Spur gegangen werden. So wie der französische, der italienische oder auch der spanische Film eine sehr greifbare Dimension hinsichtlich seiner Ästhetik hat, so könnte auch der Deutsche Erfolgsfilm fassbar gemacht werden.

Anspruch dieser Studie ist, einen Beitrag zur wissenschaftlichen und praxisorientierten Diskussion sowie zur Herleitung von Implikationen hinsichtlich des Erfolgs des deutschen Kinofilms zu leisten. Es soll sich ein Erkenntnisgewinn für den deutschen Erfolgsfilm einstellen, der eine Eigenschau ermöglicht und Potenziale besser nutzt.

Das viel zitierte Bauchgefühl, soll einem Bewusstsein weichen.

1.1.1 Aufbau der Arbeit

Das 1. Kapitel (Einleitung) dieser Studie gibt innerhalb der Einleitung einen Überblick über zentrale Fragestellungen und den Forschungsgegenstand wieder. Daran schließt sich ein Exzerpt anderer Arbeiten zum Thema an (Forschungsstand) und wird komplettiert durch die Herleitung einer angewandten Methodik. Ergebnisse aus der Filmwirkungs- und Motivationsforschung versuchen im 2. Kapitel (Kriterien der Filmauswahl) zu klären, warum sich Zuschauer für einen Kinofilm entschieden haben. Wirkten Kriterien der Filmauswahl zum Zeitpunkt der Kaufentscheidung auf die Zuschauer? Wenn ja, welche Kriterien wirkten wie stark und in welchem Verhältnis zueinander? Welche morphologischen Prozesse liefen möglicherweise im Kopf der Zuschauer ab? Welche Besuchsgründe wären somit für einen Filmbesuch verantwortlich? Diese Ergebnisse dienen als Fundament für die Analyse im 3. Kapitel (Matrix). Innerhalb einer Matrix werden die Filme der Untersuchung auf diese Besuchsgründe hin analysiert und erlauben so die Perzeption von eventuellen Verdichtungsmengen (Cluster), Kongruenzen und Korrelationen. Eine Zusammenfassung der Ergebnisse schließt sich im Kapitel 3.6 (Zusammenfassung) und im 4. Kapitel (Gesamtfazit) an.

1.1.2 Adressat und Evidenz

Die vorliegende Untersuchung richtet sich an Filmemacherinnen und Filmemacher im Allgemeinen. Mit besonderem Fokus werden jedoch Produzentinnen und Produzenten als solche und die am Projektplanungsprozess beteiligte Autorinnen und Autoren sowie Regisseurinnen und Regisseure angesprochen. Auch Fernsehredakteurinnen und -redakteure, Filmhochschülerinnen und -hochschüler, initiierende Institutionen wie Filmverleiher, Fonds, Verlage und andere Entwicklungsabteilungen sind angesprochen.

Die Analyse wird möglicherweise Ergebnisse aufzeigen, welche Kongruenzen und Korrelationen beinhalten könnten. An dieser Stelle soll jedoch explizit darauf hingewiesen werden, dass diese Ergebnisse keinen Anspruch auf Repräsentativität oder Allgemeingültigkeit beanspruchen. Die Resultate sollen keine grundsätzlichen Aussagen über alle deutschen Kinofilme liefern. Ebenso kann keine generelle Anwendbarkeit der Ergebnisse auf zukünftige Filmprojekte gelingen. Vielmehr soll der Versuch unternommen werden, eine deskriptive, retrospektive Betrachtung des deutschen Filmmarkts vorzunehmen. Fokus der Studie liegt somit auf dem vorliegenden Untersuchungskorpus, im festgelegten Untersuchungszeitraum, mit vorbeschriebenem Untersuchungsgegenstand.

1.2 Forschungsstand

Die Deutsche Erfolgsforschung steckt in ihren Kinderschuhen. Einzelne Autoren und einige Studien bieten interessante Ansätze und Beiträge zum Forschungsstand. Leider boten deutsche Studienarbeiten zum Thema bisher keine zufriedenstellende, allumfassende, wirtschaftswissenschaftliche Durchdringung an.

Dies liegt möglicherweise auch an der steten Diskussion in Deutschland, ob es sich beim Film um ein schützenswertes Kultur- oder Wirtschaftsgut handelt, bzw. der jahrhundertealten Unterscheidung zwischen „U und E"[7], welche es so z. B. im US-amerikanischen Raum nicht gibt. Förderpolitische, kulturpolitische und filmhistorische Aspekte stehen hierbei oftmals im Hintergrund. Die wissenschaftliche Auseinandersetzung mit dem Film als Wirtschaftsgut steht in Filmkreisen häufiger unter dem Verdacht, auf eine Transponierung in Filmplanungsprozesse und auf Standardisierungen abzuzielen. Eine vermehrte Beschäftigung mit dem Thema bleibt möglicherweise auch deshalb aus.

Die desolate Datenlage in Deutschland tut sein Übriges dazu: Herstellungskosten, Marketingbudgets, *producer net profits*, Lizenzierungspreise usw. werden sowohl von Produzenten, als auch von Verleihern unter Verschluss gehalten. Eine Unter-

---

7   Die Bezeichnung „U" steht überwiegend für „unterhaltsame Künste" (ursprünglich U-Musik). „E" steht für „ernst zu nehmende Künste" (ursprünglich E-Musik). Vgl.: Wikipedia, 2015.

suchung kann jedoch nur mit diesem, validen Datenmaterial gelingen. Die Begründung, wieso eine substanzielle Durchdringung des Deutschen Filmmarkts bisher nur in Ansätzen erfolgt ist, wird somit transparenter.

1.2.1 Stand der Forschung in den USA

William Goldman und der Status quo in den USA

In den USA wird das Gut „Film" gänzlich anders behandelt. Hier galt zwar lange das Urteil des Drehbuchautors **William Goldman**: „Nobody knows anything!"[8], welcher 1983 alle Erfolgsprognosen noch als Nonsens abtat. Im ganzen Filmgeschäft wisse keiner mit Sicherheit, was funktionieren wird. Jedes Mal müsse man wieder raten.[9] Die Erfolgsforschung ließ sich davon jedoch nicht beirren und schritt weiter voran.

Spätestens seit sich im Jahre 2003 große Konzerne wie z. B. General Electrics bei großen Filmstudios wie Universal in Hollywood einkauften[10], beschäftigt sich die US-amerikanische Forschung ernsthafter mit der Planbarmachung von Erfolg.

Laut dem Filmwissenschaftler Hennig-Thurau verlässt sich in den USA keiner mehr nur auf sein Bauchgefühl, wenn es um Millionen Dollar für den nächsten Blockbuster geht. „Geht eine Fabrik pleite, kann man wenigstens noch Maschinen verkaufen. Beim Film ist alles weg. So ist die Filmerfolgsforschung ein Zukunftsmarkt."[11]

Peter Gloor

Peter Gloor ist Professor am Massachusetts Institute of Technology (MIT) in Cambridge und forscht seit mehreren Jahren an Lösungen, wie der riesige Pool an *social media*-Informationen in der Trendforschung eingesetzt werden kann.

Was McLuhan durch seine revolutionäre Medientheorie und die Begriffe des „Global Village" oder „The Medium is the Message" bereits 1964 voraussah[12], untersucht nun Gloor im heutigen Zeitalter auf seine Evidenz hin. Die Interaktion verschiedener Medien und die Referenz auf- und zueinander, ergeben für Gloors Forschung interessante Ergebnisse. Neben Twitter und Facebook bergen eine Reihe von Online-Foren, Blogs und anderen Plattformen die notwendigen

---

8   Goldman, 1983, S. 39.
9   Vgl. Goldman, 1983.
10 Vgl. New York Times & Gilpin, 2003.
11 Tagesspiegel online & Bardow, 2010.
12 Vgl. McLuhan, 2001.

Hinweise, um den Erfolg oder Misserfolg eines Filmes vorauszusagen.[13] Allein über die Leseraktivitäten und Forumsdiskussionen auf der wichtigsten Filmplattform IMDb lässt sich mit Gloors Analysetool schon Wochen vorher erkennen, in welchem Umfang ein Film die nötige Publikumsmasse anziehen wird.[14] Regelmäßig versucht Gloor, mehrere Monate im Voraus, die Oscars vorauszusagen mittels einer speziell entwickelten Software, mit der er Meinungen auf IMDb und in Blogs analysiert. Für das Jahr 2010 prophezeite Gloor dem Film „Nine" einen Oscar-Gewinn.[15] Tatsächlich gewann jedoch der Film „The Hurt Locker" („Bester Film" sowie in vier anderen Kategorien), welchem Gloor innerhalb seiner Prognose nur Platz 5 zusagte. „Nine" wurde in vier Kategorien lediglich nominiert. Obwohl Gloor hier nicht höchste Trefferquote erzielte, ist jedoch beachtenswert, dass Gloor drei Monate zuvor diesen *traffic* im Internet detektieren und zu einer Prognose formulieren konnte.

Gloor möchte mit seinem Computerprogramm namens „Condor" den Blick in die Zukunft ermöglichen, indem es Trends erforscht. Um neue Entwicklungen schon im Ansatz zu erkennen, werden im Internet die Trendsetter ausfindig gemacht und die Meinungslage im gesamten Web analysiert. Damit untersuchen Gloor und sein Team die so genannte „Schwarmintelligenz", also die Meinung der Masse, die selten irrt, so Gloor.[16]

Boxoffice-Börse

In Amerika geht der Wunsch nach Vorausplanung eines Filmerfolgs noch weiter, wie das folgende Beispiel zeigt. In zwei unterschiedlichen Projekten wollten die Firmen Cantor Exchange und Media Derivates Trend Exchange mittels einer **Boxoffice-Börse** ermöglichen, über den Kauf von Terminpapieren auf den Erfolg eines Kinofilms zu setzen.[17] Ein entsprechender Antrag lag dem US-Senat vor und erhielt in erster Instanz grünes Licht. Börsianern und Händlern sollte es ermöglicht werden, vier Wochen vor dem Start eines Kinofilms bis zu dessen Startwochenende sogenannte Terminkontrakte zu handeln, deren Preis sich am

---

13 Vgl. Asur & Huberman, 2010. Einen ähnlichen Forschungsansatz verfolgen auch Sitaram Asur und Bernardo Huberman, die für das Hewlett Packard Social Lab eine Studie verfassten. Sie demonstrierten, wie *social media*-Inhalte, besonders Twitter, für die Voraussagung von *box office*-Zahlen genutzt werden können.
14 Vgl. Gloor, 2005; vgl. Gloor & Cooper, 2007.
15 Vgl. Gloor, 2009.
16 Vgl. Gloor, 2005, S. 20 ff.
17 Vgl. Blickpunkt: Film, 2010a.

Erfolgspotenzial des Films orientieren sollte.[18] Mittels genau vorbestimmter Vertragsgegenstände, wie z. B. die Höhe des *box offices* zum Zeitpunkt des Startwochenendes hätte dieses Termingeschäft bei richtig prognostiziertem Tipp zu monetären Gewinnen (oder Verlusten) der Anleger geführt.

Die Motion Picture Association of America (MPAA), der Kinoverband National Association of Theatre Owners (NATO) und weitere Brancheninteressentengruppen machten jedoch mobil gegen die Boxoffice-Börse, weil sie die Gefahr von Manipulation, Insiderhandel und schlechter *publicity* befürchteten.[19]

Ebenso hätte diese Börse in seiner Quintessenz sicherlich mittelfristig großen Einfluss auf den Filmmarkt gehabt. Denkbar wäre, dass die Gewinne an der Boxoffice-Börse neue Filmprojekte forciert hätte, deren Erfolg besonders gut planbar ist (Marken, *Sequels, Spin Offs, Remakes*)[20]. Kleineren Produktionen und den sogenannten „American Indies" wäre dadurch womöglich der finanzielle Boden durch Investoren entzogen worden. Dies hätte möglicherweise zu einer entscheidenden Einflussnahme auf den Kinomarkt und die in Zukunft zu produzierenden Filme geführt. Der US-Senat gab im Sommer 2010 in letzter Instanz der Kritik der Gegner statt und verbot die Boxoffice-Börse und den Handel mit Terminpapieren. Der offizielle Handel mit dem Erfolg von Kinofilmen ist in den USA somit zunächst einmal gebannt. Was bleibt ist die Aussagekraft dieser Unternehmung. Unübersehbar ist das große Bestreben, Filmerfolg greifbar und voraussehbar zu machen. Auch das nächste Beispiel „Hollywood Stock Exchange" (HSX) steht in dieser Tradition.

Hollywood Stock Exchange (HSX)

Der **Hollywood Stock Exchange (HSX)** ist eine Internethandelsplattform, die sich mittlerweile zu einem erstzunehmenden Branchenportal in den USA entwickelt hat. Was primär als Online-Spiel anmutet, wird mittlerweile auch als valide Datenquelle für wissenschaftliche und wirtschaftliche Studien in der Filmökonomieforschung genutzt.[21] Auf der Webseite http://www.hsx.com kann jeder auf einer virtuellen Börsenplattform Medienwerte aller Art kaufen und verkaufen.[22] Ähnlich, wie bisher von Fußballhandelsplattformen bekannt, kann man

---

18 Vgl. Blickpunkt: Film, 2010c.
19 Vgl. Blickpunkt: Film, 2010b.
20 Vgl. dazu auch Hennig-Thurau u. a., 2009.
21 Vgl. dazu auch Asur & Huberman, 2010.
22 Vgl. HSX, 2010.

hier Schauspieler handeln, auf Erfolg oder Misserfolg von Filmen, Produzenten, Regisseuren tippen. Die Wissenschaftler Asur und Huberman bezeichnen im Silicon Valley Watcher den Hollywood Stock Exchange als:

> „…this is considered the 'gold standard' in predicting the success of movies by offering a trading platform that allows people to buy and sell virtual shares in movies."[23]

Die aktuellen HSX-Handelswerte drücken die virtuellen Preise der Filme, Schauspieler und Regisseure aus und geben ihren virtuellen Marktwert wieder. Dieser Marktwert hat mittlerweile auch Bedeutung für die Praxis erhalten. Oftmals war dieser sogar ein Indiz für den reellen Erfolg von Filmen. Der HSX erklärt das Handeln folgendermaßen:

> „Trading is the act of buying or selling a particular item on the Exchange. For example, if you are interested in buying Vanessa Hudgens because you think she will be the next big thing, you place a trade to buy her StarBond at a given price. However, if you hated High School Musical 3: Senior Year or you think she's overrated, you can short her StarBond, effectively allowing you to profit by any downward movement in her price. The act of trading is completed when buyers and sellers are brought together in the marketplace."[24]

Zu diskutieren ist sicherlich, ob der HSX nicht durch virales Marketing und einen kreierten *„buzz"* manipulierbar ist. Die gleiche Frage stellt sich dabei auch für Twitter und alle ähnlichen sozialen Netzwerke, in denen ein *word-of-mouth* durch Trendsetter und *opinion leader* angetrieben werden.

Der HSX ist ein gutes Beispiel für das große, popkulturelle Interesse in den USA, den Medienmarkt ökonomisch zu durchdringen.

1.2.2 Stand der Forschung in Großbritannien

Epagogix

Auch in Großbritannien genießt die Erfolgsforschung mittlerweile einen anerkannten Stellenwert. Wurden früher Beratungsfirmen, wie die Londoner **Epagogix** in Fachkreisen wenig ernst genommen, so sind sie mittlerweile zu einem professionellen Marktteilnehmer geworden. Zum Kundenkreis gehören z. B. Warner Bros Europe und andere Hollywood Studios.[25]

---

23 Silicon Valley Watcher, Asur, & Huberman, 2015.
24 HSX, 2010.
25 Vgl. The New Yorker & Gladwell, 2010; vgl. Telegraph & Rowley, 2014.

Epagogix analysiert als reiner Dienstleister Drehbücher auf ihre Erfolgschancen hin:

> „**Epagogix** is a UK-based company using neural networks and analytical software to predict which movies will not provide a good risk-return possibilities, and also provides services to predict successful movie scripts/plots."[26]

Auf Grundlage eines speziell entwickelten (und unter Verschluss gehaltenen) Algorithmus', welcher sich an Aristoteles' Theorien orientiert, errechnet die Firma die Erfolgschancen eines Films und gibt Anreize zur Verbesserung des Drehbuchs.[27]

> „Each employee marks a script, giving it a score in hundreds of different categories, including the strength of location and the proposed actors. The scores are then entered into a complex computer program driven by an algorithm [...]"[28]

Eine Dienstleistung, welche von Journalisten sowie der Fachbranche durchaus kritisch diskutiert wird.[29] Medienanalyst Porter Bibb warnt davor, Drehbücher in Nummer herunter zu brechen. Wenn alle Drehbücher nach demselben Muster gestrickt werden, komme größtenteils ein ähnliches Produkt heraus. „That is taking away a tremendous amount of creativity [...].", so Bibb.[30]

Josh Berger, Senior Executive von Warner Bros. Europe und Kunde von Epagogix sieht das anders. Die Trefferquote ihrer Analysen sei erstaunlich hoch, so teilte er innerhalb eines Interviews für The New Yorker mit: „It was incredible. [...] It was like someone saying to you, ‚We're going to show you how to count cards in Vegas.' It had that sort of quality."[31]

Die Verträge und Analysen welche Epagogix mit seinen Klienten abschließt, sind streng geheim. Ebenso wird die Formel des Algorithmus' unter Verschluss gehalten. Eine Überprüfung der Methodik, sowie der Analyseergebnisse kann daher leider an dieser Stelle nicht durchgeführt werden.

Sue Clayton

Auch **Sue Clayton** versuchte in ihrer Studie „What makes a good movie?" aus dem Jahre 2003 eine „Formula of success" bezogen auf Publikumspräferenzen des britischen Publikums zu finden. Diese Studie, welche vom Getränkekonzert

---

26 Wikipedia, 2010.
27 Vgl. Epagogix, 2010.
28 Telegraph & Rowley, 2014.
29 Vgl. The New Yorker & Gladwell, 2010; vgl. Marketplace & Vanek Smith, 2013.
30 Marketplace & Vanek Smith, 2013.
31 The New Yorker & Gladwell, 2010.

Coca Cola in Auftrag gegeben wurde, kam zu dem Ergebnis, wie der perfekte Blockbuster-Film für britische Kinobesucher aussehen müsse.

Mittels der Kino-Einspielergebnisse für Großbritannien legte Clayton eine empirisch-analytische Studie an. Sie definierte fünf Filmgenres, in die sich alle Filme ihrer Untersuchungsmenge einordnen ließen. Anschließend suchte sie für jedes Genre die drei Top-Titel heraus. Mittels Sequenzprotokolls analysierte sie Filme, wie „Harry Potter und der Stein der Weisen" oder „Titanic" auf ihre Bestandteile hin. Sie fand heraus, dass die Filme bestimmten Regeln folgen und formulierte die Schlussfolgerung, dass Erfolg planbar sei. Ihre „Formula of success" lautet wie folgt: Ein „perfekter Film" für das britische Publikum beinhaltet 30 % Action, 17 % Comedy, 13 % Gut gegen Böse, 12 % Sex und Romantik, 10 % *special effects*, 10 % Handlung und 8 % Musik.[32] „Using these elements in the right proportion might just be the difference between making a popular film and one that goes gold at the box office."[33], so Clayton.

Claytons Studie löste großes, internationales Medieninteresse aus. Die Presse in Großbritannien, USA, Deutschland und sogar Indien berichtete über die „Erfolgsformel".[34] Die Pressemeldungen blieben jedoch größtenteils ohne kritische Einschätzung. Dabei untersucht Clayton die Filme primär nur auf den Faktor „Genre" hin. Aus der retrospektiven Genreanalyse formuliert Clayton eine prognostische Formel, wie ein Film in Zukunft „gebaut" sein müsste, um Erfolg zu haben. Diese kausale Verknüpfung „was war erfolgreich" und „was wird erfolgreich sein" ist höchst kritisch zu diskutieren, ebenso die Schlussfolgerung aus der eindimensionalen Betrachtung nur eines Faktors, welcher für Erfolg verantwortlich sein könnte.

1.2.3 Stand der Forschung in Deutschland

Michael Gaitanides

Michael Gaitanides leistete mit seinem Standardwerk „Ökonomie des Spielfilms" 2001 einen wichtigen Baustein zur deutschen Erfolgsforschung. Gaitanides untersuchte (deutsche und US-amerikanische) Filme im Zeitraum von 1989 bis 1999 auf deutschen Leinwänden. Er teilte US-amerikanische Filme in „Filme mit und ohne *Stars*" ein. Ein *Star* ist laut Gaitanides eine Darstellerin oder ein Darsteller, welche bzw. welcher sogenannte *starpower* besitzt, d. h. eine absatzfördernde Wir-

---

32 Vgl. Clayton, 2003.

33 BBC News, 2008.

34 Vgl. The Guardian, 2003; vgl. Los Angeles Times, 2003; vgl. BBC News, 2008; vgl. Sky News, 2003; vgl. Frankfurter Allgemeine Zeitung & Thomann, 2003; vgl. Zee News India, 2003.

kung auf den Film hat. Gaitanides fand heraus, dass 44 % aller US-amerikanischen Filme auf deutschen Leinwänden, die *Stars* in den Hauptrollen hatten, mehr als 1 Millionen Zuschauer verbuchen konnten. 22 % erreichten sogar mehr als 2 Millionen Zuschauer. Bei der Untersuchungsgruppe „ohne *Stars*" erreichten nur 12 % der Filme Zuschauer von über 1 Million. 5,5 % der Filme erreichten sogar die 2 Millionen-Marke.[35] Gaitanides leitete aus diesem Ergebnis die Existenz von sogenannter *starpower* ab. Filme mit *Stars* hatten einen positiven Effekt auf die absatzfördernde Wirkung.

Gaitanides erbrachte mit seiner Studie den Nachweis, dass Schauspieler Anteil am Erfolg eines Films haben können. Aufgrund der relativ geringen Fallzahl (29 deutsche Filme) und dem Aspekt, dass einzig der Erfolgsfaktor „Schauspieler" betrachtet wurde, hat Gaitanides Studie allerdings nur explorativen Charakter.

Ina Gombert

Ina Gombert veröffentlichte im Jahre 2001 ihr Werk „Durch die Brille des Kritikers: der erfolgreiche deutsche Film der 80er und 90er Jahre im Spiegel der Kritik". Sie konzentrierte sich dabei auf die Perspektive des Filmkritikers und untersuchte Filme auf dem Deutschen Markt der 80er und 90er Jahre. Sie teilte Filme in Genreverdichtungsgruppen ein, wie z. B.: Beziehungs-, Komiker, sonstige Komödien, Blödel-Ulk, Action/Thrill/Abenteuer, Thema-, Problem-, Sex-, Musik-, Kinderfilm, Zeichentrick für Erwachsene etc. Daraufhin schloss sie auf die Erfolgsparameter eines Films. Leider blieb Gombert dabei ohne Implikationen, warum etwas erfolgreich war. Gombert stellte ihre Ergebnisse wie folgt dar:

> „Der Anteil der Komödien, der insgesamt 46,7 % der erfolgreichsten deutschen Filme ausmacht, hat in den 90ern rapide zugenommen. Über die Hälfte aller deutschen Erfolgsfilme sind nun Komödien (57,82 %). Im Vergleich dazu nehmen sich die 35,7 % der 80er Jahre geradezu gering aus. Parallel dazu nahm das Interesse für ernstere Themen anscheinend ab. Problem- und Themafilme stellten in den 80ern noch staatliche 25,0 % der Erfolgsfilme. In den 90ern jedoch sank ihr Anteil auf weniger als die Hälfte (10,84 %)."[36]

Gombert formulierte substanzielle Ableitungen, welche jedoch kritisch infrage gestellt werden müssen: „Zweifelsohne hängt die Entwicklung des populären Films in Deutschland eng mit der Entwicklung der Publikumspräferenz für bestimmte Genres zusammen.[...]".[37]

---

35 Vgl. Gaitanides, 2000, S. 63 ff.
36 Gombert, 2001, S. 81.
37 Gombert, 2001, S. 12.

Wie schon Clayton, bringt Gombert den Faktor „Genre" in Verbindung mit Erfolg. Leider bleibt Gombert ohne Ergebnisse struktureller Art. Der Teilaspekt „Filmkritik" vernachlässigt weitere zu untersuchende Potenziale. Ebenso reicht der Zeitraum der Analyse leider nur bis in die 90er Jahre hinein. Das deutsche Erfolgskino hat jedoch gerade im neuen Jahrtausend große neue Entwicklungen vollzogen.

Marianne Skarics

Auch **Marianne Skarics** untersuchte in „Popularkino als Ersatzkirche?" Erfolgsfaktoren für Filme, fokussiert auf den Teilaspekt der Integration von Religion im Film.[38] Sie grenzte ihre Untersuchung zudem auf die folgenden, gegenwärtigen US-amerikanischen Blockbuster ein: „Titanic", „Cast Away", „Lions King" und „Terminator 2". Diese analysierte sie auf „Mythos" und „Glaubenssystem" hin und kam zum folgenden Ergebnis:

> „Auf der Suche nach genreübergreifenden Erfolgskriterien des aktuellen amerikanischen Popularkinos erbrachten die Filmanalysen eine Liste von Erfolgskategorien. Demnach beinhaltet das Erfolgsprinzip von Blockbustern folgende Bausteine:
>
> 1. Ein *gut strukturiertes Drehbuch* (Stichwort Dreiaktstruktur).
> 2. Da die Kunst des Filmes nicht im Zeigen, sondern im Transport des Verborgenen durch Gezeigtes besteht, wird in der emotionalen Gestaltung aller analysierten Filme wesentlich mit *Symbolik* gearbeitet.
> 3. Der *Mythos* im Drehbuch.
> 4. Das Aufgreifen, Bearbeiten und meiste Beantworten sowohl archetypischer als auch gesellschafts- und gegenwartsbedingter Wünsche, Ängste und *Sehnsüchte*.
> 5. Ein Glaubenssystem (z. B. Läuterung, Besserung, Werte, Aufbruch, innere Reise etc.)."[39]

Skarics postulierte, dass das aktuelle US-amerikanische Popularkino viele Elemente und Parallelen zur Religion enthält.

Skarics' Untersuchung ist leider stark eingeschränkt: sie betrachtete nur den aktuellen Erfolgskinomarkt der USA und sie grenzte ihren Untersuchungsfokus auf die Analyse nach religiösen Elementen im Film ein. Sie fand daher für ihren Forschungsbereich interessante Aussagen, bleibt jedoch für die Betrachtung von Erfolgsfaktoren ohne Aussage allgemeingültiger Natur.

---

38 Vgl. Skarics, 2004.
39 Skarics, 2004, S. 372–374.

Dirk Blothner

Die deutsche Filmwirkungsforschung beschäftigt sich ebenfalls mit Filmerfolg. Dabei wird regelmäßig der Versuch unternommen, eine Wechselwirkung zwischen Filmerleben und Erfolg herzustellen. Die beiden folgenden Autoren geben dazu einen guten exemplarischen Überblick.

Dirk Blothner zeigt in seinen zahlreichen Werken, Studien und Veröffentlichungen (z. B. „Erlebniswelt Kino", „Genres und Zielgruppen", „Filminhalte und Zielgruppen 1–4", „Das geheime Drehbuch des Lebens")[40], die er unter anderem auch im Auftrag der FFA erstellt, dass morphologische Wirkungsprozesse auf die Zuschauer während der Rezeption eines Films wirken. Er weist dabei verschiedenen Zielgruppen unterschiedliche Präferenzen und Wirkungsmuster zu. Blothner nähert sich dem Filmerfolg somit seitens der Zuschauer. Er untersucht aus psychologischer Perspektive das Innenleben der Zuschauer: ihre Wünsche, Ängste, Sehnsüchte, Vorlieben, Reaktionen und psychologische Wirkungsprozesse auf Erlebnis- und Handlungsmuster.

In seinem Standardwerk „Erlebniswelt Kino" subsumierte er vier Wirkungsebenen (Werben, Modellieren, Verwandeln, Antworten), die ein Film bedienen muss, will er das maximale Potenzial für einen Filmerfolg ausschöpfen.[41] Er fand 18 verschiedene universelle Filmthemen, die es zu bedienen gilt, will man einen erfolgreichen Film produzieren. Diese Grundkomplexe wirken auf die Zuschauer und steigern das Filmerlebnis. Additiv zum Grundthema sollte sich die Story mit Themen beschäftigen, die „in der Luft" liegen und einen zeitgenössischen Charakter haben. Diese beiden Wirkungsmechanismen müssen ermöglichen, dass sich die Zuschauer „verwandeln" können, d. h., dass sie sich in eine Geschichte physisch einfühlen können. Das Drama auf der Leinwand muss auch zum Drama in ihren Herzen werden, so Blothner. Wird der Film nun auch noch ordentlich beworben, nutzt der Film alle Potenziale laut Blothner, ein erfolgreicher Film zu werden.[42]

Für den Prozess der Filmauswahl analysierte Blothner sieben verschiedene Handlungsabläufe (Bereitschaft, Vorlieben, Anreiz, Enttäuschungsrisiko, Überprüfen der Vorentscheidung, Abstimmen mit mehreren Kinogängern, Tagessituation), die im Vorfeld des Kinobesuchs wirken. Auf manche hat der Filmemacher Einfluss (filmspezifische Faktoren), auf manche nicht (soziale Faktoren).[43]

---

40 Vgl. Blothner, 1999, vgl. 2002, vgl. 2000, vgl. 2001, vgl. 2003b, vgl. 2004, vgl. 2003a.
41 Vgl. Blothner, 1999.
42 Vgl. Blothner, 1999.
43 Vgl. Blothner, 2003b.

Leider begrenzte sich Blothner innerhalb seiner Erfolgsforschung hauptsächlich auf morphologische Wirkungsprozesse. Nur peripher betrachtete er andere Faktoren, die mit Erfolg in Zusammenhang gebracht werden, wie das Marketing und die Schauspieler. Blothner attestierte seiner Filmwirkungsanalyse auch prognostische Qualität für die Entwicklungsphase eines Filmprojekts. Die tiefenpsychologische Analyse ist allerdings derart komplex, dass sie zum einen großen Spielraum für Interpretationen jeder Art zulässt, zum anderen eine sehr große Anzahl an Befragten nötig werden lässt. Ein weiteres Problem ist die Nichtverifizierbarkeit der Ergebnisse. Die Möglichkeit der Überführung in die Praxis erscheint deshalb schwierig. Trotzdem liefert Blothner interessante Ansätze, welche für diese Arbeit genutzt werden könnten. Besonders im Kapitel „Kriterien der Filmauswahl" werden seine Forschungsergebnisse maßgeblichen Beitrag zu dieser Studie liefern.

Roland Zag und sein „human factor"-Blog

Roland Zag entwickelte eine dramaturgische Methode, die das Drehbuch in den Fokus der Erfolgsplanung setzt. Mit Zags „human factor" wird die Nähe der Geschichte an den Zuschauern beschrieben, welche durch ihre Emotionalität einen Erlebniswert für die Zuschauer definiert.[44] Nach dem „human factor" und dem Drehbuch attestiert Zag auch anderen Erfolgsfaktoren eine wichtige Rolle, wie dem Zeitgeist, *Stars*, Werbeaufwand, Mundpropaganda, optischen, akustischen und anderen Reizen. Zag gründet seine Kriterien auf empirischen Untersuchungen erfolgreicher Geschichten. Waren diese Merkmale übereinstimmend, leitet Zag daraus generelle Regeln ab. Diese lehnt er an die Annahmen von Aristoteles an.[45] Leider erläutert Zag diese empirische Forschung nicht näher, sondern nimmt sie als Basis für einen komplexen Regelkatalog, den ein Filmemacher, Drehbuchautor oder Produzent innerhalb der Drehbuchentwicklung befolgen sollte. Zag definiert dazu den zentralen Terminus des „Publikumsvertrags", den jede Zuschauerin und jeder Zuschauer mit den Filmemachern eingeht:

> „Fazit oder der eigentliche Gegenstand des Publikumsvertrags: Das Publikum erwartet als Gegenleistung für seinen Vertrauensvorschuss Geschichten, die mehr oder weniger schwer lösbare Probleme einer mehr oder weniger gelungenen Bewältigungsstrategie unterziehen."[46]

Die Erfüllung des Publikumsvertrags liegt in der Erzeugung von Emotionen bei den Zuschauern. Zag geht davon aus, dass Filme zum Miterleben anregen und in-

---

44 Vgl. Zag, 2005.
45 Vgl. Zag, 2005, S. 13.
46 Zag, 2005, S. 115.

nere Saiten beim Publikum zum Schwingen bringen. Aber Prozesse ermöglichen menschliches Schwingen nur, wenn man diese bereits aus dem eigenen Leben kennt. Ansonsten bleibt Handlung unverständlich, so Zag.[47] Auf diese emotionale Resonanz baut Zags Regelkatalog auf, der zunächst 1. Die Voraussetzungen, 2. Die wichtigsten Prinzipien in 20 Paragraphen, 3. die praktische Umsetzung des Publikumsvertrags und 4. Beispiele benennt.[48]

Zag attestiert dem „human factor", oder anders ausgedrückt, dem „filmischen Erleben", die entscheidende Erfolgskomponente. Verletzt eine Geschichte den Publikumsvertrag, so führt das zum Misserfolg beim großen Publikum.[49]

Das Regelwerk stützt sich zentral auf die Annahme von morphologischen Filmwirkungsprozessen bei den Zuschauern. Hierbei geht es um den Prozess von Gestaltung und Umgestaltung, der sich zwischen den Zuschauern und der Leinwand ereignet. Den Zuschauern geht es dabei um innere „Verwandlung".[50] Zag leitet aus diesen morphologischen Wirkungsprozessen Erfolg oder Misserfolg ab. Befolgt ein Film den „human factor", wird er Erfolg haben. Tut er es nicht, wird er höchstwahrscheinlich keinen Erfolg haben. Wie können Kinobesucher jedoch wissen, ob und inwieweit ein Film bei ihnen innere Saiten zum Schwingen bringt, wenn sie ihn noch gar nicht gesehen haben? Zags These kann daher nur für Menschen gelten, die den Film bereits gesehen haben und den Erfolg durch Mund-zu-Mund-Propaganda befördern.

Die Annahme, dass die Befolgung des „human factors" konditional mit Erfolg oder Misserfolg zu tun hat, versucht Zag regelmäßig auch in seinem **Filmblog „The human factor"** zu untermauern.[51] In diesem Blog bewertet er vor dem Kinostart, gemeinsam mit Norbert Maass, neue Kinofilme in regelmäßigen Abständen und gibt Schätzungen über die zu erreichende Zuschauerzahl ab.

Um zu überprüfen, wie stichhaltig Zags Prognosen und somit auch der Wert des „human factors" ist, wurden seine Annahmen an dieser Stelle einer dezidierten Untersuchung unterzogen. Hierzu wurden Zags prognostizierte Zuschauerzahlen mit den tatsächlich eingetretenen Zuschauerzahlen verglichen. Heraus kam das folgende Ergebnis:

---

47 Vgl. Zag, 2005, S. 15.
48 Vgl. Zag, 2005, S. 9.
49 Vgl. Zag, 2005, S. 17.
50 Zag orientiert sich hier an Blothner, der den Terminus des morphologischen Filmwirkungskonzepts definierte. Siehe auch: Blothner, 1999, S. 17 ff.
51 Vgl. Zag, 2010.

Von 36 bewerteten Filmen ergibt sich eine Trefferquote von 47 %. Dabei wird ein „Treffer" als relativ korrekte, prognostische Einschätzung der Zuschauerzahl im Verhältnis zu der tatsächlich eingetretenen Zuschauerzahl bezeichnet. 47 % erscheint beachtlich. Und tatsächlich wirken die analytischen Beweisführungen von Zag und Maass, warum ein Film erfolgreich sein wird, nachvollziehbar. Auffällig an der prognostischen Qualität der Ergebnisse ist jedoch der Zeitpunkt der Prognose.[52] Dieser lag in 69 % der Bewertungen mehrere Tage nach dem Kinostart, in weiteren 17 % der Fälle einen Tag vor oder am Tag des Kinostarts. In insgesamt 89 % der Fälle lässt sich somit nicht mehr von prognostischer Qualität dieser Bewertungen sprechen, da sie nach oder zum Kinostart erfolgten. Zum Zeitpunkt des Kinostarts stehen fast alle relevanten Parameter, die den Erfolg eines Films begünstigen bereits fest: fertiger Film, Schauspieler, Marketingkosten und -aufwand, Plakat, Kopienzahl, Zeitgeist, Startumfeld, Wetter, Verleihstrategie etc. Die Anzahl der Parameter, die noch prognostisch eingeschätzt werden muss, ist somit verschwindend gering.

Zags Annahmen, die sich im weitesten Sinne auch auf die Befolgung des „human factors" stützen, konnten an dieser Stelle einer kritischen Diskussion preisgegeben werden. Es wurde deutlich, dass ein direkter Rückschluss vom „human factor" auf den Erfolg eines Films nicht ohne Weiteres zulässig ist.

Thorsten Hennig-Thurau

Neben der Erforschung der Filmwirkung beschäftigt sich die deutsche Wissenschaft auch mit Filmökonomie und ganzheitlicheren Ansätzen zum Erfolg. Exemplarisch seien an dieser Stelle hierzu ein paar Autoren vorgestellt.

Thorsten Hennig-Thurau widmet sich seit Jahren dem Forschungsfeld „Movie Success". Als Professor für Marketing an der Universität Münster (zuvor Bauhaus-Universität in Weimar) liegt sein Fokus verstärkt auf dem Thema Filmmarketing. Seine zahlreichen Arbeiten zum Thema sind höchst interessant, liefern jedoch örtliche und/oder inhaltliche Teilbetrachtungen des Erfolgs. Deutschland bleibt oftmals gänzlich ausgeklammert, die USA bilden das Zentrum seiner Forschung. Hennig-Thurau liefert in seinen Studien sehr gute methodische Vorgaben, die auch auf diese Arbeit appliziert werden könnten. Einige seiner Publikationen seien hier als Beispiel genannt: „An Investigation into the Factors Determining the Success of Service Innovations: The Vase of Motion Pictures", „Die deutsche Filmindustrie im 21. Jahrhundert. Ökonomische Betrachtungen aus wissenschaftlicher

---

52 Der Zeitpunkt der Prognose lässt sich ablesen am Datum des *Uploads* ins Internet.

Sicht", „The Differing Roles of Success Drivers Across Sequential Channels: An
Application to the Motion Picture Industry" oder „Conceptualizing and Measuring the Monetary Value of Brand Extensions: The Case of Motion Pictures".[53]

In seinem Werk „Conceptualizing and Measuring the Monetary Value of
Brand Extensions: The Case of Motion Pictures" analysiert Hennig-Thurau US-
amerikanische Filme aus den Jahren 1998–2006 und zerlegt sie in 300 Faktoren.[54]
Damit ermittelt er den monetären Wert von sogenannten „brand extensions", im
Speziellen von Sequels. Hennig-Thurau vergleicht dabei Sequels mit Non-Sequels.
Für die Untersuchung setzt er eine Regressionsanalyse mit der Methode der
kleinsten Quadrate an. Die unabhängige Variable heißt Einspielergebnis Kino +
Kauf-DVDs + Leih-DVDs. Die abhängigen Variablen (Stars, Genre, Regisseure)
bewertet er und weist ihnen statistische Werte von 0–4 zu. Hennig-Thurau findet
so heraus, dass z. B. „Spider Man 2" 53 Millionen Dollar mehr einspielt hat, als
ein identischer Film, der keine Fortsetzung der Spider-Man-Marke wäre. Würde
Tobey Maguire als Hauptdarsteller fehlen, hätte „Spider Man 2" sogar 181,8 Millionen Dollar weniger eingespielt. „Spider-Man 2" hätte ohne Maguire also 50 %
weniger Umsatz gemacht (Gesamtumsatz: 373,6 Millionen Dollar). Hennig-
Thurau weist der Variable starpower (der Begriff wurde von Gaitanides geprägt)
somit eine Schlüsselposition am Erfolg zu. Die Story bzw. die Erzählstruktur hat
hingegen einen relativ geringen Einfluss auf den finanziellen Erfolg eines Films.[55]

Hennig-Thuraus Arbeit liefert ein sehr gutes methodisches Modell, eine interessante
Auswahl des Untersuchungsgegenstands, -zeitraums und -menge sowie angewandter Erfolgsfaktoren, welche möglicherweise (mit Ausnahme seines mathematisch-
statistischen Ansatzes) auch innerhalb dieser Arbeit adaptiert werden könnten.

Pascal Zuta

Pascal Zutas Dissertation „Publikumspräferenzen für Kinofilme: die publikumsinduzierte Kreation im Filmproduktionsprozess" aus dem Jahre 2008 nähert
sich der Frage des Erfolgs aus Publikumssicht.[56] Er untersucht Publikumspräferenzen für Filme und schließt, hiervon ausgehend, auf den Erfolg. Er bildet
die strukturierten Prozesse der Filmproduktion auf einer abstrahierten, jedoch

---

53 Vgl. Hennig-Thurau, Walsh, & Wruck, 2001; vgl. Hennig-Thurau, 2009; vgl. Hennig-
    Thurau, Houston, & Walsh, 2006; vgl. Hennig-Thurau u. a., 2009.
54 Vgl. Hennig-Thurau u. a., 2009.
55 Vgl. Hennig-Thurau u. a., 2009.
56 Vgl. Zuta, 2008.

pragmatischen Detailstufe ab. Seine Analyse geht dabei von einer ressourcenorientierten Arbeitsweise von Filmproduktionsfirmen, dem sogenannten „Resource-
Base-View" aus, also „Welche Ressourcen besitzt eine Firma und wie können sie
erfolgsorientiert eingesetzt werden?". Er thematisiert dazu zunächst die Wertschöpfungsprozesse der Filmproduktion, anschließend betrachtet er Kundenpräferenzen mittels einer wirkungsbasierten Forschung, um im dritten Teil zu klären,
wie die gewonnenen Erkenntnisse im Filmproduktionsprozess umgesetzt werden
könnten.[57] Zutas Studie betrachtet die Wirkung von *Stars*, Marketingbudgets,
Genre, Kopienzahl und Filmkritik auf den Umsatz eines Films. Filmemachen
versteht Zuta als Filmprojektmanagement, aus dem heraus jeder Produzent seine
Ressourcen und Publikumspräferenzen als Wettbewerbsvorteil erst erkennen,
dann nutzen muss, um auf dem Markt Erfolg zu generieren.[58]

Diese Untersuchung bietet einen soliden, theoretischen, wirtschaftlichen und
medienwissenschaftlichen Ausgangspunkt für die vorliegende Forschungsarbeit.
Dieses Fazit impliziert zugleich auch die Kritik an der Arbeit: Zutas Dissertation
ist eine theoretische Untersuchung von Filmproduktionsprozessen. Zuta vermeidet den Blick in die Praxis und gewinnt seine Erkenntnisse auf einer hypothetischen, spekulativen Basis. Hinzu kommt, dass sich Zutas Sichtweise als zu
eindimensional darstellt, da sie nur eine von vielen möglichen Aspekten zum
ökonomischen Erfolg eines Films liefert.

Jan Philip Lange

Jan Philip Lange versucht mit seiner interessanten Diplomarbeit aus dem Jahr
2003 mit dem Titel „Einfluss und Strategien deutscher Spielfilmproduzenten der
Gegenwart in Hinblick auf den kommerziellen Erfolg ihrer Kinofilme anhand
ausgewählter Beispiele" Erfolg aus der Sicht von deutschen Erfolgsproduzenten
zu untersuchen.[59] Lange wählt für seine Studie einen exemplarisch-explikativen
Ansatz und beleuchtet die drei deutschen Erfolgsfilme „Männerpension", „Anatomie" und „Das Experiment". Er kategorisiert Parameter, die für den Erfolg eines
Films verantwortlich sein könnten: Genre und Inhalt, Produktionsbudget, Besetzung/Auswahl des Teams, *Look* des Films/Gestaltung, Pressearbeit/Marketing,
Auswahl des Verleihs/Kopienanzahl. Anschließend untersucht er die drei Filme
in den beschriebenen Kategorien auf den „Faktor Erfolg" hin.[60]

---

57 Vgl. Zuta, 2008.
58 Vgl. Zuta, 2008, S. 54.
59 Vgl. Lange, 2003.
60 Vgl. Lange, 2003.

Positiv an Langes Studie, im Vergleich zu Zutas Dissertation, ist die praktische Betrachtung von Filmen, also: Wie sieht Erfolg in Deutschlang faktisch aus. Methodisch nähert er sich, wie auch schon Gombert, einer möglichen Methodik und Vorgehensweise an, die auch für diese Studie Anwendung finden könnte. Langes Suche nach planbaren Faktoren, welche die Chancen auf wirtschaftlichen Erfolg und damit die Rentabilität für Produzenten erhöhen könnten, hat interessante Ergebnisse zutage gebracht. Leider beschränkt sich der Untersuchungskorpus auf nur drei Filme. Somit kann diese Arbeit hinsichtlich seiner Ergebnisse als nicht ausreichend valide deklariert werden.

Ulrich Daamen

Innerhalb der Dissertation „Die Performance deutscher Kinofilme und zeitgenössischer Darsteller des deutschen Films"[61] widmet sich **Ulrich Daamen** ebenfalls der Filmökonomieforschung mit den folgenden Fragen:

> „Welche Faktoren determinieren den Erfolg eines Films an der Kinokasse und bei der Vergabe von kulturellen Auszeichnungen? Welche Rolle spielt dabei der Einsatz von bekannten Darstellern, Produzenten und Regisseuren? Wie ist der Ansatz der so genannten „Blockbuster-Strategie", nach der ein Film durch hohen Mitteleinsatz zum Erfolg geführt werden soll, zu beurteilen? Lässt sich ein Besuchererfolg in Deutschland auch ins Ausland exportieren?"[62]

Mit dem Fokus Deutschland untersucht er deutsche Kinofilme, auf deutschen Leinwänden. Er entscheidet sich für einen ökonometrischen Ansatz mit dreistufiger Regressionsanalyse und wählt für seine Analyse einen Untersuchungskorpus bestehend aus 345 Filmen im Zeitraum 1995 bis 2004. Den wirtschaftlich und kulturell erfolgsrelevanten Wirkungsmechanismen auf der Spur, teilt er verschiedene produktinhärente exogene Variablen ein, diese sind: Darsteller, Produzentin bzw. Produzent (in Person), Regisseurin bzw. Regisseurin, Filmbudget, Bekanntheit des Filminhalts (Literaturverfilmung, *Remake* oder *Sequel*), Koproduktion, Technische Ausstattung, Altersfreigabe, Genres. Diese Variablen untersucht er statistisch auf ihre Wirkungsmechanismen hin, wie z. B. die *starpower*.[63]

Das Ergebnis Daamens lässt sich kritisch diskutieren. An den meisten Stellen erfordert das statistische Modell eine Symmetrisierung, Logarithmisierung und Bereinigung. Z.B. gewichtet Daamen alle sieben Haupt- und Nebendarsteller mathematisch gleich. Durch diese Berechnung impliziert Daamen, dass ein Film

---

61 Vgl. Daamen, 2008.
62 Daamen, 2008 Klappentext.
63 Hierbei lehnt sich Daamen an Gaitanides an.

Erfolg gehabt haben könnte, aufgrund einer Schauspielerin oder eines Schauspielers an Rollenplatz sieben. Zur Erklärung: In Filmprojekten erhalten Schauspieler anhand der Anzahl ihrer Drehtage eine Rollennummerierung. Diese absteigende Nummerierung setzt die Schauspielerin oder den Schauspieler mit den meisten Drehtagen an Platz eins. Die Praxis zeigt, dass an Platz sieben oftmals „nur noch" eine Schauspielerin oder ein Schauspieler mit 1–2 Drehtagen steht. Diese Tagesrollen sind nicht die Hauptdarsteller, welche das „Gesicht eines Films" ausmachen oder eine mögliche Magnetwirkung für die Zuschauer haben könnten. Hauptdarsteller sind oftmals unter den ersten vier Rollenplätzen zu finden.

Diese exemplarische Ausführung zeigt, dass Daamens Annahme in dieser konditionalen Dimension nicht richtig sein kann. Sie steht Beispiel für ein zu starres mathematisch-statistisches Forschungsdesign. Daamens Arbeit muss somit in manchen Teilgebieten kritisch betrachtet werden. Dennoch liefert sie inhaltlich, als auch methodisch gesehen interessante Ansätze und Parallelen für diese Studie. An entsprechender Stelle wird innerhalb dieser Arbeit darauf hingewiesen werden.

1.2.4 Zusammenfassung Forschungsstand

Die soeben zitierten Werke aus dem internationalen sowie dem nationalen Raum, sollten einen Überblick über den Stand der Filmökonomieforschung in den jeweiligen Ländern vermitteln. Die Auswahl hat exemplarischen Charakter und sollte einen kondensierten Überblick schaffen. Will man sich noch tiefgründiger mit Filmerfolgsforschung beschäftigen, sei an dieser Stelle auch auf die Arbeiten von Elberse, Eliashberg und Leenders[64], Asur und Huberman[65], Appeldorn[66], Neumann[67], Röscheisen[68], Cutting[69], Hidalgo, Castro und Rodriguez-Sickert[70], Sigler[71], Amend und Bütow[72], Feuerer[73] und Clement[74] verwiesen.

---

64 Vgl. Eliashberg, Elberse, & Leenders, 2006; vgl. Elberse & Eliashberg, 2003.
65 Vgl. Asur & Huberman, 2010.
66 Vgl. Appeldorn, 2001.
67 Vgl. Neumann, 1986.
68 Vgl. Röscheisen, 1997.
69 Vgl. Cutting, 2007, vgl. 2005.
70 Vgl. Hidalgo, Castro, & Rodriguez-Sickert, 2006.
71 Vgl. Sigler, 2004.
72 Vgl. Amend & Bütow, 1997.
73 Vgl. Feuerer, 2001.
74 Vgl. Clement, 2004.

Die Auswahl an zitierten Arbeiten im vorangegangenen Kapitel hat gezeigt, dass die Erfolgsforschung in den USA und Großbritannien weit vorangeschritten ist.[75] Die wissenschaftliche Beschäftigung mit dem Thema erfolgt ganzheitlich und interdisziplinär. Ein generelles Bewusstsein für Film als Wirtschaftsgut und die Notwendigkeit einer wissenschaftlichen Erforschung ist deutlich zu erkennen. Basis der Studien ist ein zugängliches und valides Zahlenmaterial über *box office*, Marketingbudgets, *producer net profits*. Der amerikanische Status quo geht sogar einen Schritt weiter: Filme sollen als Börsenware gehandelt werden, *social media*-Portale werden nach Hinweisen auf eintretenden Filmerfolg hin analysiert, spielerisch managen Zuschauer virtuelle Filmwerte auf einem Filmportal.

Diese Qualität der wissenschaftlichen Durchdringung und popkulturellen Integration der Themen „Film ist ein Wirtschaftsgut" und „Filmerfolg ist durchaus planbar" weist deutsche Filmerfolgsforschung leider bislang nicht auf. Die im Kapitel „Stand der Forschung in Deutschland" zitierten Arbeiten[76] haben gezeigt, dass sich die deutsche Forschung vorwiegend auf Teilaspekte des Erfolgs bezieht, filmwirkungstheoretische Ansätze liefert oder methodisch gesehen oftmals einer Diskussion zu unterwerfen ist.

Viele der zitierten Arbeiten geben neben dem Einblick in einen Forschungsstand auch einen Einblick in mögliche Methoden wieder, wie man sich der Beantwortung der Forschungsfragen dieser vorliegenden Studie nähern kann. Mit einem kritischen Blick zur Transponierung wurde nun versucht, ein geeignetes Forschungsdesign für diese Arbeit zu entwickeln. Welche methodischen Festlegungen und welche angewandte Methodik in der Studie letztendlich Anwendung finden, wird im nächsten Kapitel dargestellt.

1.3 Methodik

Diese Arbeit hat zum Ziel, ein Teil zur wirtschaftswissenschaftlichen Durchdringung des Deutschen Filmmarkts und zur Deutschen Erfolgsforschung beizutragen. Es soll ein Beitrag zur wissenschaftlichen und praxisorientierten Diskussion sowie zur Herleitung von Implikationen hinsichtlich des Erfolgs von deutschen

---

75 Vgl. Goldman, 1983; vgl. Gloor, 2005, vgl. 2009; vgl. Doshi, Krauss, Nann, & Gloor, 2009; vgl. Gloor & Cooper, 2007; vgl. Blickpunkt: Film, 2010c; vgl. Asur & Huberman, 2010; vgl. HSX, 2015; vgl. Epagogix, 2010; vgl. Clayton, 2003.
76 Vgl. Gaitanides, 2000; vgl. Gombert, 2001; Skarics, 2004; vgl. Blothner, 1999, vgl. 2003a, vgl. 2000, vgl. 2003b, vgl. 2004, vgl. 2001, vgl. Zag, 2005, vgl. 2010, vgl. Hennig-Thurau u. a., 2009, vgl. 2001; vgl. Zuta, 2008; vgl. Lange, 2003; vgl. Daamen, 2008.

Kinofilmen geleistet werden. Mögliche Zuschauerpräferenzen sollen untersucht werden, um sich so einer Typisierung des „Deutschen Geschmacks" zu nähern. Innerhalb dieses Kapitels wird versucht werden, eine geeignete Methodik für die Analyse und die Beantwortung der folgenden Forschungsfragen zu finden:

- Warum haben sich Zuschauer für den Besuch der Erfolgsfilme entschieden?
- Welches Kriterium für den Filmbesuch wog dabei schwer als das andere?
- Weisen die Filme Kongruenzen oder Korrelationen hinsichtlich dieser Kriterien auf? Wenn ja, welche?
- Lassen sich mögliche Signifikanzen zu einem Cluster subsumieren?
- Welchen Schluss lässt die Existenz oder Nichtexistenz von Kongruenzen zu?

Für die Beantwortung der Forschungsfragen, müssen zunächst verschiedene Entscheidungen hinsichtlich der Definition von Erfolg, eines geeigneten Messinstruments, des Untersuchungsgegenstands, des Untersuchungszeitraums und der Untersuchungsmenge getroffen werden.

1.3.1 Methodische Festlegungen (Was wird untersucht?)

1.3.1.1 Definition „Erfolg" und Festlegung Messinstrument

1.3.1.1.1 Definition „Erfolg"

Für eine Studie zum Thema „Erfolgsfilm" ist es unerlässlich, eine klare Definition für den Begriff „Erfolg" festzulegen. Auf dieser Begriffsklärung baut nachfolgend die Arbeit auf.

Was ist also „Erfolg"? Ist Erfolg wirtschaftlich, ökonomisch, bilanziell zu definieren oder erstreckt sich der Begriff auch auf immaterielle Güter wie Filmkunst, die Erfüllung von Bildungsaufträgen, Filmpreisen, Ehrungen oder Festivalgewinnen? Klar wird, der Begriff „Filmerfolg" kann aus verschiedenen Perspektiven betrachtet werden, wie z. B.:

- ökonomischer Erfolg (*box office, producer net profit, return of investment*, Auszahlung der Verbindlichkeiten an Investoren, Filmförderungen und Partnern)
- Zuschauerzahlen
- Filmpreise, Ehrungen, Festivalgewinne
- Persönliche Marktwertsteigerung (Schauspieler, Regisseure, Produzenten, HoDs: zu messen an höherer Folgegage, höherer Folgeauftragsdichte, Popularität etc.)
- Institutionale Marktwertsteigerung (Produktionsfirma)
- Filmkunst
- Erhaltung von Tradition und nationaler Kinematografie

- Bedeutung des Werkes für den Autor (hermeneutischer Intentionalismus)
- Bildungsauftrag
- Propaganda-Ziel (in totalitären Systemen)

Bei der Entscheidung für eine Perspektive der Betrachtung, drängt sich die grundsätzliche Diskussion um die Einordnung vom Film als „Kultur- oder Wirtschaftsgut" auf.

Film steht als Kulturgut gleichberechtigt neben Literatur, Theater, Musik, Malerei, Fotografie, darstellenden Künsten und kann in diesem Fokus nicht allein nach wirtschaftlichen Kriterien beurteilt werden. Film als Wirtschaftsgut steht im Fokus von betriebswirtschaftlichen Kenngrößen, Rentabilität und einem positivem Ergebnis zwischen Aufwendungen und Ertrag. Film als Wirtschaftsgut kann ebenso nicht allein nach künstlerischen, kulturellen Kriterien beurteilt werden.

Eine eindeutige Antwort auf die Frage, ob Film ein Kultur- oder Wirtschaftsgut ist, gibt es nicht. Film ist beides. Darin besteht der besondere Wert und Charakter dieses Mediums. Der Standpunkt der Betrachtung definiert vielmehr die Ausprägung der Definition. In diesem Lichte ist auch der Begriff „Filmerfolg" zu sehen.

Die hermeneutische Annäherung an den Begriff Filmerfolg lässt die Interpretation aus ganz unterschiedlichen Perspektiven zu. Für die Betrachtung und Auslegung des Begriffs ist der Standpunkt der Person wichtig. Denn Bildung, sozialer Stand, politische Gesinnung, Grundannahmen und soziokultureller Hintergrund sind nur einige Beispiele, welche die individuelle Betrachtungsweise von Erfolg beeinflussen können. Auch eine hermeneutisch intentionalisierte Betrachtung des Begriffs wäre möglich und würde den Erfolg des Werkes mit der Absicht gleichsetzen, die der Autor dem Werk zuschreibt.

Um eine Entscheidung für die Begriffsdefinition zum „Erfolg" zu treffen, sei an dieser Stelle den Adressaten dieser Arbeit gedacht, diese sind: Filmemacher, Filmproduzenten, am Projektplanungs- und Entwicklungsprozess beteiligte Autoren, Regisseure, Redakteure, Filmhochschüler und Institutionen. Dieser Personengruppe ist diese Arbeit gewidmet. Ihnen soll die angestrebte Studie einen Erkenntnisgewinn und im besten Sinne eine Bewusstseinsschaffung gelingen, damit dem Bauchgefühl ein Bewusstsein folgt.

Eine Entscheidung wird somit zugunsten einer wissenschaftlich-ökonomischen Betrachtungsweise gefällt. Es ist davon auszugehen, dass die Adressaten der Arbeit ein Interesse daran haben, ein möglichst großes Publikum zu erreichen, Geld- und Zeitinvestitionen sinnvoll zu tätigen, ökonomische Potenziale besser zu nutzen.

Der überlieferten Bitte Billy Wilders „Mancher heutige Regisseur dreht Filme für einige Leute, die dreimal hineingehen, statt für Millionen Zuschauer, die einmal hineingehen." wird somit statt gegeben.

1.3.1.1.2 Messinstrument

Das vorangegangene Kapitel zum Forschungsstand hat gezeigt, wie unterschiedlich Erfolg gemessen werden kann. Verschiedene Autoren erfassen ökonomischen Erfolg mittels einer statistischen Berechnung des Gewinns oder der Rentabilität. Z.B. untersuchen De Vany und Walls den Profit, berechnet wie folgt: Profit = (0.5 x *revenue – budget*), als abhängige Variable.[77] Jansen verwendet die *rate of return* als Messinstrument seiner Arbeit. Dazu dividiert er den Profit durch den Mitteleinsatz.[78]

Daamen setzt die Rentabilität eines Films mit ökonomischem Erfolg gleich. Dazu dividiert er die „Wirtschaftlichkeit", also den Umsatz durch den Mitteleinsatz. Beim Umsatz bezieht er bereits Vorkosten und Minimumgarantie des Verleihers mit ein, da diese bereits Gewinncharakter haben.[79]

Beschäftigt man sich tiefer mit den Zahlen und Aussagen dieser Arbeiten, so erkennt man sehr schnell, dass das Messinstrument oftmals die Quelle für teilweise grobe Ergebnisverzerrungen ist. Hierauf wurde auch bereits im Kapitel „Forschungsstand" hingewiesen. Häufiger Grund für diese Verzerrungen, ist die Unzuverlässigkeit und Ungenauigkeit von Daten- und Zahlenmaterial. Im Fokus der Kritik stehen besonders die Angaben des Budgets (Mitteleinsatz) und der Einnahmen (*revenues*). Auf diesen Angaben fußen jedoch die Ergebnisse einer statistischen Berechnung.

Anspruch dieser Arbeit ist es, ein Messinstrument zu finden, welche valide und zuverlässig ist.

Will man den unmittelbaren monetären Gewinn eines Films für die Produzenten erfassen, so bietet sich der *producers net profit* an.[80] Er bemisst das, was bei den Filmproduzenten „hinten raus" wirklich ankommt. Der *producers net profit* ist der Reinerlös und drückt sich wie folgt aus: Einnahmen abzüglich der Herausbringungskosten (*p&a-costs*), der Anteile für den Kinobetreiber und Verleiher, der Filmherstellungskosten, der Rückstellungen, der Rückzahlungen an Filmförderungen, Investoren (*private equity*), Banken, anderer Partner oder *back end-/recoupment*-Beteiligungen.

---

77 Vgl. A. De Vany & Walls, 2002.
78 Vgl. Jansen, 2002.
79 Vgl. Daamen, 2008.
80 Vgl. Maag, 2013; vgl. Moszkowicz, 2013.

Das Problem an der Erfassung des *producers net profit* ist, dass kaum ein deutscher Produzent sich bereitwillig so tief in die Karten schauen lässt. Diese Zahlen werden nicht veröffentlicht und konnten auch nicht auf explizite Nachfrage in Erfahrung gebracht werden. Da so kein Zahlenmaterial für die Filme der Untersuchung zur Verfügung steht, scheidet dieses Messinstrument für die Analyse leider aus.

Eine reduzierte Variante des *producers net profit* wäre die Berechnung des Einspielergebnisses (*box office*) reduziert um die Herstellungskosten und Herausbringungskosten. Denn auch dieses Messinstrument würde den Erfolg eines Films in Abhängigkeit zu dessen Aufwand in der Produktion und Herausbringung bewerten. Wirtschaftlichkeit und Effizienz würde sich hier monetär positiv auswirken (z. B. je preiswerter der Film in der Herstellung war, desto größer ist der Gewinn für die Produzenten). Unbetrachtet bleibt leider das Geschick der Produzenten in der Finanzierung (Verhandlungstalent, *presales* versus Lizenzveräußerung nach Fertigstellung, *private equity* versus Bank, Crowdfunding etc.).

Gegen dieses Messinstrument spricht leider auch, dass es in Deutschland fast unmöglich erscheint, an verlässliche Informationen über Budgets, Herstellungs- oder Herausbringungskosten zu kommen. Da z. B. Beteiligungen von Sendern, Verleihern und/oder Partnern oft so verhandelt werden, dass sie einen prozentualen Anteil an den Gesamtherstellungskosten ausdrücken, kursieren in den seltensten Fällen reale Kalkulationen und Finanzierungspläne. Oftmals entsteht auch der Eindruck, dass Budgets (z. B. durch überhöhte Eigenanteile, Beistellungen, Rückstellungen) virtuell in die Höhe getrieben werden, um einen prozentual größeren Anteil an der Finanzierung zu generieren. Kurzum: Reale Budgets werden in Deutschland unter Verschluss gehalten. Ein verlässliches Messinstrument stellt es somit nicht dar.

Als verlässliches Messinstrument für Erfolg könnte der *box office*, also das Einspielergebnis in Euro dienen. In den USA wird der *box office* sogar anstatt der Zuschauerzahl erfasst. Tatsächlich ist beides vergleichbar, da sie sich auf die Nachfrage an der Kinokasse beziehen.

In Deutschland wird sowohl die Zuschauerzahl, als auch das Einspielergebnis erfasst. Das Einspielergebnis bringt jedoch auf die vorliegende Studie bezogen, einige Probleme mit sich. Zunächst unterliegt der Euro einer Inflation. Die Entwicklung des Kinokartenpreises ist ein weiteres Problem in der Analyse, der gegen die Anwendung des Einspielergebnisses spricht. Ebenso bilden die unterschiedlichen Preise pro Kinotag, Besucherart (Student, Rentner, Gruppe etc.), als auch nicht gewerbliche Aufführungen ohne Eintritt (Vorführungen an Schulen oder in Filmmuseen) ein verzerrtes Bild über den Erfolg eines Films ab.

All diese Problematiken bringt die Zuschauerzahl nicht mit sich. Die Zuschauerzahl wird in Deutschland durch die FFA sehr zuverlässig und sehr konstant erfasst (seit Ende 1979).

Der Nachteil der Zuschauerzahl als Messinstrument ist, dass er keine Aussage über die Wirtschaftlichkeit eines Filmprojekts zulässt. Ein Film, wie z. B. „Das Parfum" zählte in Deutschland 5,5 Millionen Zuschauer. Das ist überdurchschnittlich viel und verleitet zur Annahme, dass der Film ein enormer wirtschaftlicher Erfolg gewesen sein muss. Beachtet man jedoch, dass der Film ca. 50 Millionen Euro gekostet hat und weltweit nur 59 Millionen Euro einspielte, sieht Filmerfolg schon anders aus.[81] Denn branchenüblich behält allein der Kinobetreiber bereits ca. 50–55 % des Ticketpreises ein. Ebenso ist der Kinoverleih mit weiteren 20–30 % an den Kinoerlösen beteiligt. Nachdem er die von ihm vorausgestreckten p&a-*costs* (*print & advertising*, die Kosten für Kopien und Marketing) vom Anteil des Produzenten abgezogen hat, wird der verbleibende Rest an den Produzent ausbezahlt. Dieser Anteil, welcher vielleicht noch 5–10 % vom *box office* ausmacht, wird nun noch mit den Finanzierungspartner und Urhebern geteilt. Die Zuschauerzahl lässt somit keine direkte Aussage über den monetären Gewinn eines Films zu.

Die Zuschauerzahl als Messinstrument bietet jedoch Vorteile, die kein anderes *Tool* bietet. Sie ist verlässlich, sie ist konstant und sie ist frei von Inflation. Zudem liefert sie zeitliche Informationen über die steigende Akzeptanz für den Film. Diese Akzeptanz lässt sich am sogenannten Kopienschnitt, eine der Zuschauerzahl zugeordnete Messgröße, ablesen. Hierzu setzt man die Zuschauerzahl mit der Anzahl der eingesetzten Kopien ins Verhältnis. Je höher der Kopienschnitt, also je mehr Besucher auf eine Kopie entfallen, desto besser das wirtschaftliche Ergebnis. Am Kopienschnitt lässt sich ebenso ablesen, wie schnell und in welchem Maße sich der Film bei den Zuschauern durchgesetzt hat.

Blothner attestiert in seinem Werk „Erlebniswelt Kino" dem Kopienschnitt die meiste Aussagekraft, will man die Akzeptanz eines Kinofilms an den Zuschauern messen:

> „Man kann Kinofilme, die dem Publikum ein bedeutsames und wirksames Erlebnis ermöglichen, an dem Verlauf ihrer Zuschauer- und Einspielzahlen erkennen."[82] Ebenso: „Je langsamer die Werte für den Kopienschnitt abfallen, desto wahrscheinlicher kann man davon ausgehen, dass die Gesellschaft in dem Erfolgsfilm eine gelungene Ausdrucksform für ihre Fragen und Entwicklungstendenzen gefunden hat. Der Film hat

---

81 Vgl. IMDb Pro, 2009; vgl. Box Office Mojo, 2009.
82 Blothner, 1999, S. 240.

eine Wirkung entwickelt, die tiefer und weiter geht, als Werbung und Marketing es allein steuern können."[83]

Auch die Studien von De Vany und Walls[84], Feuerer[85] oder Jansen[86] beziehen ihre Studien auf den *box office* und damit indirekt auf die Zuschauerzahl.

Im Sinne der Vergleichbarkeit von Filmdaten liefert die Zuschauerzahl somit einen unschätzbaren Wert. Falsche Bereinigungen und Verzerrung von Endergebnissen werden zugunsten von Aussagefähigkeit minimiert. Zudem steht auch nicht das produzentische Handwerk und Geschick im Fokus dieser Arbeit. (Dieses hätte am Besten durch den *producers net profit* bewertet werden können.) Im Zentrum dieser Arbeit stehen jedoch filmspezifische Charakteristika, welche herauskristallisiert werden sollen. Welche Filme haben eine Sogwirkung auf Zuschauer gehabt und warum? Gibt es Gemeinsamkeiten zwischen diesen Filmen? Durch die Zuschauerzahl kann diesen Fragen auf den Grund gegangen werden. Eine Entscheidung wird somit hinsichtlich des Messinstruments Zuschauerzahl gefällt.

1.3.1.2 Eingrenzung des Untersuchungsgegenstands

1.3.1.2.1 Definition „Deutscher Film"

Was ist ein „Deutscher Film"? Diese Definition wird maßgebend für das Spektrum des Untersuchungsgegenstandes sein. Für die Beantwortung dieser Frage könnte man die folgenden Menschen befragen und würde jedes Mal eine unterschiedliche Antwort bekommen: Juristen, Steuerberater, Politiker, Produzenten, Soziologen, Philosophen, Filmhistoriker, Kunstkritiker, Filmemacher, Mitglieder der Deutschen Filmakademie, Kinozuschauer.

Die Globalisierung schreitet auch in der Filmbranche voran. So entstehen, besonders gefördert durch den Deutschen Filmförderfonds (DFFF), immer mehr internationale Koproduktionen mit deutscher Beteiligung. In der Vergangenheit bedeutete dies oftmals, dass große US-amerikanische Produktionen einen minoritären, deutschen Partner suchten, in Deutschland *German spend* kreierten und somit DFFF-Geld abschöpften. Mit diesem Modell entstanden in jüngster Zeit Filme, wie z. B. „Inglourious Basterds" (2009), „Speed Racer" (2008) oder „Operation Walküre – Das Stauffenberg-Attentat" (2008). Die Frage, die sich für diese Studie stellt: Sind diese Filme deutsch?

---

83 Blothner, 1999, S. 242.
84 Vgl. Arthur De Vany & Walls, 1999.
85 Vgl. Feuerer, 2001.
86 Vgl. Jansen, 2002.

Ein „Deutscher Film" im Sinne des deutschen Filmförderungsgesetzes (FFG) ist ein Film, welcher verschiedene Kriterien erfüllen muss: z. B. muss der Filmhersteller seinen Wohnsitz oder eine Niederlassung in Deutschland haben (§ 15 Abs. 1 Nr. 1 FFG), wenigstens eine Endfassung des Films muss, abgesehen von Dialogstellen, in deutscher Sprache gedreht oder synchronisiert werden (§ 15 Abs. 1 Nr. 2 FFG), möchte der Film auf Fördergelder zugreifen, muss ebenso die Regisseurin/der Regisseur Deutsche bzw. Deutscher im Sinne des Artikels 116 des Grundgesetzes sein oder dem deutschen Kulturbereich angehören oder die Staatsangehörigkeit eines anderen Mitgliedstaates der Europäischen Union oder eines anderen Vertragsstaates des Abkommens über den Europäischen Wirtschaftsraum besitzen (§ 15 Abs. 1 Nr. 4 FFG).[87] Diese Regelung kann jedoch durch § 15 Abs. 2 FFG aufgeweicht werden, indem statt der Regisseurin/dem Regisseur, alle übrigen Filmschaffenden mit Ausnahme der Drehbuchautorin/des Drehbuchautors und eines oder zweier Hauptdarsteller die Kriterien der oben beschriebenen Herkunft erfüllen.[88] Der Produzent eines Films hat insofern einen weiten Gestaltungsspielraum.

Handelt es sich um eine offizielle internationale Koproduktion nach § 16 des FFG, so reduziert sich der Anforderungskatalog an das „Deutsche" noch weiter.[89] So müssen z. B. bei der künstlerischen und technischen Beteiligung eines Films mindestens folgende Beteiligte Deutsche im Sinne des Artikels 116 des Grundgesetzes sein oder dem deutschen Kulturbereich angehören oder Staatsangehörige eines anderen Mitgliedstaates der Europäischen Union oder eines anderen Vertragsstaates des Abkommens über den Europäischen Wirtschaftsraum oder der Schweiz sein (§ 16 Abs. 2 FFG):

1. „eine Person in einer Hauptrolle und eine Person in einer Nebenrolle oder, wenn dies nicht möglich ist, zwei Personen in wichtigen Rollen,
2. eine Regieassistenz oder eine andere künstlerische oder technische Stabskraft und
3. entweder eine Drehbuchautorin oder ein -autor oder eine Dialogbearbeiterin oder ein -bearbeiter."[90]

Neben diesen personellen Vorgaben muss jede internationale Koproduktion auch ein offizielles Punktesystem (Anhang II des Europäischen Übereinkommens über die Gemeinschaftsproduktion von Kinofilmen vom 2. Oktober 1992 (BGBl. 1994 II S. 3566) erfüllen.[91] Dabei muss jeder Film (und seine Produkti-

---

87 Vgl. Gesetze im Internet, 2015.
88 Vgl. Gesetze im Internet, 2015.
89 Vgl. Gesetze im Internet, 2015.
90 Gesetze im Internet, 2015.
91 Vgl. Gesetze im Internet, 2015.

onsumstände) eine gewisse Anzahl an „deutsch-kulturellen Punkten" aufweisen. Hierbei gelten deutsche Sprache, Anzahl deutscher Schauspieler, Teammitglieder, Drehorte an Originalschauplätzen usw. als entscheidende Kriterien. Erreicht die Produktion die nötige Punktezahl im Punktesystem, so wird ein deutsches Ursprungszeugnis vom Bundesamt für Wirtschaft und Ausfuhrkontrolle (BAFA) ausgestellt, welches den Film als „Deutsch" zertifiziert. Die Produktion wird somit förderwürdig und fällt unter deutsche Besteuerung (z. B. Vorsteuerabzug).

Ist eine Produktion als offizielle internationale Kofinanzierung einzuordnen, dezimieren sich die erforderlichen Kriterien an das „Deutsche" noch ein weiteres Mal. Um als förderwürdig und „Deutscher Film" klassifiziert zu werden genügt es, die folgenden Punkte zu erfüllen (§ 16 a des FFG):

> „Förderungshilfen werden auch für programmfüllende Filme gewährt, die mit mindestens einem Hersteller mit Wohnsitz oder Sitz außerhalb des Inlands hergestellt werden oder worden sind und zu deren Herstellung der Hersteller im Sinne des § 15 Absatz 1 Satz 1 Nummer 1 nur einen finanziellen Beitrag geleistet hat, wenn
>
> 1. die Voraussetzungen des § 15 Absatz 1 Satz 1 Nummer 1, 2 und 7 und des § 16 Absatz 1 Nummer 1 oder Absatz 3 erfüllt sind,
> 2. ein zwei- oder mehrseitiges mit der Bundesrepublik Deutschland abgeschlossenes Abkommen eine solche Beteiligung vorsieht und
> 3. der Beitrag des Herstellers im Sinne des § 15 Absatz 1 Satz 1 Nummer 1 dem in dem Abkommen festgelegten Mindestanteil entspricht."[92]

Je nach Koproduktionsland und bilateralem Abkommen reicht bereits eine 15 %-ige deutsche finanzielle Beteiligung, um den Film als „Deutsch" zu zertifizieren. So ist es auch zu erklären, dass Filme, wie z. B. „Die Fabelhafte Welt der Amelie" (2001) offiziell „Deutsche Filme" sind.

Fühlt sich dieser Film jedoch „Deutsch" an? Lassen sich hiervon Ableitungen für „Deutsche Ästhetik", „Deutschen Geschmack" und eine „Deutsche Kinematografie" anstellen?

Der Gesetzgeber hat mittels des Filmförderungsgesetzes versucht, eine Definition für den „Deutschen Film" zu finden. Insgesamt dient diese formal juristische Definition jedoch eher einem Förderinstrumentarium, welches auf unterschiedliche Weise eine Unterstützung der deutschen Filmwirtschaft und des deutschen Filmstandorts auch hinsichtlich internationaler Koproduktionen und Kofinanzierungen dienen soll. Die nach dem FFG zu erfüllenden Kriterien eines „Deutschen Films" sind so flexibel gestaltet, dass eine abschließende einheitliche Definition kaum gelingen kann.

---

92 Gesetze im Internet, 2015.

Der inhaltliche Aspekt, ob internationale Koproduktionen oder Kofinanzierungen als „Deutsche Filme" hinsichtlich ihrer Ästhetik wahrgenommen werden, lag nicht im Fokus des Gesetzgebers. Die Frage, ob Filme, wie z. B. „Die Fabelhafte Welt der Amelie" (2001) trotz ihres deutschen Ursprungszeugnisses einer „Deutschen Ästhetik" und „Deutschen Kinematografie" folgen, kann somit nicht durch das FFG beantwortet werden.

Da diese Studie versucht sich der Ästhetik von deutschen Filmen und einem „deutschen Geschmack" anzunähern, wird eine Definition des Begriffs „Deutscher Film" nicht auf Grundlage des FFG erfolgen können. Ziel dieser Studie ist es, die heimische Filmwirtschaft und ihre Filme zu betrachten. Eine Vermengung von internationalen Filmen und ihrer Ästhetik würde eine Verwässerung der Untersuchung ergeben. Vielmehr muss somit eine eigene Definition gefunden werden, um den Untersuchungskorpus festlegen zu können.

Regel: Es wird für diese Studie definiert, dass der Besitz eines deutschen Ursprungszeugnis bei internationalen Koproduktionen nicht automatisch für die Deklaration als „Deutscher Film" reicht. Der Untersuchungskorpus wird aus den Top 3-Filmen (nach Zuschauerzahl) eines jedes Jahres bestehen. Fallen unter diese Top 3-Filme eines Untersuchungsjahres internationale Koproduktionen, wird auch der Top 4-Film mit in die Untersuchung genommen. In diesen Ausreißerjahren werden somit 4 Filme betrachtet.

Internationale Koproduktionen, die zu den Top 3-Filmen der Untersuchungsjahre gehören werden, sind: „Resident Evil: Afterlife", „Luther", „Unsere Erde" und „Die Fabelhafte Welt der Amélie". Diese Filme zählen hinsichtlich ihrer Ästhetik nicht zu den „typisch deutschen Filmen". Eine methodische Ausweitung des Untersuchungskorpus ist somit als durchaus legitim einzustufen.

1.3.1.2.2 Auswertungsfenster Kinofilm

Innerhalb dieser Arbeit wird Filmerfolg nur für das Auswertungsfenster Kino untersucht. Die Betrachtung von Weiterverwertungen, wie z. B. DVD, VoD, Pay-TV, Free-TV, Weltvertriebsverkäufe, Neuverfilmungen, *Spin Offs*, Merchandising etc. würden den Rahmen dieser Arbeit sprengen. Sie werden in dieser Studie daher nicht betrachtet.

Ebenso wird es eine Einschränkung hinsichtlich des Auswertungsterritoriums geben. Diese Studie wird nur deutsche Filme auf deutschen Leinwänden betrachten. Eine Analyse von z. B. deutschen Filmen im Ausland oder ausländischen Filmen in deutschen Kinos ist nicht vorgesehen.

1.3.1.3 Eingrenzung des Untersuchungszeitraums

Diese Studie strebt eine retrospektive Untersuchung des deutschen Erfolgsfilms an. Nur so können valide Ergebnisse, im Gegensatz zu einer rein prognostischen Studie bestimmt werden.

Wie groß fasst man jedoch die Zeitspanne der Untersuchung? Wie weit geht man in die Vergangenheit zurück? Wie viele Jahre werden betrachtet? Hier steht sich ein langer Untersuchungszeitraum einem kurzen gegenüber – mit Vor- und Nachteilen. Ein langer Untersuchungszeitraum, im Gegensatz zu einem kurzen, birgt die Möglichkeit, wirtschaftliche, politische und gesellschaftsrelevante Krisenzeiten statistisch aufzufangen und sie nicht in einem Missverhältnis zum „Normalzustand" der Gesellschaft interpretiert zu wissen.

So könnte man z. B. den deutschen Erfolgsfilm ab 1945 bis in die Gegenwart betrachten. Diese große Zeitspanne hätte sicherlich interessante Ergebnisse hinsichtlich einer omnivisuellen Erfassung des Begriffs Erfolg über die Dekaden geliefert. Es wäre klar geworden: so sieht Erfolg über die Zeit in Deutschland aus. Der Fokus und das Thema dieser Studie hätten sich jedoch massiv verschoben.

Darüber hinaus steht hier die Frage nach validem Zahlenmaterial im Raum. Denn: Die Geschichte der Erhebung von Einspielergebnissen in Deutschland ist noch jung. Zwischen 1945–1979 erfassten und kontierten Verleiher, Kinos und Produzenten die Anzahl der verkauften Kinotickets nicht regelmäßig und zuverlässig. Das vorliegende Datenmaterial aus den Jahren 1955 bis in das Jahr 1979 hinein ist außerordentlich lückenhaft und inkorrekt. Die Filmverleiher meldeten in den seltensten Fällen ihre Einspielergebnisse. Teilweise wurden auch Falschmeldungen über Besucherzahlen von Seiten der Produzenten oder Verleiher veröffentlicht. Grund war die Verleihung einer „Goldenen Leinwand" (zu vergleichen mit dem heutigen „Bogey"), die ein Film ab einem Einspielergebnis von mindestens 3 Millionen Tickets erhielt. Da es keinerlei Instrumentarium, gar eine Behörde der Messung gab, genügte es, wenn der Produzent die Richtigkeit seiner Angaben über die Anzahl der verkauften Tickets mittels einer eidesstattlichen Erklärung versicherte. Laut dem Filmstatistiker und -historiker Jens-Peter Johannsen mehrten sich Ende der 70er Jahre die Verdachtsmomente über falsch abgegebenen eidesstattliche Erklärungen massiv und die Forderung nach einer institutionellen Messbehörde für Einspielergebnisse wurde laut.[93] Der Filmförderungsanstalt (FFA) wurde diese Aufgabe übertragen. Seit Dezember 1979 liefert sie regelmäßig zuverlässige Daten zu den Einspielergebnissen in deutschen Kinosälen.

---

93 Vgl. Johannsen, 2008.

Dieser Exkurs in die Geschichte der Zuschauererhebung zeigt, dass eine Untersuchung der erfolgreichsten Filme überhaupt erst ab Dezember 1979 Sinn macht.

Würde man nun einen Zeitraum von Dezember 1979 bis heute wählen, sieht man sich wiederum mit einem anderen Problem konfrontiert. Innerhalb dieser Zeitspanne veränderten sich die politischen und gesellschaftlichen Verhältnisse aufgrund der Deutschen Wiedervereinigung extrem. Zwischen 1980–1989 müsste man Ost- und Westdeutschland gesondert betrachten. Hinzu kommt, dass der Zeitraum von über 30 Jahren eine zu lange Zeitspanne vorsieht. Trends, popkulturelle Veränderungen, politische Ereignisse, Währungsreformen, soziokulturelle und wirtschaftliche Neuerungen würden in einem Ergebnis mitspielen und die Aussage verändern. Ergebnisse wären somit verwässert und wenig profund.

Ein zu kurzer Untersuchungszeitraum von z. B. 1–3 Jahren würde das Ergebnis jedoch ebenso verfälschen. Eine valide Aussage hinsichtlich Geschmack, Verdichtungen, Evidenzen kann nicht seriös gelingen. Viel zu groß wäre der Eindruck einer „Momentaufnahme".

Die Entscheidung wird somit ganz bewusst auf einen mittellangen Untersuchungszeitraum gelegt, welcher in jüngster Vergangenheit beginnt und in die Gegenwart reicht.

Festgesetzt wird der Jahreszeitraum 2000–2011. Die Zeitspanne von 12 Jahren erlaubt eine ausreichende Betrachtung von Filmkonsum, Regelmäßigkeiten und kinematografischen Trends. Die Zeitspanne ist auch so gewählt, dass soziologische, kulturelle, technische, wirtschaftliche und politische Veränderungen nicht „so schwer" wiegen. Ereignisse dieser Art und damit möglicherweise einhergehende Veränderungen im Filmgeschmack, im Filmkonsum oder in technischem Rezeptionsverhalten sind Veränderungen längerfristiger Art.

Mit dieser Zeitspanne wird auch die wichtige Entscheidung hinsichtlich der Untersuchungstiefe getroffen. Ein langer Zeitraum hätte eine oberflächlichere Untersuchung zufolge gehabt. Filme im Zeitraum von 12 Jahren können nun sehr profund untersucht werden, was eine Vielzahl an Ergebnissen liefert und als Qualitätsmerkmal wahrzunehmen ist.

1.3.1.4 Eingrenzung des Untersuchungskorpus

Wie bereits in den vorangegangenen Kapiteln hergeleitet, wird das Messinstrument der Untersuchung die Zuschauerzahl sein, Filme werden im Zeitraum 2000–2011 betrachtet, nur deutsche Filme auf deutschen Leinwänden. Nun gilt es den Korpus der Untersuchung zu definieren. Anders ausgedrückt: Welche und wie viele Filme werden innerhalb der Studie untersucht?

Die Festlegung des Untersuchungskorpus wirft als Erstes die grundsätzliche Frage auf: viele Filme versus wenige Filme – breite, aber flache Untersuchung versus enge, aber tiefgründige Untersuchung?

Bei der Beantwortung dieser Frage wird das Forschungsziel noch einmal in Erinnerung gebracht: die erfolgreichsten Filme der Jahre 2000–2011 werden untersucht. Aufgrund welcher Kriterien haben sich Zuschauer für den Besuch dieser Filme entschieden? Lassen sich Regelmäßigkeiten hinsichtlich dieser Kriterien bei den Filmen detektieren?

Im Fokus der Untersuchung stehen somit die erfolgreichsten Filme dieser Jahre. Für diese Filme soll eine Aussage getroffen werden hinsichtlich möglicher Kongruenzen und Signifikanzen. Die Auswahl von „weniger erfolgreichen und zu vielen Filmen" würde die Ergebnisse verfälschen und verwässern.

Es wird daher eine Entscheidung zugunsten eines mittelgroßen Untersuchungskorpus getroffen. Analysiert werden die 40 zuschauerstärksten Filme der Jahre 2000–2011. Um eine ausgewogene, statistische Gewichtung zu gewährleisten, werden jedoch nicht die insgesamt 40 erfolgreichsten Filme betrachtet, sondern die drei Filme pro Jahr mit den meisten Zuschauern. Auf diese Weise werden analyseverzerrende Elemente, wie Wetter, ausländische, konkurrierende Filme, Veränderung des infrastrukturellen Kinonetzes, Verfügbarkeit von Kinos, Steigerung des Ticketpreises, Inflation, demografischer Wandel/Veränderung der Publikums- und Altersstruktur statistisch ausgeglichen.

Die Entscheidung für „nur" drei Filme pro Jahr wird ganz bewusst getroffen. Die Top 3-Filme liegen meist über 1 Million Zuschauer, was in der Filmbranche sowohl bei Produzenten, Verleihern, Filmförderungen und Medien als „großer Erfolgsfilm" wahrgenommen wird.[94] Es ergibt sich in Summe somit ein Korpus von 40 Filmen, der nachfolgend als „Top 40-Filme" bezeichnet wird.

Wie bereits im Kapitel „Definition Deutscher Film" erwähnt, bestehen die Top-Filme der Jahre 2000–2011 auch aus Filmen, die den Charakter eine internationalen Koproduktion haben. Laut deutschem Ursprungszeugnis sind diese Filme „deutsch", jedoch ordnen die meisten Zuschauer diese Filme nicht einer „klassischen deutschen Kinematografie, Sehweise, Machart und Budgethöhe"

---

94 Vgl. Moszkowicz, 2013.

zu. Für die Jahre 2000–2011 gehören zu den Top 3 die folgenden internationalen Koproduktionen mit deutscher Beteiligung: „Resident Evil: Afterlife", „Luther", „Unsere Erde" und „Die Fabelhafte Welt der Amélie".

An dieser Stelle macht sich die Studie die Vorteile der qualitativen Medienforschung zunutze und bedient sich eines flexiblen Untersuchungsdesigns. In den Jahren, in denen unter den Top 3-Filmen auch internationale Koproduktionen sind, wird auch der Top 4-Film mit in die Untersuchung einbezogen.[95]

1.3.1.5 Die Datenherkunft

Bei der Bestimmung der Datenquelle zur Zuschauerzahl steht die Frage im Fokus, welche Organisation erhebt welche Daten, wie und mit welcher Genauigkeit? Werden z. B. nicht kommerzielle Veranstaltungen mitgerechnet und auch Schulvorstellungen?

In Deutschland werden Kinodaten von verschiedenen Instituten erhoben und kommen ebenso zu unterschiedlichsten Ergebnissen:

• Die **Filmförderungsanstalt (FFA)**, ist eine Bundesanstalt öffentlichen Rechts und veröffentlicht Filmhitlisten, die auf den Angaben der Verleiher beruhen.
• Das privatwirtschaftliche Marktforschungsinstitut **Nielsen EDI** erfasst die Besucherzahlen und Einspielergebnisse direkt bei den Kinobetreibern.
• Das ebenfalls privatwirtschaftliche Marktforschungsinstitut **Media Control** veröffentlicht neben anderen Mediendaten auch kinospezifische Daten. Diese Daten, stammen jedoch ursprünglich vom Verband der Filmverleiher (VDF).
• Die **Spitzenorganisation der Filmwirtschaft (SPIO e. V.)**: Die Statistische Abteilung der SPIO erfasst alle verfügbaren Daten im Bereich der deutschen Filmwirtschaft, wertet sie aus und stellt die Ergebnisse der Öffentlichkeit zur Verfügung. Sie ist Informationsquelle für Unternehmen der Filmwirtschaft, Behörden und Ministerien, Journalisten, Studenten und medienpolitischen Organisationen im In- und Ausland.
• Die **GfK** ist das größte deutsche privatwirtschaftliche Marktforschungsinstitut. Neben der Erhebung von Einschaltquoten für das Fernsehen, fertigt die GfK aufgrund ihres eigenen Panels Studien zum Kinokonsum an. Diese werden oftmals auch im Auftrag der FFA erstellt.

Bezüglich der Datenbasis für die Zuschauerzahl wird an dieser Stelle eine Entscheidung zugunsten der FFA gefällt. Die sehr validen und zuverlässigen

---

95 In der Anwendung ergab sich, dass der jeweilige Top 4-Film eine rein, deutsche Produktion war.

Zahlen wurden über den Untersuchungszeitraum hinweg durchgängig erfasst, verifiziert und veröffentlicht. Ebenso wird das in den Filmhitlisten angefertigte Top-*Ranking* übernommen, welches sich nach den Besuchern des laufenden Jahres bemisst. Dieser Studie stand ebenso das Zahlenmaterial von Media Control zur Verfügung. Dieses wurde als Ergänzung zum Datenpool der FFA eingeholt und diente als Überprüfungsinstanz. Interessant ist, dass es zwischen diesen beiden (validen) Quellen durchaus größere Abweichungen in den Zuschauerzahlen, ebenso wie beim Jahres-*Ranking* gibt. An Stellen, wo es Abweichungen gab, wurden diese durch eine Drittquelle, wie z. B. Nielsen EDI überprüft.

Im weiteren Verlauf der Arbeit wird auch auf die GfK und ihre Studien für die FFA zurückgegriffen werden, wie z. B. auf die Langzeitstudie „Der Kinobesucher"[96], welche auf dem GfK Panel (im Jahr 2000 10.000 Befragte, in den Jahren 2001–2009 je 20.000 Befragte, in den Jahren 2010–2011 je 25.000 Befragte)[97] basiert.

1.3.1.6 Zusammenfassung

Zusammenfassend lässt sich für die Definition „Erfolg", Messinstrument, Untersuchungsgegenstand, -zeitraum und -korpus festhalten:

- **Begriff „Erfolg" wird mit wissenschaftlich-ökonomischem Fokus betrachtet**
- **Messinstrument für Filmerfolg wird die Zuschauerzahl sein**
- **Untersucht werden deutsche Kinofilme auf deutschen Leinwänden**
- **Es wird ein Untersuchungskorpus von insgesamt 40 Filmen gewählt im Zeitraum der Jahre 2000–2011**
- **Pro Jahr werden jeweils die Top 3-Filme definiert und analysiert, in Ausnahmefällen auch Top 4-Filme (internationale Koproduktion)**
- **Top 3- bzw. Top 4-Filme definieren sich über die meisten Zuschauer innerhalb eines Jahres auf deutschen Leinwänden. Ausschlaggebend für die Auswahl ist das Top-Ranking der FFA (Zweitquelle Media Control, Drittquelle Nielsen EDI)**

Die vorangegangenen Kapitel haben den Rahmen der Untersuchung eingegrenzt. Es wurde klar: <u>Was wird genau untersucht?</u> Im nachfolgenden Kapitel gilt es nun die richtige angewandte Methodik für die Analyse zu finden: <u>Wie wird untersucht?</u>

---

96 Vgl. FFA-Filmförderungsanstalt, 2012.
97 Vgl. FFA, 2009.

1.3.2 Angewandte Methodik (Wie wird untersucht?)

Das Kapitel über den aktuellen Forschungsstand hat veranschaulicht, dass unterschiedlichste methodische Herangehensweisen zum Thema existieren. Dabei lassen sich neben diversen Blickwinkeln grundsätzlich zwei Hauptrichtungen eines methodischen Forschungsansatzes herausstellen: qualitativ oder quantitativ. Ähnliche Studien, die überwiegend auf qualitativen Untersuchungsmethoden aufbauen sind z. B. die von Zag, Wegener oder Feuerer (im 1. Teil ihrer Studie).[98] Ähnliche Studien oder Analysen, die überwiegend mit quantitativen Methoden operieren sind z. B. von Hennig-Thurau, Daamen, Zuta, der Firma Epagogix und des Hollywood Stock Exchange (HSX).[99] Für die Wahl der anzuwendenden Methodik dieser Studie stehen sich qualitative Untersuchungsmethoden mit quantitativen Methoden und Mischformen aus beiden gegenüber. Es konnte insgesamt beobachtet werden: Studien der Erfolgsforschung mit medienwirtschaftlichem Fokus operieren meist mit quantitativen Methoden. Liegt der Fokus auf medienwissenschaftlichen, philosophischen, morphologischen oder filmwirkungstheoretischen Aspekten, dominieren überwiegend qualitative Forschungsmethoden.

Über die Grundeinteilung der qualitativen und quantitativen Medienforschung hinweg, lassen sich bei ähnlichen Arbeiten zur Erfolgsforschung unterschiedlichste methodische Ansätze beobachten, wie z. B. literaturanalytisch, empirisch, statistisch, mathematisch, stochastisch, hermeneutisch etc. Auch Mischformen kommen häufig vor. In Übertragung auf diese Studie eröffnen sich die folgenden möglichen Herangehensweisen:

- Ökonometrische Modelle, wie z. B. Regressionsanalyse
- Theorientriangulation
- Quantitative Sozialforschung (deskriptive Statistik)
- Empirisch-statistisch
- Literaturanalyse/Inhaltsanalyse
- *Grounded Theory*
- Objektive Hermeneutik
- Diskursanalyse
- Mischformen

---

98 Vgl. Zag, 2005; vgl. Wegener, 1994; vgl. Feuerer, 2001.
99 Vgl. Hennig-Thurau u. a., 2009; vgl. Daamen, 2008; vgl. Zuta, 2008; vgl. Wikipedia, 2010; vgl. HSX, 2010.

Eine eindeutige und universell anwendbare Methodik für die Fragestellung dieser Studie gibt es leider nicht. Vielmehr ist die Bestimmung der Methodik eine der Kernleistungen dieser Arbeit. Die Entwicklung und Ausarbeitung eines zufriedenstellenden und funktionierenden Untersuchungssystems bereitete retrospektiv betrachtet den größten Aufwand dieser Studie. Die Diskussion und Festlegung eines Forschungsdesigns musste vor dem Hintergrund geführt werden, dass unterschiedliche Methoden, unterschiedliche Analysen, mit unterschiedlichen Aussagen liefern werden. Die Auswahl musste daher mit größtmöglicher Sorgfalt und Abwägung getroffen werden.

Entscheidet man sich für die quantitative Medienforschung und wendet statistische, mathematische, empirische Methoden an, sind die folgenden Anforderungen an die Statistiken unerlässlich: sie müssen objektiv, verlässlich, überkontextuell gültig, standardisiert, reproduzierbar, signifikant und relevant sein. Das Datenmaterial muss valide sein.

Für die vorliegende Studie und die einzelnen Untersuchungen können diese Anforderungen jedoch nur in bedingtem Maße erfüllt werden. Filme sollen hinsichtlich ihrer Bestandteile untersucht werden. In vielen Aspekten ist eine quantitative Messbarkeit dieser Bestandteile, wie z. B. die Frage „Spiegelt das explizite Thema des Films einen gewissen Zeitgeist wieder?" jedoch nicht möglich oder nur äußerst schwierig.

Die qualitative Medienforschung erlaubt in vielen Bereichen die Abweichung von rein Messbarem. Dies ist nicht als Manko zu begreifen, sondern als „Gütesiegel". Die qualitative Medienforschung gleicht Nachteile eines zu starren Untersuchungsdesigns der quantitativen Forschung aus und ermöglicht Bewertungen, Bereinigungen und Interpretationen, zugunsten eines aussagekräftigen Endergebnisses.[100] Auch Ayass und Bergman beschreiben dies als Vorteil:

> „In einem programmatischen Sinn bezieht sich «qualitativ» also zunächst darauf, soziale Phänomene nicht um jeden Preis in Form von zählbaren Einheiten abzubilden und auf ihre quantifizierbaren Merkmale zu reduzieren, sondern in ihrer nicht-zählbaren Eigenart, Vielschichtigkeit, Widersprüchlichkeit und Dynamik zu bewahren und zur Geltung kommen lassen. Es geht also um Datenanreicherung und «Datengewinn» (Hoffmann-Riem 1980) sowie um die Entdeckung einer noch nicht vom Wissenschaftler gefilterten oder gar zugerichteten sozialen Wirklichkeit."[101]

Nach Entwurf eines konkreten Forschungsdesigns wird klar werden, dass die Komplexität dieser Studie die Verwendung von quantitativen und qualitativen

100   Vgl. Mikos & Wegener, 2005; vgl. Wegener, 2008.
101   Ayass & Bergmann, 2006, S. 17.

Forschungsmethoden verlangen wird, die je nach Sachverhalt zur Anwendung gebracht werden. Ein zu starres Forschungsdesign würde sich an dieser Stelle kontraproduktiv auf die Ergebnisse dieser Studie auswirken. Diese Erkenntnis brachte auch die Beschäftigung mit anderen Studienarbeiten (siehe dazu z. B. Daamen[102]). Jede Teiluntersuchung erfordert somit eine individuell entworfene Analysemethode. Nur diese Flexibilität in der Konzeption, im Design und der Anwendung der Methodik wird dem Anspruch gerecht zu einem möglichst aussagefähigen, validen Endergebnis zu gelangen.

1.3.2.1 Forschungsdesign

<u>Kapitel 2: Kriterien der Filmauswahl</u>

- Datenmaterial für Langzeitstudie (2000–2011) liegt vor. Zuschauer wurden im Kino befragt „Warum haben Sie sich für diesen Film entschieden?". (Grundlage: GfK-Panel)
- Analyse, Auswertung, Interpretation und Gewichtung der Daten (Welche Kriterien waren für die Filmauswahl verantwortlich? Welches wog dabei schwerer, als das andere? Etc.) mittels qualitativer und quantitativer Methoden vornehmen.

<u>Kapitel 3: Die Matrix – Untersuchung der Top 40-Filme</u>

Die Kriterien der Filmauswahl geben die Untersuchungskategorien vor, mit denen nun eine Matrix entwickelt werden kann. Welche Aussagen liefern die Top 40-Filme hinsichtlich der wichtigsten Besuchsgründe?

- Festlegung der Top 40-Filme: Erfassen der zuschauerreichsten Filme (Top 40-Filme) anhand von statistischen Daten nach Besucherzahlen.
- Analyse der Top 40-Filme (Matrix): Aufspaltung jedes Films in seine Untersuchungskategorien. (Weist ein Film eine Besonderheit auf, die im Untersuchungskorsett nicht vorgesehen ist, wird sie trotzdem analytisch betrachtet.) Jedes Kriterium wird innerhalb der Matrix einzeln untersucht. Das Forschungsdesign sieht hierfür unterschiedliche Methoden vor.

  1. Thema & Story (Genre, Erzählton, Ästhetik) → qualitative Methodik mittels Filmanalysen
  2. Film ist aktuelles Gesprächsthema/Zeitgeist/am Puls der Zeit → qualitative Methodik mittels Analysen (Popkultur, Medien, Politik, Boulevard, Jubiläen etc.)

---

102   Vgl. Daamen, 2008.

3. Schauspieler → quantitative Methodik mittels Ermittlung des *starmeters*
   und Einteilung in Marktwertgruppen
4. Vorlage → faktische Recherche
5. Special effects/Animation → qualitative und quantitative Methodik mittels
   Deskription und normativer Einteilung
6. Regisseur → quantitative Methodik mittels Ermittlung des *starmeters* und
   Einteilung in Marktwertgruppen
7. Budget/*production value/Look* → quantitative und qualitative Methodik:
   faktische Recherche, normative Einteilung in Budgetklassen, deskriptive
   Einschätzung des *production values*
8. Vertrieb → Recherche und normative Einteilung in Kopienklassen
9. Resonanz → faktische Recherche

Wie das ganz korrekt operationalisierte Vorgehen aussieht, wird jedes Kapitel für
sich noch einmal im Detail beschreiben. An dieser Stelle sollte ein grundsätzlicher
Überblick über die angewandte Methodik dieser Arbeit gegeben werden.

2 Kriterien der Filmauswahl

2.1 Überlegungen zur Forschungsfrage „Warum entschieden sich Zuschauer für einen Film?"

Will man das deutsche Erfolgskino und seine Determinanten eingehend analysieren, muss man sich zunächst den Zuschauern widmen. Denn sie waren es, die mit dem Kauf eines Kinotickets über Erfolg oder Nicht-Erfolg eines Films entschieden.

Die Fragen, die es nun zu klären gilt, sind folgende: Warum entschieden sich Zuschauer für einen speziellen Kinofilm? Welche Kriterien waren bei der Filmauswahl ausschlaggebend? Welche Bedürfnisse musste der Film stillen, welche Erwartungen erfüllen? Welche Gründe nennen Zuschauer, warum sie sich für einen Film entschieden haben?

Die Prozesse und Präferenzen, die auf die Zuschauer bei der Entscheidung für einen Film wirkten, werden deshalb das Thema dieses Kapitels sein. Das Ergebnis aus dieser Untersuchung ist, dass Kriterien zur Filmauswahl benannt werden und anschließend gewichtet werden können – es wird klar, warum sich Zuschauer für einen Film entschieden. Deutlicher formuliert: Waren z. B. Schauspieler wichtig für die Filmauswahl? Wenn ja, waren Schauspieler ein wichtigeres Kriterium, als die Regisseurin oder der Regisseur oder gar das Thema des Films?

Diese benannten und gewichteten Kriterien sind die Grundlage für eine differenzierte Auswertung der Erfolgsfilme dieser Studie und lassen im Kapitel „Die Matrix – Untersuchung der Top 40-Filme" zu, dass mögliche Verdichtungen und Signifikanzen zutage gefördert werden könnten. Somit könnten Zufallserfolge von ablesbaren Regelmäßigkeiten unterschieden werden.

Dem Thema Motivationsforschung, Filmwirkungsforschung bzw. Kinopublikumsforschung kann man sich auf verschiedenen Wegen annähern: tiefenpsychologisch, demografisch, soziologisch, morphologisch, statistisch usw. Jede Betrachtung wird ein anderes Ergebnis liefern. Auf die Kaufentscheidung der Zuschauer wirken verschiedene innere und äußere Prozesse. Welche das sind und mittels welches Forschungsansatzes man zielführendere Ergebnisse erhält, wird der folgende Abriss klären.

2.1.1 Das Enttäuschungsrisiko (Kino ist nicht TV)

Vergleicht man die beiden Medien Kino und TV, so bergen sie für die Zuschauer
große Unterschiede. Die richtige Filmauswahl im Kino ist für die Zuschauer von
sehr viel größerer Bedeutung als im Fernsehen. Planen Zuschauer einen Kinobesuch, so nehmen sie dafür beträchtlichen Aufwand auf sich. Sie investieren
Zeit, Umstände, Geld und das Risiko der Enttäuschung. Die durchschnittlich
ausgegebenen 7,38 Euro pro Kinokarte[103] sind eine Investition in einen Film, der
überzeugen muss. Überlegt man, dass der Preis für eine Kauf-DVD in etwa gleich
hoch ist, wie der eines Kinobesuchs und der Preis eines VoD-Filmvergnügens nur
knapp die Hälfte davon bemisst, so muss ein Film im Kino zwingendermaßen
einen deutlich erkennbaren Mehrwert für den Zuschauer haben.

Das Enttäuschungsrisiko ist für Filme im Free-TV, auf DVD oder per VoD deutlich leichter zu tragen als im Kino. Im Fernsehen könnte man einfach umschalten,
im Kino gelingt das nicht. Für Filme im Free-TV müssen Zuschauer auch nicht
(außer die GEZ-Gebühren) Geld für einen guten Film bezahlen. Ebenso hält
sich der Aufwand und die Umstände in Grenzen, da sie sich nicht extra an einen
anderen Ort begeben müssen, einen Parkplatz suchen, zu einer speziellen Uhrzeit
im Kino sein oder rechtzeitig vorher eine Reservierung getätigt haben müssen.

Für ältere Menschen ist die Filmauswahl ein noch wichtigerer Faktor als für junge
Menschen. Das bestätigt ebenso Blothner, denn jüngere Menschen gehen häufig
in Gruppen ins Kino.[104] Oftmals ist Kino auch nur ein Teil der Abendgestaltung.
Das Risiko der Enttäuschung ist für sie daher leichter zu tragen als für ältere
Menschen, für die ein Kinobesuch einen wesentlich größeren Aufwand darstellt.

Entscheiden sich Zuschauer trotz all dieser Hindernisse für einen Kinobesuch,
muss die Filmauswahl gut getätigt sein, um nicht enttäuscht zu werden.

Die Zuschauer haben daher ein starkes inneres Bedürfnis, vorher in Erfahrung
zu bringen, ob ihnen der Film zusagen wird oder nicht. Sie mindern so das Enttäuschungsrisiko.

Blothner attestiert, dass die Prozesse und Präferenzen der Zuschauer innerhalb
der Auswahlphase bewusst oder unbewusst sein können.[105]

---

103   Vgl. SPIO, 2012; vgl. auch FFA – Filmförderungsanstalt, 2014, Preis gilt für das Jahr
      2011.
104   Vgl. Blothner, 2002, S. 4–7.
105   Vgl. Blothner, 1999, S. 24–25.

Die Zuschauer haben zunächst ein Bedürfnis, einen schönen Film zu erleben, der zum Tag und zur Stimmung passen soll:

> „Manchmal soll er Harmonie und Entspannung (Beziehungskomödie), manchmal extreme Belastung bringen (Horrorfilm). Anderntags fühlt man sich gereizt und geladen, da bringen Actionfilme möglicherweise die gesuchte Entladung."[106]

Um die Auswahl zu erleichtern, helfen auch Empfehlungen von Freunden, Kinowerbung, Kritiken usw. Auch spezifische Präferenzen, wie z. B. eine bestimmte Regisseurin, können beim Auswahlprozess mitwirken. „Ebenso kann der Filmtitel, das Plakat oder die Pose des Hauptdarstellers Auslöser für den Kinobesuch sein."[107]

Die oben genannten Kriterien für den Filmbesuch sind den Zuschauern keineswegs bewusst, so Blothner. Die Motive liegen für die Zuschauer oftmals verborgen. Sie müssen sie sich nicht bewusst machen, um eine Kaufentscheidung zu fällen. Die Zuschauer entscheiden aus dem Bauch heraus oder es wird für sie entschieden (Partner/Gruppe).[108] Die Zuschauer wissen, dass es nicht Einzelheiten sind, die über ein Filmerleben entscheiden:

> „Im Filmerleben verschmelzen Einzelheiten wie Stars, Geschichte, Effekte, Ton, Musik etc. zu ganzheitlichen Wirkungsqualitäten. Deren Abfolge und Aufbau, die dabei entstehende psychische Verfassung und deren Entwicklung entscheiden schließlich darüber, ob ein Film bei den Zuschauern ankommt oder nicht. Daher versuchen sie, möglichst viel über das Gesamtkonzept des Films herauszubekommen."[109]

Bei dieser Einordnung helfen die gängigen Filmgenrebegriffe, die sich die Filmwerbung zunutze macht, so Zuta.[110] Häufige Genreeinteilungen der Verleiher lauten z. B.: Drama, Komödie, Kinderfilm, Jugendfilm, Fantasy, Märchenfilm, Trickfilm, Thriller etc. Aber auch Genrebegriffe, die mehr Einblick in das Thema, die Stimmung und/oder dessen *Setting* verraten sind häufig: Westernkomödie, Großstadtmärchen, Horrorthriller, Kriminalkomödie, Science-Fiction-Komödie etc. Genrebegriffe ermöglichen den Zuschauern, einen Abgleich zwischen dem zu Erwartenden und ihrem Erlebnisbedürfnis vorzunehmen.

Inhaltliche Orientierungspunkte reduzieren das Risiko, dass sich der Erlebniswunsch nicht einstellt. Blothner geht davon aus, dass ein ausreichend großes Wissen bezüglich Filminhalten und -genres bei den versierten Kinozuschauern

---

106   Blothner, 1999, S. 24–25.
107   Blothner, 1999, S. 25.
108   Vgl. Blothner, 1999, S. 24–25.
109   Blothner, 2002, S. 4–7.
110   Vgl. Zuta, 2008, S. 95.

herrscht.[111] Die „Mündigkeit" der Zuschauer geht sogar noch ein Stück weiter. Mit zunehmender Intensität des cineastischen Interesses sammeln sie immer mehr Informationen über Stab, Inhalt und Hintergründe des Films, welche in die Filmentscheidung einbezogen werden – höherer Anspruch bedingt eine genauere Suche.[112] Winter leitet aus der zunehmenden Medienaneignung sogar Handlungsprozesse ab – es entstehen „produktive Zuschauer".[113]

Das erworbene fachkundige Wissen des Publikums ist dabei nicht zu unterschätzen. Meist erkennt es oft schon an den Trailern, „[…] ob man ihm tatsächlich zwei Stunden einzigartiger Unterhaltung anbietet. Uninspirierte und inhaltlich konzeptionslose Filme erkennt es schneller und sicherer, als man annehmen möchte."[114]

2.1.2 Planung des Kinobesuchs

Ergebnisse aus der Forschung zur Frage, wann die Planung zum Filmbesuch stattfindet, ermutigen die weitere Beschäftigung mit dem Thema. Denn 56 % der Kinozuschauer planen bereits mehrere Tage vor ihrem Besuch, sich einen bestimmten Film anzuschauen.[115] Auch die Zahlen der letzten 10 Jahre zeigen ein konstantes Ergebnis hinsichtlich der langen Vorausplanung der Filmauswahl. 51,7 % der Zuschauer entschieden sich mehrere Tage vorher für einen Film, 17,6 % planten ihren Filmbesuch immerhin noch 1 Tag im Voraus, 19,8 % entschieden sich am Besuchstag und nur 12,5 % wählten den Film am Besuchstag direkt im Kino aus:

Tabelle 1: Zeitpunkt der Planung des Kinobesuchs

Entscheidungszeitpunkt für Kinobesuch	In Prozent
Mehrere Tage vorher	51,7 %
1 Tag im Voraus	17,6 %
Am Besuchstag	19,8 %
Am Besuchstag im Kino	12,5 %

Quelle:[116]

---

111   Vgl. Blothner, 2002, S. 5.
112   Vgl. Zuta, 2008, S. 95; vgl. Blothner, 2003b, S. 13–15.
113   Vgl. Winter, 2010.
114   Blothner, 1999, S. 13–14.
115   Vgl. FFA-Filmförderungsanstalt & Nörenberg, 2011, S. 15.
116   Eigene Darstellung: vgl. An der Gassen, 2011c.

Die Ergebnisse der langen Vorausplanung überraschen, beweisen sie doch, dass sich die Zuschauer sehr weit im Vorfeld mit der Filmauswahl beschäftigten. Über zwei Drittel aller Kinobesuche werden von langer Hand geplant. Das heißt, dass unbeeinflussbare Faktoren, wie „Spontanentscheidung an der Kinokasse", „schlechtes Marketing im Kino", „Gruppendynamiken" und „Wetter" anteilsmäßig geringen Anteil am Erfolg eines Kinofilms haben. Filmauswahlprozesse werden damit wesentlich transparenter.

Dieses Ergebnis bedeutet auch, dass man in der Masse nicht von sogenannten „Zufalls-erfolgen" sprechen kann. Die Zuschauer dieser Filme sind keine „spontanen Wesen", die Deisenroth der Mehrheit der Kinobesucher attestiert.[117] Diese Art von spontanen Zuschauern hatten an den Top 10-Filmen im Durchschnitt nur einen Anteil von 12 %. Sie haben sich erst am Besuchstag im Kino für den Film entschieden. 88 % der Zuschauer der Top 10-Filme haben diesen Kinobesuch kürzer oder länger geplant. Erfolgskino ist hinsichtlich der Planung somit kein Zufall.

Welche Faktoren sind es also, welche die Zuschauer mehrere Tage im Voraus betrachten und die schlussendlich zur Filmauswahl führen?

Alle ihm zu diesem Zeitpunkt zur Verfügung stehenden Informationen, Eindrücke, Werbemaßnahmen, Empfehlungen von Freunden etc. haben sicherlich diese Kaufentscheidung herbeigeführt. Doch welche wirken wie stark und sorgen dafür, dass die Zuschauer tatsächlich aus dem Haus gehen und sich eine Kinokarte kaufen?

2.1.3 Verschiedene Forschungsansätze

Warum entscheiden sich Zuschauer für einen Film? Um sich der Antwort dieser Frage zu nähern, gibt es verschiedene Forschungsansätze, Gedankengänge und Studien.

Zuta versucht mit seiner Studie den Publikumspräferenzen auf die Spur zu kommen. Dabei bildet er Rückschlüsse in der Wirkung eines Films auf die Zuschauer und deren Präferenz bei der Filmauswahl. Er bringt somit die Filmwirkung mit dem Filmerfolg in Zusammenhang. Er kündigt an:

> „Um die Ergebnisse der Filmwirkungsforschung ex-ante zu einer Minimierung des Absatzrisikos nutzen zu können, soll der Versuch unternommen werden, die Richtung zu ändern und die Erkenntnisse über die Wirkung von Filmen als Leitlinien des Entwicklungsprozesses nutzbar zu machen."[118]

---

117   Vgl. FFA-Filmförderungsanstalt & Deisenroth, 2004, S. 41.
118   Zuta, 2008, S. 57.

Auch <u>Dahl</u> beschäftigt sich in diesem Zusammenhang mit Filmwirkungsforschung und attestiert dieser eine andauernde Wirkung, die sich auch auf nachfolgende Filme niederschlägt. Es entsteht eine Art Erfahrungsgedächtnis:

> „Ziel der morphologischen Filmanalyse ist es, herauszuheben, welche elementaren seelischen Spannungen den Stoff des Erlebens bilden und welche Entwicklung diese über die Dauer des Films und in seine Nachwirkung hinein nehmen."[119]

<u>Blothner</u> erkennt in seinem Werk „Erlebniswelt Kino" und innerhalb seiner morphologischen qualitativen Filmanalysen, dass es Gemeinsamkeiten hinsichtlich des Erlebens von Filmen gibt. Er kristallisiert dabei 18 verschiedene Filmthemen heraus, die sich auf universelle Grundkomplexe der menschlichen Erfahrungswelt beziehen.[120] Diese Filmthemen sind inhaltlich geprägt und geben den Zuschauern eine unbewusste Orientierung. Die Filmthemen gilt es in einem Film zu bedienen, soll der Film entscheidend auf die Zuschauer „wirken". Die Zuschauer sollen morphologisch angesprochen werden, Sehnsüchte geweckt und befriedigt werden, Verwandlung erfolgt sein. Aufsetzend auf diese universellen Grundkomplexe können aktuelle Filmthemen einen Aufhänger haben, der Menschen ins Kino zieht. Er attestiert den Wirkungsprozessen Regelmäßigkeiten und Mechanismen, nach denen Kinogänger und Filminhalte zueinander finden, zumindest bei der Ansprache von Zielgruppen.[121]

Generell ist Blothner zuzustimmen. Die von ihm aufgezeigten Grundkomplexe der menschlichen Alltagswelt sind Themen, die wohl jeden Menschen umgeben, mit denen sich auch die Zuschauer ständig beschäftigen müssen. Das Kino liefert hierfür sicherlich Lösungsansätze, befriedigt Sehnsüchte oder bietet eskapistische Möglichkeiten.

Da all diese Vorgänge jedoch im Verborgenen ablaufen, im Kopf der Zuschauer, fällt eine Zuweisung von Signifikanz im Hinblick auf die Filmentscheidung schwer. Eine Überprüfbarkeit ist an dieser Stelle gänzlich ausgeschlossen.

Die von Blothner genannten 18 Filmthemen könnten ein guter Ansatz für die Entwicklung von Filmen sein. Hierbei gänzlich unbetrachtet bleibt jedoch der Unterschied zwischen Kino- und Fernsehstoffen. Blothner gibt an, dass die 18 Filmthemen das Publikum zu jeder Zeit in ihren Bann ziehen können. Das Kino und das Fernsehen handle mit diesen Stoffen und werde es immer tun.[122] Wenn diese Grundkomplexe beim Menschen wirken, egal in welchem Medium er sie sieht, wieso sollten die Zuschauer dann dafür ins Kino gehen? Ein Kinofilm muss

---

119   Dahl, 2004, S. 4.
120   Vgl. Blothner, 1999.
121   Vgl. Blothner, 2003b, S. 5–6.
122   Vgl. Blothner, 1999, S. 238.

somit noch weitere Elemente haben, weshalb die Zuschauer sich für den Kinobesuch entscheiden. Die Story allein kann es nicht sein, dafür müssten sie nicht ins Kino gehen. Was kann es also sein?

Alle drei Studien von Zuta, Dahl und Blothner bringen Filmwirkung in Zusammenhang mit Filmerfolg. Darin begründet sich der große Kritikpunkt an diesen Studien. Zu überdenken ist: Wurde der <u>Zeitpunkt der Betrachtung</u> richtig gesetzt? Die morphologischen Grundprozesse finden bei den Zuschauern entweder während oder nach der Filmrezeption statt. Auch, wenn die erfahrenen Kinobesucher geübt sind im Beurteilen von Trailern und Sammeln von Filminfos vor dem Besuch, eine einwandfreie Einschätzung und Zuordnung des Films und seiner Story in seiner Komplexität ist wohl nicht möglich. Als verwirrendes Element kommt hier auch noch die Marketingarbeit hinzu, welche den Zuschauern oftmals gezielt einen falschen Eindruck vom Film vermittelt (der Film soll breitenwirksamer sein, als es vielleicht der tatsächliche Inhalt des Films ist).

Somit sind Blothners, Zutas und Dahls Ergebnisse sicherlich signifikant für die Weiterempfehlungsquote des Films (*word-of-mouth*), nicht jedoch relevant für die Kriterien der Filmauswahl, die zeitlich gesehen <u>vor dem Filmbesuch</u> stattfinden. Da das erste Startwochenende der entscheidende Zeitraum für den Erfolg eines Films ist, ist es besonders wichtig, hier viele Zuschauer ins Kino zu locken. Denn, wenn keiner am ersten Wochenende ins Kino geht, ist auch die Möglichkeit des *word-of-mouth* limitiert. Hinzu kommt, dass mittlerweile die meisten Kinobetreiber einen Film aus dem Programm nehmen, „*performed*" er am ersten Wochenende nicht. Dadurch haben sich auch die Möglichkeiten des *word-of-mouth* deutlich beschränkt.[123]

Es wird somit klar: als Zielvorgabe für die vorliegende Studie bleibt weiterhin herauszufinden, welche Prozesse bei den Zuschauern im Filmauswahlmoment wirken. Dieser Moment liegt <u>vor dem Filmbesuch.</u>

Die Filmwirkungsforschung ist insgesamt ein Wissenschaftsfeld, welchem viele Forscher großes Erkenntnispotenzial für die Filmerfolgsforschung zuweisen (siehe dazu z. B. Dirk Blothner und Gloria Dahl)[124]. Ob dies zu Recht geschieht wird hier in Frage gestellt. Ein direkter Rückschluss von den Erlebnis- und Erfahrungswerten der Zuschauer, also wie haben sie sich in einem Film gefühlt, ist nicht möglich. Faktisch liegt der Filmkonsum zeitlich nachgeordnet dem Kino-

---

123   Das bestätigen auch die Branchenvertreter: vgl. Kochendörfer, 2013; vgl. Arseguel, 2013; vgl. Schopen, 2013.

124   Vgl. Blothner, 1999, vgl. 2003b; vgl. Dahl, 2004.

kartenkauf. Es bleiben somit zwei Möglichkeiten, wie man sich trotz alledem die Ergebnisse der Wirkungsforschung zunutze machen könnte: a) durch Weiterempfehlung des Films an andere Zuschauer und b) durch Erfahrungsspeicherung und Entscheidungsgrundlage beim nächsten Filmbesuch. Diese beiden Aspekte sollen daher einmal gesondert betrachtet werden.

Wirkungsforschung und die Macht der Mundpropaganda

Blothner und Zuta weisen der Weiterempfehlungsrate immense Bedeutung zu: „Mittel- und langfristig, also nach der ersten Woche, ist jedoch die Wirkung des Films auf die Zuschauer, meist ausgedrückt in Mundpropaganda, das wichtigste, über Erfolg und Misserfolg entscheidende Kriterium."[125]. Die Zahlen der Statistik zeigen jedoch, dass die Macht des *word-of-mouth* überschätzt wird. Faktisch belegen die Zahlen, dass die Filmvorschau oder ein Trailer im Kino sowie die Werbung im Fernsehen eine ebenso wichtige Quelle der Aufmerksamkeit für den Film sind (*source of awareness* für deutsche Filme, 2004–2010: Werbung im TV 23,7 %, Empfehlung von anderen 22,6 %, Trailer 21,7 %,).[126] Das heißt, dass entgegen der Meinung von Blothner und Zuta die Mundpropaganda nicht das wichtigste und über Erfolg und Misserfolg entscheidende Kriterium ist.

Das Argument, dass die Erfahrungswerte der Zuschauer an potenzielle neue Zuschauer weitergegeben werden und so die Zuschauerzahlen eines Films maßgeblich erhöhen, ist somit widerlegt. Für den Erfolg eines Films liefern die Ergebnisse des *word-of-mouth* keine befriedigende Antwort auf die Frage nach den Kriterien der Filmauswahl.

Wirkungsforschung und das Marketing

„Im Vorfeld entscheidet das von Marketing und Werbung kommunizierte Bild eines Films darüber, ob die Menschen den Aufwand in Kauf nehmen, ins Kino zu gehen."[127], so Blothner. Diese Aussage kann nur zutreffen, wenn die Werbung und sämtliche den Zuschauern zugänglichen Informationen über den Film eine 100 % getreue Abbildung des zu erwartenden Films darstellt. Die Praxis zeigt, dass dem meist nicht so ist.

Die Hauptaufgabe des Marketings besteht darin, einen Film bestmöglich zu verkaufen. Dazu wird häufig die Wahrnehmung des Films in der Öffentlichkeit verändert,

---

125   Zuta, 2008, S. 79.
126   An der Gassen, 2011b- siehe hierzu Tabelle im Anhang 7.2 und 7.3.
127   Blothner, 2001, S. 8–9.

ein Film wird z. B. als romantische Komödie verkauft, ist jedoch vielmehr eine Satire oder Tragikomödie. Mit bekannten Schauspielern in Nebenrollen wird über die Maßen geworben. Nur die besten Szenen eines Films sind Bestandteil eines Trailers. Dieser soll großes Filmvergnügen und wenig Enttäuschungsrisiko versprechen.[128]

Das Marketing und die Filmwerbung streut ganz gezielt „Sand in die Augen der Zuschauer". Von einem naturalistischen, wahrheitsgetreuen Abbild des Films kann somit nicht gesprochen werden. Das wahre Wesen des Films entfaltet sich für die Zuschauer erst bei Rezeption desselben.

Ein uneingeschränkter Rückschluss der Wirkungsforschung auf Filmauswahlprozesse (und somit auf Erfolg) kann daher auch an dieser Stelle widerlegt werden. Warum entschieden sich dann Zuschauer für einen Film?

2.1.4 Der Zeitpunkt der Betrachtung

Ruft man sich den Fokus dieser Studie noch einmal ins Gedächtnis ist es unerlässlich, die Entscheidungsprozesse vor dem Filmkonsum zu betrachten. Also, wie kam es überhaupt zum Filmkonsum? Wieso und aus welchen Gründen haben die Zuschauer diesen und keinen anderen Film ausgewählt?

Ansatzpunkt muss eine Befragung der Zuschauer am *point of sale*, somit im Kino zum Zeitpunkt seines Filmkonsums sein.

Auf diese Weise kann ein unverstellter Blick auf die an der Kaufentscheidung beteiligten Parameter gelingen. Alle zeitlich nachgelagerten Informationen zum Film (z. B. Filmpreise und Nominierungen) werden für diese Studie ausgeklammert. Sie können keinen Anteil an der Kaufentscheidung haben. Diese Informationen sind möglicherweise von ausschlaggebender Form in der nächsten Auswertungsebene (Kauf-DVD, Leih-DVD, VoD etc.). Lief der Film vor Kinostart auf bedeutenden Festivals, so werden diese in der Analyse erfasst werden (z. B. Berlinale, Cannes, Venedig).

Auf einer nachgelagerten Zeitebene können morphologische Erfahrungsmuster übrigens durchaus wieder von Erfolgsrelevanz sein. Wenn Zuschauer aus ihrem positiven Erlebniserfahrungsschatz bezogen auf ein einzelheitliches Filmkriterium schöpfen, z. B.: „Letztes Mal hat ein Film dieses Regisseurs meine eskapistischen Sehnsüchte befriedigt, deswegen gehe ich jetzt auch mit dieser Erwartung in seinen neuen Film.".

---

128   Vgl. Howe & Graf, 2012.

2.1.5 Die sieben Prozesse innerhalb der Filmauswahl

Exakt die Phase vor dem Filmbesuch beleuchtet Blothner innerhalb seiner Studie „Filminhalte und Zielgruppen".[129] Die Ergebnisse dieser Veröffentlichung weisen den richtigen Weg für diese Forschungsarbeit.

Aufbauend auf die Fragen, auf welchen Wegen die Entscheidung für einen bestimmten Kinofilm stattfand und welche Zwischenschritte dabei eine Rolle spielten, führte Blothner 24 Tiefeninterviews mit Kinogängern durch. Sein Ergebnis: Die Filmauswahl dominierten die folgenden 7 Prozesse:

• Bereitschaft ins Kino zu gehen
• Vorlieben (Thema & Story, Genre, Schauspieler, Look, Regisseure etc.)
• Anreiz (Werbung)
• Enttäuschungsrisiko
• Überprüfen der Vorentscheidung
• Abstimmen mit mehreren Kinogängern
• Tagessituation[130]

Die Tiefeninterviews brachten interessante Ergebnisse zutage, die verständlicher machen, wie und über welche Zwischenschritte ein Kinobesuch zustande kam. Blothner formuliert daraus generelle Annahmen:

A. Die Bereitschaft ins Kino zu gehen, ist nicht bei allen Menschen gleichermaßen vorhanden. Die jeweilige Freizeitgestaltung ist sehr individuell und kann z. B. von Sport, Theater, Essen gehen oder bis Kino reichen. Die Bereitschaft ins Kino zu gehen, ist ebenso vom Alter abhängig. So ist es für viele Schüler und Studenten ein Hobby, sich den neuesten Kinofilm anzusehen. Die Kernzielgruppe des Kinos ist bekanntermaßen 14–29 Jahre alt.[131]
B. Die Vorlieben der Zuschauer ist das zweite Moment, welches für die Filmauswahl verantwortlich ist. Schaut er gern ausländische oder deutsche Filme? Welches Genre, welche Erzählform, einem Trend folgend, mit seinen Lieblingsschauspielern?

> „Vorlieben für bestimmte Filmsorten sind zum großen Teil alters-, geschlechts- und bildungsabhängig. Frauen sehen gerne Liebeskomödien und Dramen. Männer bevorzugen Action-, Sciencefictionfilme und Thriller. Komödien werden von Frauen ebenso

---

129   Vgl. Blothner, 2003b.
130   Vgl. Blothner, 2003b, S. 11.
131   Vgl. Blothner, 2003b, S. 10.

wie Männern gerne gesehen. Ältere Menschen lassen sich bevorzugt auf das Leben vertiefende Dramen und jüngere auf Horrorfilme ein."[132]

C. Um die Zuschauer auf den Film aufmerksam zu machen, braucht es neben der grundsätzlichen Bereitschaft und den Vorlieben auch einen Anreiz für den Film (Werbung). Meistens setzt sich der Anreiz aus verschiedenen Quellen zusammen, z. B. Trailer, Werbung im TV, Zeitungen, Plakat, Weiterempfehlung. Da die Vorlieben der Zuschauer wie Filter wirken, löst nicht jeder Anreiz den Filmauswahlprozess aus. Verspricht der Anreiz jedoch ein wirklich außergewöhnliches Erlebnis zu werden, revidieren manche Zuschauer auch schon mal ihre Präferenzen. Z.B. zogen die Anreize des Films „Die fabelhafte Welt der Amelie" auch viele Programmzuschauer in große Multiplexe.[133]

D. Den vierten Prozess innerhalb der Filmauswahl detektierte Blothner nur durch mehrmaliges Nachfragen. Das Enttäuschungsrisiko, welches jeder Film beinhaltet, ist ein wichtiges, nicht jedoch ein bewusstes Kriterium für die Filmauswahl.[134]

E. Um dem Enttäuschungsrisiko entgegenzuwirken, beschaffen sich viele Zuschauer während des Auswahlprozesses Informationen über den Film. Sie überprüfen somit ihre Vorentscheidung. Neben den Quellen des Anreizes bedienen sie sich nun aber auch direkt und gezielt angesteuerten Quellen, wie z. B. Befragung von Bekannten oder Rezensionen. Ziel ist die Bestätigung oder die Verwerfung der angestrebten Filmauswahl.[135]

F. In den Filmauswahlprozess kommt spätestens jetzt auch die Meinung von Dritten hinzu, denn über 90 Prozent aller Kinobesuche finden in Begleitung statt.[136] Hatte sich z. B. ein Zuschauer gerade noch für den neuen Actionfilm entschieden, will seine Begleiterin in die neue Liebeskomödie. Das Abstimmen mit mehreren Kinogängern steht nun an der Tagesordnung. Die Filmauswahl der einzelnen Kinobesucherin und des einzelnen Kinobesuchers wird so vielleicht obsolet. „Besonders junge Besucher neigen dazu, die Entscheidung bis kurz vor den Ticketverkauf aufzuschieben. So bestimmt schließlich oft das stärkste Glied, was die Gruppe zu sehen bekommt."[137] Dieses Moment ist besonders für Filmemacher und den Filmplanungsprozess ein nur schwer einzuschätzendes Kalkül.

G. Die individuelle Tagessituation der Zuschauer kann den oben beschriebenen Filmauswahlprozess nun jedoch auch noch verändern oder unterbrechen. Je

---

132 Blothner, 2003b, S. 11.
133 Vgl. Blothner, 2003b, S. 12.
134 Vgl. Blothner, 2003b, S. 13.
135 Vgl. Blothner, 2003b, S. 14.
136 Vgl. Blothner, 2003b, S. 15.
137 Blothner, 2003b, S. 15.

nach psychischer, physischer und/oder andersartiger Veränderung der Umwelt der Zuschauer, kollidiert und konkurriert der Wunsch ins Kino zu gehen mit anderen Bedürfnissen: z. B. schönes Wetter und der Wunsch baden zu gehen, Kopfschmerzen, „schlechter Tag" im Büro, etc.[138]

Blothners Analyse beschreibt, welche Zwischenschritte die Zuschauer im Filmauswahlprozess durchlaufen, bevor ein Kinobesuch stattfindet. Dabei durchlaufen Kinobesucher jedoch oft nicht bei jedem Filmbesuch im Vorfeld die 7 Prozesse. Ebenso überprüft nicht jede Zuschauerin und jeder Zuschauer im selben Maße wie eine oder ein anderer die Vorauswahl mittels gezielter Informationen. Manche Zuschauer haben auch eine wichtigere Stimme im Abstimmungsprozess mit Begleitern als andere. Möglich ist darüber hinaus auch, dass man für einen besonderen Film seine individuelle Tagessituation zurückstellt und trotzdem ins Kino geht. Die Filmauswahl ist somit mehreren komplexen Prozessen unterworfen, die von Zuschauerin zu Zuschauerin und Zuschauer zu Zuschauer individuell ablaufen können, als auch von Film zu Film differiert. Auf die Kaufentscheidung der Zuschauer wirken verschiedene innere und äußere Prozesse.

Auf vier von sieben dieser entscheidenden Prozesse könnte der Filmemacher oder Verleiher theoretisch Einfluss nehmen: <u>Bereitschaft, Vorlieben, Anreiz, Überprüfen.</u>

> „Zum Beispiel, in dem es über die Wahl des Werbeumfelds gezielt solche Menschen zu erreichen sucht, die eine *Bereitschaft* haben, das Kino zu besuchen. Es kann zweitens seine Kampagne auf Zielgruppen ausrichten, deren *Vorlieben* bekannt sind. Drittens kann das Marketing auf diejenigen Informationsquellen Einfluss zu nehmen suchen, die von den Kinogängern zum *Überprüfen* ihrer Wahl herangezogen werden. Der vierte und wichtigste Hebel aber ist die Anreizvermittlung. Ohne starken *Anreiz* lassen sich die Menschen nicht dazu bewegen, ins Kino zu gehen. Und ein wirklich überzeugender Anreiz kann scheinbar feste Widerstände und Vorlieben aufweichen."[139]

Drei der sieben Zwischenschritte sind leider nur schlecht bis gar nicht beeinflussbar: <u>Enttäuschungsrisiko, Abstimmen und Tagessituation.</u>

> „Dem Einfluss des *Enttäuschungsrisikos* kann man auf Dauer nur mit guten Filmen und ehrlichen Kampagnen entgegenwirken. Die Zwischenschritte *Abstimmen* und *Tagessituation* lassen sich von allen am wenigsten steuern."[140]

---

138   Vgl. Blothner, 2003b, S. 17.
139   Blothner, 2003b, S. 16–17.
140   Blothner, 2003b, S. 16–17.

Blothner beschreibt an dieser Stelle Zwischenschritte zur Filmauswahl. Diese Auswahlprozesse haben leider jedoch nichts mit den konkreten Auswahlfaktoren, dem Inhalt, also dem *content* der Filme zu tun. Das heißt, welcher Film im Speziellen attraktiver ist, als der andere. Leider beleuchtet Blothner den für dieses Kapitel interessantesten Prozess „Vorlieben" nicht näher. Der Prozess „Vorlieben" hätte Aufschluss darüber gegeben, was die Zuschauer konkret mögen.

Blothners Aussagen lassen somit im Moment noch keine Aussage hinsichtlich der Nennung und einer Gewichtung der Faktoren zur Filmauswahl zu, oder anders ausgedrückt, welche Vorlieben wichtiger als andere sind. Seine Analyse gibt jedoch einen sehr profunden Einblick in die Prozesse der Filmauswahl im Kopf der Zuschauer.

2.1.6 Die direkte Meinungsäußerung der Zuschauer

Den konkreten inhaltlichen Vorlieben auf den Spur, soll nachfolgend ein Film-Blog im Internet größeren Aufschluss über die „Black Box Zuschauer" geben.

Diese Forumsdiskussion unter Filmfans, welche auf www.movie-infos.net abgerufen wurde, hat keinen empirischen Charakter und erhebt keinen Anspruch auf Allgemeingültigkeit. Vielmehr soll dieses Forum transparenter machen, wie unterschiedlich gelagert Motivationen sein können, sich einen Film anzuschauen oder nicht. Interessant an dieser exemplarischen Diskussion ist, dass sich erste Ergebnisse hinsichtlich der Vorlieben und konkreten Besuchsgründe ablesen lassen.[141]

„JohnDoe, 23.11.2005, 17:24 Uhr
Kriterien für einen Filmbesuch
Nach welchen Kriterien entscheidet ihr welchen Film ihr anschauen wollt?? Schauspieler?
Thema des films? Art des Films?? Was ist eure Priorität??
Für mich ist es das Thema eines Films. Ich muss mir nicht jeden Film anschauen der in die Kinos kommt. Die Schauspieler sind Sekundär für mich. 😎 Es sei denn eine meiner lieblingsschauspieler spielen mit.
[...]

Foesl, 23.11.2005, 20:30 Uhr
Naja es gibt Filme die für mich Pflicht sind: Zum Beispiel neues von Scorsese, Depp oder Tarantino. Aber insgesammt achte ich auf die Thematik und das was ich über einen Film höre....

---

141   Die folgenden Beiträge sind eine Auswahl. Die komplette Forumsdiskussion befindet sich im Anhang 7.1.

Blindedeye, 23.11.2005, 22:57 Uhr
Für mich ist in erster Linie die Story wichtig, wenn ein Film eine wirklich gute Story zu
bieten hat und auch die Kritiken stimmen, dann schaue ich ihn mir auch an, wenn ich
niemanden von der Crew/Cast kenne...
Dann gibt es Filme, die ich mir anschaue, selbst wenn die Kritiken durchwachsen sind,
meist sind das Filme die mit meinen Lieblingsdarstellen protzen oder einen guten Regisseur an Bord haben, deren Filme ich bewundere. Und dann werd auch ich manchmal
von den Massen angezogen und schaue mir einen Film wegn dem Hype an! 😄
[...]

DerPat, 24.11.2005, 20:08 Uhr
Ich achte auf Schauspieler, Regisseur und Thematik eines Filmes, die Atmosphäre bekommt ja man meistens durch den Trailer mit. Es kann aber passieren, wenn ein super
Film zB von Tarantino kommt, aber mich die Thematik überhaupt nicht interessiert,
dass ich ihn schaue erst auf DvD. Kritiken spielen da eher untergeordnete Rolle.

I1an, 24.11.2005, 21:49 Uhr
Hm ich würde da Thematik, Regisseur, Schauspieler, Story, Genre da miteinbeziehen.
Aber das ist fast scho nebensächlich. Denn wenn keine Freunde mitgehen oder ich keine
Zeit habe, dann geh ich in keinen Film
[...]

Joerch, 25.11.2005, 11:46 Uhr
Wenn mich etwas im Vorfeld reizt – und der Trailer gut aussieht – dann gehe ich rein!
Genre, Schauspieler, usw... sind dann egal! Sonst hätte ich ja Filme wie SAW nicht gesehen....
[...]

Hito, 28.11.2005, 23:40 Uhr
Bei Fortsetzungen von guten Filmen (Harry Potter Reihe) weiß ich schon vorher das
ich ins Kino gehe, bei allen anderen, entscheidet der Trailer und was Bekannte so sagen.
Manchmal schaut man sich dann auch schon nen Scheiss an (Siegfried z. B.) weil der
Trailer ganz gut aussah."[142]

Analysiert man die Forumsbeiträge der Filmfans systematisch, stellt man fest,
dass das Thema und die Story als das wichtigste Kriterium der Filmauswahl
wahrgenommen wird. Als weiteres, wichtiges Auswahlkriterium wird genannt:
„Trailer", „Schauspieler", „Sequels/Reihen/ Fortsetzungen", „Genre", „Look", „Regisseur" und „die Weiterempfehlungsquote durch Freunde/Bekannte.

Interessant ist, dass sich für das Publikum anscheinend die filmspezifischen und
filmunspezifischen Besuchsgründe mit Quellen der Aufmerksamkeit (source of
awareness) mischen, z. B.:

---

142   JohnDoe, johnnydeppfan90, & u. a., 2005.

„Bei Fortsetzungen von guten Filmen (Harry Potter Reihe) weiß ich schon vorher das ich ins Kino gehe, bei allen anderen, entscheidet der Trailer und was Bekannte so sagen. Manchmal schaut man sich dann auch schon nen Scheiss an (Siegfried z. B.) weil der Trailer ganz gut aussah."[143]

Hier vermengt der Blogger filmspezifische Gründe (Fortsetzung/*Sequel*) mit Quellen der Aufmerksamkeit (Trailer, was Bekannte sagen) und setzt sie im Kopf unbewusst zu einer Gesamtentscheidung zusammen. Ein gutes Beispiel für die unbewussten, kognitiven Prozesse im Kopf der Zuschauer, die auch Blothner beschreibt.

In der Filmforschung werden die Kategorien „Besuchsgrund" (Warum schauen sie sich diesen Film an?) und *„source of awareness"* (Wie sind Sie auf den Film aufmerksam geworden?) streng getrennt. Während Besuchsgründe, wie oben in der Diskussion sichtbar, Dinge sein können wie: Thema & Story, Schauspieler, Regie, mit anderen etwas unternehmen etc., bezeichnet die *source of awareness* die Quelle der Aufmerksamkeit, wodurch die Zuschauer auf die filmspezifischen Inhalte (Thema & Story, Schauspieler etc.) aufmerksam geworden sind: Trailer, Plakat, Empfehlung von Freunden. Die Forschung trennt diese beiden Kategorien auch vielleicht deshalb, weil faktische Besuchsgründe in das Tätigkeits- und Verantwortungsfeld der Filmemacher fallen, für die *source of awareness* zeichnet das Marketing und der Vertrieb verantwortlich.

Wie die Praxis und die exemplarische Diskussion zeigt, trennen die Zuschauer diese beiden Kategorien jedoch nicht. In zukünftigen Forschungsarbeiten zu diesem Thema sollte man diese Herangehensweise deshalb möglicherweise überdenken.

Auffällig an dem Meinungssample auf www.movie-infos.net ist auch, dass bei freier Meinungsäußerung (im Unterschied zu Blothners Tiefeninterview mit Fragebogen) die Rolle der sozialen Kriterien den filmspezifischen Kriterien zur Filmauswahl untergeordnet sind. Lediglich zwei Forumsbeiträge erwähnen, dass auch soziale Komponenten, wie: „wenn keine Freunde mitgehen", „von Massen angezogen/ Hype", „ich keine Zeit habe" relevant für den Filmbesuch sein können. Alle anderen genannten Besuchsgründe sind filmspezifischer Natur (Thema & Story, Schauspieler etc.). Dieses Phänomen beobachteten auch Bentele und Schrott innerhalb ihrer Studie (siehe nächstes Kapitel).[144]

Die Analyse des Forum-Blogs www.movie-infos.net hat interessante Impressionen zur Meinungsbildung von Zuschauern zutage gebracht. Die nachfolgende

---

143   Hito, 2005.
144   Vgl. Bentele & Schrott, 1988.

Studie von Bentele und Schrott zu diesem Thema birgt statistische Relevanz und wird daher zeigen, ob sich die Ergebnisse aus der Forumsdiskussion belegen lassen.

2.1.7 Die Publikumsbefragung

Bentele und Schrott befassen sich innerhalb ihrer Studie „Kinobesuch und Werbeakzeptanz" unter anderem mit dem Besuchsgrund von Zuschauern. Dazu befragten sie 1216 Kinogänger mittels Fragebogen vor oder nach ihrem Filmbesuch und stellten Fragen nach dem Motiv für den Filmbesuch („Warum haben Sie diesen Film gesehen?"). Die Struktur der Befragten entspricht dem bundesdeutschen Schnitt von Kinogängern des Jahres 1987, sowohl im Anteil zw. Männer (57 %) und Frauen (43 %), als auch im Hinblick auf Beruf und Ausbildung.[145] Die Ergebnisse von Bentele und Schrott sehen hinsichtlich des Motivs für den Kinobesuch wie folgt aus:

Frage: „Was hat Sie bewogen, gerade heute ins Kino zu gehen?"

Tabelle 2: Besuchsgründe (nach Bentele und Schrott)

In Prozent, Mehrfachnennungen möglich	Gesamt	Geschlecht		Alter				
		Männlich	Weiblich	Bis 19 Jahre	20–24 Jahre	25–29 Jahre	30–39 Jahre	40 Jahre +
Der Film	53	51	56	46	51	56	54	59
Ausgehen m. Freund/Freundin	28	27	30	30	28	32	26	17
Nicht zu Hause bleiben	26	28	23	24	30	25	24	20
Spaß/Unterhaltung	25	28	22	28	29	27	19	18
Thema des Films	15	14	16	20	19	15	8	12
Regisseur	9	9	9	4	12	9	9	5
Schauspieler	8	9	7	10	7	7	7	11
Unter Leuten sein	6	7	5	5	7	6	6	9
Basis (n)	(1151)	(655)	(496)	(119)	(382)	(307)	(274)	(66)

Quelle:[146]

---

145   Vgl. Bentele & Schrott, 1988, S. 734.
146   Vgl. Bentele & Schrott, 1988, S. 739.

Nur etwa die Hälfte des Kinopublikums ging überhaupt ins Kino wegen des Films. Soziale Gründe hatten großen Anteil am Kinobesuch, wie z. B. mit Freunden zusammen sein, auszugehen oder einfach Spaß zu haben. Etwa zwei Drittel der befragten Zuschauer nutzten den Kinobesuch, um im Anschluss an den Film mit ihren Freunden noch etwas Essen oder Trinken zu gehen.[147]

Von den 40-jährigen wurde der Film als Motiv höher eingestuft, als von den 20-jährigen. Durchschnittlich schätzten Frauen den Film mehr, als Männer. Volks- bzw. Hauptschüler bewerteten den Film als Hauptmotiv um ein Drittel geringer. Diese Ergebnisse erklären gleichzeitig die hohe Quote an Aktivitäten nach dem Filmbesuch.[148] Vor oder nach dem Film besuchten zwei Drittel ein Lokal, nur 17 % der Zuschauer begaben sich direkt zum Kino und gingen danach wieder nach Hause, ca. jeder Sechste ging vorher oder nachher bummeln. Der Kinobesuch wurde somit fast nebensächlich. Er wurde eingebunden in einen bunten Strauß an Freizeitaktivitäten. Jedoch: Je älter die Kinobesucher, desto geringer ihr Interesse an anderen Freizeitaktivitäten. Der Film an sich wurde dann wieder wichtiger.

Neben den wichtigen Ergebnissen hinsichtlich des Besuchsgrunds ist die große Erkenntnis von Bentele und Schrott auch eine Auffälligkeit in der Art der Befragung:

Durch die Befragungsmethode (direkte Befragung im Kino) wurden präzisere Ergebnisse hinsichtlich der tatsächlichen Motive für einen Filmbesuch herausgefunden. Diese unterscheiden sich stark im Vergleich zu Studien, die eine allgemeine Befragung vollziehen. Eine allgemeine Befragung findet sich z. B. im letzten Kapitel (Internet-Forum www.movie-infos.net). Sie ist zeitlich und örtlich getrennt vom Kinobesuch. Die unterschiedlichen Fragestellungen verdeutlichen den Unterschied noch einmal: bei direkter Befragung im Kino lautet die Frage: „Warum sind Sie…?", bei allgemeiner Befragung mit fiktiver Frage: „Weshalb würden Sie…?". Die Ergebnisunterschiede zwischen der geäußerten Absicht und der dem tatsächlichen Verhalten sind erstaunlich.[149]

„Wird allgemein nach den Motiven für den Kinobesuch gefragt, so neigen die Befragten offenbar dazu, einen bestimmten Film als Hauptmotiv zu nennen. Wird jedoch wie in der vorliegenden Studie anläßlich eines Kinobesuchs nach den Motiven für diesen Besuch gefragt, so zeigt sich, dass die sozialen Motive (nicht zuhause bleiben, mit jemandem anderem zusammensein wollen etc.) einen wichtigere Rolle spielen als angenommen."[150]

---

147   Vgl. Bentele & Schrott, 1988, S. 741.
148   Siehe dazu auch Berg & Frank, 1979, S. 69.
149   Vgl. Bentele & Schrott, 1988, S. 741.
150   Bentele & Schrott, 1988, S. 738.

Zahlreiche Studienvergleiche ergeben, dass ein erheblicher Unterschied in den Ergebnissen der beiden Erhebungsmethoden vorliegt. Z.B. antworteten 70 %[151] bzw. 80 %[152] der Kinozuschauer bei allgemeinen Befragungen zum Besuchsgrund: „Weil mich ein bestimmter Film interessiert". Das Ergebnis von Bentele und Schrott ergibt jedoch für das gleiche Motiv eine Zahl von 53 %. Mehrfachnennungen waren in allen Studien möglich. Der Unterschied zwischen den Zahlen liegt darin begründet, dass die Befragten zu einer Fehleinschätzung ihrer selbst neigen. Werden Zuschauer im Anschluss an den Kinobesuch nach ihren Motiven befragt, sind sie „ehrlicher". Soziale Motive („nicht zu Hause zu bleiben, mit jemand anderem zusammen sein zu wollen"[153]) spielen dann eine größere Rolle als angenommen bzw. als Zahlen in allgemeinen Studien wiedergeben. Befragte weisen in allgemeinen Studien sozialen Gründen einen deutlich geringeren Stellenwert innerhalb ihrer Besuchsentscheidung zu.

Zu überlegen ist nun, wie die von langer Hand geplante Filmauswahl zu diesem Erkenntnisgewinn passt. Im Kapitel „Planung des Kinobesuchs" wurde herauskristallisiert, dass über zwei Drittel der Zuschauer ihren Film sehr sorgfältig und bereits weit im Vorfeld aussuchen. Eine mögliche Erklärung für diesen Dissens wäre, dass der Film an sich ein sehr wichtiger Besuchsgrund ist, die Zuschauer sich darüber nur nicht bewusst sind. Im Moment der Befragung haben sie den Film als Motiv „vergessen" und soziale Motive dominieren im Kopf. Möglich wäre auch, dass die Zuschauer denken, der Film an sich wäre ihnen wichtig, er ist es aber nicht.

Ähnliche Ergebnisse ermittelt auch Prommer für die FFA-Studie „Der Kinobesucher". „Vermengt man verschiedene soziale Dimensionen mit filmspezifischen Kriterien in einer Frage, so erhält das soziale Motiv deutlich weniger Nennungen."[154] Z.B. Thema und Story oder „Der Film war eine Fortsetzung" überwiegen deutlich, wohin gehend die sozialen Kriterien „mit anderen etwas unternehmen" oder „Wunsch der Begleitperson" nur ein Viertel der Gründe ausmacht.

> „Offensichtlich führt schon allein die Auflistung filmspezifischer Fragepunkte dazu, diese viel höher zu bewerten. Fragen wir also nach dem Besuchsgrund für einen Film (wie die FFA), so überwiegen die filmspezifischen Argumente, wie „Thema und Story" oder „Film war eine Fortsetzung". Fragen wir nach den Motiven für den Kinobesuch allgemein, so überwiegen die sozialen Motive."[155]

---

151   Vgl. Berg & Frank, 1979, S. 69.
152   Vgl. FFA- Filmförderungsanstalt, 1984, S. 252.
153   Vgl. Bentele & Schrott, 1988, S. 738.
154   Prommer, 2010, S. 217.
155   Prommer, 2010, S. 217.

Auch die Forenbeiträge unter www.movie-infos.net belegen, dass bei allgemeiner Fragestellung und nachfolgender Meinungsäußerung die Rolle der sozialen Kriterien den filmspezifischen Besuchsgründen untergeordnet sind.

Dieses Ergebnis hinsichtlich der Erhebungsmethode zeigt, wie wichtig der Zeitpunkt der Befragung ist. Denn Absicht und tatsächliches Handeln der Zuschauer liegen besonders in diesem Fall extrem weit auseinander.

Es wird festgehalten: Bei den Zuschauern wirken diffizile, psychologische Prozesse innerhalb des Befragungsprozesses, die je nach Fragestellung, Befragungszeitpunkt und -ort, das eine oder andere Kriterium (sozialer Aspekt oder filmspezifischer Aspekt) höher *rated*. Für diese Studie, welche nur die filmspezifischen Kriterien der Filmauswahl betrachtet, ist diese Art der Befragung somit höchst unbefriedigend.

Als Fazit wird daher festgehalten, dass nur die filmspezifischen Kriterien aus der Datenmenge extrahiert und gewichtet werden. Methodisch gesehen werden somit die sozialen Kriterien vernachlässigt. Diese methodische Entscheidung ist als legitim einzuschätzen, da sich, wie soeben hergeleitet, eine Dominanz der filmspezifischen Kriterien gegenüber den sozialen einstellt, sobald beide zur Abstimmung angeboten werden.

Bentele und Schrott haben wichtige Erkenntnisse hinsichtlich des Besuchsgrunds und der Befragungsart geliefert. Großer Nachteil dieser Studie ist jedoch, dass die Zahlen aus dem Jahr 1986 stammen und deutsche sowie nicht-deutsche Filme vermengt wurden (alle Filme auf deutschen Leinwänden). Die Studie von Bentele und Schrott hat somit wichtigen richtungsweisenden Charakter: Sie belegt die Ergebnisse der exemplarischen Forumsdiskussion und gibt die konkreten Kategorien der Filmauswahl vor.

2.2 Die Langzeitstudie

Zufriedenstellende Voraussetzungen kann jedoch die Langzeitstudie der FFA „Der Kinobesucher" liefern. Diese Publikation, welche jährlich erscheint, liefert zeitaktuelle Daten sowie Langzeitergebnisse (2000–2010) des deutschen Filmmarkts, welche ebenfalls eine Aussage hinsichtlich der Konstanz des Zuschauerverhaltens zulassen. Des Weiteren liefert sie Daten gesondert für den deutschen Film, nicht wie andere Studien „alle Filme auf deutschen Leinwänden". So wird ein „unversperrter", sehr klarer Blick auf das Zuschauerverhalten und auf Entscheidungsprozesse für deutsche Filme ermöglicht. Die FFA-Studie, welche auf Basis des GfK-Panels angefertigt wird, befragt regelmäßig einen sehr großen Pool an Menschen. Im Jahr 2000 wurden 10.000 Menschen, in den Jahren 2001–2009 20.000 Menschen und im Jahr 2010 25.000 Menschen allgemein und unmittelbar vor oder nach dem Filmbesuch im Kino befragt.

Diese Qualität der Erhebung stellt für diese Studie einen unschätzbarer Wert dar. Aus diesem Grund wird die FFA-Studie die Datenbasis für diese Forschungsarbeit bereiten. Nicht unerwähnt bleibt die ungünstige Befragungsmethode, welche soziale Motive mit filmspezifischen Motiven vermengt. Sicherlich kann man an dieser Stelle auch eine Diskussion um Suggestivfragen beginnen. Also, hätte der Fragebogen keine sozialen Motive beinhaltet, hätten die Zuschauer wahrscheinlich auch andere filmspezifische Motive genannt? Leider standen diese jedoch nicht zur Auswahl.

Die Erkenntnis um dieses Problem ermöglicht jedoch in der Auswertung der Daten eine sehr bewusste Auseinandersetzung. Eine Diskussion dazu wird an entsprechender Stelle folgen.

Die statistischen Erhebungen der Jahre 2000–2010 bzw. 2004–2010[156] geben Aufschluss über spezifisches Zuschauerverhalten in den Bereichen:

- Besuchsgrund (Aus welchem Grund sind Zuschauscher in einen Film gegangen?)
- Source of awareness (Wie wurden sie auf den Film aufmerksam?)
- Planung des Filmbesuchs (Wann erfolgte die Entscheidung für den Film?)
- Anzahl der Begleitpersonen (Mit wie vielen Begleitpersonen erfolgte der Besuch?)

Mit klarem Blick auf die Forschungsfrage widmet sich diese Arbeit im Besonderen den Ergebnissen zum Besuchsgrund. Die Planung des Filmbesuchs, die Anzahl der Begleitpersonen, als auch die *source of awareness* geben darüber hinaus jedoch aufschlussreiche Einblicke, welches das Forschungsfeld um einen ganzheitlichen Eindruck erweitert.

2.2.1 Kategorien des Besuchsgrunds

Das Meinungssample unter www.movie-infos.net hat gezeigt, dass das Thema und Story, Schauspieler, *Sequels*/Reihen/Fortsetzungen, Genre, *Look* und Regie wichtige Kriterien innerhalb der Filmauswahl sind. Auch Bentele und Schrott folgen diesen Kriterien und geben in ihrer Studie folgende Gründe zur Auswahl an: Der Film, ausgehen mit Freund/Freundin, nicht zu Hause bleiben, Spaß/Unterhaltung, Thema

---

156 Ab 2004 wurde leider erst der deutsche Film gesondert betrachtet und Daten erhoben. Von 2000–2004 liegen die Zahlen der Top 50-Filme vor (deutsche u. nichtdeutsche Filme gemischt).

des Films, Regisseur, Schauspieler, unter Leuten sein. Die FFA-Studie „Der Kino-besucher" (2000–2010)[157] als auch „Die Top 50-Filme der Jahre 2000–2010"[158] bieten gleiche bzw. sehr ähnliche Besuchsgründe innerhalb des Zuschauerfragebogens an:

- Thema und Story
- Wunsch der Begleitperson
- Schauspieler
- Mit anderen etwas unternehmen
- Film ist aktuelles Gesprächsthema
- Film ist eine Fortsetzung/Teil einer Serie
- Erreichbarkeit der Kinos
- Kenne die Buchvorlage
- Film war ein preview, Kinoevent, besondere Aktion im Kino
- Nominierung, Auszeichnung des Film
- Special effects/Animation
- Sneak preview

Im Vergleich zu den anderen Studien erweitert die FFA die Auswahl an Besuchs-gründen um die Kategorie: Erreichbarkeit des Kinos, Nominierung, *Special Ef-fects*/Animation, *Preview/Sneak Preview* und andere soziale Gründe ins Kino zu gehen. Auffällig ist auch, dass die FFA-Studie filmspezifische Besuchsgründe aus dem Fragebogen verbannt, die andere Studien und auch die Zuschauer im Film-forum www.movie-infos.net als mögliche Kriterien der Filmauswahl genannt haben: Genre, *Look*, Regisseur.

Hier „vereinfacht" die FFA-Studie und fasst im Sinne von Blothner den Film „als Ein-heit", als ganzheitliches Kunstwerk zusammen. Sie unterstellt somit den Zuschauern, nicht einzelheitliche Elemente eines Films bewerten zu wollen oder zu können, wie z. B. die Regisseurin oder den Regisseur. Die oben geführten Analysen der anderen Studien haben jedoch gezeigt, dass die Zuschauer oftmals sehr wohl in einen Kino-film aufgrund von einzelheitlichen Elementen gehen: „Naja es gibt Filme die für mich Pflicht sind: Zum Beispiel neues von Scorsese, Depp oder Tarantino. Aber insgesammt achte ich auf die Thematik und das was ich über einen Film höre ...".[159]

---

157 Vgl. FFA-Filmförderungsanstalt & Neckermann, 2001, vgl. 2002; vgl. FFA-Filmförderungsanstalt & Zoll, 2003; vgl. FFA-Filmförderungsanstalt & Deisenroth, 2004; vgl. FFA-Filmförderungsanstalt, 2005, vgl. 2006, vgl. 2007, vgl. 2008, vgl. 2009, vgl. 2010, vgl. 2011.

158 Vgl. FFA-Filmförderungsanstalt & Nörenberg, 2011.

159 Foesl, 2005.

Da die Studie „Der Kinobesucher" außer dem Element Schauspieler keine dezidierte Betrachtung von einzelheitlichen Merkmalen vornimmt und keine andere filmspezifische Kategorie im Fragebogen anbietet, ist davon auszugehen, dass die befragten Zuschauer diese unter dem Begriff „Thema und Story" subsumierten. Da die Zuschauer den Elementen Genre, *Look*, Regisseur jedoch Bedeutung zumessen, mussten sie sie in die Kategorie „Thema und Story" gedanklich inkludieren. Bei der späteren Betrachtung und Auswertung der Top 40-Filme ist darauf gezielt zu achten. Im Konkreten heißt dies: die Top 40-Filme müssen in der Kategorie Thema und Story auch auf Kongruenzen in den Merkmalen Genre, *Look* und Regisseur untersucht werden. Denn ein mögliches Ergebnis könnte z. B. sein, dass Filme einer speziellen Regisseurin immer unter den Top 40-Filmen waren. Diese Regisseurin wäre dann perspektivisch gesehen ein Publikumsmagnet und „Erfolgsgarant".

Aus diesem Grund wird die Kategorie „Thema und Story" im Kapitel „Die Matrix – Untersuchung der Top 40-Filme" um die Unterkategorien Genre, *Look* und Regisseur erweitert. Wie der Film-Blog gezeigt hat, spielen ebenso Quellen der Aufmerksamkeit innerhalb der Filmauswahl eine Rolle. Demzufolge werden die Top 40-Filme auch im Bezug auf diese Kriterien untersucht werden.

2.2.1.1 Konstanz des Zuschauerverhaltens hinsichtlich der Kriterien der Filmauswahl

Die Betrachtung der Konstanz der Zahlen aus den Jahren 2004–2010 soll eine Einschätzung der Stetigkeit des Zuschauerverhaltens ermöglichen. „Konstantes" und „relativ konstantes" Zuschauerverhalten hinsichtlich der Besuchsgründe könnte somit für regelmäßiges Auswahlverfahren und wiederkehrende Präferenzen sprechen.

In der Kategorie Besuchsgrund wurden Zuschauer zeitlich nach ihrem Kinobesuch befragt, warum sie sich genau für diesen Film entschieden haben. Mehrfachnennungen von Gründen waren dabei möglich. Aus dieser Datenerhebung lässt sich zum einen ganz filmspezifisch ablesen, was Gründe für den Filmbesuch waren, zum anderen aber auch ein Durchschnittswert erfassen für den deutschen Kinofilm in diesem Jahr. Daraus lässt sich wiederum auf 7 Jahre (2004–2010) ein Gesamtdurchschnittsergebnis berechnen, welches entweder:

- mehr oder weniger kongruent zu den Einzelwerten der Jahre ist (konstantes Zuschauerverhalten) oder
- jedes Jahr stark differiert. Der Gesamtwert ist dann nur eine Mittelung der einzelnen Jahre, gibt aber kein konstantes Zuschauerverhalten wieder.

Eine Analyse des Zuschauerverhaltens für das Kriterium „Besuchsgrund" lässt sich somit sehr tief (filmspezifisch), als auch sehr breit (Durchschnittswerte 2004–2010) vornehmen. Qualitative und Quantitative Medienforschung vereinen sich hier.

Erhoben wurden Besuchsgründe für deutsche Filme in den Jahren 2004–2010. Die unten stehende Tabelle liefert die Durchschnittsergebnisse dieser Jahre:

Tabelle 3: Konstanz der Besuchsgründe über die Jahre 2004–2010

Ran-king	Besuchsgrund Ranking dt. Film	Durchschnitt 2004–2010	Zuschauerverhalten 2004–2010, (min-max. Werte)
		dt. Filme	
1.	Thema und Story	54,9 %	**Konstant (49,0–59,0 %)**
2.	Wunsch der Begleitperson	25,4 %	**Konstant (23,0–30,0 %)**
3.	Schauspieler	22,9 %	**Mittlere Schwankungen im Zusch.-verhalten (16,0–34,0 %) à Ausreißer**
4.	Mit anderen etwas unternehmen	22,3 %	**Relativ konstant (19,0–26,0 %)**
5.	Film ist aktuelles Gesprächsthema	16,3 %	**Große Schwankungen im Zuschauerverhalten (7,0–30,0 %)**
6.	Sonstiges	12,4 %	**Konstant (11,0–14,0 %)**
7.	Film ist eine Fortsetzung/Teil einer Serie	6,3 %	**Relativ konstant (3,0–9,0 %)**
8.	Erreichbarkeit der Kinos	5,3 %	**Konstant (4,0--6,0 %)**
9.	Kenne die Buchvorlage	5,0 %	**Nur in 2010 erfasst**
10.	Film war preview, Kinoevent, besondere Aktion im Kino	3,5 %	**Konstant (3,0–4,0 %)**
11.	Nominierung, Auszeichnung des Film	2,5 %	**Konstant (2,0–3,0 %)**
12.	Special effects/Animation	2,0 %	**Konstant (1,0–3,0 %)**
13.	Sneak preview	1,8 %	**Konstant (1,0–3,0 %)**

Quelle:[160] Angaben in Prozent, Mehrfachnennungen waren möglich

---

160 Vgl. An der Gassen, 2011b – Eigene Auswertung auf Grundlage der FFA-Studien „Der Kinobesucher" für die Jahre 2004–2010. Einige Gründe wurden in einigen Jahren nicht erfasst. Siehe Anhang 7.3 und 7.4. (Tabellen).

Die Begriffe „konstant" und „relativ konstant" beschreiben in der obigen Tabelle mehr oder weniger gleichbleibende prozentuale Angaben von Besuchsgründen. Man kann hier von einem relativ konstanten Zuschauerverhalten ausgehen. Konstantes und relativ konstantes Zuschauerverhalten ließ sich für die folgenden Besuchsgründe finden:

- Thema & Story
- Wunsch der Begleitperson
- Mit anderen etwas unternehmen
- Sonstige Gründe
- Film ist eine Fortsetzung
- Erreichbarkeit des Kinos
- Film war ein preview/Event
- Nominierung/Auszeichnung des Films
- Special effects/Animation
- Sneak preview.

Diese Kriterien waren somit relativ konstant in ihrer Wichtigkeit für die Filmentscheidung. Sie geben allerdings noch keine Aussage über ihren Anteil an der Filmentscheidung wieder (siehe nächstes Kapitel).

Der Begriff „mittlere Schwankungen im Zuschauerverhalten" etikettiert ein etwas unstetiges Verhalten der Zuschauer für diesen Besuchsgrund. Mittlere Schwankungen kommen beim Besuchsgrund „Schauspieler" vor. Besonders auffällig sind zwei Ausreißer: 34 % im Jahr 2004 und 26 % im Jahr 2009. Der Besuchsgrund „Schauspieler" war über die Jahre 2000–2010 ein verlässliches Mittel, Zuschauer ins Kino zu locken. Diese Kategorie konnte kleinere oder größere Magnetwirkung für die Zuschauer haben, je nachdem, wer als Schauspielerin oder Schauspieler besetzt wurde. Die Jahre 2004 und 2009 veranschaulichen dies.

Der Begriff „große Schwankungen im Zuschauerverhalten" attestiert ein unstetiges Verhalten der Zuschauer für diesen Besuchsgrund. Große Schwankungen sind für den Besuchsgrund „Film ist aktuelles Gesprächsthema" sichtbar. Während im Jahr 2004 noch 30 % der Besuche damit begründet waren, sind es im Jahre 2010 nur noch 7 %. Der Schluss liegt nahe, dass es auf den einzelnen Film ankommt, ob er Potenzial hatte, ein aktuelles Gesprächsthema zu werden oder nicht. Die Zahlen beweisen: deutsche Filme sind nicht *per se* ein aktuelles Gesprächsthema, welche ins Kino locken. Jeder Film musste vielmehr für sich zu einem eigenen Gesprächsthema werden. Mancher Film schaffte das, mancher nicht. Hierdurch sind die großen Schwankungen in der Kategorie „aktuelles Gesprächsthema" für den Besuchsgrund zu begründen.

Fazit: Filmauswahlverhalten war für manche Besuchsgründe konstant, für manche relativ konstant, für manche wenig konstant und nicht konstant.

Konstante und relativ konstante Gründe bilden ein stabiles Zuschauerverhalten ab und könnten möglicherweise auch für zukünftige Planungsprozesses genutzt werden. Welche konkret die Themen und Stories, die Schauspieler, die Gesprächsthemen sind, welche konstant in 2004–2010 die Zuschauer überzeugten, wird die Analyse der Top 40-Filme zeigen. An dieser Stelle wurde verdeutlicht, dass manche Besuchsgründe Anspruch auf Konstanz haben. Der Filmauswahlprozess ist hinsichtlich dieser Kriterien somit kein Zufallsprodukt. Wie auch bereits für die zeitliche Vorausplanung des Filmbesuchs attestiert, wählten Zuschauer sehr bewusst Filme aus.

2.2.1.2 Ranking filmspezifische und -unspezifische, soziale Besuchsgründe

10.000 Menschen im Jahr 2000, 20.000 Menschen in den Jahren 2001–2009 und 25.000 Menschen in den Jahren 2010–2011 wurden im Rahmen des GfK-Panels befragt, warum sie sich für einen spezifischen Film entschieden haben. Mittels einer Befragung, die Mehrfachnennungen zuließ, konnten die Zuschauer nach dem Besuch im Kino ihre Angaben machen. Die unten genannten Kriterien wurden dabei vorgegeben und erzielten die folgenden Ergebnisse:

Tabelle 4: Ranking des Besuchsgrunds

Ranking-Platz	Besuchsgrund Ranking dt. Film	Durchschnitt 2004–2010	
		dt. Filme	nicht-dt. Filme
1.	Thema und Story	54,9 %	51,6 %
2.	Wunsch der Begleitperson	25,4 %	24,3 %
3.	Schauspieler	22,9 %	18,3 %
4.	Mit anderen etwas unternehmen	22,3 %	24,6 %
5.	Film ist aktuelles Gesprächsthema	16,3 %	9,7 %
6.	Sonstiges	12,4 %	10,0 %
7.	Film ist eine Fortsetzung/Teil einer Serie	6,3 %	18,0 %
8.	Erreichbarkeit der Kinos	5,3 %	4,6 %
9.	Kenne die Buchvorlage	5,0 %	6,0 %
10.	Film war ein preview, Kinoevent, besondere Aktion im Kino	3,5 %	4,0 %

Ranking-Platz	Besuchsgrund Ranking dt. Film	Durchschnitt 2004–2010	
11.	Nominierung, Auszeichnung des Film	2,5 %	2,0 %
12.	Special effects/Animation	2,0 %	11,3 %
13.	Sneak preview	1,8 %	2,0 %

Quelle:[161] *Angaben in Prozent, Mehrfachnennungen waren möglich*

Wie zu erkennen ist, wurden auf dem Fragebogen sowohl filmspezifische, als auch filmunspezifische, soziale Besuchsgründe angeboten. Auf dieses psychologisch diffizile Problem wurde bereits hingewiesen.

Filmunspezifische, soziale Besuchsgründe sind Gründe, die nichts mit dem Film an sich zu tun haben. Die Zuschauer haben den Film ausgesucht nicht wegen seines Themas, den Schauspielern oder weil er die Buchvorlage kennt. Sie haben sich von sozialen Motiven treiben lassen. Möglicherweise hätte es auch jeder andere Film sein können, den sie sich an diesem Abend anschauen.

Filmunspezifische, soziale Besuchsgründe sind:

• Wunsch der Begleitperson
• Mit anderen etwas unternehmen
• Erreichbarkeit des Kinos
• Sneak preview.

Diese Besuchsgründe sind in ihrer Wichtigkeit für den Entscheidungsprozess sowohl für den deutschen Film, als auch für den nicht-deutschen Film bemerkenswert hoch: Wunsch der Begleitperson (dt. Film 25,4 %, nicht-dt. Film 24,3 %), mit anderen etwas unternehmen (dt. Film 22,3 %, nicht-dt. Film 24,6 %), Erreichbarkeit des Kinos (dt. Film 5,3 %, nicht-dt. Film 4,6 %) und *sneak preview* (dt. Film 1,8 %, nicht-dt. Film 2,0 %).

In Summe machen diese sozialen Faktoren 54,8 % (dt. Film) und 55,5 % (nicht-Film) am Entscheidungsprozess aus. Gleich viel, wie das Thema & Story.

Diese sozialen und filmunspezifischen Entscheidungsgründe für einen Filmbesuch können leider nicht vom Filmemacher und/oder dem Verleih beeinflusst bzw. gesteuert werden. Hier wirken soziale Prozesse, in die man nur schwerlich eingreifen

---

161   Vgl. An der Gassen, 2011b- Eigene Auswertung auf Grundlage der FFA-Studien „Der Kinobesucher" für die Jahre 2004–2010. Einige Gründe wurden in einigen Jahren nicht erfasst. Siehe Anhang 7.3 und 7.4. (Tabellen).

kann. Der Kinobesuch wird hier z. B. auch als eine Variante der Freizeitgestaltung wahrgenommen. Die Statistiken z. B. für die Anzahl an Begleitpersonen liefern hierbei interessante Aufschlüsse, ebenso die Ergebnisse, welche Zielgruppe mit wie vielen Begleitpersonen ins Kino geht, welche sozialen Aktivitäten rund um das Kinoereignis stattfinden (danach etwas trinken gehen, vorher bummeln gehen etc.).[162]

Ergebnis der Analyse: Die Hälfte aller Kinobesuche finden aus sozialen und filmunspezifischen Gründen statt. Dabei scheint es oft zweitrangig, ob es ein Kinobesuch oder eine andere Freizeitaktivität ist. Für diese Theorie spricht ebenfalls, dass die Zahlen für den deutschen und den nicht-deutschen Film fast identisch sind. Sowohl in den einzelnen Besuchsgrund-Kategorien, als auch in der Summe der sozialen Faktoren.

Da der Filmemacher, der Verleiher oder das Marketing nicht oder nur schwerlich in die sozialen, filmunspezifischen Prozesse eingreifen kann, wird sich die weitere Studie auf die filmspezifischen und somit beeinflussbaren Besuchsgründe fokussieren. Diese sind:

• Thema & Story
• Schauspieler
• Film ist aktuelles Gesprächsthema
• Film ist Fortsetzung/Teil einer Serie
• Kenne die Buchvorlage
• Film war ein preview/Kinoevent/besondere Aktion im Kino
• Nominierung/Auszeichnung des Films
• Special effects/Animation
• Sneak preview.

Der Besuchsgrund „Sonstiges" ist ebenfalls ein unspezifischer Faktor, der schwerlich zu analysieren ist. Er wird somit ebenfalls aus der Betrachtung fallen.

2.2.2 Ranking & Auswertung der filmspezifischen Besuchsgründe

Wurden im Vorfeld die Kriterien der Filmauswahl definiert, sie dann auf ihre Konstanz hinsichtlich des Zuschauerverhaltens überprüft und sie nachfolgend von den filmunspezifischen, sozialen, nicht beeinflussbaren Kriterien bereinigt, so bietet sich nun die Grundlage eines unverstellten Blicks auf die Besuchsgründe an

---

162 Siehe hier auch Bentele & Schrott, 1988.

sich und ihrer Gewichtung zueinander. Das Ergebnis stellt sich in der folgenden Tabelle dar:

Tabelle 5: Ranking der filmspezifischen Besuchsgründe

Ranking-Platz	Besuchsgrund Ranking dt. Film	Durchschnitt 2004–2010 (Mehrfachnennungen möglich)	
		dt. Filme	nicht-dt. Filme
1.	Thema und Story	54,9 %	51,6 %
2.	Schauspieler	22,9 %	18,3 %
3.	Film ist aktuelles Gesprächsthema	16,3 %	9,7 %
4.	Film ist eine Fortsetzung/ Teil einer Serie	6,3 %	18,0 %
5.	Kenne die Buchvorlage	5,0 %	6,0 %
6.	Film war ein preview, Kinoevent, besondere Aktion im Kino	3,5 %	4,0 %
7.	Nominierung, Auszeichnung des Film	2,5 %	2,0 %
8.	Special effects/Animation	2,0 %	11,3 %

Quelle:[163] Angaben in Prozent, Mehrfachnennungen waren möglich

Auswertung und *Ranking* der Besuchsgründe

Platz 1: Thema & Story:

An Platz eins des *Rankings* der Besuchsgründe steht mit deutlichem Abstand das „Thema und die Story" (54,9 %). Dieser Besuchsgrund vereint ganzheitliche Merkmale der Filme und gibt in der Aussage wieder „wie sich ein Film anfühlt" und „welche Art von Film die Zuschauer erwartet". Ganzheitliche Merkmale sind dabei eine Subsumierung von verschiedenen Ausprägungen eines Films, z. B. Genre, Inhalt, Tonalität, *Look*, Regisseur, Stimmung, Professionalität, *production value*, basierend auf einer wahren Geschichte etc. Meist vermittelt sich dieser Eindruck über einen Trailer (*source of awareness*). Der Trailer eignet sich sehr gut, um die soeben genannten ganzheitlichen Merkmale eines Films zu vermitteln.

---

163   Vgl. An der Gassen, 2011b- Eigene Auswertung auf Grundlage der FFA-Studien „Der Kinobesucher" für die Jahre 2004–2010. Einige Gründe wurden in einigen Jahren nicht erfasst. Siehe Anhang 7.3 und 7.4. (Tabellen).

Blothner Behauptung, dass ganzheitliche Merkmale wichtiger sind als einzelheitliche wurde somit bestätigt:

> „Wenn man die Kinogänger fragt, woran sie sich bei der Auswahl eines Filmes orientieren, geben sie an erster Stelle Inhalte und an zweiter Genres an. In den konkreten Entscheidungsprozessen fallen diese beiden Kategorien freilich zusammen: Indem sich die Zuschauer über den Inhalt des Films informieren, finden sie an Genres wie Action, Horror, Drama und Komödie eine Orientierung. Das Ergebnis dieser Befragung zeigt, dass den Kinogängern bei ihren Wahl ganzheitliche Merkmale wichtiger sind als einzelheitliche. Erst an fünfter Stelle wird angegeben man orientiere sich bei der Auswahl des Films an den Schauspielern."[164]

Das Genre bietet den Zuschauern die Möglichkeit der Orientierung und Sortierung. Sie können darauf ihre Präferenzen stützen. In einer Adhoc-Befragung gaben Kinobesucher an, dass sie ihre Auswahl in erster Line an Thema und Story (59,9 %) und in zweiter Linie an den Genres (49,7 %) der Filme festmachen. Viele Menschen trafen somit bereits aus der Zuordnung zu einem Genre ihre Entscheidung. Andere wollten es genauer wissen.[165]

All die oben genannten Faktoren wurden von den Zuschauern gedanklich „in einen Topf geworfen". Eine Aufsplittung und Detailanalyse wurde nicht vorgenommen. Die Entscheidung für oder gegen einen Film fand im Kopf der Zuschauer statt. Die kognitiven Entscheidungsprozesse in dieser „Black Box" sind für die Filmemacher nur schlecht nachvollziehbar. Welches Thema und welche Story somit „echte Publikumsmagneten" und maßgeblich für die Filmentscheidung verantwortlich waren, muss die nachgelagerte Untersuchung der Top 40-Filme klären.

Als Fazit gilt festzuhalten: „Das Thema & die Story" war das dominierende und mit Abstand wichtigste Entscheidungskriterium für einen Film, welches sich sehr konstant über alle Jahre der Erhebung hinweg präsentierte. Wichtiges „Unterkriterium" war das Genre. Andere Kriterien, wie z. B. Schauspieler kamen zum Filmauswahlprozess noch hinzu und waren das „Zünglein an der Waage". Die Bedeutsamkeit des Themas gilt sowohl für den deutschen Film (54,9 %), als auch für den nicht-deutschen Film (51,6 %). Für die Publikumsentscheidung wog das Thema und die Story beim deutschen Film im Vergleich zum ausländischen Film sogar noch ein wenig schwerer.

Platz 2: Schauspieler:

Im Besuchsgrund-*Ranking* an Platz zwei steht das Kriterium „Schauspieler" mit 22,9 %. Dieses Ergebnis überrascht. Weist dieses Kriterium zwar mittlere Schwan-

---

164   Blothner, 2001, S. 25–26.
165   Vgl. Blothner, 2002, S. 6.

kung innerhalb seiner Konstanz auf, so muss man doch wahrnehmen, dass über die Jahre 2004–2010 der Faktor Schauspieler stetig einen sehr hohen Anteil an der Entscheidung für einen deutschen Film hatte. Einige Ausreißer der Jahre 2004 (34 %) und 2009 (26 %) haben gezeigt, dass der Einsatz der „richtigen" Schauspieler die Magnetwirkung noch verstärken konnten. Das Kriterium „Schauspieler" ist ein einzelheitliches Filmmerkmal, umso wichtiger ist die Auswahl der spezifischen Besetzung eines Films. Auch die exemplarischen Ergebnisse aus dem Internet-Forum www.movie-infos.net belegen, dass Schauspieler eine Sogwirkung kreieren können. Auch wenn hier die US-amerikanischen Schauspieler im Fokus stehen, zeigt sich doch, dass dieses einzelheitliche Merkmal dezidiert wahrgenommen wird: „Wenn Schauspieler dabei sind die man besonders gerne sieht um so besser wobei bei mir jeder Tom Hanks Film eine Pflicht für's Kino ist."[166]

Im Vergleich zum nicht-deutschen Film hatte der Faktor „Schauspieler" bei deutschen Filmen eine größere Bedeutung. Hier stehen sich 22,9 % für deutsche Filme und 18,3 % bei nicht-deutschen Filmen gegenüber. Ging man doch landläufig von einem US-amerikanischen Starsystem aus, indem Schauspieler eine echte Sogwirkung für einen Film kreieren können, so belehren uns die oben genannten Zahlen eines Besseren. Denn, <u>deutsche Schauspieler hatten im Verhältnis einen größeren Anteil an der Entscheidung für einen Film</u>. Das erscheint wenig nachvollziehbar, spricht man doch in Deutschland nicht einmal von Kino- oder Fernsehschauspielern. Bis auf wenige Ausnahmen (z. B. Till Schweiger, Matthias Schweighöfer, Elyas M'Barek) kann fast jede Schauspielerin oder Schauspieler sowohl im Kino als auch im Fernsehen bewundert werden. Expertenmeinungen geben wieder, dass man in Deutschland nicht von einem Starsystem sprechen kann. Ebenfalls herrscht die Meinung, dass deutsche Schauspieler keinen großen Anteil an der Besuchsentscheidung haben.[167]

Die vorgenommene Analyse beweist jedoch das Gegenteil: Deutsche Schauspieler waren für die Zuschauer ein wichtiges Kriterium für die Filmauswahl. Es steht im *Ranking* sogar an Platz zwei. Welche konkreten Schauspielerinnen und Schauspieler diese Sogwirkung auslösten, wird das Kapitel 3 klären.

Platz 3: Film ist aktuelles Gesprächsthema:

Wie wichtig es war, dass man über einen Film in der Öffentlichkeit „mitreden" konnte, zeigen die Zahlen dieser Statistik. Für deutsche Filme steht dieser Besuchsgrund an Platz drei. Allerdings ist diese Durchschnittszahl geprägt von

---

166   JohnDoe u. a., 2005, Martyy, 23.11.2005, 23:07 Uhr.
167   Vgl. Gaitanides, 2000; vgl. Kochendörfer, 2013; vgl. Schopen, 2013.

großen Schwankungen und Inkonstanz über die Jahre 2004–2010. Von 30,0 % im Jahre 2004 bis 7,0 % in 2010 changiert die Wichtigkeit dieses Kriteriums auf allen Ebenen. Wie bereits festgehalten, galt es als Aufgabenstellung für jeden Film, zum Gesprächsthema zu werden. Man konnte nicht grundsätzlich von einem hohen Interesse für den deutschen Film beim Publikum ausgehen. Vielmehr musste sich jeder Film die Präsenz in der Öffentlichkeit erarbeiten.

Dieses Potenzial besaß der deutsche Film jedoch – mehr noch als der nicht-deutsche Film. Während deutsche Filme es zu 16,3 % geschafft haben, Zuschauer zu akquirieren, weil der Film ein aktuelles Gesprächsthema war, so schaffte dies der ausländische Film nur zu 9,7 %. Das heißt, dass deutsche Filme gegenüber dem nicht-deutschen Film im Bezug auf diesen Besuchsgrund klar im Vorteil lagen. Perspektivisch betrachtet muss es also für jeden Filmemacher, Verleiher und Marketingagentur als *must-do* gelten, einen Film zum aktuellen Gesprächsthema zu machen.

Aktuelle Gesprächsthemen zum Film können sowohl ganzheitliche als auch einzelheitliche Merkmale sein. Je nachdem, was den Film besonders auszeichnet oder was dem Film einen besonderen *boost* verschafft, werden Gespräch darüber in der Öffentlichkeit formuliert. Ganzheitliche Merkmale können z. B. bei dem Film „Der Untergang" öffentliche, politische, moralische Diskussionen sein, ob so ein Film überhaupt gemacht werden darf. Einzelheitliche Merkmale können ebenso zum Gesprächsthema werden, wie z. B. ob Bruno Ganz die Rolle des Hitler gut verkörpert. Das Resultat wäre das Gleiche: Menschen gehen in den Film, um „mitreden" zu können.

Platz 4: Film ist Fortsetzung/Teil einer Serie:

Ob Fortsetzungen deutscher Filme das Potenzial einer Magnetwirkung hatten, zeigen die Zahlen der Statistik: 6,3 % der Stimmen werden einer Fortsetzung oder einer Serie zugeordnet. Damit belegt dieses Kriterium Platz vier im *Ranking* der deutschen Besuchsgründe. Die statistischen Zahlen für das Entscheidungskriterium *Sequel* sind über die Jahre 2004–2010 relativ konstant. Man kann somit von einer mittleren bis geringeren Wichtigkeit an der Zuschauerentscheidung sprechen. Für einzelne Filme muss diese Aussage sicherlich noch einmal relativiert werden (siehe dazu Kapitel „Die Matrix – Untersuchung der 40 Top-Filme"). Denn die Signifikanz der Zahlen dieses Besuchsgrunds ist mit Vorsicht zu genießen. Nicht in jedem Jahr gab es deutsche Filme, die Teile einer Reihe oder Serie waren. D.h., dass eine geringe Prozentzahl nicht unbedingt heißt, dass dieses Kriterium nicht wichtig war, sondern vielleicht auch, dass mengenmäßig nicht mehr Filme dieser Art im Kino waren.

Auffällig im Vergleich ist die unterschiedliche Wichtigkeit bei deutschen Filmen und nicht-deutschen Filmen. Während Zuschauer diesem Kriterium bei deutschen Filmen 6,3 % Relevanz beimaßen, so wurde dies bei ausländischen Filmen mit 18,0 % angegeben. Das ist fast dreimal so viel.

Dieses Kriterium ist ein einzelheitliches Merkmal und bedeutet, dass genau diese Vorlage des Films die Zuschauer ins Kino lockte.

Platz 5: Kenne die Buchvorlage:

Das Kriterium „Bekanntheit der Buchvorlage" wurde leider erst im Jahr 2010 erstmals erhoben. Die Ergebnisse haben somit keinen Anspruch auf Evidenz. Für den deutschen Film ergab sich für 2010 eine Wichtigkeit von 5,0 % und für den ausländischen Film von 6,0 %. Damit erreicht die „Buchvorlage" den *Ranking*-Platz fünf.

Das Kriterium „Buchvorlage" ist thematisch ähnlich wie das soeben behandelte *Sequel*. Bei beiden Faktoren kannten die Zuschauer das dem Film zugrunde liegende Thema bzw. die Marke, sie wussten den Film einzuordnen – sie wussten in etwa, was sie erwartet. So verwundern auch nicht die für den deutschen Film nah beieinander liegenden Wertigkeiten im *Ranking* (6,3 % und 5,0 %).

Platz 6: Film war ein preview, Kinoevent, besondere Aktion im Kino:

3,5 % der Stimmen für deutsche Filme und 4,0 % der Stimmen für nicht-deutsche Filme gaben an, sich für den Film entschieden zu haben, weil der Film eine *preview*, ein Kinoevent oder eine andere Aktion im Kino war. Im *Ranking* belegt dieser Besuchsgrund somit Platz sechs.

Da diese Zahlen sehr ähnlich sind liegt der Verdacht nahe, dass man hier von einem Besuchsgrund der sozialen Kategorie ausgehen muss. Das heißt, dass nicht der Film an sich die Besuchsentscheidung auslöste, sondern der *Event* an sich.

Es konnte jedoch beobachtet werden, dass sich dieser Besuchsgrund über die Jahre 2004–2010 als konstanter Faktor in dieser Wichtigkeit darstellte.

Höchst problematisch in dieser Kategorie ist leider, dass große Unterschiede zwischen einem *preview*, einem Kinoevent und einer besonderen Aktion im Kino herrschen. Bei *previews* kennen die Zuschauer den zu konsumierenden Film in der Regel nicht vorher, d.h., sie kaufen sich eine Kinokarte unwissend und ohne die Einbringung ihrer Präferenzen. Beim Kinoevent und meist auch bei der besonderen Aktion im Kino (Frauenfilmtag, Sonntagsmatinee etc.) wird der gezeigte Film vorher den Zuschauern kommuniziert. Sie wählen den Film somit bewusst aus.

Die Verwendbarkeit der Ergebnisse für diesen Besuchsgrund ist somit kritisch in Frage zu stellen. Dieser Besuchsgrund setzt sich leider aus bewussten und nicht bewussten Kriterien der Filmauswahl zusammen und kann daher nicht Auskunft über bewusstes, filmspezifisches Zuschauerverhalten geben. Er wird daher aus der Analyse fallen.

Platz 7: Nominierung/Auszeichnung des Films:

Leider wird dieses Besuchskriterium erst seit 2009 erhoben, so dass man an dieser Stelle nicht von aussagekräftigen Ergebnissen sprechen kann.

Eine Nominierung bzw. eine Auszeichnung des Films gaben 2,5 % der Zuschauer als entscheidendes Besuchskriterium für deutsche Filme an. Beim ausländischen Film waren es vergleichbare 2,0 %. Dadurch wird Platz sieben im *Ranking* erreicht. Das erscheint relativ wenig, gewinnen doch einige Filme der Top-Hitlisten prestigeträchtige Filmpreise, wie z. B. auch den Oscar.

Hierfür könnte es zwei Begründungen geben. Erstens kann die relativ kleine Zahl von 2,5 % bedeuten, dass in den statistisch erfassten Jahren wenig Filme im Kino liefen, welche eine Nominierung oder Auszeichnung erhalten haben. Demzufolge konnten die befragten Zuschauer auch kein Kreuz an dieser Stelle im Fragebogen machen.

Die zweite mögliche Begründung soll am Beispiel des Films „Der Untergang" veranschaulicht werden, welcher im Jahr 2005 für den Oscar in der Kategorie „bester ausländischer Film" nominiert wurde. Der Film kam mit 405 Kopien am 16.09.2004 in die Kinos und wuchs im Oktober 2004 auf ein *Peak* von 667 Kopien heran.[168] Erst im Januar 2005 wurde die Oscar-Nominierung für den Film bekannt. Zu diesem Zeitpunkt war der Film jedoch aus den meisten Kinos schon längst verbannt.

Der Auswertungsreihenfolge der meisten Kinofilme geschuldet, liegt der Zeitpunkt des Kinostarts meist <u>vor der Nominierung oder einem Preisgewinn</u>.[169] D.h., dass dieser *boost*, Marketingeffekt und auch dieses „Gütesiegel" eines Filmpreises nicht für eine zuschauersteigernde Wirkung genutzt werden kann. Zumindest nicht innerhalb des Auswertungsfensters Kino. Filmpreise werden zeitlich gesehen meist erst nach der Kinoauswertung verliehen.

---

168 Vgl. An der Gassen, 2012.
169 Festivalpreise liegen meist vor dem Kinostart und könnten einen Effekt auf die Filmauswahl haben.

Auf der anderen Seite kann ein Film erst für einen Filmpreis nominiert werden, wenn er zuvor in der Kinoauswertung beim Publikum erfolgreich war und eine gewisse Sichtbarkeit generierte.

Platz 8: Special effects, Animation:

Platz acht im *Ranking* nimmt das Kriterium „*special effects*/Animation" ein mit einem Anteil von 2,0 % beim deutschen Film und 11,3 % beim nicht-deutschen Film. Diese Zahlen haben über die Jahre 2004–2010 eine hohe Konstanz.

Sofort springt hierbei der große Unterschied zwischen dem deutschen Film und nicht-deutschen Film ins Auge. Ist dieses Kriterium beim deutschen Film für die Besuchsentscheidung fast verschwindend gering, so ist sie beim ausländischen Film umso wichtiger. Es scheint fast so, als hätte die „Kompetenz" für Animationen und *special effects* nahezu ausschließlich bei ausländischen Filmen gelegen.

Für den deutschen Film gilt festzuhalten: Das Kriterium „Film ist ein Animationsfilm" oder „hat einen hohen *special effects*-Anteil" weist kaum Relevanz an der Filmentscheidung im statistischen Durchschnitt auf.

Deutsche *special effects*- oder Animationsfilme zogen mittels dieser Kriterien kaum Zuschauer ins Kino. Diese Filme mussten mit anderen Attributen überzeugen.

2.2.2.1 Beispiel: Besuchsgründe der vier deutschen Top-Filme im Jahr 2006

Die soeben geführte Analyse der Gewichtung der Besuchsgründe (*Ranking*) hat viel Aufschluss über die Prozesse der Filmauswahl gegeben. Dieses Wissen soll nun am konkreten Filmbeispiel veranschaulicht werden. Das Jahr 2006 bietet auf ganz natürliche Weise eine gute Übersicht über verschiedenste Filmgattungen. Exemplarisch werden aus diesem Jahr die vier Top-Filme „Das Parfum", „Deutschland-ein Sommermärchen", „7 Zwerge II" und „Die wilden Kerle III" betrachtet.

Tabelle 6: Besuchsgründe für die vier Top-Filme des Jahres 2006

		Buchvorlage	Doku	Komödie	Kinder
Besuche in %, Mehrfachnennungen möglich	**Gesamt**	**Das Parfum**	**Deutschland-ein Sommermärchen**	**7 Zwerge II**	**Die wilden Kerle III**
Thema und Story	54	73,9	75,6	21,0	21,2
Schauspieler	16	3,5	10,4	26,5	6,9

		Buchvorlage	Doku	Komödie	Kinder
Wunsch der Begleitperson	26	21,2	17,2	28,3	48,1
Mit anderen etwas unternehmen	22	15,9	10,4	23,1	14,7
Film ist aktuelles Gesprächsthema	7	36,1	45,7	11,3	10,5
Special effects/ Animation	14	0,9	0,2	2,4	0,3
Erreichbarkeit des Kinos	4	3,5	1,7	4,1	1,8
Film ist Fortsetzung, Teil einer Serie	15	0,0	0,6	48,8	45,2
Sneak preview	2	0,4	0,3	0,2	0,2
Sonstiges	9	17,3	6,3	6,4	5,7

Quelle:[170]

„Das Parfum" überzeugte die Zuschauer mit überragender Mehrheit von 73,9 % durch sein Thema und seine Story. 36,1 % der Stimmen war die Tatsache wichtig, dass der Film ein aktuelles Gesprächsthema war. Der Wunsch der Begleitperson entschied mit 21,2 % über den Filmbesuch. „Das Parfum" ist eine Literaturverfilmung des gleichnamigen Romans.

„Deutschland- ein Sommermärchen" kreierte ebenso großes Interesse für das Thema und die Story (75,6 %). Wie schon beim „Parfum" gaben 45,7 % der Menschen an (Mehrfachnennungen möglich), dass sie in den Film gegangen sind, weil der Film ein aktuelles Gesprächsthema war. Weitere Gründe wogen im Vergleich dazu deutlich geringer.

Für den Film „7 Zwerge II" gibt es einen herausragenden Besuchsgrund: Film ist eine Fortsetzung. 48,8 % der Stimmen gaben an, aus diesem Grund ins Kino gegangen zu sein. Die im *Ranking* folgenden Gründe für den Besuch verteilen sich recht homogen: Wunsch der Begleitperson, Schauspieler, mit anderen etwas unternehmen, Thema und Story. Zu erwähnen ist, dass hier erstmals nicht Thema & Story Besuchsgrund Nummer eins war, sondern andere Faktoren. Im *Ranking* changiert Thema & Story auf Platz 5. Ebenfalls auffällig im Vergleich mit anderen

---

170   Vgl. FFA-Filmförderungsanstalt, 2007, S. 61.

deutschen Top-Filmen ist der Besuchsgrund Schauspieler. Mit einem Anteil von 26,5 % am Besuchsgrund zogen die Schauspieler dieses Films überdurchschnittlich viele Menschen ins Kino. Dieser Film wurde fast überwiegend mit deutschen *Comedians* besetzt, wie z. B. Otto Waalkes, Ralf Schmitz, Mirco Nontschew, Rüdiger Hoffmann. Ein interessantes und ungewöhnliches Besetzungskonzept, welches sich in diesem Fall ausgezahlt hat, wie die Zahlen beweisen.

Thema & Story ist als Besuchsgrund ebenso untergeordnet beim Film „Die wilden Kerle III" (21,2 %). Der Wunsch der Begleitperson (48,1 %) und der Faktor, dass der Film eine Fortsetzung ist (45,2 %), zogen die meisten Menschen ins Kino. Da der Film ein Kinderfilm ist, liegt die Vermutung nahe, dass Eltern aufgrund des Wunsches ihrer Kinder sich den Film ansahen.

2.2.2.2 Exkurs Besuchsgrund nach Alter

Ein kleiner Exkurs zum Alter der Zuschauer und ihrer Kriterien für die Filmauswahl soll einen noch größeren Erkenntnisgewinn über das Wesen der Zuschauer liefern. Zudem soll ein Denkanstoß zum demographischen Wandel und seinen Auswirkungen auf Filminhalte gegeben werden. Aus diesem Themenkomplex werden sich in den nächsten Jahren die Hauptaufgaben der Kinobranche speisen.[171]

Exemplarisch soll das Jahr 2005 betrachtet werden. In der nachfolgenden Tabelle finden sich die altersgerechte Zielgruppenaufteilung und eine Übersicht über den deutschen und den nicht-deutschen Film auf deutschen Leinwänden:

Tabelle 7: Besuchsgrund nach Alter

In %, Mehr-fachnennungen möglich	Dt. Produk-tion[172]	Nicht-dt. Produk-tion	10–19 Jahre[173]	20–29 Jahre	30–39 Jahre	40–49 Jahre	50–59 Jahre	60 + Jahre
Thema und Story	59	55	56	58	54	52	58	56
Schauspieler	22	20	20	23	20	19	22	20
Wunsch der Begleitperson	30	25	22	24	28	29	25	30

---

171   Siehe hierzu auch: Keil, 2007; Neckermann & Blothner, 2010.
172   Vgl. FFA-Filmförderungsanstalt, 2006, S. 67.
173   Vgl. FFA-Filmförderungsanstalt, 2006, S. 56.

In %, Mehr-fachnennungen möglich	Dt. Produk-tion[172]	Nicht-dt. Produk-tion	10–19 Jahre[173]	20–29 Jahre	30–39 Jahre	40–49 Jahre	50–59 Jahre	60 + Jahre
Mit anderen etwas unternehmen	22	24	30	26	20	19	20	13
Film ist aktuelles Gesprächsthema	12	8	10	8	7	9	10	13
Special effects/ Animation	1	12	10	11	11	11	7	5
Erreichbarkeit des Kinos	6	5	5	4	5	5	9	9
Film ist Fortsetzung, Teil e. Serie	3	14	15	13	12	13	7	2
Sneak preview	2	2	3	3	2	1	0	0

Quelle: siehe in der Tabelle an entsprechender Stelle

Das wichtigste Kriterium für alle Altersgruppen ist „Thema & Story" des Films (55,0–59,0 %). In allen Altersgruppen wurde in 2005 dies als mit Abstand wichtigster Besuchsgrund angegeben. Gefolgt vom Argument „Wunsch der Begleitperson" (25,0–30,0 %). Auch dieses Kriterium zeigt sich über das Alter hinweg als sehr konstant. „Schauspieler" (20,0–22,0 %) und „mit anderen etwas unternehmen" (22,0–24,0 %) werden im *Ranking* der Besuchsgründe als fast gleich angegeben. Auch ihre relative Konstanz über alle Altersgruppen hinweg überrascht. Ausnahme ist hier die Altersgruppe 60+, welche das Argument „mit anderen etwas unternehmen" nur noch mit 13,0 % bewertet. Im Kontrast dazu bewerten die 10–19jährigen diesen Grund mit 30,0 %.

2.3 Zusammenfassung Kriterien der Filmauswahl

Innerhalb der Filmauswahl wirken verschiedene tiefenpsychologische Prozesse im Kopf der Zuschauer. Sie müssen sicher gehen, dass die Filmauswahl möglichst kein Enttäuschungsrisiko birgt. Kino ist eine Freizeitgestaltung, die aufwendig, teuer und zeitintensiv ist. Umso wichtiger ist die Filmauswahl.

Dabei überrascht es nicht, dass die Planung des Filmbesuchs für zwei Drittel der Besucher weit im Vorfeld des Kinobesuchs stattfindet (einen bis mehrere Tage vorher).

Die Untersuchung hat auch gezeigt, dass die klassische Herangehensweise über die Filmwirkungsforschung nicht zielführend ist. Innerhalb der Erfolgsforschung muss der Zeitpunkt der Betrachtung neu gesetzt werden, nämlich vor den Filmbesuch.

Verschiedene Quellen und ein exemplarisch gewähltes Internet-Forum kristallisieren ähnliche Kriterien der Filmauswahl heraus. Diese sind:

- Thema und Story (beinhaltet auch Genre, Look, Regie etc.)
- Wunsch der Begleitperson
- Schauspieler
- Mit anderen etwas unternehmen
- Film ist aktuelles Gesprächsthema
- Film ist eine Fortsetzung/Teil einer Serie
- Erreichbarkeit der Kinos
- Kenne die Buchvorlage
- Film war ein preview, Kinoevent, besondere Aktion im Kino
- Nominierung, Auszeichnung des Film
- Special effects/Animation
- Sneak preview

Auf Schwachstellen und methodische Fehler wurde an dieser Stelle ebenfalls hingewiesen. In der Quintessenz lag die Entscheidung nahe, die FFA-Langzeitstudie „Der Kinobesucher" als Quelle erster Wahl für die Klärung der Forschungsfragen heranzuziehen. Die Ergebnisse hieraus wurden auch durch andere Quellen manifestiert.

Die vorliegenden Zahlen der FFA-Studie ergaben interessante Aussagen hinsichtlich der Konstanz des Zuschauerverhaltens im Filmauswahlprozess. Konstante und relativ konstante Besuchsgründe sind: Thema & Story, Wunsch der Begleitperson, mit anderen etwas unternehmen, sonstige Gründe, Film ist eine Fortsetzung, Erreichbarkeit des Kinos, Film war ein *preview/Event*, Nominierung/Auszeichnung des Films, *special effects*/Animation, *sneak preview*. Mittlere Schwankungen in der Konstanz hat der Besuchsgrund „Schauspieler", große Schwankungen in der Konstanz hat der Besuchsgrund „Film ist aktuelles Gesprächsthema".

Kriterien der Filmauswahl teilen sich in filmspezifische und filmunspezifische (soziale) Kriterien. Davon lassen sich nur die filmspezifischen Kriterien innerhalb des Produktions- und Herausbringungsprozesses beeinflussen – diese sind: Thema & Story, Schauspieler, Film ist aktuelles Gesprächsthema, Film ist Fortsetzung/Teil einer

Serie, kenne die Buchvorlage, Film war ein *preview*/Kinoevent/besondere Aktion im Kino, Nominierung/Auszeichnung des Films, *special effects*/Animation, *sneak preview*.

Diese filmspezifischen, beeinflussbaren Kriterien werden im Folgenden nun zu-einander gewichtet und ergeben das folgende *Ranking*:

Tabelle 8: Ranking Besuchsgrund (Zusammenfassung)

Ranking-Platz	Besuchsgrund Ranking dt. Film	Durchschnitt 2004–2010 (Mehrfachnennungen möglich)	
		dt. Filme	nicht-dt. Filme
1.	Thema und Story	54,9 %	51,6 %
2.	Schauspieler	22,9 %	18,3 %
3.	Film ist aktuelles Gesprächsthema	16,3 %	9,7 %
4.	Film ist eine Fortsetzung/Teil einer Serie	6,3 %	18,0 %
5.	Kenne die Buchvorlage	5,0 %	6,0 %
6.	Film war ein preview, Kinoevent, besondere Aktion im Kino → wird nicht betrachtet werden in der Analyse	3,5 %	4,0 %
7.	Nominierung, Auszeichnung des Film	2,5 %	2,0 %
8.	Special effects/Animation	2,0 %	11,3 %

Quelle:[174]

Am Beispiel der vier Top-Filme aus dem Jahre 2006 wurde exemplarisch ver-anschaulicht, wie die Auswahlkriterien für diese Filme konkret aussahen. Ein Exkurs, welche Besuchsgründe verschiedene Altersgruppen für wichtig erachten, schließt sich an und rundet das Erkenntnisbild über die Zuschauer ab.

---

174 Vgl. An der Gassen, 2011b – Eigene Auswertung auf Grundlage der FFA-Studien „Der Kinobesucher" für die Jahre 2004–2010. Einige Gründe wurden in einigen Jahren nicht erfasst. Siehe Anhang 7.3 und 7.4. (Tabellen).

3 Die Matrix – Untersuchung der Top 40-Filme

Die Zahlen der statistischen Erhebung des Besuchsgrunds 2004–2010 zeigen einen interessanten Status quo auf. Er gibt wieder: „aus welchem Grund haben sich Zuschauer für einen Filmbesuch entschieden" und „welches Kriterium war dabei wichtiger, als das andere" (Gewichtung).

Diese Ergebnisse bereiten die Basis für die sich nun anschließende Analyse der einzelnen Top 40-Filme der Jahre 2000–2011. Die nachfolgende, profunde Detailanalyse wird unter anderem zeigen, was in der Praxis:

- die Filmhits der Jahre 2000–2011 waren,
- welche konkreten Themen & Stories überzeugt haben,
- welche Schauspieler die Publikumsmagneten waren,
- ob und wodurch der jeweilige Film ein aktuelles Gesprächsthema wurde,
- ob der Film am Puls der Zeit lag und einen gewissen Zeitgeist traf,
- ob der jeweilige Film ein Teil einer Reihe war,
- ob er auf einer Buchvorlage basierte oder eine andere Art von Vorlage hatte,
- ob und wie viele Filme *special effects* oder Animationen beinhalteten,
- ob für den Film besondere Marketingarbeit geleistet wurde (*preview, Event, sneak preview*)
- ob gute Filmkritiken oder andere positive Resonanzen den Filmstart unterstützten,
- ob der Film eine Nominierung oder Auszeichnung erhalten hat (vor Start)
- und welche anderen Untersuchungskategorien weiteren Aufschluss über die Filme und ihren Erfolg geben.

Da die Gewichtung dieser, für die Filmauswahl relevanten Kriterien schon im vorangegangenen Kapitel vorgenommen wurde, kann nun geklärt werden, was konkret und filmspezifisch für den Erfolg der Filme verantwortlich war. Was „hatten" die erfolgreichsten Filme der letzten Jahre, was so viele Zuschauer ins Kino lockte?

3.1 Festlegung der Untersuchungskategorien

Bevor die Analyse beginnen kann, müssen die Kriterien der Filmauswahl, welche die verschiedenen Untersuchungskategorien vorgeben, auf ihre Vollständigkeit hin überprüft werden. Die in der FFA-Studie definierten Besuchsgründe reichen nicht aus, um den Auswahlprozess der Zuschauer in seiner Gänze zu fassen. Wie die nachfolgende Analyse zeigen wird, sind für den Entscheidungsprozess der Zuschauer mehr als die in der FFA-Studie genannten Kriterien von Bedeutung. Der Untersuchungskatalog bedarf daher einer Überarbeitung bzw. einer Ergänzung. Es ergeben sich daraufhin die folgenden Untersuchungskategorien:

1. Thema und Story, Genre, Erzählton (Explizite Einordnung des Themas)
2. Film ist ein aktuelles Gesprächsthema, Publikumspräferenzen/Zeitgeist/am Puls der Zeit (Implizite Einordnung des Themas)[175]
3. Schauspieler
4. Vorlage, Film ist eine Fortsetzung/Teil einer Serie, Kenne die Buchvorlage
5. Special effects/Animation
6. Regisseur
7. Budget, production value, Look
8. Marketing
9. Vertrieb (Größe der Herausbringung, Verleihfirma)
10. Resonanz (Nominierung, Auszeichnung des Films, Kritiken, Filmpreise, Festivals)

Die Kategorien der Untersuchung spiegeln zum einen die bereits im letzten Kapitel herauskristallisierten Besuchsgründe (schwarz) wider, zum anderen wurden sie nun ergänzt um weitere Kategorien, die Zuschauer potenziell ins Kino locken könnten (grau). Neu hinzugekommen sind die Kategorien:

- Regisseur, Budget/*production value*/*Look*, Marketing, Vertrieb, Resonanz.

Des Weiteren wurden einige Kategorien um weitere Begriffe ergänzt und somit das Forschungsfeld spektral erweitert, z. B.:

- „Thema & Story" ist nun ergänzt um das „Genre" und den „Erzählton". Durch diese Begriffe wird eine explizite Einordnung des Filmthemas ermöglicht.
- Der Besuchsgrund „Film ist ein aktuelles Gesprächsthema" ist angereichert um die Begriffe „Publikumspräferenzen", „Zeitgeist" und „am Puls der Zeit". Diese Ausweitung der Kategorie ermöglicht eine implizite Einordnung des Filmthemas und legt die Grundlagen für die Detektion eines Zeitgeists.

---

175 Obwohl die Schauspieler an Platz zwei der Relevanz für den Besuchsgrund stehen, wird hier zur Vereinfachung das aktuelle Gesprächsthema an Platz 2, statt Platz 3 gesetzt, da es eine Erweiterung des Thema und der Story ist. Die Auflistung der Untersuchungskategorien gibt somit weder ein *Ranking*, noch eine Aussage über Wichtigkeit am Besuchsgrund wieder.

- „Film ist eine Fortsetzung/Teil einer Serie" wurde erweitert um den allgemeinen Begriff „Vorlage". Der Besuchsgrund „Kenne die Buchvorlage" wurde thematisch mit hinzu genommen. Mit dem Begriff „Vorlage" sollten auch z. B. Comicverfilmungen, *Sequels, Spin Offs und Remakes* erfasst werden, was nun durch die neue Begrifflichkeit ermöglicht wird.
- Unter der neuen Untersuchungskategorie „Resonanz" wurde der Besuchsgrund „Nominierung, Auszeichnung des Films" subsumiert und die weiteren Besuchsgründe „Filmpreise" und „Festivals" ergänzt. Thematisch gehören alle unter denselben Oberbegriff, der die Resonanz des Films beschreibt. Diese könnte entscheidend für die Filmauswahl der Zuschauer gewesen sein.

Warum die einzelnen Untersuchungskategorien teilweise erweitert, zusammengelegt oder ergänzt wurden, darüber gibt die folgende Ausführung nähere Auskunft. Auch für die bereits von der GfK erfassten Untersuchungskategorien wird hier noch einmal begründet, warum auch sie Einzug in die Studie halten werden.

3.1.1 Thema & Story, Genre, Erzählton (Explizite Einordnung des Themas)

Die Kategorie „Thema & Story", welche 54,9 % am Besuchsgrund ausmachte, war die mit Abstand wichtigste, wenn es darum geht, für welchen Film sich Zuschauer entschieden. Wie die Zahlen ebenfalls zeigen, war es nicht der Schauwert oder die Schauspieler, welche die Zuschauer primär ins Kino lockten.[176] **Es waren die Geschichten, die primär überzeugten.**

Leider wurde das „Thema & Story" im GfK-Fragebogen der Langzeitstudie „Der Kinobesucher" nur in dieser diffusen und groben Formulierung bei den Zuschauern abgefragt. Kriterien wie Genre und Erzählton, welche ebenso das Naturell eines Themas und einer Story beschreiben können, fehlten gänzlich. Genauer gesagt hatten die Befragten keine andere Chance, als all das, was ihnen eine nähere Auskunft über seine Anmutung, seine Ästhetik, sein genretechnische Einordnung, sein „Ton" und seine Stimmung gibt, unter dem Oberbegriff „Thema & Story" zu subsumieren. Mit dieser Begründung lässt sich vielleicht auch leichter das doch erstaunlich hohe Ergebnis von über 50 % am Besuchsgrund erklären. Die methodische Vorgehensweise der GfK soll in dieser Studie aufgebrochen werden, um einen wesentlich tieferen, analytischen Blick auf das Thema und die Story der Filme zu erlangen.

---

176 Vgl. An der Gassen, 2011b.

Die Entscheidung, das Genre mit in die Analyse einzubeziehen, stützen auch andere Autoren, wie z. B. Zuta:

> „Der Name des Genres weckt Assoziationen mit gesehenen Bildern, inhaltlichen Grundkomplexen und bereits erlebten Erlebnismustern. So wird über das Genre eine Erwartungshaltung geschaffen, deren Erfüllung eine Zufriedenheit beim Zuschauer bedingen sollte."[177]

Hennig-Thurau, Houston und Heitjans[178] als auch Daamen[179] bringen das Genre ebenfalls in Verbindung mit Erfolg. Auch Rudolf und Ulrich ordnen Risiko- und Renditechancen verschiedenen Genres zu.[180] Das Genre wird in verschiedenen Studien eng mit Erfolg verknüpft.

Die Ästhetik eines Films, bei manchen Autoren der „Erzählton" oder die „Erzählform" genannt[181], vermittelt den eigentlichen, erlebnisgestützten, sinnlichen Erzähleindruck des Films. Während das Thema das „Was" der Filmerzählung vermittelt, wird über den Erzählton das „Wie" transportiert. Der Erzählton liefert eine weitergefasste Interpretation und Ausprägung eines künstlich-erzählerischen Stils. Dem Erzählton könnte durchaus Anteil am Erfolg eines Films zugesprochen werden, weshalb die Filme der Untersuchung daraufhin analysiert werden.

Dem „Erzählton" und dem „Genre" wird ein gesteigerter Wert innerhalb dieser Studie beigemessen. Denn, das „Wie wird erzählt?" beschreibt oftmals die Kinematografie eines Landes, so die These dieser Arbeit. Die Sichtbarmachung des Erzähltons und des Genres könnte somit die Typisierung des „Deutschen Geschmacks" und einer nationalen Kinematografie ermöglichen.

Innerhalb dieser Untersuchungskategorie wird versucht werden, dem expliziten Thema und der Story auf die Spur zu kommen (im Unterschied zur impliziten Einordnung des Themas, welches innerhalb der nächsten Untersuchungskategorie „Film ist aktuelles Gesprächsthema/ Zeitgeist" untersucht werden soll).

3.1.2 Film ist aktuelles Gesprächsthema/Zeitgeist (Implizite Einordnung des Themas)

Der in der FFA-Studie untersuchte Besuchsgrund „Film ist aktuelles Gesprächsthema" gibt bereits eine Richtung der Analyse vor, die hier weiter ausgebaut wer-

---

177   Zuta, 2008, S. 93–94.
178   Vgl. Hennig-Thurau u. a., 2009, S. 169.
179   Vgl. Daamen, 2008.
180   Vgl. Rudolf & Ulrich, 2003.
181   Vgl. Thau, 2002.

den sollte. Denn nicht nur der Fakt, dass der Film öffentlich besprochen wurde, hat Anteil am Erfolg eines Films. Vielmehr sollte ebenso ein gewisser Zeitgeist des Filmthemas erfasst werden.

Bereits für Kracauer stellte der Film einen Spiegel gesellschaftlicher Zustände und Wunschvorstellungen dar.[182] Zeitgeist würde sich demnach *vice versa* auch in Filmthemen wiederfinden lassen. Blothner[183], Zuta[184] und Zag[185] gehen noch einen Schritt weiter: sie attestieren einem Film besondere Auswertungschancen, wenn er einen gewissen Zeitgeist trifft.

Die implizite Einordnung des Thema und der Story soll die Basis bereiten, um den möglichen Zeitgeist eines Films zu detektieren. Ist den meisten Filmen der Top 40 ein zeitaktuelles, implizites Thema nachzuweisen?

3.1.3 Schauspieler

Schauspieler sind für das Außenbild eines Films ein wichtiger, erfolgsfördernder Faktor. Dies hat die Untersuchung gezeigt, welche „Schauspieler" als zweitwichtigsten Besuchsgrund klassifizierte. Dass *starpower* eine der wichtigsten Komponenten eines Films ist, fand auch Gaitanides, und für den US-amerikanischen Markt, Albert heraus.[186] Hennig-Thurau, Wruck und Dallwitz-Wegener brachten in zahlreichen Arbeiten die Schauspieler als produktinhärenten Faktor ebenso in signifikanten Zusammenhang mit dem Erfolg eines Films.[187] Ebenso schließen sich Zuta und Zag der Meinung an, dass Schauspieler mit Filmerfolg in Verbindung gebracht werden können.[188] Auch diese Studie wird die Schauspieler betrachten und versuchen, mögliche Übereinstimmungen zwischen den Top 40-Filmen zu finden.

3.1.4 Vorlage

Ob dem Film eine Vorlage zugrunde liegt oder nicht, ist für die Zuschauer ein wichtiges Kriterium der Filmauswahl. Das hat das letzte Kapitel zumindest für die Buchvorlage und das *Sequel* zutage befördert. Doch ob auch andere Vor-

---

182   Vgl. Kracauer, 1964.
183   Vgl. Blothner, 1999.
184   Vgl. Zuta, 2008.
185   Vgl. Zag, 2005.
186   Vgl. Gaitanides, 2000, S. 25 ff., vgl. 2001; vgl. Albert, 1998.
187   Vgl. Hennig-Thurau u. a., 2009, S. 169, vgl. 2001; vgl. Hennig-Thurau & Dallwitz-Wegener, 2003.
188   Vgl. Zuta, 2008; vgl. Zag, 2005, vgl. auch 2010.

lagearten von Relevanz sind, konnte nicht betrachtet werden. Hennig-Thurau erkannte ebenso den Wert einer Vorlage und untersuchte in „*Conceptualizing and Measuring*" den Wert einer *brand extension*, oder anders ausgedrückt, eines Film-*Sequels*.[189] Die Verwertungsunterschiede zwischen *Sequel* und *Non-Sequel* sind dabei beachtlich, zumindest für den US-amerikanischen Film.

Diese Studie wird versuchen, dieses *missing link* in der Forschung für den deutschen Markt zu schließen und auch andere Vorlagearten untersuchen.

3.1.5 Special effects/Animation

Den *special effects* & der Animation konnte ein nur kleiner Anteil am Besuchsgrund nachgewiesen werden. Wie groß der Anteil an *special effects* und Animationen nun innerhalb der Top 40-Filme ist, wird die Analyse zeigen.

3.1.6 Regie

Die Entscheidung, die Regie als einzelne Untersuchungskategorie hinzuzunehmen resultiert aus der Beobachtung, dass Regisseure für manche Zuschauer eine Magnetwirkung innehaben können. Zuschauerstimmen, wie die folgende weisen darauf hin:

> „I1an, 24.11.2005, 21:49 Uhr: Hm ich würde da Thematik, Regisseur, Schauspieler, Story, Genre da miteinbeziehen. Aber das ist fast scho [sic] nebensächlich. Denn wenn keine Freunde mitgehen oder ich keine Zeit habe, dann geh ich in keinen Film".[190]

Auch Feuerer untersucht in ihrer Studie die Regie als erfolgsrelevantes Kriterium und befragt 60 Menschen in einem Kino, wie bekannt ihnen die Regisseurin bzw. der Regisseur des Films war. Je nach Genre des Films war den Zuschauern die Regisseurin bzw. der Regisseur mehr oder weniger bekannt. Für das Genre „Drama" konnte Feuerer den höchsten Bekanntheitsgrad nachweisen.[191] Auch Hennig-Thurau nimmt „den Regisseur" in den Katalog der Erfolgskriterien auf.[192] In seiner Arbeit mit Wruck kategorisieren sie die Regisseurin oder den Regisseur explizit als produktionsinhärente, exogene Variable, welche das Erscheinungsbild eines Kinofilms widerspiegelt und welcher der Einfluss auf den Erfolg eines Films nachgesagt wird.[193]

---

189   Vgl. Hennig-Thurau u. a., 2009.
190   JohnDoe u. a., 2005.
191   Vgl. Feuerer, 2001.
192   Vgl. Hennig-Thurau u. a., 2009.
193   Vgl. Hennig-Thurau & Wruck, 2000, S. 243–247 und 245–246.

Diese Beispiele deuten an, dass die Zuschauer die Regisseurin oder den Regisseur durchaus „wahrnehmen" können und sie bzw. ihn nicht nur in „Thema & Story" subsumieren, wie die GfK dies in ihrer Studie anlegt. Ob es signifikante Regelmäßigkeiten der Top 40-Filme zum Faktor Regie tatsächlich gibt, wird diese Analyse zeigen.

3.1.7 Budget, production value, Look

Die Kategorien Budget, *production value* und *Look* eines Films bleiben in der FFA-Studie (und in den meisten Studien zum Thema Besuchsgrund) leider gänzlich unbetrachtet. Wie das Meinungssample aus dem Film-Blog veranschaulicht, gibt es sehr wohl Zuschauer, für die der *Look* eines Films eines der ausschlaggebenden Kriterien sein kann:

> „Ardron, 25.11.2005: Also zu erst schaue ich meistens auf die Schauspieler. Wenn da welche dabei sind die mich Interessieren dann hat der gute Karten ● Anschließend auf das Genre und dann auf den Look. Auf die Story oder auf Kritiken achte ich eher weniger. [sic] [...]"[194]

Die Begriffe „Budget" und „*Look*" werden in einer Kategorie zusammengefasst werden, da im Allgemeinen die Zuschauer den Film danach beurteilten, wie er „aussieht", wie „reich" und „optisch gehaltvoll" er ist. Die Information über das Budget gibt somit nicht nur eine numerische Aussage über *production value* wieder, sondern auch über dessen visuelle Qualität, die an dieser Stelle auch für das Maß an Unterhaltung, Eskapismus, Befriedigung von Wünschen und Sehnsüchten steht. Daamen weist dem Budget ebenfalls einen erfolgskorrelierten Einfluss zu.[195]

Nicht zu vergessen ist, dass der Mehrwert des Kinos sich primär aus seiner optischen (und möglicherweise auch akustischen) Erlebniswelt speist – im Gegensatz zum Filmkonsum auf DVD vor dem heimischen Fernsehgerät. Umso unverständlicher erscheint es, dass diese Kategorie in gängigen Studien bisher unerwähnt blieb.

3.1.8 Marketing

Der Marketingaufwand für einen Film, wie z.B. die Qualität und die Breitenwirkung der Werbung, das Poster, der Trailer, der Titel des Films, *Event*s, eine große Premiere, Gewinnspiele, Fernsehauftritte, werbewirksame PR-Auftritte der Darsteller, Gimmicks etc. sind ohne Zweifel wichtig für einen Film. Durch

---

194   JohnDoe u. a., 2005.
195   Vgl. Daamen, 2008.

diese Aktivitäten wird in den meisten Fällen überhaupt erst Aufmerksamkeit für einen Film bei den Zuschauern generiert. Dass das Marketing, im Speziellen der Werbeaufwand und das Marketingbudget Einfluss auf den Erfolg eines Films haben, bestätigten auch die Branchenteilnehmer und Experten Moszkowicz[196], Kochendörfer[197], Weymar[198], Arseguel[199], Schopen[200] in den geführten Interviews. Ebenso verweisen Howe und Graf, Zuta, Zag, als auch Bergfried in ihren wissenschaftlichen Arbeiten darauf.[201] Hennig-Thurau spezifiziert dies weiter und weist dem Filmposter und dem Titel des Films absatzfördernde Macht zu.[202] Neben den Marketingaktivitäten der PR-Agentur und des Verleihs, können auch andere werbewirksame Dynamiken, wie z.B. eine Mund-zu-Mund-Propaganda den Film „befeuern". PR-Agenturen versuchen immer wieder solche Mechanismen zu durchdringen und sie gezielt für ein Produkt einzusetzen. Virales Marketing ist ein Beispiel für die implementierte und unbewusste Einstreuung von Werbebotschaften in den normalen *Traffic* im Internet, in sozialen Netzwerken und Zielgruppen-Websites. Man beachte hierzu die Arbeiten von Gloor oder Asur und Huberman.[203]

Dieses Themenfeld bietet ein interessantes, jedoch auch ungeahntes Spektrum an Betrachtungsmöglichkeiten, Ansätzen und Aspekten. Leider sprengt es den Rahmen dieser Arbeit. Inwieweit und auf welche Weise das Marketing für die umsatzsteigernde Wirkung eines Films verantwortlich war, ist darüber hinaus retrospektiv für die Top 40-Filme nicht mehr klärbar. Auch stellt sich die begründete Frage, welche Konsumdynamiken wirklich vom Verleih beeinflussbar sind und welche nicht.

Eine Angabe des Marketingbudgets, der sogenannten *p&a-costs* (*print & advertising*), hätte möglicherweise Aufschluss über den Werbeaufwand eines jeden Films gegeben. Leider sind die Zahlen über *p&a-costs* in Deutschland nicht frei zugänglich. Eine konkrete Recherche dieser Zahlen bei Verleihern und Filmproduzenten scheiterte ebenfalls. Darüber hinaus kann eine Angabe der *p&a-costs* leider nicht zu einem Rückschluss auf Erfolg dienen. Dies liegt sicherlich

---

196   Vgl. Moszkowicz, 2013.
197   Vgl. Kochendörfer, 2013.
198   Vgl. Weymar, 2013.
199   Vgl. Arseguel, 2013.
200   Vgl. Schopen, 2013.
201   Vgl. Howe & Graf, 2012; vgl. Zuta, 2008; vgl. Zag, 2005; vgl. Bergfried, 2001.
202   Vgl. Hennig-Thurau u.a., 2009.
203   Vgl. Asur & Huberman, 2010; vgl. Doshi u.a., 2009; vgl. Gloor, 2009.

auch in der Abrechnungspraxis der *p&a-costs* begründet.[204] Aus diesen genannten Gründen muss die Untersuchungskategorie „Marketing" aus dieser Studie leider ausgeklammert werden.

3.1.9 Vertrieb (Größe der Herausbringung, Verleihfirma)

Dem Vertrieb eines Films ist ein ebenso großer Wert, wie die inhaltliche Entwicklung und die bestmögliche produktionelle Umsetzung zuzuweisen. Wenn der Film nicht richtig und intensiv vertrieben wird, nutzt kein gutes Drehbuch, keine gute Regie, keine *Stars* und kein aufwendiges Produktionsbudget. Auf einem immer enger werdenden, hochfluktuierenden Kinomarkt würde der Film sein Publikum nicht finden und leider sehr schnell verschwinden.

Es interessiert daher die Frage: mit welcher Vertriebsintensität wurden die Filme der Top 40 auf den Markt gebracht? Gibt es Analogien oder Hinweise darauf, welche Maßnahmen für den Zuschauererfolg bei allen Top 40-Filmen verantwortlich waren?

Für die Analyse wird die Kopienzahl als vertriebsrelevante Kennziffer das Mittel erster Wahl sein. Sie ist in der Literatur ein häufig mit Filmerfolg assoziierter Faktor. Sowohl deutsche Studien, wie die von Zuta[205], als auch internationale Studien, wie die von Neelamegham und Chintagunta[206] und Hennig-Thurau[207] belegen dies.

Auch die Nennung der spezifischen Verleihfirma könnte interessante Ergebnisse liefern. Jeder Verleih steht für eine bestimmte Art von Filmen und bringt ein gewisses *Standing* im deutschen Markt mit. Ob dies in der ganzheitlichen Betrachtung der Top 40-Filme abzulesen ist, wird die Studie zeigen.

---

204 Exkurs: *P&a-costs* werden vom Verleiher vorab verauslagt und sind als sein 100 %-iges Investmentrisiko zu betrachten (es sei denn er erhält eine anteilige Verleihförderung). *P&a-costs* dürfen in der gängigen Praxis nach Rückdeckung einer häufig vorab gezahlten Minimumgarantie zu 100 % aus dem Produzentenanteil am *box office* verrechnet werden. Der Verleiher müsste über die Verwendung der *p&a-costs* auf Nachfrage eine Abrechnung vorlegen. Die Praxis zeigt jedoch, dass dies in den seltensten Fällen passiert. Erst aufwendige Auditing-Verfahren, die der Filmproduzent einleiten kann, könnten klären, ob die Verleihabrechnungen korrekt erstellt worden sind.

205 Vgl. Zuta, 2008.

206 Vgl. Neelamegham & Chintagunta, 1999.

207 Vgl. Hennig-Thurau u. a., 2009, nennt es hier „distribution intensity".

3.1.10 Resonanz (Nominierung, Auszeichnung des Films, Filmpreise, Festivals)

Die Untersuchungskategorie „Resonanz" findet ebenfalls Einzug in den Katalog der zu untersuchenden Faktoren. Grund dafür ist: einige Aspekte die Resonanz eines Films betreffend, werden häufig mit Erfolg assoziiert, wie z. B. Auszeichnungen, Filmpreise, A-Nominierungen oder A-Festivals. Die FFA-Studie sah als besuchsfördernden Grund im Fragebogen leider nur die „Auszeichnung des Films" vor. Für den Deutschen Filmpreis und den Oscar konnte die Verfasserin innerhalb ihrer Diplomarbeit eine absatzfördernde Wirkung für den Film bei Nominierung und Preisgewinn nachweisen.[208]

Wichtiges Betrachtungskriterium für diese Studie wird sein, dass nur die Filmpreise, Auszeichnungen, Nominierungen und Festivals betrachtet werden, die der Film vor dem Kinostart erhielt. Nur diese könnten überhaupt für die Zuschauer bei der Filmentscheidung relevant gewesen sein. Mit diesem Ausschlusskriterium scheiden interessanterweise jedoch bereits die meisten Filmpreise aus, da sie oftmals nachgelagert der Kinoauswertung sind.

Die Überlegung, ob man innerhalb dieser Studie auch die Kategorien „Filmkritiken" und „Mund-zu-Mund-Propaganda" hinzunimmt, wurde durchaus intensiv angestellt. Einige Autoren, wie Eliashberg und Shugan[209] oder auch Zuta[210] sehen einen erfolgssteigernden Effekt, wenn die Kritik für einen Film positiv ausfällt. Dem *word-of-mouth* weisen viele Branchenexperten, wie z. B. Moszkowicz[211], als auch wissenschaftliche Autoren wie Hidalgo, Castro und Rodriguez-Sickert[212] und Zag Erfolgskorrelationen zu: "Die wichtigste Größe im Kino ist am Ende immer die Mundpropaganda. Erst wenn sie sich einstellt. kann ein Film wirklich erfolgreich werden und sich längere Zeit halten. Bleibt sie aus, hilft auch Werbung nur für die Anfangsphase."[213]

Sowohl die Kategorie „Filmkritiken" als auch das *word-of-mouth* werden jedoch nicht innerhalb dieser Studie betrachtet werden. Diese Parameter retrospektiv verlässlich zu betrachten, ist nahezu unmöglich. Wie soll die Mund-zu-Mund-Weiterempfehlungsrate möglicherweise 7 Jahre nach Filmbesuch noch verlässlich rekonstruiert werden? Rückblickend ist es ebenso schwer, die tiefenpsychologischen Prozesse der Zuschauer zu analysieren. Inwieweit haben sich Zuschauer für

---

208   Vgl. Reinhardt, 2005- noch unter dem Mädchennamen der Verfasserin publiziert.
209   Vgl. Eliashberg & Shugan, 1997.
210   Vgl. Zuta, 2008.
211   Vgl. Moszkowicz, 2013.
212   Vgl. Hidalgo u. a., 2006; vgl. Spiegel online, 2005.
213   Zag, 2005, S. 108.

den Filmbesuch aufgrund einer guten Kritik oder der Empfehlung eines Bekannten entschieden? Für die zahlreichen Kritiken, die vor und während des Kinoreleases veröffentlicht wurden, kann ebenfalls keine Nachverfolgung geschehen, wer welche Kritik gelesen hat und sich davon hat beeinflussen lassen. Dies aussagekräftig und seriös zu klären, möglicherweise 10 Jahre nach dem Kinobesuch, ist leider nicht möglich. Diese beiden Kategorien werden deshalb innerhalb dieser Studie ausgespart bleiben.

3.1.11 Zusammenfassung Untersuchungskategorien

1. Thema und Story, Genre, Erzählton (Explizite Einordnung des Themas)
2. Film ist aktuelles Gesprächsthema/Zeitgeist (Implizite Einordnung des Themas)
3. Schauspieler
4. Vorlage
5. Special effects/Animation
6. Regisseur
7. Budget, production value, Look
8. Vertrieb (Größe der Herausbringung, Verleihfirma)
9. Resonanz (Nominierung, Auszeichnung des Films, Filmpreise, Festivals)

3.2 Entwicklung eines Forschungsdesigns (Matrix)

Um die einzelnen Untersuchungskategorien für jeden Film messbar und vergleichbar zu machen, muss ein einheitliches Forschungsdesign, ein Bewertungssystem entwickelt werden. Nach intensiver Beschäftigung mit den Vor- und Nachteilen von verschiedenen methodischen Analyseformen, wird die Entscheidung für eine Matrix getroffen. Eine Matrix bietet den Vorteil der multidimensionalen, spektralen Betrachtung, der Erfassung von unterschiedlich skalierten Bestandteilen eines Films, der Vergleichbarkeit und somit dem Aufspüren von Kongruenzen und Regelmäßigkeiten zu anderen Filmen.

Für diese Forschungsarbeit wird eine eigens angefertigte Matrix entwickelt werden, welche den Ansprüchen einer Datenbank sowie eines statistischen Analysetools gerecht wird.

Um jedem Untersuchungskriterium eine analytische Aussagekraft zu geben, muss innerhalb der Matrix zunächst individuell für jeden Filmbestandteil ein eigenes Bewertungssystem gefunden werden. Die Methodik der Bewertung wechselt somit innerhalb der Matrix. Die Bewertung einzelner Bestandteile eines Films kann nur gelingen, wenn z. B. neben der namentlichen Nennung auch eine Einordnung in Skalen erfolgt. Das gilt für die meisten Untersuchungskategorien. D.h., dass jedem Ergebnis ein numerischer Wert oder eine standardisierte Bezeichnung (wie z. B. beim Genre) zugeordnet werden muss, um eine Vergleichbarkeit möglich zu machen.[214] Betrachten wir zur Veranschaulichung kurz dazu die Kategorie „Regisseur". Neben der namentlichen Nennung und der so möglichen direkten Ablesbarkeit, wie viele Top 40-Filme dieselbe Regisseurin oder derselbe Regisseur inszenierte, ist eine Einordnung der Regisseurin bzw. des Regisseurs in verschiedene Klassen sinnvoll. Diese Einteilung könnte z. B. nach ihrem bzw. seinem Marktwert, dem *box office* ihrer bzw. seiner letzten Filme, ihrem bzw. seinem IMDb-*starmeter*-Platz oder ihrer bzw. seiner Tagesgage erfolgen. Würden alle Regisseure der Top 40-Filme in dieselbe Klasse eingeteilt werden, wäre das eine interessante Parallele aller Filme. Eine mögliche Aussage könnte daraufhin lauten, dass die erfolgreichsten Filme alle von Regisseuren der Kategorie A inszeniert wurden.

Die Aufspaltung der Erfolgsfaktoren eines jeden Films wird neben dem normativen Untersuchungskorsett der Matrix auch die Betrachtung nach qualitativen Methoden erlauben. Weist ein Film eine Besonderheit auf, welche in der Matrix nicht erfasst wird, wird diese trotzdem analytisch betrachtet. Einer der Vorteile der qualitativen Medienforschung soll in dieser Untersuchung ganz gezielt genutzt werden. Wo die quantitative, statistische Forschung Ausreißer aus der Untersuchung ausschließt und Bereinigungen vornimmt, können sie in der qualitativen Analyse individuell betrachtet werden. Eine abgewogene Integration in die Untersuchung ist somit möglich. Dies ist wichtig, da gerade bei diesem Forschungsthema Besonderheiten von Filmerfolgen und deren Gründe erkundet werden. Ausreißerdaten können dabei von enormer Aussagekraft sein.

3.2.1 Operationalisierung der Untersuchungskategorien (Forschungsdesign)

Wie lassen sich die 9 Untersuchungskategorien nun in eine Matrix überführen? Welche Fragestellungen sind für die Analyse interessant? Welche Bewertungs- und Skalensysteme, welche Autoren und welche Kategorisierungen lassen sich

---

214   Eine Einteilung in Bewertungsskalen haben ebenso Hennig-Thurau, als auch Daamen, Jansen und Feuerer vorgenommen.

finden, um die Forschungsfragen zu beantworten? Welche Operationalisierung lässt sich somit anwenden und wie ist diese hergeleitet? Unterscheidet sich diese Methodik von anderen Studien und Autoren? Welche Quellen sind für die Beantwortung der Forschungsfragen als Grundlage zu verwenden? Auf diese Fragen wird das folgende Kapitel Antworten finden. Es soll ein eindeutiges <u>Forschungsdesign</u> entworfen werden, welches einem Codebuch gleicht, d. h. eine Reproduzierbarkeit und Überprüfbarkeit dieser Studie gewährleisten soll.[215] Diese Studie manifestiert somit weiterhin ihren Charakter einer Metaarbeit. Aufbauend auf dieses Forschungsdesign kann im nächsten Kapitel die Analyse der Top 40-Filme erfolgen.

3.2.1.1 Thema & Story, Genre und Erzählton (Explizite Einordnung)

Um näher zu verstehen, was genau die Themen und Stories der Top 40-Filme waren, wird an dieser Stelle eine explizite Einordnung des Themas folgen. Diese explizite Einordnung soll sich deutlich unterscheiden von der sich im nächsten Kapitel anschließenden impliziten Einordnung des Themas in der Untersuchungskategorie „Film ist aktuelles Gesprächsthema & Zeitgeist". <u>Bei der expliziten Einordnung soll es um das Thema und die Story in seiner Reinform gehen, also um den „Inhalt" und „Stoff" einer Geschichte, um das sogenannte „Sujet".</u> Anders ausgedrückt: Worum geht's in dem Film? In diese Betrachtung fallen zwangsläufig dann auch das Genre und der Erzählton mit hinein.

Da das Thema und die Story das mit Abstand wichtigste Kriterium der Filmauswahl ist, wird die Suche nach der richtigen Operationalisierung ausführlicher ausfallen. Die konkreten Forschungsfragen für die Untersuchungskategorie lauten wie folgt:

<u>Fragestellung:</u>

- Welches Thema und welche Story behandelt der Film explizit?
- Welches Genre bedient der Film?
- In welches Haupt- und welches Subgenre lässt sich der Film einteilen?
- Wie wird erzählt, mit welcher Absicht (Ästhetik, Erzählton)?

Da Thema und Story eine andere Operationalisierung erfordern, als Genre, Ästhetik und Erzählton wird der Übersichtlichkeit halber zunächst der erste und im übernächsten Abschnitt der zweite Themenkomplex behandelt.

---

215   Vgl. Mikos & Wegener, 2005.

3.2.1.1.1 Operationalisierung des Themas und der Story

Wie kann man für die soeben aufgelisteten Forschungsfragen ein geeignetes Forschungsdesign entwickeln? Thema und Story eines Films sind Begriffe, die aus hunderten von Blickwinkeln betrachtet werden können. Zulässig wäre z. B. die Untersuchung: nach Erzählstruktur, nach Drehbuch, nach Dramaturgie, nach Filmthemen etc.

Um der Erzählform auf die Spur zu kommen, könnte man z. B. die <u>Erzählstruktur und/oder die Dramaturgie</u> der Top 40-Filme untersuchen. Zahlreiche interessante Arbeiten existieren zu diesem Themenkomplex, wie z. B. die von Bordwell[216], Carrière und Bonitzer[217], Stutterheim und Kaiser[218], Krützen[219], Appeldorn[220], Benke[221], Field[222], Eick[223], Mohring[224] oder Parker[225]. Allen Arbeiten gemein ist der Versuch, Erzählweisen und Dramaturgie von Filmen fassbar zu machen. Welchen Regeln folgen sie, welche Klassifizierung tut sich auf? Obwohl diese Arbeiten sowohl deutsches, als auch US-amerikanisches *storytelling* betrachten, könnten sie eine gute Grundlage für diese Arbeit bieten. Auch Mikos bietet für die Untersuchung interessante, systematische Grundlagen für die Filmanalyse nach inhaltlichen, dramaturgischen, erzählerischen, ästhetisch-gestalterischen Mitteln an.[226]

Trotzdem wird für diese Studie eine Entscheidung gegen die Analyse nach Dramaturgie getroffen. Es wird stark in Frage gestellt, ob die Zuschauer vor ihrem Kinofilmbesuch durch den Trailer oder andere ihnen zur Verfügung stehenden Informationsquellen wirklich besuchsentscheidende Informationen über die dramaturgische Erzählstruktur erhalten. Es ist anzunehmen, dass der Verleih diese Informationen werbewirksam nur einsetzt, wenn eine besondere Erzählform der USP des Films ist (wie z. B. bei Filmen wie „Memento" (C. Nolan), „Mulholland Drive" (D. Lynch) oder zahlreichen Gus Van Sant-Filmen).

216   Vgl. Bordwell, 1987.
217   Vgl. Carrière, 2003; vgl. Carrière & Bonitzer, 1999.
218   Vgl. Stutterheim & Kaiser, 2011.
219   Vgl. Krützen, 2011.
220   Vgl. Appeldorn, 2001.
221   Vgl. Benke, 2002.
222   Vgl. Field, 1984.
223   Vgl. Eick, 2006.
224   Vgl. Mohring, 2007.
225   Vgl. Parker, 2005, vgl. 1999.
226   Vgl. Mikos, 2008.

An dieser Stelle wird festgehalten, dass die meisten Zuschauer ihre Filmentscheidung aufgrund des Trailers fällten: In der Studie „Der Kinobesucher"[227] gaben von 2004–2010 insgesamt 23,7 % der Zuschauerstimmen an
(Mehrfachnennungen waren möglich), über den Film informiert worden
zu sein über „Werbung im Fernsehen". Weitere 21,7 % gaben an, dass die
„Filmvorschau oder Trailer im Kino" und weitere 14,9 %, dass „Berichte und
Kritiken im Fernsehen" ihre Quellen für die Aufmerksamkeit waren.[228] In
allen drei *sources of awareness* wurde der Trailer benutzt, um über den Film
zu informieren und auf ihn aufmerksam zu machen. Neben der Weiterempfehlung durch Freunde, Berichte in Zeitungen, Werbung im Radio etc., die
in ihrer Wichtigkeit weit hinter den soeben genannten Informationsquellen
verschwinden, ist somit der Trailer das mit Abstand wichtigste Informations-
und Lockmittel für den Film.

Betrachten potenzielle Zuschauer den Trailer eines Films, so wird ihnen vom
Film ein bestimmtes Bild gezeichnet. Es vermittelt sich, um welche Art von
Geschichte, Story, Filmthema, Erlebniswelt es geht und welche Sehnsüchte der
Film bedient. Um all diese Dinge unter einen Begriff der Untersuchung zu
subsumieren, würde sich eine Analyse und Kategorisierung nach <u>Filmthemen</u>
anbieten.

Hierzu gibt es in der Literatur verschiedene Ansätze, Forschungsfelder und
Perspektiven. Adorno und Horkheimer nähern sich dem Filmthema über
die Ästhetik und dem Begriff der Kulturindustrie.[229] Auch Schweppenhäuser
beschäftigt sich hierzu mit der Ästhetik von Filmen.[230] Deleuze definiert den
Begriff „Zeit-Bild" und schließt dabei die Wahrnehmung, Montagetheorie, Ka-
mera, Ästhetik und eine Semiotik des Films mit ein.[231] Andere Wissenschaftler,
wie z. B. Bachtin, Blothner, Ciompi, Schorr oder Zillmann und Bryant[232] nähern
sich dem Thema mittels Theorien der Filmwirkungsforschung. Dabei geht es

---

227 Vgl. FFA-Filmförderungsanstalt, 2005, vgl. 2006, vgl. 2007, vgl. 2008, vgl. 2009,
     vgl. 2010, vgl. 2011.
228 Vgl. An der Gassen, 2011b – eine eigene Darstellung der Ergebnisse findet sich im
     Anhang 7.2 und 7.3 befindet sich im Anhang.
229 Vgl. Adorno, 2010; vgl. Horkheimer & Adorno, 1988.
230 Vgl. Schweppenhäuser, 2007.
231 Vgl. Deleuze, 1996.
232 Vgl. Bachtin, 2011; vgl. Blothner, 1994; vgl. Ciompi, 2011; vgl. Blothner, 2011; vgl.
     Schorr, 2000; vgl. Zillmann & Bryant, 1985.

um die Gefühle, Sehsüchte, Ängste, Nöte, die in den Zuschauern durch den Film ausgelöst werden.

Blothner teilt dazu in seinem Werk „Erlebniswelt Kino" Filme in insgesamt 18 Filmthemen nach morphologischen Filmwirkungsprozessen ein. Wichtige Kriterien für ihn sind dabei: was erreicht die Zuschauer und was „klingt bei ihnen an". Seine 18 Filmthemen sind:

- Zerstören – Erhalten
- Verkehrung – Halte
- Erniedrigung – Triumph
- Angriff – Flucht
- Direkt – Vermittelt
- Tun – Getanwerden
- Beweglichkeit – Zwang
- Perspektiven – Eine Wirklichkeit
- Verlockende Vielfalt – Eine Richtung
- Zerfließen – Konsequenz
- Beliebigkeit – Wertsetzung
- Täuschung – Wahrheit
- Wiederholen – Verändern
- Begrenzt – Darüber hinaus
- Fremd – Vertraut
- Getrennt – Vereint
- Wandel – Verbindlichkeit
- Unperfekt – Perfekt[233]

Blothner proklamiert, dass ein Film erfolgreich ist, wenn er es schafft, über die 18 Filmthemen drei Wirkungsebenen bei den Zuschauern zu erreichen: erst muss das Filmthema „anklingen", dann muss dadurch eine „Verwandlung" im Zuschauer erreicht werden, um schließlich eine „Antwort" zu erhalten. Als „Antwort" könnte man auch eine sich anschließende Handlung bezeichnen, wie z. B. Mund-zu-Mund-Propaganda.

So interessant Blothners Ansatz auch ist, so kritisch ist er gleichzeitig zu sehen. Blothner geht von mündigen Zuschauern aus, denen „man kein Konfetti mehr in die Augen streuen kann", die schon anhand von Trailern erkennen, um was für eine Art von Film es sich handelt. Blothner selbst attestiert jedoch auch, dass es die

---

233   Vgl. Blothner, 1999.

tieferen, unbewussten Themen sind und nicht die an der Oberfläche liegenden, die echtes Wirkungspotenzial haben und somit erfolgsrelevant sind. Filme lösen Gefühle und Assoziationen während oder nach der Rezeption aus. Das heißt, dass sich die Zuschauer den Film immer zunächst vollständig anschauen müssen, bevor sie dessen komplettes Wirkungspotenzial und -spektrum uneingeschränkt wahrnehmen können. Klingt der Film daraufhin beim Zuschauer an, so kann durchaus ein *word-of-mouth* entstehen.

Seit 1999, dem Erscheinungsjahr von „Erlebniswelt Kino", hat sich das Kinobusiness jedoch stark verändert. Filme hatten in der ersten Dekade des neuen Jahrhunderts immer weniger die Chance, Mund-zu-Mund-Propaganda für die Kinoauswertung zu nutzen. Es wird an dieser Stelle ausdrücklich betont, dass nicht das Phänomen der mündlichen Weiterempfehlung an sich in Abrede gestellt wird. Themen können bei Zuschauern durchaus anklingen. Wie jedoch die Zahlen der Langzeitstudie „Der Kinozuschauer" zeigen, hatte die „Empfehlung von anderen" nur einen Anteil von 22,6 % (Mehrfachnennungen waren möglich) an den Kriterien der Filmauswahl für die Jahre 2004–2010[234].

Grund ist, dass der deutsche Markt immer enger geworden ist. Zum einen werden deutlich mehr deutsche Kinofilme pro Jahr produziert (die automatische DFFF-Förderung, welche seit 2007 installiert wurde, hat hieran sicherlich großen Anteil). Zum anderen drängten neben der verstärkten deutschen Konkurrenz auch vermehrt ausländische Filme auf den deutschen Markt. Ergebnis ist, dass sich die Auswertungszeit der Filme extrem verkürzt hat. Ein Kinofilm muss bereits am ersten Startwochenende *performen*, sonst nehmen ihn Kinobetreiber oftmals am darauffolgenden Donnerstag wieder aus dem Programm. Kinofilme müssen somit bereits im Trailerstadium vor dem eigentlichen Kinostart überzeugen. Die Mund-zu-Mund-Propaganda hat somit nicht mehr die nötige Zeit, um sich herumzusprechen. Verleiher setzen daher immer mehr auf einen kopienreichen Start. Sogenannte *sleeper*, wie z. B. „Wer früher stirbt, ist länger tot", also Filme, welche mit wenigen Kopien starten, sich dann herumsprechen und zu einem Publikumserfolg heranwachsen, gibt es kaum mehr.[235]

An dieser Stelle ist Blothner Recht zuzusprechen: Die Zuschauer sind mündig und werden von Film zu Film immer mündiger. Davon ist auszugehen. Schlechte Filme erkennen sie sicherlich bereits durch den Trailer. Das effizienzgetriebene,

---

234 Vgl. An der Gassen, 2011b – eigene Darstellung siehe Anhang 7.2 und 7.3.
235 Ähnlicher Ansicht sind auch: Kochendörfer, 2013; Maag, 2013; Moszkowicz, 2013.

soziokulturelle Phänomen der „Ökonomie der Aufmerksamkeit" hat sicherlich auch hier Einzug gehalten, so die These dieser Arbeit. Zuschauer investieren das hohe Gut der Aufmerksamkeit und wollen bereits im Trailer erkennen, ob sie der Film, das Thema und die Story so weit interessieren, dass sie dafür ins Kino gehen. Spezielle Filmthemen die anklingen, verwandeln und dann durch Aktion für Weiterempfehlung sorgen, davon ist wohl leider im Zusammenhang mit Erfolg nicht mehr auszugehen. Eine Einteilung der Themen und Stories der Top 40-Filme nach Blothners Filmthemen ist somit der Analyse dieser Arbeit nicht sachdienlich.

Auch Zag versucht sich dem Filmerfolg mittels der Durchdringung von Filmthemen und deren Wirkungs- bzw. Erlebnisprozessen zu nähern. Er stellt einen Publikumsvertrag mit 20 Paragrafen auf, den es behutsam, so Zag, in möglichst vielen Punkten zu erfüllen gilt, will man einen erfolgreichen Film produzieren. Es geht Zag dabei um den sogenannten „human factor". Zag stützt sich auf die Bedürfnisse der Zuschauer, die es zu befriedigen gilt. Die 20 Paragrafen und grundlegenden Prinzipien lauten dabei wie folgt:

- A. ENTSTEHUNG DER EMOTIONEN (§ 1–5)
  - o § 1 Zugehörigkeit (der Hauptfiguren)
  - o § 2 Geben und Nehmen, Austausch und Schuld
  - o § 3 Soziales Ungleichgewicht und Empathie für Benachteiligte
  - o § 4 Anmaßende und Ambivalente
  - o § 5 Der Wunsch nach ausgleichender Gerechtigkeit
- B. BINDUNG UND LOYALITÄTSEBENEN (§§ 6–9)
  - o § 6 Dichte und Intensität der Bindungen
  - o § 7 Loyalitätsebenen
  - o § 8 Treue zu sich selbst
  - o § 9 Konflikte zwischen den Loyalitätsebenen
- C. DER GEMEINSCHAFTSFAKTOR (§§ 10–11)
  - o § 10 Beiträge und Zuwendungen
  - o § 11 Sozialer Zugewinn
- D. BEWEGUNG IM SOZIALEN NETZ (§§ 12 a-b)
  - o § 12 a) Bewegungsmuster und Ihr Preis
  - o § 12 b) Vier Arten der Bewegung
- E. ASPEKTE DES EMOTIONALEN ERZÄHLENS (§§ 13–16)
  - o § 13 Täuschung und Wahrheit
  - o § 14 Soziale Relevanz
  - o § 15 Soziale Felder im Hintergrund
  - o § 16 Geld (als Thema wird negativ erlebt)

- F. ÜBERGEORDNETE ASPEKTE (§§ 17–20)
  - o § 17 Erfüllung und Verweigerung der Publikumswünsche
  - o § 18 Widersprüchliches Verhalten und emotionale Logik
  - o § 19 Die Relativität von Gut und Böse
  - o § 20 Publikumsvertrag vs. „Kunstvertrag"[236]

Interessant an Zags Ausführungen ist, dass er dem Publikumsvertrag prognostische Qualität zuweist. So bietet er z. B. eine Checkliste an, die jedem Filmemacher, Autor und/oder Produzenten erleichtern soll, ein Drehbuch auf seinen „human factor" hin zu überprüfen. Wenn diese Checkliste möglichst viele Punkte erfüllt, hätte dieses Buch theoretisch die besten Chancen, ein erfolgreicher Film zu werden.

Zags prognostische Beweisführung geht noch weiter. Er betreibt einen in der Branche verbreiteten *Blog*, in dem er in regelmäßigen Abständen gemeinsam mit Norbert Maass in Kürze startende Kinofilme auf ihren „human factor" hin überprüft.[237] Hält sich die Story eines Films nah genug an den Publikumsvertrag, haben vielleicht auch noch bekannte Schauspieler mitgespielt und weist der Film Parallelen zu anderen erfolgreichen Filmen in der Vergangenheit hin, dann sollte der Film, so Zag und Maass keine schlechten Chancen haben, ebenfalls erfolgreich zu sein. Zag und Maass geben diese Prognose auch in avisierten Zuschauerzahlen aus. Um zu überprüfen, wie stichhaltig diese Prognosen und somit auch der Wert des „human factors" ist, wurde die Trefferquote der Prognosen ermittelt. Dabei wurden 36 Filme im Zeitraum August 2009-November 2010 betrachtet und die prognostizierten Zuschauerzahlen mit den tatsächlich eingetretenen Zuschauerzahlen verglichen:

Tabelle 9: Analyse des Filmblogs „human factor"

	Anzahl Filme	in %
Prognose nach Kinostart	25	69 %
Prognose 1 Tag vor oder am Tag des Kinostarts	6	17 %
Prognose mehr als 1 Tag vor Kinostart	5	14 %
Summe Filme	**36**	**100 %**

236 Vgl. Zag, 2005, S. 24–87.
237 Vgl. Zag, 2010.

	Anzahl Filme	in %
Trefferquote bei Prognosen mehr als 1 Tag vor Start	0	
Trefferquote bei Prognosen nach Kinostart o. 1 Tag zuvor	16	44 %

Quelle:[238]

Von 36 prognostizierten und analysierten Filmen ergab sich eine Trefferquote von **44 %**. Dabei wird ein Treffer als die richtige prognostische Einschätzung der Zuschauerzahlen im Verhältnis zu den tatsächlich eingetretenen Zuschauerzahlen bezeichnet (Zag und Maass gaben meist eine Zuschauerspanne an). Als Quelle diente Nielsen EDI. Ein Kulanzspielraum von 10 % bzw. 25.000 Zuschauern wurde angesetzt. 44 % erscheinen beachtlich. Die analytische Beweisführung von Zag und Maass, warum ein Film erfolgreich sein wird, scheinen nachvollziehbar. Auffällig an der prognostischen Qualität der Ergebnisse ist jedoch der Zeitpunkt der Prognose (der Zeitpunkt der Prognose lässt sich ablesen am Datum des *Uploads* ins Internet). Dieser lag in 69 % der Bewertungen erst mehrere Tage nach dem Kinostart, in weiteren 17 % der Fälle einen Tag vor oder sogar am Tag des Kinostarts. Die Frage nach „prognostischer Qualität" stellt sich, ist es doch fraglich, ob hierbei wirklich noch der „human factor" bewertet wurde oder doch eher die konkreten Zuschauerzahlen des 1. Kinotages, Presse, Resonanz, Kritiken, Vorbestellungen, der fertige Film, Marketingkosten und -aufwand, Plakat, Kopienzahl, Startumfeld, Wetter, Verleihstrategie etc. Und tatsächlich zeigt sich, dass kein einziger Film der Bewertung richtig prognostisch eingeschätzt wurde, wenn er mehr als einen Tag bzw. mehrere Wochen vor Kinostart eingeschätzt wurde.

Die Quintessenz dieser detaillierten Betrachtung ist somit, dass sich leider auch Zags Paragrafen an Filmthemen nicht als Grundlage für diese Studie eignen. Blothner und Zag gehen im Zusammenhang mit Filmwirkung von Prognosen aus. Die Beachtung der tiefenpsychologischen Wünsche, Sehnsüchte, Erlebnismuster, Resonanzböden bringt sicherlich, und das soll an dieser Stelle noch einmal betont werden, einen „guten Film" hervor. Dieser gute Film kann in weiteren Auswertungsstufen, wie Kauf-DVD, Leih-DVD, VoD, Pay-TV und Free-TV seine „Kreise" ziehen und die emotionale Qualität, die er sich möglicherweise durch die Befolgung der Maßregeln nach Filmwirkungsmechanismen angeeignet hat,

---

238   eigene Darstellung nach Analyse des Blogs: Zag, 2010.

monetär genießen. Doch die Befolgung von Filmwirkungsmechanismen bringt für einen Kinofilm, der am ersten Startwochenende *performen* muss, nur wenig Relevanz für den *box office*. Auf der Suche nach der richtigen Operationalisierung von Thema und Story wird somit festgehalten, dass es eher eine Systematisierung von allgemeineren Filmthemen braucht. Filmthemen, welche die Zuschauer auch anhand von wenigen Informationen, wie z. B. im Trailer wahrnehmen und erkennen können.

Phil Parker[239], Martin Thau[240], Dennis Eick[241] und unzählige andere Autoren haben sich ebenfalls mit Filmthemen und derer Kategorisierung beschäftigt. Das Meinungsspektrum hierzu ist vielseitig. Eine universelle und „einzig wahre" Quelle gibt es nicht.

Thaus sehr umfangreiche, explizite Systematisierung von Filmthemen erscheint gerade im Hinblick auf die soeben angestellte Überprüfung der Kategorisierung nach Blothner oder Zag herausstechend für die Zwecke dieser Studie. Thau veröffentlicht diesen Filmthemenkatalog gemeinsam mit der Drehbuchwerkstatt München, welche zur HFF München gehört. Dieses sehr praxisnahe Werk dient somit Drehbuchautoren und Filmemacher, welche am Filmentwicklungsprozess beteiligt sind. Thau beobachtet, dass sich in Genregeschichten bestimmte Filmthemen wiederholen. Diese expliziten Filmthemen sind für die Zuschauer auch bereits in der kurzen Beschäftigung mit den Inhalten eines Films (wie z. B. durch Trailer, *logline*, Kurzinhalt etc.) erfassbar. Eine Zusammenfassung des Films kann die Kernthemen einer Filmstory gut wiedergeben. Thau fällt ebenso auf, dass es eine Häufung von bestimmten Filmthemen in deutschen Filmen gibt. Er nimmt eine Einteilung vor und ordnet die Filmthemen ihrer Häufigkeit nach von oben nach unten (Auszug):

- Dreiecksbeziehungen
- Vergangenheit holt einen ein
- Sich anziehende Gegenteile
- Den Schwarzen Peter gezogen
- Schicksalshafte Liebe
- Geschwister
- Zwanghaftes Streben
- Mütter und Söhne

---

239   Vgl. Parker, 1999.
240   Vgl. Thau, 2002.
241   Vgl. Eick, 2006.

- Kluft zwischen den Generationen
- Vater und Söhne
- Frau in Gefahr
- Untergebene und Chefs
- Selbstzerstörerische Liebe
- Aufstieg und Fall
- Erlösung
- Polizist und Verbrecher
- politische Unruhen
- Waisen
- boshafte Kinder
- Midlife-Krise
- Leben unter Besatzung
- Erbschaft auf dem Spiel
- negative Utopie
- erste Liebe
- Ehebruch
- Experiment läuft aus dem Ruder
- Doppelleben
- Ärzte und Patienten
- gewagte Rettungen
- gefährliche Freunde
- gefährliche Attraktion
- Kulturschock
- verdorbener Polizist
- Circus und Jahrmärkte
- kurze Begegnungen
- Internatsleben
- freundliche Außerirdische
- falsche Identitäten
- Liebe zwischen alt und jung
- usw.[242]

Thau formuliert in seinem Filmthemenkatalog insgesamt 171 Themen. Interessant an diesem Katalog: er ist sehr ausführlich und bietet eine Ordnung nach Häufigkeit von Filmthemen an. Weiterhin ist interessant, dass er aus der praktischen Erfahrung und dem Umgang mit Geschichten spricht.

---

242 Vgl. Thau, 2002, S. 113–115.

Die von Thau proklamierten Filmthemen geben „grobe Themenwelten" wieder. Die Erfassung des expliziten Themas und der Story eines Films ist mit diesem Katalog auch anhand des Trailers möglich. Thaus Katalog als Quelle für die Bestimmung des expliziten Filmthemas zu nehmen, scheint somit eine gute Wahl zu sein. Zu überlegen ist nur, wie die klare Einteilung der Themen und Stories der Top 40-Filme durchzuführen wäre. Filme hätten nach diesem Katalog durchaus mehrere Filmthemen inne. Eine Mehrfachzuweisung muss möglich sein. Verdichtungsmengen innerhalb von bestimmten Filmthemen des Katalogs würden dann dafür sprechen, dass besonders viele Filme der Top 40 dieses Thema bedienen.

Über die Bestimmung des Filmthemas durch Thaus Katalog hinaus, wird im Sinne einer qualitativen Herangehensweise an die Studie, auch eine eigene Einschätzung des Filmthemas vorgenommen werden. Mittels der Nennung von Themen, wird ebenso eine *logline* des Films formuliert werden. Diese wird das Thema und die wichtigsten Aspekte des Films in knappen Sätzen kondensieren. In der Praxis ist die Formulierung einer *logline* ein wichtiges Mittel, um genau zum Zwecke der Themenkondensierung Dritten, den Inhalt des Films schnellstmöglich zu vermitteln.

3.2.1.1.2 Operationalisierung des Genres und des Erzähltons

Will man die Begriffe „Thema & Story" neben dem Filmthema noch weiter aufspalten, muss man sich mit dem Genre und dem Erzählton des Films beschäftigen. Dabei geht es hauptsächlich um die etwas „diffuseren" Töne und Stimmungen, die ein Film vermitteln kann. Es wird versucht werden, in diesem Kapitel eine geeignete Operationalisierung für diese Begriffe zu finden, um sie später in der Analyse zu untersuchen. All diese Dinge hatten letztendlich Anteil an der Kaufentscheidung und sind somit möglicherweise relevant in Bezug auf den Erfolg des Films.

Hauptgenre und Subgenre

Wichtig für die Analyse ist zunächst die Erfassung des Hauptgenres eines Films. Bisher gibt es leider keine allgemein akzeptierte Genreeinteilung, die man als Standardwerk für die Analyse heranziehen könnte. Jedoch sind die Unterschiede in den verschiedenen Katalogen relativ gering. Unterschiede beziehen sich meist auf die Entscheidung, gröbere Einteilungen in übergeordnete Genrebegriffe vorzunehmen, z. B. Komödie[243] oder Drama. Das Problem ist somit nicht die Katalogisierung, vielmehr ist die Verlässlichkeit der Angaben schwierig. Stichproben haben gezeigt, dass verschiedene Quellen unterschiedliche Angaben zum Genre eines Films machten. Da nicht geklärt werden kann, wie viele Zuschauer welche Information, über welches Genre zum Zeitpunkt des Filmbesuchs hatten, wird es eine Gegenüberstellung der wichtigsten Genre-Quellen geben. Hierbei wird interessant sein, ob die Einordnung des Genres in allen Quellen gleich erfolgte oder ob es Unterschiede gibt. Weiß man doch, dass bestimmte Genres in der Publikumsbeliebtheit höher anzusiedeln sind, als andere. So mancher Verleih hat in der gängigen Praxis aus diesem Grund eine Tragikomödie als eine Romantische Komödie oder einen Coming-of-Age-Film als ein Drama ausgewiesen.

Zusätzlich zur Nennung des Hauptgenres wird, wenn eine weitere Differenzierung möglich ist, das Subgenre des Film genannt. Eine einheitliche Kategorisierung für Genres und Subgenres ist dabei zu finden. Verschiedene Autoren und Kategorisierungssysteme bieten sich hierfür an. Z.B. sieht die SPIO die folgende Genreeinteilung vor: Drama, Komödie, Thriller, Kinderfilm und Action-/Abenteuerfilm. Auch Feuerer folgt dieser Einteilung in ihrer Studie.[244]

Auch Philipp Parker beschäftigte sich sehr eindringlich mit dem Genrebegriff. Er unterscheidet dabei zwischen Genres und *Settings*. Laut seiner Definition bezeichnet das Genre den Typ der erzählten Geschichte, z. B. Komödie oder Drama. Das *Setting* hingegen beschreibt den Raum, in dem die Geschichte spielt, z. B. Science Fiction oder Western.[245]

Eine Einteilung von Genres nahm auch Roland Zag vor, welche jedoch sehr ähnlich derer von Parker ist.[246] Er weist verschiedenen Genres darüber hinaus auch unterschiedlich hohe sozial bedingte Emotion zu. Melodramen, Familienfilme und Kinderfilme sind die Genres, welche die größte sozial bedingte Emotion bei den Zuschauern auslösen. Gefolgt von Romantic Drama, Romantic Comedy, Gesellschaftsdrama, Gesellschaftskomödie usw. Siehe dazu die folgende Grafik:

---

243   Vgl. Gaitanides, 2000, legt z. B. legt Liebeskomödie und Komödie zusammen.
244   Vgl. Feuerer, 2001, S. 12; vgl. SPIO, 2012.
245   Vgl. Parker, 1999.
246   Vgl. Zag, 2005.

Tabelle 10: Sozial bedingte Emotion und ihre durchschnittliche Bedeutung für gängige Genres

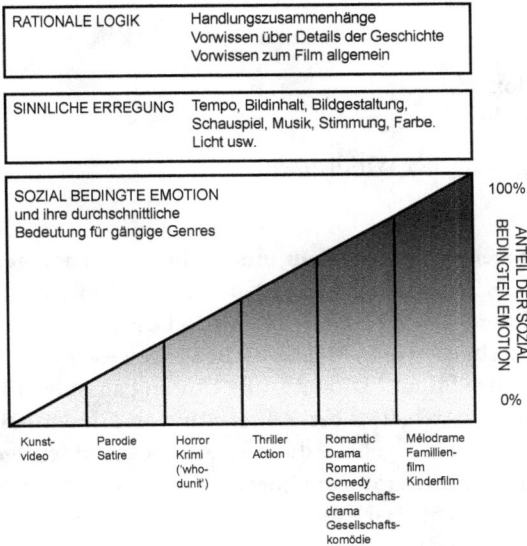

RATIONALE LOGIK	Handlungszusammenhänge Vorwissen über Details der Geschichte Vorwissen zum Film allgemein

SINNLICHE ERREGUNG	Tempo, Bildinhalt, Bildgestaltung, Schauspiel, Musik, Stimmung, Farbe. Licht usw.

SOZIAL BEDINGTE EMOTION
und ihre durchschnittliche
Bedeutung für gängige Genres

100%

ANTEIL DER SOZIAL BEDINGTEN EMOTION

0%

Kunst- video	Parodie Satire	Horror Krimi ('who- dunit')	Thriller Action	Romantic Drama Romantic Comedy Gesellschafts- drama Gesellschafts- komödie	Mélodrame Familien- film Kinderfilm

Quelle:[247]

Die Genreklassifizierung von Thau befindet sich mit ihrem Differenzierungs-grad sicherlich im oberen Drittel der möglichen spektralen Aufspaltung von Genres.[248] Innerhalb des offiziellen Genreführers „Genre, Themen, Töne" wer-den drei Obergruppen für Genres, sogenannte Klans, genannt: Unterhaltungs-genres, Dramen und Komödien. Aus ihnen werden weitere Genrefamilien spezifiziert, diese sind:

Unterhaltungsgenres (Vereinfachung der Wirklichkeit):

- Abenteuer und Heldentaten
- Aufklärung von Geheimnissen
- Geburt einer Liebe
- Andere Wesen und Welten
- Melodram

---

247 Zag, 2005, S. 22.
248 Vgl. Thau, 2002, vgl. 2012.

Drama (Würdigung der Wirklichkeit):

- Drama
- Tragödie
- Dokumentationen
- Experimentalfilm

Komödie (Verspottung der Wirklichkeit):

- Komödie[249]

Weitere 159 Subgenres spaltet Thau innerhalb der soeben genannten Genrefamilien auf, z. B. für „Geburt einer Liebe": Liebesfilm, Abenteuerromanze, Liebesfantasy, Romantischer Krimi, Romantische Komödie, Gotische Liebesgeschichte, Erotischer Thriller, Musikalische Liebesgeschichte, Romantisches Epos und Erotischer Film.[250] Dieser große Umfang an Subgenres ermöglicht eine große Differenziertheit in der Zuweisung von Filmen. Dieser Segen ist jedoch zugleich ein Fluch, geht er doch zulasten der eindeutigen Zuweisung der Filme dieser Analyse. Trotzdem überwiegen die positiven Argumente bezüglich der Ausführlichkeit dieses Katalogs. Eine Einteilung der Filme nach Klan, Genrefamilie und Subgenres wird somit nach Thau erfolgen.

Blothners Genredefinition unterteilt sich hingegen in 13 Genregattungen. Er befindet sich somit im Mittelfeld der spektralen Aufspaltung und Differenziertheit von Genreeinteilungen. Seine definierten Genres sind: Actionfilme, Horrorfilme, Komödien, Kriegs-/Antikriegsfilme, Dramen, Animationsfilme, Katastrophen-/Abenteuerfilme, Liebesdramen, Kinderfilme, Thriller, Liebeskomödien, Musik-/Tanzfilme und Science-Fiction-/Fantasyfilme.[251]

Die weltgrößte Filmdatenbank IMDb gibt als 26-teiligen Genrekatalog Folgendes vor: Action, Adventure, Animation, Biography, Comedy, Crime, Documentary, Drama, Family, Fantasy, Film-Noir, Game-Show, History, Horror, Music, Musical, Mystery, News, Reality-TV, Romance, Sci-Fi, Sport, Talk-Show, Thriller, War und Western.[252]

Blothners Einteilung und die von IMDb bieten 14 Übereinstimmungen. Bei Blothner nicht erfasst sind jedoch: Biography, Crime, Documentary, Film-Noir, History, Mystery und Western. IMDb listet neben Filmen auch Fernsehformate,

---

249   Vgl. Thau, 2002, S. 3–6.
250   Vgl. Thau, 2002, S. 4.
251   Vgl. Blothner, 2002, S. 5.
252   Vgl. IMDb, 2012.

weshalb die folgenden Genres zwar klassifiziert sind, jedoch hier vernachlässigt werden können: Game-Show, News, Reality-TV, Sport und Talk-Show.

Blothners Genreeinteilung angereichert um die ergänzenden Genres nach IMDb erscheint eine gute Quelle für die Analyse des Genres zu sein und wird daher die folgenden Genrebegriffe beinhalten: Actionfilme, Horrorfilme, Komödien, Kriegs-/Antikriegsfilme, Dramen, Animationsfilme, Katastrophen-/Abenteuerfilme, Liebesdramen, Kinderfilme, Thriller, Liebeskomödien, Musik-/Tanzfilme, Science-Fiction-/Fantasyfilme. Hinzu kommt: Biografie, Krimi, Dokumentarfilm, Film-Noir, History, Mystery und Western.

Die Angabe des Genres bei FFA, Media Control und direkt bei IMDb wird das Spektrum der Genreangaben für die Filme ergänzen. In der Gegenüberstellung der fünf Quellen wird sich zeigen, welche Genredefinitionen für den Film angesetzt wurden bzw. welche reinen „Marketingdienlichkeiten" folgen.

Erzählton

Viele Autoren bemühen sich, eindeutige Genrebegriffe zu finden, die man nach klaren Faktoren definieren kann. Jedoch muss man die Einteilung nach Genres in Abhängigkeit zu den verglichenen Filmen sehen und der Kultur, in der sie produziert und veröffentlicht wurden: "In sum, then, genre terms seem best immediately employed in the analysis of the relation between groups of films, the cultures in which they are made, and the cultures in which they are exhibited."[253]

Darüber hinaus schlägt Tudor vor, die Genredefinition eher über Intentionen vorzunehmen, also die Absicht des Films, z. B. beim Horrorfilm den Zuschauern das Fürchten beizubringen oder beim Melodram Anteilnahme, Freude und Trauer zu vermitteln.[254] Dieser Theorie folgend würde es Sinn machen, über den Genrebegriff hinaus, auch die Absichten des Films zu erfassen. Absichten decken sich im Eindruck bei den Zuschauern mit dem Erzählton. Verschiedene Eigenschaftsworte definieren oftmals den Charakter und den Stil der filmischen Erzählung. „Der Ton einer Geschichte ist ihr Tenor, in dem die Haltung des Autors – vermittels des von ihm auf so oder so eine Art Erzählten – zum Ausdruck kommt: elegant, karg, ironisch usf.".[255] Zum Beispiel:

- empfindsam
- heiter

---

253   Tudor, 2000, S. 96.
254   Vgl. Tudor, 2000, S. 95.
255   Thau, 2002, S. 120.

- stilisiert
- stimmungsvoll
- ernst
- angespannt
- überschwänglich
- scharf
- nachdenklich
- witzig
- trostlos
- respektlos
- schwermütig
- redselig
- usw.[256]

Eine beispielhafte Beschreibung des Erzähltons vom Film „Titanic" könnte als wie folgt aussehen: tränenselig, schwärmerisch, weitschweifig, überschwänglich, nostalgisch, ernst, wehmütig, scharf, bittersüß und stimmungsvoll.[257]

Die Differenzierung der Top 40-Filme nach Absicht und Tonalität könnte eine interessante Aussage hinsichtlich eines „Deutschen Geschmacks" liefern. Bilden die Filme der Untersuchung Ähnlichkeiten ab, lässt sich daraus auf wiederkehrende Präferenzen im Erzählton und möglicherweise auf mehr Transparenz hinsichtlich einer nationalen Kinematografie schließen. Bei ausländischen Filmen gibt oftmals besonders der Erzählton Aufschluss über deren Nationalität, wie z. B. beim Französischen Film oder Dänischen Film.

Die Katalogisierung nach Thau und eine eigene Einschätzung wird ein spannendes Ergebnis auch hinsichtlich einer noch klareren Aussage über die Genregattung des Films liefern. Z.B. können Erzähltöne, wie düster, unheimlich, verstörend, gruselig, blutrünstig genauer darüber Auskunft geben, ob es sich bei einem Film um einen Krimi, Thriller oder Horrorfilm handelt.

3.2.1.1.3 Quelle der Bewertung

Die Einteilung von Filmthemen wird nach Thau und nach eigener Einschätzung erfolgen. Dazu wird ebenso eine eigene *logline* formuliert, um das explizite Thema besser greifen zu können. Über das Haupt- und das Subgenre eines Films wird die

---

256   Weitere Töne finden sich für die Analyse im umfangreichen Katalog in „Genres, Themen, Töne".
257   Vgl. Thau, 2002, S. 120.

FFA, Media Control, IMDb, Blothner und Thau Auskunft geben. Der Erzählton, der oftmals die Absicht des Genres wiedergibt, wird mittels einer eigenen Einschätzung nach dem Katalog von Thau wiedergegeben.

3.2.1.2 Film ist aktuelles Gesprächsthema/Zeitgeist (implizite Einordnung)

Bei der impliziten Einordnung wird für das Thema eines Films ein „Überthema" gesucht. Es wird versucht werden, einen gesellschaftlich relevanten übergeordneten Themenkreis für das explizite Thema zu finden, um so etwas, wie „konkrete Zeitgeistthemen" der einzelnen Filme zu definieren. Dass Menschen ins Kino gehen, weil der Film auch ein aktuelles Gesprächsthema ist, ist Fakt. Dies ist im vorangegangenen Kapitel „Kriterien der Filmauswahl" bewiesen worden. Jedoch reicht die Formulierung „Film ist ein aktuelles Gesprächsthema" nicht aus, um das Phänomen ganzheitlich zu fassen. Es geht um eine eher nebulöse, wenig greifbare Qualität, die man auch mit „Zeitgeist" betiteln kann. Dieser Zeitgeist würde begünstigen, dass die Zuschauer theoretisch „empfänglich" für das Thema des Films sind – für ein Thema, welches „in der Luft liegt". Daamen spekuliert, dass Zeitgeist mit dem „human factor" zusammenhängt:

> „Gleichzeitig sind natürlich auch so wesentliche Erfolgsfaktoren wie der (besonders schwer zu erklärende) „Zeitgeist" letztlich vom 'human factor' abhängig. Wenn bestimmte Themen besondere Relevanz entwickeln und bei vielen Menschen eine ganz spezifische Sensibilität stimulieren, so heißt das nichts anderes, als dass eine besonders große Menge von Menschen auf einer gemeinsamen Wellenlänge berührt werden. Dies zu erspüren ist Teil der Aufgaben von Autoren."[258]

Diese Definition des Zeitgeistthemas wird im Folgenden „implizite Einordnung" genannt werden. Dabei geht es um die Findung eines „Überthemas" für jeden Film – eines Themas, welches gerade „am Puls der Zeit" liegt. Dieses Thema wird zu einem gesellschaftlich, religiös, kulturell, politisch, wirtschaftlich oder sonstig relevanten, übergeordneten Themenkreis gehören, welches in der Öffentlichkeit und Popkultur zum Zeitpunkt der Kinoherausbringung diskutiert wurde. In manchen Fällen hatte der Film sogar die Macht eines Impulsgebers, um eine Welle des Interesses für ein neues Zeitgeistthema auszulösen, wie Moszkowicz dem Film „Der Baader Meinhof Komplex" attestiert.[259]

---

258 Daamen, 2008, S. 10–11.
259 Vgl. Moszkowicz, 2013 – Durch gezielte Marketingarbeit im Vorfeld des Kinostarts wurde das Thema RAF in Populärmedien gestreut und so ein Interesse generiert.

<u>Fragestellung:</u>

- Was ist das implizite Thema des Films, welches möglicherweise den Zeitgeist ausdrückt?
- Wie ist das Thema zeitlich verortet (historisch, zeitgenössisch oder neutral)?
- Wie hoch ist der Grad des allgemeinen öffentlichen Interesses an diesem Thema (neutral/kein, mittleres, großes Interesse)?
- Behandelt der Film ein Thema des Zeitgeists oder nicht?

3.2.1.2.1 Operationalisierung

Um „Zeitgeist" klarer fassen zu können, benötigt man zunächst eine Begriffs-definition. <u>Würtenberger</u> beschäftigt sich eingehend mit diesem Thema und de-finiert aus der Summe ihm zugrunde liegender anderer Definitionen Zeitgeist wie folgt: Zeitgeist wird nicht durch die Moden eines Tages, kurzlebige gesellschafts-politische Bewegungen oder die zu Fragen der Tagespolitik Stellung beziehende öffentlich Meinung ausgedrückt:

> „Zeitgeist ist vielmehr in einem ganz grundsätzlichen Sinn die gemeinsame geistige Ba-sis einer Epoche und dabei insbesondere Element der geistigen Verbundenheit im zwi-schenmenschlichen Bereich. Zeitgeist ist Gemeinsamkeit im Werten und Bewerten, in den Urteilen der Ästhetik, der Moral oder auch in psychologischen Grundstimmungen. Zeitgeist ist eine Art kollektiven Hintergrundbewußtseins, das die tieferen Schichten individuellen Denkens und Handelns prägt."[260]

Würtenberger hält fest, dass es Zeitgeist in der Religion, in der Kunst, in der Musik, in der politischen Kultur, im Staatsbewusstsein, in den Lebensgewohnheiten, in der Philosophie, in der Weltanschauung, in den ethischen Vorstellungen oder in der Erziehung gibt.[261] Dabei ist Zeitgeist nicht über Jahre konstant, sondern eher im Wandel. Ein Wandel kann durch verschiedene Dinge hervorgerufen werden:

1. durch Veränderungen im sozialen und ökonomischen Bereich (verursacht z. B. durch Wirtschaftswachstum, Fortschritt in Technik, hohe Arbeitslosigkeit),
2. durch historische Schlüsselereignisse (z. B. 2. Weltkrieg, große Umwelt-katastrophen wie Tschernobyl, Mauerfall → diese Ereignisse verändern das Nationalbewusstsein und ändern die Wahrnehmung der Welt die um einen herum ist),
3. durch fehlende Orientierung bei der Konfrontation mit der Umwelt (z. B. wenn ein Fortschrittsoptimismus erschüttert wird durch eine Einschätzung durch Ex-

---

260   Würtenberger, 1991, S. 20–21.
261   Vgl. Würtenberger, 1991, S. 22.

perten, z. B. durch die Wirtschaftsweisen, Ratingagenturen. Langsam eintretende Veränderungen in der Arbeitswelt oder enttäuschte Zukunftshoffnungen können auch auf den Zeitgeist zurückwirken. Dieses Phänomen sah man bei der Weltwirtschaftskrise 2008 (Insolvenz der Investmentbank Lehman Brothers).),

4. durch die Propagierung neuer religiös-weltanschaulicher oder politischer Ideen und Lehren (diese Neuprägungen gehen von Institutionen wie der Kirche, dem Staat, der Gesellschaft, aber auch von Subkulturen oder von Werken aus, die neue Ideen und Lehren verbreiten, z. B. „Das Kapital" (Marx 1867),

5. durch Veränderungen im System der Kommunikation (z. B. durch die modernen Formen der Massenkommunikation, durch die Einführung des Internets oder des Telefons).[262]

Auffälligerweise entsteht ein Wandel des Zeitgeists somit häufig an Umbruchstellen und in Momenten der Veränderung von Bestehendem. Diese Erkenntnis soll im Rahmen der Top 40-Filmanalyse genutzt werden. Es gilt dabei zu detektieren, welche großen sozialen und ökonomischen, historischen, religiösweltanschauliche oder politische Veränderungen und welche Änderungen es in der allgemeinen Orientierung von Menschen mit der Umwelt und in der (Massen-)Kommunikation in den Jahren 2000–2011 gab.

Besonders in den bildenden Künsten kommt Zeitgeist meist deutlicher zum Vorschein, als in anderen Bereichen des Lebens, so die These dieser Forschungsarbeit. Kann es Zufall sein, dass sich besonders kurz nach Umbruchstellen und Momenten der Veränderung von Bestehendem, die Kunst, so auch der Film, in vermehrtem Maße mit Themen des neuen Zeitgeists beschäftigen? In den bildenden Künsten sei hier als Beispiel der Dadaismus erwähnt, der die voranschreitende Nominierung und Technologisierung der Gesellschaft aufgreift. In der Filmhistorie lassen sich an Umbrüchen oft neue Film-Strömungen ausmachen (z. B. Heimatfilm und Neuaufbau Deutschlands nach dem 2. Weltkrieg oder der Neue Deutsche Film und die Industrialisierung in Deutschland). Bei der Bestimmung von zeitgeistigen Themen innerhalb dieser Analyse muss somit mit besonderem Augenmerk auf „Umbrüche" geachtet werden.

Auch Blothner beschäftigt sich mit Zeitgeist. Er geht jedoch einen Schritt weiter und setzt Zeitgeist klar in Verbindung mit dem Erfolg eines Films. Er entwickelt ein Verfahren und bietet für die Überprüfung eines Filmprojekts auf seine maximalen Erfolgschancen hin, eine vierstufige morphologische Wirkungsanalyse an. Diese

---

262   Vgl. Würtenberger, 1991, S. 29–31.

vier Wirkungsebenen beziehen sich auf die Notwendigkeit, dass ein Film durch Werbung ein aktuelles Gesprächsthema werden muss (Werben), dass Filme auf die Zuschauer über Blothners 18 Grundkomplexe wirken müssen (Modellieren), dass die Zuschauer in ein fesselndes Verwandlungserlebnis eingebunden sein müssen (Verwandeln) und dass Filme wirksam sind, wenn sie sich mit zeitgemäßen Fragen und Sehnsüchten beschäftigen (Antworten).[263] Blothner attestiert: Je mehr Ebenen ein Film berücksichtigt, desto größer sind seine Chancen auf Erfolg.[264]

Blothner bringt somit Filmthemen, welche ein aktuelles Gesprächsthema sind, als auch generelle Themen, die am Puls der Zeit liegen in eindeutigen Zusammenhang mit Erfolg. Er postuliert, dass gute Filme Themen aufgreifen sollten, die „in der Luft" liegen und sich damit auseinandersetzen. Dabei sollte der Film jedoch keineswegs einen journalistischen Charakter erhalten. Im Gegenteil, journalistische und zu aktuelle Themen sind meist, dem langen Produktionsprozess eines Films geschuldet, längst wieder inaktuell, wenn der Film in den Kinos startet. Die Öffentlichkeit hat sich dann meist schon einem anderen Thema zugewandt.[265]

> „Filme entfalten einen faszinierenden Sog, wenn sie Erlebnisse anbieten, die den zeitgenössischen Alltag und seine Belastungen behandeln. Denn dann beantworten sie Fragen, mit denen sich Menschen in ihren Tagesabläufen konfrontiert sehen. Manchmal weisen solche Antworten in die Zukunft. Sie lassen erfahren, welche neue Form das Leben einnehmen könnte. Daher machen viele wirksame Filme auf grundsätzliche gesellschaftliche Strömungen aufmerksam."[266]

Blothner hält fest, dass Zeitbezug die Erfolgsaussichten eindeutig erhöhen[267] und prognostiziert im Jahre 1999, dass folgende zeitbedingte Wünsche und Zeitgeistthemen in erfolgreichen Spielfilmen der nächsten Jahre aufgegriffen werden könnten:

- „Wünsche nach bedeutsamen Inhalten auch bei Filmen, deren Schwerpunkt auf Digitaltechnik und Megaaction liegt;
- Wünsche nach Veränderung, eine Neugier auf ganz andere Lebensformen;
- Wunsch, unverrückbare Grenzen und Konsequenzen auszuloten;
- Bereitschaft, die eigenen Ansprüche zurückzufahren, wenn dafür ein spürbarer Wert als Kompensation geboten wird;
- Steigendes Interesse für Figuren, die Belastungen aushalten und Probleme anpacken können;

---

263 Vgl. Blothner, 1999, S. 269–271.
264 Vgl. Blothner, 1999, S. 271.
265 Vgl. Blothner, 1999, S. 239 ff.
266 Blothner, 1999, S. 268.
267 Vgl. Blothner, 1999, S. 270–271.

- Eine heimliche, aber um so wirksamere Sehnsucht nach der „festen Hand", nach autoritären Ordnungen;
- Eine Sehnsucht nach Treue und Verbindlichkeit in den menschlichen Beziehungen, nach einem Halt in der Liebe."[268]

Für diese Studie muss Blothners Katalog an Zeitgeistthemen sicherlich noch weiter gefasst werden. Zum einen, weil Blothners Themen etwas veraltet sind, zum anderen, weil dieser Katalog keine Vollständigkeit aufweist. Als Basis leistet er jedoch gute Dienste.

Wegener beschäftigt sich ebenfalls mit der Erfassung von Zeitgeist. In sehr eindrucksvoller, methodischer Weise untersucht sie in ihrer Studie Jugendliche und ihre *Stars*. Z.B. analysiert Wegener das Image von Jeanette Biedermann mittels verschiedener Publikationen in der Zeitschrift Bravo. Sie betrachtet dabei verschiedene Aspekte, wie z.B.: Identifikationsobjekt, parasozialer Interaktionspartner, Vehikel sozialer Vergemeinschaftung.[269] Mittels einer Inhaltsanalyse der Artikel gelangt sie zu ihren Ergebnissen. Wegeners Arbeit liefert ein interessantes, methodisches Vorgehen zum Thema Zeitgeist, welches eine gute Vorlage für diese Studie darstellt. Die Messbarmachung des Zeitgeists der Top 40-Filme und die Repräsentanz ihrer Themen in popkulturellen Medien, soll sich daher an Wegeners Arbeit anlehnen.

Fazit zum Zeitgeist:

Für diese Untersuchungskategorie wird zunächst die Benennung eines impliziten Themas für jeden Film vorgenommen, welches möglicherweise den Zeitgeist ausdrückt (A). Grundlage dafür stellt zum einen die Recherche zu „großen Themen unserer Zeit" dar, die laut Würtenberg an Umbruchstellen unserer Gesellschaft liegen. Zum anderen soll auch Blothners Katalog an Wünschen und Zeitgeistthemen bei der Eruierung und Einordnung helfen. Es soll das gesamtheitliche, politische, wirtschaftliche und popkulturelle Umfeld, in dem der Film startete, betrachtet werden. Denn, Ereignisse, wie z.B. Fußball-WM, Wirtschaftskrise, hohe Arbeitslosigkeit, Jubiläen, 10 Jahre Mauerfall, Krieg, wichtige Todesfälle etc. verursachen einen Wandel im Zeitgeist und bringen möglicherweise neue Filmthemen hervor, die laut Blothner relevant für Erfolg sind. Eine monothematische Analyse mit „Scheuklappen" nach links und rechts kann nicht zielführend sein. Vielmehr soll die omnivisuelle Erfassung des Zeitgeists Antworten auf die Forschungsfrage liefern. Als Zeitpunkt der Betrachtung muss das Startdatum des jeweiligen Top 40-Films gewählt werden.

---

268 Blothner, 1999, S. 268, vgl. 243 ff.
269 Vgl. Wegener, 2008, S. 82–83.

Als Beispiel, wie die zeitgeistige Erfassung eines Films vonstatten gehen könnte, hier eine beispielhafte Einordnung von aktuellen, bekannten Themen und Filmen:

- historisches Ereignis (z. B. Jubiläum 20 Jahre RAF, „Baader-Meinhof-Komplex")
- popkulturelles Thema (z. B. Unfall Loveparade)
- personengebundenes Thema (Filme mit *Stars* im Zentrum, wie Bushido und Sido)
- politisches Thema („Isch kandidiere")
- soziokulturelles Thema („Türkisch für Anfänger").

Die Erfassung, ob es sich bei jedem Film um einen:

- zeitgenössischen
- historischen oder
- zeitlosen/unverorteten

Film handelt, soll ebenfalls bei der Einschätzung helfen, wie nah das implizite Thema des Films am Puls der Zeit lag (B).

Wenn das implizite Thema erfasst ist, sollen Artikel, Rezensionen, Reportagen, Meinungen und andere Texte zum Zeitgeistthema des Films, welche in Populärmedien publiziert wurden, den Grad des allgemeinen, öffentlichen Interesses an diesem Thema wiedergeben. Der <u>Grad des allgemeinen, öffentlichen Interesses</u> kann durch die Präsenz in den folgenden Populärmedien (Print, TV, Radio, Internet) verifiziert werden (C):

- Tageszeitungen (Bild, SZ, Zeit, FAZ, Welt etc.)
- Print-Magazine (Gala, Bunte, Bravo, etc.)
- Fernsehen (Nachrichten, Boulevard-Magazine, Dokus, Shows etc.)
- Radio (Nachrichten, Boulevard-News, Interviews, Berichterstattungen etc.)
- Internet (soziale Netzwerke wie Facebook, Twitter, StudiVZ, Nachrichten, Boulevard-News, Kinoseiten, Blogs, Fan-Seiten etc.).

Diese Ergebnisse werden herauskristallisieren, wie groß der Grad des allgemeinen, öffentlichen Interesses an diesem Thema zum Zeitpunkt des Kinoreleases war. Mittels einer eigenen Einschätzung wird die folgende Bewertung vorgenommen werden:

- 0= Neutral/kein Interesse (veraltetes Thema, Überflut an diesem Thema z. B. 2. WK), nicht am Puls der Zeit, kein allgemeingültiges Interesse)
- 1= Mittleres Interesse
- 2= Großes Interesse (gemessen an der Anzahl der Artikel oder Repräsentanzdichte in den Medien (Populärkultur, z. B. Bushido), Skandalaufklärung/Geheimnis dass nur hier offenbart wird (Z.B. Contergan))

Eine starre Bewertung nach quantitativen Forschungsmethoden ist hier nur schwer möglich und würde sich kontraproduktiv auf die Analyse auswirken. Eine Bewertung erfolgt somit nach qualitativen Methoden und eigener Einschätzung.

Die abschließende Gesamtbewertung wird aus den Analyseergebnissen subsumieren, ob der Film ein Thema des Zeitgeists behandelt oder nicht (D). Hierfür wird eine Einteilung in „zeitgeistiges" oder „kein zeitgeistiges" Thema dienen.

Überblick über die zu untersuchenden Elemente:

- **A) Implizites Thema/Zeitgeistthema**
- **B) Zeitliche Verortung (zeitgenössisch, historisch, zeitlos/unverortet)**
- **C) Grad des allgemeinen öffentlichen Interesses an diesem Thema: (0- Neutral/kein öffentl. Interesse, 1- mittleres Interesse, 2- großes Interesse)**
- **D) Zeitgeistiges oder kein zeitgeistiges Thema**

3.2.1.2.2 Quelle der Bewertung

Das Zeitgeistthema wird mittels eigener, differenzierter Einschätzung benannt. Die zeitliche Einordnung des Themas wird ebenfalls selbstständig vorgenommen. Der Grad des allgemeinen, öffentlichen Interesses an diesem Thema wird durch die Präsenz in Populärmedien (Print, TV, Radio, Internet) bewertet werden können. Dazu werden die folgenden Quellen bemüht:

- Tageszeitungen (Bild, SZ, Zeit, FAZ, Welt etc.)
- Print-Magazine (Gala, Bunte, Bravo, etc.)
- Fernsehen (Nachrichten, Boulevard-Magazine, Dokus, Shows etc.)
- Radio (Nachrichten, Boulevard-News, Interviews, Berichterstattungen etc.)
- Internet (soziale Netzwerke wie Facebook, Twitter, StudiVZ, Nachrichten, Boulevard-News, Kinoseiten, Blogs, Fan-Seiten etc.)

Ein eigenes *Ranking* wird ergeben, wie groß das öffentliche Interesse für dieses Thema war. Eine Analyse der Facebook-*likes* wird Auskunft darüber geben, wie stark der Film ein aktuelles Gesprächsthema war. Hierbei wird darauf zu achten sein, dass die Aktivitäten auf Facebook erst für die letzten Jahre Relevanz genießen.

3.2.1.3 Schauspieler

Fragestellung:

- Welche Hauptdarsteller spielen im Film mit?
- In welche Marktwertkategorien lassen sich die Hauptdarsteller einordnen?
- Wurden überwiegend dieselben Schauspieler in den Top 40-Filmen besetzt?

3.2.1.3.1 Operationalisierung

Für die Messbarmachung der *starpower* gibt es verschiedene Ansätze. Daamen z. B. hat in seiner statistischen Studie zum Filmerfolg die folgende Messmethode gefunden: Zunächst erfasst er die ersten sieben Schauspieler-Nennungen aus den Datenbanken „Mediabiz" bzw. „CinOmat" und überprüft diese jeweils im Hinblick auf ihre vorangegangenen Besuchererfolge in Deutschland. Die vorangegangenen Besuchererfolge definierte er, in Anlehnung an Jansen[270], als einen in Deutschland uraufgeführten Kinofilm mit mindestens 400.000 Besuchern in den letzten 3 Jahren.[271] Die Darsteller mit *starpower* wurden dann addiert und anschließend in einen Index umgerechnet. Spielt kein *Star* mit, so weist der Index eine 1 auf, bei einem *Star* eine 2, bei zwei *Stars* eine 3 oder bei mehreren *Stars* eine 4 (Jansen wendete ein ähnliches Verfahren an). Zwecks Symmetrisierung logarithmierte Daamen die Variable *starpower*.[272]

Hennig-Thurau definierte innerhalb seiner statistischen Forschung ebenfalls eine Bewertung der *starpower*. Er stützt sich auf das weltweit größte Filmportal und Filmdatenbank IMDb und den dort angegebenen *starmeter* einer Schauspielerin bzw. eines Schauspielers. Mittels Regressionsanalyse (*least squares units*) ermittelt er, wie viel Anteil am Erfolg die *starpower* hatte.

Für diese Studie wird die folgende Entscheidung hinsichtlich der Operationalisierung der *starpower* getroffen: Zunächst werden die Hauptdarsteller namentlich erfasst (eigene, qualitative Bestimmung der Darsteller, die maßgeblich dem Film ein Gesicht geben). Meist werden es die 2–6 präsentesten Darsteller sein, also die Darsteller, mit denen der Film beworben wird (Trailer, Plakat, Interviews etc.). Sie werden häufig die meisten Drehtage haben und/oder auf der offiziellen Homepage des Films, als auch im IMDb-Profil des Films an den ersten Stellen im *Ranking* der Darsteller stehen.[273]

Diese Darsteller werden in die Marktwertkategorien A, B, C, D eingeteilt. Diese werden wie folgt in ihrer Marktwertkategorie nach IMDb-*starmeter* (*Ranking/* Platzierung zum Zeitpunkt des Kinoreleases) definiert:

- A: 1–20.000
- B: 20.001–50.000

270 Vgl. Jansen, 2002.

271 Lediglich 14 % der Datensatzfilme erreichten 400.000 Besucher.

272 Vgl. Daamen, 2008, S. 10–11.

273 Diese Informationen pflegt meist die Produktionsfirma oder der Verleiher ein und bestimmt sich meist aus der Anzahl der Drehtage und/oder an der Marketingpower einer Darstellerin bzw. eines Darstellers. Mit dieser Darstellerin oder diesem Darsteller soll der Film „verkauft" werden.

- C: 50.001–100.000
- D+: 100.001 und mehr

Es wird sich zeigen, aus welcher Marktwertkategorie die Hauptdarsteller der Top 40-Filme überwiegend stammen oder ob sich überhaupt Regelmäßigkeiten abzeichnen.

Über die Bestimmung der Marktwertkategorien hinaus, wird es auch eine namentliche Erfassung der einzelnen Schauspieler geben. Innerhalb der Matrix wird deutlich werden, wie häufig jede einzelne Schauspielerin und jeder einzelne Schauspieler in den Filmen der Top 40 besetzt wurde. Lassen sich hierbei Verdichtungsmengen erkennen? Wurden überwiegend dieselben Schauspieler für Hauptrollen engagiert oder nicht?

3.2.1.3.2 Quelle der Bewertung

Für die Recherche der Hauptdarsteller-Namen wird entweder die offizielle Homepage des Films, die Seite des Kino-Verleihs oder www.pro.imdb.com bemüht. Für die Recherche des *starmeters* (zum Zeitpunkt des Kinoreleases in Deutschland) dient www.pro.imdb.com.

3.2.1.4 Vorlage, vorbestehendes Werk, Fortsetzung/Teil einer Serie, Buchvorlage

<u>Fragestellung:</u>

- Basiert der Stoff auf einer Vorlage, also auf einem vorbestehenden Werk, wie z. B. Literatur, Theaterstück, *Sequel*, reales zeitgeschichtliches Ereignis, *Spoof* auf populäre Vorlage oder Kulturgut etc.?

3.2.1.4.1 Operationalisierung

Zunächst erfolgt eine klare Nennung, ob der Film auf eine Vorlage zurückgreift oder nicht (ja/nein). Wenn dem Film eine Vorlage zugrunde liegt, dann erfolgt eine zusätzliche Einteilung nach Art der Vorlage.

Wie im letzten Kapitel festgehalten, nehmen Zuschauer es durchaus wahr, ob ein Film auf einer Vorlage basiert. Leider gab der GfK-Fragebogen nur zwei mögliche Arten der Vorlagen zur Auswahl: „Film ist Fortsetzung/ Teil einer Serie" und „Buchvorlage". Diese grobe, rudimentäre Einteilung reicht leider bei Weitem nicht aus, will man dem Erfolgsfaktor „Vorlage" profund auf den Grund gehen.

Die führende Filmfachzeitschrift Blickpunkt Film listet 5 Vorlagearten auf:

- Romanvorlage
- Realer Bezug (Ereignis, z. B. Stalingrad, zeitgeschichtliche Ereignisse oder bekannte Person)
- Comedian (basierend auf Popkultur, z. B. Erkan & Stefan)
- Comic
- Keine Vorlage[274]

Orientiert man sich an der Studie, welche Berauer für die SPIO angefertigte, so ergeben sich die folgenden Vorlagenarten und deren nähere Definition:

Tabelle 11: Kategorisierung der Stoffherkunft (nach SPIO)

Nr.	Kategorie	Erklärung	Beispiele
1	Originalskript	Das Drehbuch wurde eigens für den Film entwickelt	Good bye Lenin, Knocking on heaven's door, Anatomie
2	Buch/Roman	Der Film entstand auf Basis einer Buchvorlage	Das Parfüm, Die weiße Massai, Der Untergang
3	TV-Vorlage	Handlung und Figuren stammen aus TV-Filmen, TV-Serien oder anderen TV-Sendungen	(T)raumschiff Surprise, Pumuckl, Erkan und Stefan
4	Historisches Ereignis/ historisch relevante Person	Wichtige historische Ereignisse oder historisch relevante Personen bilden die Grundlage der Story	Sophie Scholl, Der Untergang, Luther
5	Comic	Der Film entstand auf Basis einer Comicvorlage	Asterix und Obelix gegen Cäsar, Kleines Arschloch, Werner
6	Realvorlage	Dokumentarische Verfilmung von realen Ereignissen	Deutschland ein Sommermärchen, Buena Vista Social Club
7	Hörvorlage	Hörspiel oder Hörbuch dient als Vorlage	Benjamin Blümchen, Bibi Blocksberg, Hui Buh

Quelle:[275]

---

274   Vgl. Blickpunkt: Film, 2012.
275   Vgl. Berauer, 2007, S. 1.

Wie man an den Einteilungen von Berauer, der SPIO oder auch der Blickpunkt Film sieht, macht die weitere Differenzierung von Vorlagenarten durchaus Sinn. Innerhalb dieser Analyse soll daher der Katalog an Vorlagenarten ebenfalls deutlich erweitert werden. Dabei wird der Katalog aus einer Mischung verschiedener Quellen und eigener Ergänzungen bestehen. Diese sind im Folgenden aufgelistet. In diese Kategorien sind die Top 40-Filme einzuordnen mit der Frage: „Basiert der Film auf...?":

- Fortsetzung/Teil einer Serie (*Sequel*)
- Buchvorlage
- Neuverfilmung (*Remake*)
- Ableger einer Vorlage (*Spin Off*)
- Comic
- Musical/Theaterstück
- Hörvorlage
- Realer Bezug/Ereignis (zeitgeschichtliches, historisches Ereignis oder Figur, Z.B. „Baader Meinhof Komplex" oder „Luther")
- Referenz auf Popkultur oder Kulturgüter (z. B. innerhalb eines *Spoofs*)
- Andere Vorlage
- Keine Vorlage/Originalskript[276]

Mehrfachnennungen sind möglich, wenn keine trennscharfe Zuweisung erfolgen kann oder der Film mehrere Vorlagen hat.

3.2.1.4.2 Quelle der Bewertung

Die Information, ob ein Film auf einer Vorlage basiert, wird über die offizielle Website des Films, Verleiherwebsites, www.pro.imdb.com, www.mediabiz.de, www.ffa.de, www.spio.de, www.amazon.de und/oder www.wikipedia.de recherchiert.

3.2.1.5 Special effects/Animation

Fragestellung:

- Ist der Film ein Animationsfilm?
- Beinhaltet der Film viele *special effects*? (Definiert sich der Schauwert/die Attraktivität des Films hauptsächlich über die SFX?)

---

276 Kategorisierung orientiert sich an einer eigenen Einteilung und den folgenden: vgl. Blickpunkt: Film, 2012; vgl. Feuerer, 2001, S. 12; vgl. Berauer, 2007, S. 1; vgl. FFA-Filmförderungsanstalt, 2012.

3.2.1.5.1 Operationalisierung

Eine Einteilung, ob und wie viele SFX ein Film enthält erfolgt über eine persönliche Einschätzung in Abhängigkeit zu Filmen der Zeit mit gängigem Anteil an SFX. Dabei wird die folgende Kategorisierung vorgenommen:

- 0= Keine
- 1= Wenig
- 2= Mittel
- 3= Viel

Darüber hinaus wird der Fakt benannt, ob es sich bei dem Film um einen Animationsfilm handelt. Wenn ja, entfällt die Einteilung in die oben genannten Kategorien.

3.2.1.5.2 Quelle der Bewertung

Eine Einschätzung über den Anteil an SFX im Film erfolgt im Vergleich zu anderen Filmen aus demselben Produktionsjahr. Es wird somit eine eigene Bewertung abgegeben werden, welche sich an Attributen, wie *state of the art*, SFX-Dichte im Film, Qualität der SFX, technischer-visueller Standard oder besondere Techniken misst. Klar soll werden, ob der Faktor SFX signifikante Bedeutung für die Top 40-Filme hatte.

3.2.1.6 Regisseur

Fragestellung:

- Welche Regisseurin oder welcher Regisseur inszenierte den Film?
- In welche Marktwertkategorie lässt sie die Regisseurin bzw. der Regisseur einordnen?
- Wurden überwiegend dieselben Regisseure für die Top 40-Filme engagiert?

3.2.1.6.1 Operationalisierung

Zunächst wird die namentliche Nennung der Regisseurin oder des Regisseurs erfolgen, bevor sich die Einteilung ihres bzw. seines Marktwerts in die Kategorien A, B, C, D anschließt. Diese Kategorien definieren sich nach dem IMDb-*starmeter* wie folgt (*Ranking*/Platzierung zum Zeitpunkt des Kinoreleases):

- A: 1–20.000
- B: 20.001–50.000

- C: 50.001–100.000
- D+: 100.001 und mehr[277]

Über die Bestimmung der Marktwertkategorien hinaus, wird es auch eine namentliche Erfassung der einzelnen Regisseure geben. Innerhalb der Matrix wird deutlich werden, wie häufig die Regisseurin oder der Regisseur für die Top 40-Filme engagiert wurde. Lassen sich hier Verdichtungsmengen erkennen? Wurden überwiegend dieselben Regisseure beschäftigt?

3.2.1.6.2 Quelle der Bewertung

Für die Recherche des Namens, des *Rankings* und des *starmeters* (zum Zeitpunkt des Kinoreleases in Deutschland) wird www.pro.imdb.com dienen.

3.2.1.7 Budget, production value, Look

Fragestellung:

- Wie hoch ist das Budget des Films?
- In welcher Budgetklasse ist es einzuordnen?
- Wie hoch ist das gefühlte *production value*?

3.2.1.7.1 Operationalisierung

Das Budget, der *production value*[278] und der *Look* eines Films geben Auskunft darüber, wie „reich" ein Film ausgestattet wurde. Es ist davon auszugehen, dass Zuschauer aufgrund eines Trailers oder durch Filmausschnitte durchaus einschätzen können, wie „reich" ein Film ausgestattet wurde, also wie hoch das *production value* eines Films ist. Dabei wenden Zuschauer unbewusst erworbenes Wissen an. Zuschauer möchten oftmals abschätzen, ob der Film 100 Minuten Unterhaltung verspricht. Das Enttäuschungsrisiko soll dabei minimiert werden.

Viele Autoren konnotieren deshalb innerhalb ihrer Forschung das Budget mit zuschauersteigernder Wirkung (Daamen, Hennig-Thurau, De Vany und Walls[279]).

---

277   Diese Operationalisierung ist im Vergleich z. B. zu Feuerer deutlich zu bevorzugen, da sie in der Aussagekraft differenzierter und signifikanter ist. Feuerer startete eine eigene Umfrage unter Kinobesuchern (60 Leute vor dem Kino Gloria-Palast). Als bekannter Regisseur galt danach jeder, der bei mehr als 50 % der Befragten bekannt war.

278   Auch Feuerer legt Budget und *production value* zusammen.

279   Vgl. Daamen, 2008; vgl. Hennig-Thurau, 2009; vgl. Arthur De Vany & Walls, 1999.

Hennig-Thurau weist sogar dem Budget von Filmen, denen ein Originalskript zugrunde liegt, einen großen Anteil am Erfolg zu.[280]

Im ersten Teil der Analyse wird somit zunächst das jeweilige Budget der Filme benannt. Da es den Angaben über Budgets, wie bereits erörtert, oft an Zuverlässigkeit mangelt, werden in einem zweiten Schritt die Budgets in Budgetklassen eingeteilt. Diese Einteilung bietet den Vorteil, dass auch bei mittleren Ungenauigkeiten in den Budgetangaben, trotzdem eine Vergleichbarkeit möglich ist. Der Klassifizierung der Budgets wird die Einteilung nach Feuerer zugrunde gelegt:

A) <1 Mio
B) 1–3 Mio
C) 3–7 Mio
D) 7–12 Mio
E) >12 Mio[281]

Anschließend wird eine subjektive Einschätzung des *production values* erfolgen. Denn, ein hohes Budget bedeutet noch lange keinen Automatismus für einen hohen *production value*. Stecken Produzenten viel Geld in *on screen*-Kosten, wie z. B. Ausstattung, VFX, viele Komparsen, große Landschaftsaufnahmen, viele Totalen, so sieht ein Film „reich" aus. Investieren sie das gleiche Geld jedoch in *off screen*-Kosten, wie z. B. Catering, Büros, Reisekosten, Hotels, so bietet der Film deutlich weniger *production value*. Die Einteilung wird daher in hohen, mittleren und geringen *production value* erfolgen.

3.2.1.7.2 Quelle der Bewertung

Recherchegrundlage bietet www.imdb.de, www.mediabiz.de, www.ffa.de und einschlägige Zeitungen, wie Süddeutsche Zeitung, Frankfurter Allgemeine Zeitung etc.

3.2.1.8 Vertrieb

Fragestellung:

• Wie „groß" war die Herausbringung des Films?
• Welcher Verleih übernahm die Herausbringung?

---

280 Vgl. Hennig-Thurau u. a., 2009, S. 169.
281 Vgl. Feuerer, 2001, S. 20–24.

3.2.1.8.1 Operationalisierung

Der Vertrieb eines Kinofilms, die Größe und Qualität der Herausbringung ist eng verknüpft mit der Zuschauerzahl. Die Entscheidung, mit wie vielen Kopien, mit wie viel Marketingbudget, mit welcher Strategie und an welchem Tag der Verleih den Film startet, entscheidet oftmals darüber, wie erfolgreich der Film laufen wird. Diese Einschätzung geben auch die zahlreichen Verleiher wieder, welche für diese Studie interviewt wurden.[282]

Der Kopienzahl, gleichzusetzen mit der Intensität, mit welcher der Film in den Markt „gedrückt" wird, weisen viele Wissenschaftler eine erfolgskonnotierte Qualität zu. Hennig-Thurau betitelt dies z. B. als *distribution intensity*.[283] An der Zahl der Kopien lässt sich meist auch ablesen, wie sehr der Verleih an den Erfolg des Films glaubt und wie weit er bereit ist, ein hohes Investmentrisiko einzugehen.[284]

Der Gewinn eines Films, der sogenannte *net profit*, ist maßgeblich von der ökonomischen Planung des Verleihs abhängig. Die diffizile Balance zwischen zu vielen Kopien und zu wenigen bestimmt über zu hohe Kosten im Verhältnis zu zu geringen Einnahmen. Der Besucherschnitt pro Kopie ist hier die entscheidende Zahl: je höher der Kopienschnitt (Besucher pro Kopie), desto lukrativer die Kinoauswertung.

An der Kopienzahl hängt meist auch die Höhe der *p&a-costs*, der sogenannten Marketingkosten. Das heißt, je höher die Kopienzahl, desto größer ist der Marketingaufwand, um den Film „in den Markt zu pushen". Gelingt es dann nicht, genügend Menschen in den Film zu locken, spricht man von einem ökonomischen *Flop* für Verleih und Produzent. Früher, zu Zeiten der analogen 35 mm-Filmkopien, berechnete man das Marketingbudget pro Kopie (ca. 2–4,- Euro/Kopie). Heutzutage ist der Markt fast gänzlich auf digitale Kopien, sogenannte DCPs (*digital cinema packages*) umgestellt. Das Marketingbudget wird nun nicht mehr so strikt pro Kopie berechnet. Vielmehr greifen Verleiher hier auf ihren Erfahrungswert zurück.[285]

Egal ob 35 mm-Kopie oder DCP, es ist leider in Deutschland so gut wie unmöglich, verlässliche Zahlen über das Marketingbudget eines Films zu erhalten. Zahlreiche Nachfragen bei Verleihern haben dies gezeigt. Verleiher scheinen dieses Geheimnis zu hüten, wie kein zweites. Grund hierfür könnte der Beteiligungsmodus der

---

282 Vgl. Arseguel, 2013; vgl. Kochendörfer, 2013; vgl. Moszkowicz, 2013; vgl. Schopen, 2013.

283 Vgl. Hennig-Thurau u. a., 2009, S. 169.

284 Die Herausbringungskosten und die Minimumgarantie trägt der Verleih zunächst zu 100 %. Er hat somit ein hohes Investmentrisiko.

285 Vgl. Moszkowicz, 2013.

Produzenten am *box office* sein. Denn der Produzent erhält meist vom *box office* erst nach Rückdeckung der *p&a-costs* seinen Anteil. Die Höhe der „angeblichen *p&a-costs*" entscheidet somit über die Höhe des Gewinns für den Verleiher. In der Praxis fordern daher von Zeit zu Zeit Produzenten immer wieder ein *auditing* beim Verleiher. Dieser muss dann, über die normalen Verleihabrechnungen hinaus, Belege in der Höhe vorweisen, wie er Verleihvorkosten (*p&a*) geltend gemacht hat.

Da die Zahlen für die Marketingbudgets der Top 40-Filme nicht recherchiert werden konnten, wird dieser Punkt in der Analyse ausgeklammert werden müssen. Die Analyse wird sich somit primär auf die Anzahl der Filmkopien konzentrieren: Zum einen auf die Kinokopien zum Zeitpunkt des Kinostarts (*Release*), zum anderen auf die maximale Kopienzahl (*Peak*).

Die in den Experteninterviews befragten Verleiher bestätigten, dass es unterschiedlich große Herausbringungsklassen von Filmen gibt, die sich in der Anzahl der Startkopien niederschlägt. Im Verleihgeschäft gibt es dafür jedoch keine feste Einteilung, weshalb hier eine eigene Klassifizierung gefunden werden musste. Diese soll der Ausmachung von Tendenzen dienen. Bei der Klassifizierung von <u>Kopienklassen</u> orientiert sich diese Studie daher an der Einteilung von Feuerer:

- A: 1–9
- B: 10–49
- C: 50–99
- D: 100–199
- E: 200–299
- F: 300–399
- G: 400–499
- H: 500–599
- I: 600–699
- J: 700–799
- K: >800[286]

Zusätzlich zur Kopienklasse kann auch die Information, <u>welcher Verleiher</u> den Film herausgebracht hat, interessante Schlüsse hervorbringen. Aus diesem Grund wird ebenso der Name des Verleihes in der Matrix genannt werden. Manche Verleiher greifen durch ihre Unternehmensstruktur oder durch ein erworbenes Image auf ein sehr gutes Netzwerk bei Kinobetreibern zurück. Sie verfügen somit über einen klaren Wettbewerbsvorteil gegenüber kleineren Verleihern. Zwar gibt es in Deutschland keine aus-

---

286 Vgl. Feuerer, 2001, S. 12.

gesprochenen *Output Deals*[287], die Kinoverleiher mit Kinos pflegen, jedoch bestimmt die Marktpräsenz von einigen großen Verleihern die Kinolandschaft in Deutschland.

Darüber hinaus kann man durchaus davon sprechen, dass es „bessere" und „schlechtere Verleiher" im Markt gibt. Das Attribut besser oder schlechter bemisst sich daran, ob der Verleih alle Potenziale des Films bei der Herausbringung genutzt hat. Wie jedes andere Handwerk auch, verstehen sich einige Verleiher darauf besser oder schlechter. In diesem Zusammenhang interessant ist daher auch die folgende Studie, die für das Jahr 2006 die „Besten Verleiher" in Deutschland betrachtete. Die Potenziale eines Films nutzte 20th Century Fox am Besten, gefolgt von UIP, Buena Vista, Sony und Warner Bros. Unter den deutschen Verleihern ergab sich das folgende *Ranking*: Constantin, Universum, Tobis, Senator, Kinowelt und Concorde.[288] Obwohl die angewandte Methodik innerhalb dieser Studie durchaus kritisch zu betrachten ist, zeigt sie jedoch auch, dass Verleiharbeit durchaus besser oder schlechter sein kann.

Innerhalb dieser Studie wird sich zeigen, ob es tendenziell immer dieselben Verleiher waren, welche die Potenziale der Filme bestmöglich genutzt haben und somit Filme in den Top 40 platzieren konnten.

3.2.1.8.2 Quelle der Bewertung
Die Kopienzahl zum Startwochenende wird bei Media Control recherchiert werden, ebenso wie die maximale Kopienzahl. Media Control gibt ebenso die Information über den Verleiher aus.

3.2.1.9 Resonanz

Fragestellung:

- Welche Nominierungen, Auszeichnungen, Filmpreise erhielt der Film vor Kinostart?
- Auf welchen Festivals lief er vor Kinostart?

3.2.1.9.1 Operationalisierung
Gewinnt ein Film einen Preis, wird er für einen Filmpreis nominiert oder läuft er auf einem prestigeträchtigen Festivals, so generiert das Aufmerksamkeit in der Fachpresse und beim Publikum. Diese Öffentlichkeitswirksamkeit könnte erst den Wunsch beim Zuschauer auslösen, sich den Film anschauen zu wollen.

---

287   Vgl. Schopen, 2013.
288   Vgl. Inside Kino, 2013.

Dieser Effekt soll an dieser Stelle „Resonanz" genannt werden. Hier herrscht das Prinzip: Ursache und Wirkung.

Dass Nominierungen und Filmpreise eine absatzfördernde Wirkung auf Filme haben können, wurde von der Verfasserin bereits nachgewiesen.[289] Die weitere Beschäftigung mit diesem Thema lohnt sich somit. Inwiefern und inwieweit Filmpreise, Nominierungen und Festivals jedoch Einfluss auf den Kinobesuch haben, konnte noch nicht nachgewiesen werden. Dies liegt zum einen auch daran, dass der morphologische Entscheidungsprozess der Zuschauer im Hinblick auf die Filmauswahl sehr komplex ist. Er läuft im Kopf der Zuschauer ab und vereint eine Summe aus allen auf sie wirkende Faktoren. Er lässt sich nur schwerlich auf den Faktor „Filmpreise" kondensieren. Will man sich trotzdem der Antwort auf die Frage nähern, ob Filmpreise und Festivals bei den 40 Top-Filmen eine Rolle gespielt haben, muss man zunächst wieder den Zeitpunkt des Kinostarts betrachten. Landläufig begegnet man immer wieder der Meinung, dass ein Filmpreis, sei es auch z. B. der Oscar, doch zuschauersteigernd wirken muss. Jedoch ist hier der Zeitpunkt der Vergabe oftmals ein vergessenes „Detail". Wie soll ein Filmpreis auf die Kaufentscheidung der Zuschauer wirken, wenn dieser schon gar nicht mehr im Kino läuft? Die meisten Filmpreise werden erst vergeben, wenn der Film schon im Kino seine Hauptauswertung genossen hat. Filmpreise wirken somit meist umsatzsteigernd auf die Zweit- oder Drittauswertung, z. B. im Home Entertainment-, Pay- TV oder Free-TV-Sektor.

Diese Untersuchung wird die an die Filme der Top 40 vergebenen Filmpreise, Nominierungen, Auszeichnungen und Festival-*Runs* nennen und wird zu einer Einschätzung kommen, ob die erfolgreichsten Filme der letzten 11 Jahre viele Filmpreise und Nominierungen <u>vor Kinostart</u> erhalten haben. Wenn ja, spricht dies für ein publikumswirksames *Tool* bei der Kinoauswertung.

Sicherlich muss auch eine Einteilung der Filmpreise in Güteklassen A, B, C dafür sorgen, dass wichtige und unwichtigere Filmpreise differenziert betrachtet werden.

Die Einteilung, welcher Filmpreis und Festival die Güteklasse A besitzt, wird anhand des offiziellen Katalogs der FFA vorgenommen. Die FFA vergibt innerhalb ihrer Referenzfilmförderung Punkte für jeden Film, der auf einem bestimmten A-Festival gelaufen ist bzw. eine A-Nominierung oder A-Filmpreis gewonnen hat. An diesem Katalog wird sich auch diese Studie orientieren, da diese Einteilung bereits die wichtigsten Preise im Filmmarkt erfasst. Zusätzlich wird eine eigene Einschätzung, die sich aus einem persönlichen Erfahrungsschatz speist, für die weitere Einteilung in die Güteklassen B und C sorgen.

---

289   Vgl. Reinhardt, 2005.

3.2.1.9.2 Quelle der Bewertung

Die Recherche, welche Nominierungen, Preise, Auszeichnungen oder Festivals-*Runs*
ein Film vor Kinostart erhielt und auf welchen A-Festivals er lief, wird auf www.imdb.
com, www.mediabiz.de, der Webseite des Films, des Filmpreises/Festivals bzw. auf
der des Verleihers erfolgen. Die Definition der A-Festivals, A-Nominierungen und
A-Filmpreise finden sich im FFG- Filmfördergesetz (downzuloaden auf www.ffa.de).

3.2.2 Grafische Übersicht Operationalisierung der Untersuchungskategorien

Die letzten Kapitel, welche die Operationalisierungen der einzelnen Untersuchungskategorien beinhalten, liefern eine Fülle an Informationen und Festlegungen für diese Studie. An dieser Stelle wurde versucht, diese Informationsdichte in
ein vereinfachtes, grafisches Modell zu überführen:

Tabelle 12: Übersicht Operationalisierung der Untersuchungskategorien

	Unter-suchungs-kategorien	Genauere Erläuterung:	Fragestellung:	Operationalisierung (Bewertungsskalen/Einteilung):	Quelle der Be-wertung:
1.	Thema und Story	Thema, Story, Genre, Ästhetik, Erzählform (Einordnung des expliziten Themas des Films)	• Welches Thema und welche Story behandelt der Film? • Worum geht es und wie wird erzählt (Erzählton)? • Welches Genre bedient der Film? • In welches Haupt- und welches Subgenre lässt sich der Film einteilen?	Inhaltszusammenfassung (kino.de, Website des Films, imdb.de, etc.) Eigene Formulierung einer Logline Filmthemen: • Einteilung in Themengruppen nach Thau • Eigene Definition des Filmthemas Einteilung in Genre: • offizielle Genreeinteilung, nach www.pro.imdb.com, www.mediabiz.de, www.ffa.de, auf der Homepage zum Film oder des Verleiher • Genre-Klan und -familie nach Thau • Subgenres nach Thau Erzähltöne: • Einteilung nach Erzähltönen nach Thau • Eigene Einteilung Einteilung nach Erzählform	Genreführer Thau Eigene Analyse Imdb.com Wikipedia.de Ffa.de Trailerseite.de Kino.de Etc.

	Untersuchungskategorien	Genauere Erläuterung:	Fragestellung:	Operationalisierung (Bewertungsskalen/Einteilung):	Quelle der Bewertung:
2.	**Film ist ein aktuelles Gesprächsthema, Zeitgeist, am Puls der Zeit**	Einordnung des impliziten Themas des Films, um den Grad des Zeitgeists	• Was ist das Thema des Films, welches den Zeitgeist ausdrückt? • Wie ist der Film zeitlich verortet (historisch, zeitgenössisch, neutral)? • Wie hoch ist der Grad des allgemeinen öffentlichen Interesses an diesem Thema? • Behandelt der Film ein Thema des Zeitgeists	A) Erfassung & Nennen des impliziten Zeitgeist-Themas des Films B) Zeitliche Verortung des Themas: • zeitgenössisch • historisch • zeitlos/unverortet C) Einschätzung des Grads des allgemeinen öffentlichen Interesses am Thema: • 0= Neutral • -1= Kein Interesse (veraltetes Thema, Überflutung an diesem Thema z. B. 2. WK), nicht am Puls der Zeit, kein allgemeingültiges Interesse) • 1= Mittleres Interesse • 2= Großes Interesse (gemessen an der Anzahl der Artikel oder Repräsentanzdichte in den Medien (Populärkultur, z. B. Bushido), Skandalaufklärung/ Geheimnis dass nur hier offenbart wird (Z.B. Contergan)) D) Behandelt Film zeitgeistiges Thema oder nicht? • universelles/zeitloses Thema • zeitgeistiges Thema • kein zeitgeistiges Thema	A) Eigenständige Benennung des Zeitgeist-Themas (Blothner, Würtenberger) B) eigene Einschätzung C & D) Eigenständige Einstufung des Grads des öffentl. Interesses und ob Film akt. Gesprächsthema war durch Recherche des Themas in Populärmedien (Print, TV, Radio, Internet), wie z. B.: • Tageszeitungen (Bild, BamS, Süddeutsche Zeitung, FAZ, Welt etc.) • Print-Magazine (Gala, Bunte, Bravo, etc.) • Fernsehen (Nachrichten, Boulevard-Magazine, Dokus, Shows etc.) • Radio (Nachrichten, Boulevard-News, Interviews, Berichterstattungen etc.) • Internet (soziale Netzwerke wie Facebook, Twitter, StudiVZ, Nachrichten, Boulevard-News, Kinoseiten, Blogs, Fan-Seiten etc.) → zum Zeitpunkt des Kinostarts

Untersuchungskategorien	Genauere Erläuterung:	Fragestellung:	Operationalisierung (Bewertungsskalen/Einteilung):	Quelle der Bewertung:
3. **Schauspieler**		• Welche Hauptdarsteller spielen im Film mit? • In welche Marktwertkategorien lassen sich die Hauptdarsteller einordnen? • Wurden überwiegend dieselben Schauspieler in den Top 40-Filmen besetzt?	• namentliche Nennung (die Hauptdarsteller nennen, mit denen der Film hauptsächlich beworben wurde, z. B. auf Plakat o. Trailer) • Einteilung in die Marktwertkategorien A, B, C, D. Definition der Marktwertkategorien nach IMDb-starmeter (Ranking/Platzierung zum Zeitpunkt des Kinoreleases): • A: 1–20.000 • B: 20.001–50.000 • C: 50.001–100.000 • D+: 100.001 und mehr • Erfassung, wie häufig die Schauspieler besetzt wurden	Für die Recherche der Namen entweder offizielle Homepage des Films, Seite des Verleihs oder www.pro.imdb.com. Für die Recherche des Starmeters (zum Zeitpunkt des Kinoreleases in Deutschland): www.pro.imdb.com.
4. **Vorlage**	Vorlage, vorbestehendes Werk, Fortsetzung/Teil einer Serie, Buchvorlage	• Basiert der Stoff auf einer Vorlage, also auf einem vorbestehenden Werk, wie z. B. Literatur, Theaterstück, Sequel, reales zeitgeschichtliches Ereignis, spoof auf populäre Vorlage oder Kulturgut etc.?	Basiert der Film auf…?": • Fortsetzung/Teil einer Serie (Sequel) • Buchvorlage • Neuverfilmung (Remake) • Ableger einer Vorlage (spin off) • Comic • Musical/Theaterstück • Hörbuch • Realer Bezug/Ereignis (zeitgesch. Ereignis oder hist. Figur, z.B. „Baader Meinhof Komplex" oder „Luther") • Referenz auf Popkultur oder Kulturgüter (z. B. innerhalb eines spoofs) • Andere Vorlage	Recherchequellen: www.pro.imdb.com, www.mediabiz.de, www.ffa.de, www.spio.de www.amazon.de www.wikipedia.de Website des Films
5. **Special effects, Animation**	SFX, Animation	• Ist der Film ein Animationsfilm? • Beinhaltet der Film viele Special effects (Definiert sich der Schauwert/die Attraktivität des Films hauptsächlich über die SFX?)?	Animation: ja/nein SFX-Einteilung in: • 0= Keine • 1= Wenig • 2= Mittel • 3= Viel	Eigene Einschätzung (im Vergleich zu anderen Filmen aus demselben Produktionsjahr)

	Unter-suchungs-kategorien	Genauere Erläuterung:	Fragestellung:	Operationalisierung (Bewertungsskalen/Einteilung):	Quelle der Bewertung:
6.	**Regisseur**	Regisseur	• Welche Regisseurin/ welcher Regisseur inszenierte den Film? • In welche Marktwertkategorie lässt sie oder er sich einordnen? • Wurden überwiegend dieselben Regisseure für die Top 40-Filme engagiert?	• namentliche Nennung • Einteilung in die Marktwertkategorien A, B, C, D. Definition der Marktwertkategorien nach IMDb-starmeter (Ranking/Platzierung zum Zeitpunkt des Kinoreleases): • A: 1–20.000 • B: 20.001–50.000 • C: 50.001–100.000 • D+: 100.001 und mehr • Erfassung, wie häufig die Regisseure engagiert wurden	Für die Recherche des Namens, des Rankings und des Starmeters (zum Zeitpunkt des Kinoreleases in Deutschland): www. pro.imdb.com
7.	**Budget, production value, Look**	wie teuer/ professionell sieht der Film aus	• Wie hoch ist das budget des Films? • In welche Budgetklasse ist es einzuordnen? • Wie hoch ist der gefühlte production value des Films?	Budgetklassen: A: <1 Mio. B: 1–3 Mio. C: 3–7 Mio. D: 7–12 Mio. E: >12 Mio. production value: hohes PV mittleres PV geringes PV	Nennung Wert (Quelle: imdb, mediabiz, Datenbank Uni Münster, CinOmat, Spio, Produzenten, Verleiher, Filmförderung) Persönliche Einschätzung
8.	**Vertrieb**	Vertriebs-stärke, Kopienzahl, Verleiher	• Wie groß war die Herausbringung des Films? • Welcher Verleih übernahm die Herausbringung? Kopienzahl am Startwochenende und max. Kopienzahl	A) Nennung der Kopienzahl am Startwochenende B) Einteilung in Kopienklassen: A: 1–9 B: 10–49 C: 50–99 D: 100–199 E: 200–299 F: 300–399 G: 400–499 H: 500–599 I: 600–699 J: 700–799 K: >80 C) Name des Verleihs	Media Control EDI Nielsen FFA

	Unter-suchungs-kategorien	Genauere Erläuterung:	Fragestellung:	Operationalisierung (Bewertungsskalen/Ein-teilung):	Quelle der Be-wertung:
9.	Resonanz	A-Nominie-rungen, Aus-zeichnungen, Filmpreise, Festivals	• Welche Nominierungen, Auszeichnungen, Filmpreise erhielt der Film vor Kinostart? • Auf welchen Festivals lief er vor Kinostart?	A) Nennung der Nominierungen, Auszeichnungen, Filmpreise und Festivals B) Einteilung in Güteklasse A, B, C Filmpreise (nach FFA-Liste für Festivals und Referenzmittel)	imdb, mediabiz, Verleiher-Seite, Webseite des Films, Webseite des Festivals/Filmpreises

Quelle: eigene Darstellung

Die Operationalisierung der Untersuchungskategorien, stellt die Basis der benö-tigten Daten und der anzuwendenden Analysemethodik innerhalb der Matrix dar. Sie beschreibt „wie und was" wird nachfolgend für die Top 40-Filme" untersucht.

3.3 Festlegung der Top 40-Filme

Die im letzten Kapitel entwickelte Operationalisierung stellt das Instrumentarium für die Matrix dar. Diese Matrix gilt es nun mit validem Datenmaterial zu den Top 40-Filmen der Untersuchung zu befüllen. Diese Filme werden innerhalb dieses Kapitels definiert.

Die von der FFA erfassten und äußerst verlässlichen Daten über die zuschauer-trächtigsten Kinofilme der Jahre 2000–2011 werden, wie schon im Kapitel Methodik festgelegt, die Primärquelle für den Untersuchungskorpus dieser Analyse bilden. Nachfolgend finden sich die 3–4 höchst platzierten deutschen Filme, sortiert nach der FFA-Gesamt-Zuschauerzahl des laufenden Jahres: Dieses *Ranking* weicht teilweise ab vom Media Control-*Ranking*. Oftmals handelt es sich dann um den Film, der nach FFA-*Ranking* auf Platz 4 ist.

Tabelle 13: Filmhitliste der Jahre 2000–2011

Rang (FFA)	Rang (Media Con-trol)	Filmtitel/Art	Zahlen aus d. Jahr (FFA)	Start (FFA)	Land	Besucher ldf. Jahr (FFA)	Besucher seit Start (FFA)	Besucher gesamt, Me-diaControl/VdF)
1	1	KOKOWÄÄH	2011	03.02.11	D	4.317.017	4.317.017	
2	2	WHAT A MAN	2011	25.08.11	D	1.786.156	1.786.156	
3	3	WICKIE AUF GROßER FAHRT	2011	29.09.11	D	1.743.795	1.743.795	

Rang (FFA)	Rang (Media Control)	Filmtitel/Art	Zahlen aus d. Jahr (FFA)	Start (FFA)	Land	Besucher ldf. Jahr (FFA)	Besucher seit Start (FFA)	Besucher gesamt, MediaControl/ VdF)
1	1	FRIENDSHIP!	2010	14.01.10	D	1.597.193	1.597.193	1.538.719
2	2	KONFERENZ DER TIERE (3D)	2010	07.10.10	D	1.409.397	1.409.397	1.451.342
3		RESIDENT EVIL: AFTERLIFE	2010	16.09.10	CDN, D	1.138.014	1.138.014	
4	3	VINCENT WILL MEER	2010	22.04.10	D	1.020.911	1.020.911	906.872
1	1	WICKIE UND DIE STARKEN MÄNNER	2009	09.09.09 lt. MC 10.09.09)	D	4.891.161	4.891.161	4.906.647
2	2	ZWEIOHR-KÜKEN	2009	03.12.09	D	3.340.379	3.340.379	4.208.782
3		DIE PÄPSTIN	2009	22.10.09	D, E, I	2.339.213	2.339.213	
1		KEINOHR-HASEN	2008	20.12.07	D	4.878.676	6.286.012	
2		UNSERE ERDE	2008	07.02.08	D, GB	3.765.230	3.765.230	
3	1	DIE WELLE (Spielfilm-Drama)	2008	13.03.08	D	2.635.264	2.635.264	2.536.322
4	2	DER BAADER MEINHOF KOM-PLEX	2008	25.09.08	D	2.404.734	2.404.734	2.424.158
1	2	DIE WILDEN KERLE 4	2007	01.02.07	D	2.454.325	2.454.325	2.396.228
2	3	LISSI UND DER WILDE KAISER	2007	25.10.07	D	2.273.804	2.273.804	2.288.802
3	1	KEINOHRHASEN	2007	20.12.07	D	1.407.336	1.407.336	6.184.320
4	5	DIE WILDEN HÜHNER UND DIE LIEBE	2007	05.04.07	D	1.003.217	1.003.217	973.104
1		DAS PARFUM – DIE GESCHICH-TE EINES MÖRDERS	2006	14.09.06	D, E, F	5.480.675	5.480.675	

Rang (FFA)	Rang (Media Control)	Filmtitel/Art	Zahlen aus d. Jahr (FFA)	Start (FFA)	Land	Besucher ldf. Jahr (FFA)	Besucher seit Start (FFA)	Besucher gesamt, MediaControl/VdF
2	1	DEUTSCHLAND. EIN SOMMER-MÄRCHEN	2006	05.10.06	D	3.991.913	3.991.913	3.991.913
3	2	7 ZWERGE – DER WALD IST NICHT GENUG (Komödie)	2006	26.10.06	D	3.509.341	3.509.341	3.568.643
1	1	DIE WEISSE MASSAI (Drama)	2005	15.09.05	D	2.156.934	2.156.934	2.183.547
2	2	DIE WILDEN KERLE 2	2005	17.02.05	D	1.579.812	1.579.812	1.537.690
3	3	BARFUSS (Drama/Komödie)	2005	31.03.05	D	1.506.534	1.506.534	1.485.896
1	1	(T)RAUMSCHIFF SURPRISE – PERIODE 1	2004	22.07.04	D	9.137.506	9.137.506	9.165.932
2	2	7 ZWERGE – MÄNNER ALLEIN IM WALD (Komödie)	2004	28.10.04	D	6.486.540	6.486.540	6.744.167
3	3	DER UNTER-GANG (Drama)	2004	16.09.04	D	4.521.903	4.521.903	4.585.844
1	1	GOOD BYE, LE-NIN! (Komödie)	2003	13.02.03	D	6.439.777	6.439.777	6.268.661
2	2	DAS WUNDER VON BERN (Drama)	2003	16.10.03	D	3.253.216	3.253.216	3.596.877
3	3	LUTHER (Drama)	2003	30.10.03	D, USA	2.342.972	2.342.972	2.994.270
4	4	DAS FLIEGENDE KLASSEN-ZIMMER	2003	16.01.03	D	1.870.041	1.870.041	1.778.982
1	2	BIBI BLOCKS-BERG (K)	2002	26.09.02	D	2.050.214	2.050.214	2.141.147
2		NIRGENDWO IN AFRIKA (Drama)	2002	27.12.01	D	1.181.303	1.295.777	

Rang (FFA)	Rang (Media Control)	Filmtitel/Art	Zahlen aus d. Jahr (FFA)	Start (FFA)	Land	Besucher ldf. Jahr (FFA)	Besucher seit Start (FFA)	Besucher gesamt, MediaControl/ VdF
3	1	DER SCHUH DES MANITU (WA. 11.07.02)	2002	19.07.2001 (lt. MC 11.07.02)	D	1.134.507	11.661.183	11.657.523
4	3	KNALL-HARTE JUNGS (Komödie)	2002	14.03.02	D	1.008.268	1.008.268	990.742
1	1	SCHUH DES MANITU, DER	2001	19.07.01	D	10.526.676	10.526.676	11.011.632
2		FABELHAFTE WELT DER AMÉLIE	2001	16.08.01	D, F	2.522.427	2.522.427	
3	2	KLEINE EISBÄR, DER (Z/K)	2001	04.10.01	D	2.415.431	2.415.431	2.629.633
4	3	MÄDCHEN, MÄDCHEN (Komödie)	2001	29.03.01	D	1.778.841	1.778.841	1.773.873
1	1	ANATOMIE (Thriller/Horror)	2000	03.02.00	D	2.013.931	2.013.931	1.900.473
2	2	HARTE JUNGS (Komödie)	2000	30.03.00	D	1.666.031	1.666.031	1.704.436
3	3	Crazy (Komödie)	2000	08.06.00	D	1.467.029	1.467.029	1.463.588

Quelle:[290]

Ziel ist es, nur die drei meist besuchten Filme pro Jahr zu betrachten. Für manche Jahre ergibt sich dabei jedoch eine Schwierigkeit. Z.B. im Jahr 2010 errang der Film „Resident Evil: Afterlife" Platz 3 der Charts. Der Film gilt offiziell als deutscher Film und kann ein deutsches Ursprungszeugnis vorweisen. Jedoch wurde er mit Beteiligung von Kanada produziert und auf Englisch gedreht. Dieser Film ist per se kein rein deutscher Film und mutet auch nicht wie einer an. Aus diesem Grund wird im Jahr 2010 ebenso der viertplatzierte Film „Vincent will Meer" mit in die Untersuchung genommen. Auf diese methodische Bereinigung wurde bereits im Kapitel „Methodik" hingewiesen.

---

290   Vgl. An der Gassen, 2011a, vgl. 2012; vgl. FFA- Filmförderungsanstalt, 2013.

Weitere Schwierigkeiten bei der Definition der Top 40-Filme ergaben sich, die wie folgt gelöst wurden: „Unsere Erde" aus dem Jahre 2008 ist ein deutsch-britischer Film, der in englischer Originalfassung erschien. Dieser Dokumentarfilm, der als großer, *high-budget-movie* produziert wurde, erwirkt ebenso wenig den Eindruck eines rein deutschen Films. Ihn daher ausschließlich in die Analyse mit einzuschließen wäre daher falsch und würde das Ergebnis verfälschen. Aus diesem Grund wird für 2008 auch der viertplatzierte Film „Baader-Meinhof-Komplex" den Untersuchungskorpus ergänzen.

„Keinohrhasen" startete in den Kinos am 20.12.2007 und erreichte innerhalb der wenigen Tage bis Jahresende 1,4 Mio. Zuschauer. Er belegte somit Platz 3 des *Rankings* in 2007. Allerdings blieb der Film weitere Monate im Kino und erreichte in 2008 4,8 Mio. Zuschauer, so dass er im 2008-*Ranking* Platz 1 belegte. (In 2007 und 2008 zusammen waren es sogar knapp 6,3 Mio Zuschauer.) Er wird daher für das Jahr 2008 in die Untersuchung eingehen.

2003 erschien der deutsch-amerikanische Film „Luther" in den Kinos. Er wurde für ca. 21 Millionen Euro mit internationaler Starbesetzung auf Englisch gedreht. Auch dieser Film scheint wenig deutsch zu sein, obwohl deutsche Fördergelder in ihm stecken. Das Jahr 2003 wird daher der Film „Das fliegende Klassenzimmer" vervollständigen.

„Der Schuh des Manitu" lief sowohl in 2001, als auch noch in 2002 in den deutschen Kinos. Da er in 2001 mehr Zuschauer erzielte, wie in 2002 wird er für dieses Jahr erfasst werden. Im gleichen Jahr erschien „Die fabelhafte Welt der Amelie" in den Kinos. Diese deutsch-französische Koproduktion besitzt eine französische Originalfassung und mutet nur wenig deutsch an. Aus diesem Grund wird der Film „Mädchen Mädchen" zu den Top 40 hinzukommen.

Es ergibt sich somit der folgende Untersuchungskorpus der Top 40-Filme:

Tabelle 14: Die Top 40-Filme (Untersuchungskorpus)

ID-Nr.	Film
1	Kokowääh
2	What a Man
3	Wickie auf großer Fahrt
4	Friendship
5	Konferenz der Tiere
6	Resident Evil: Afterlife

ID-Nr.	Film
7	Vincent will Meer
8	Wickie und die starken Männer
9	Zweiohrküken
10	Die Päpstin
11	Keinohrhasen
12	Unsere Erde
13	Die Welle
14	Der Baader Meinhof Komplex
15	Die wilden Kerle 4
16	Lissi und der wilde Kaiser
17	Die wilden Hühner und die Liebe
18	Das Parfum
19	Deutschland ein Sommermärchen
20	7 Zwerge – Der Wald ist nicht genug
21	Die weisse Massai
22	Die wilden Kerle 2
23	Barfuss
24	(T)raumschiff Surprise
25	7 Zwerge – Männer allein im Wald
26	Der Untergang
27	Good Bye, Lenin!
28	Das Wunder von Bern
29	Luther
30	Das fliegende Klassenzimmer
31	Bibi Blocksberg
32	Nirgendwo in Afrika
33	Knallharte Jungs
34	Der Schuh des Manitu
35	Fabelhafte Welt der Amélie
36	Der kleine Eisbär

ID-Nr.	Film
37	Mädchen Mädchen!
38	Anatomie
39	Harte Jungs
40	Crazy

Quelle: eigene Darstellung

3.4 Analyse der Top 40-Filme (Matrix)

In diesem Kapitel kann nun die Analyse der Top 40-Filme erfolgen. Es wird klar werden, ob und welche Kongruenzen sich innerhalb der einzelnen Untersuchungskategorien zwischen den Filmen detektieren lassen.

Eine grafische Übersicht über die Matrix und die Einzelergebnisse der Analyse eines jeden Films ist am Ende dieses Kapitels und im Anhang dieser Arbeit zu finden.

3.4.1 Thema & Story, Genre und Erzählton (explizite Einordnung)

Die hier angestrebte Untersuchung versucht, dem Thema und der Story der Top 40-Filme auf die Spur zu kommen. Wenn dieses Kriterium einen so großen Anteil am Besuchsgrund hat (54,9 %) gibt es vielleicht wiederkehrende Muster, Themen, Geschichten, Genres, Ästhetiken und Erzähltöne, welche die Top 40-Filme gemein haben? Das folgende Kapitel soll mit seinen beiden Abschnitten „Genre & Erzählton" und „Thema & Story" die Frage klären, was und wie die Filme der Top 40 erzählen. Das „was" bezieht sich dabei auf das Filmthema. Da „wie" bezieht sich auf das Genre und den Erzählton.

3.4.1.1 Genre und Erzählton

Themen und Stories lassen sich in unterschiedlichen Erzählarten, -weisen und -duktus in einen Film übersetzen. Will man z. B. ein historisches Ereignis wie den Fall der Berliner Mauer verfilmen, liefert das noch keine Zwangsläufigkeit für ein bestimmtes Genre. Man könnte aus diesem Thema eine Komödie, ein Drama, einen Kinderfilm, einen Horrorfilm usw. entwickeln. Diese Erkenntnis ist wichtig für die hier angefertigte Studie, denn auch für die Filme der Top 40 gilt, dass die „Form" noch keinen Rückschluss auf den „Inhalt" geben kann und *vice versa*.

Widmen wir uns zunächst der „Form", also dem Genre und dem Erzählton. Wie im Kapitel Operationalisierung herausgearbeitet, wird über die Frage „In welches Haupt- und welches Subgenre lässt sich der Film einteilen?" die FFA, Media Control, IMDb, Blothner und Thau Auskunft geben. Neben dem Genrebegriff sagt jedoch ebenfalls der Erzählton viel über den Film und über das zu erwartende Filmerlebnis aus. Der Erzählton gibt dabei oftmals die Absicht des Genres wieder. Die Frage, die es hierzu innerhalb der Analyse zu beantworten galt, lautete: „Wie wird erzählt, mit welcher Absicht?". Diese Frage sollte mittels einer Betrachtung nach Thau und einer eigenen Einteilung beantwortet werden.

Bewertet man nun jeden einzelnen Film der Untersuchung und definiert für ihn das Haupt- & Subgenre und den Erzählton, ergeben sich die folgenden Ergebnisse, welche der Übersichtlichkeit halber in einer Tabelle zusammengefasst werden:

Tabelle 15: Genres und Erzähltöne der Top 40-Filme

	Filme	Jahr	Genre (FFA)	Genre (Media Control)	Genre nach Blothner & imdb	Genre (imdb)	Genre-Klan und Genrefamilie nach Thau	Subgenres nach Thau	Töne nach Thau	Ergänzung Töne (zu Thau)
1	Koko-wääh	2011	Spielfilm/ Komödie		Komödie/ Liebes-komödie	Comedy	Verspottung d. Wirklichkeit/ Komödie	Häusliche Komödie	heiter, witzig, iro-nisch	freund-lich
2	What a Man	2011	Spielfilm/ Komödie		Komödie/ Liebes-komödie	Comedy/ Romance	Verspottung d. Wirklichkeit/ Komödie	Roman-tische Komödie	heiter, witzig, iro-nisch	
3	Wickie auf großer Fahrt	2011	Kinder-film/ Abenteuer		Komödie/ Abenteuer/ Kinderfilm	Action/ Ad-venture/ Comedy/ Family	Verspottung d. Wirklichkeit/ Komödie	Fantasy-komödie, Abenteuer-komödie	heiter, witzig, iro-nisch	kindlich
4	Friend-ship	2010	Spielfilm-Komödie	Komö-die	Komödie	Comedy	Verspottung der Wirklichkeit/ Komödie	Gesell-schafts-komödie	heiter, witzig	aben-teuerlich
5	Kon-ferenz der Tiere	2010	Kinder-film-Ani-mation/ Zeichen-trick	Kinder-film	Animati-onsfilm/ Kinder-film/ Komödie	Ani-mation/ Comedy/ Family	Verein-fachung der Wirklich-keit/Aben-teuer und Heldentaten oder Melodram	Aben-teuer für die ganze Familie, Kinder-film	heiter, witzig, an-gespannt	span-nend, kindlich

Filme	Jahr	Genre (FFA)	Genre (Media Control)	Genre nach Blothner & imdb	Genre (imdb)	Genre-Klan und Genre-familie nach Thau	Subgenres nach Thau	Töne nach Thau	Ergänzung Töne (zu Thau)
6 Resident Evil: Afterlife	2010	Spielfilm-Horror		Thriller/ Hor-rorfilm/ Actionfilm/ Science-Fiction	Action/ Ad-venture/ Horror/ Sci-Fi	Verein-fachung der Wirklich-keit/Andere Wesen und Welten	Science-fiction-Action, Sci-fi-Kata-strophen-film	angespannt, drohend, verstörend, gruselig, unheilvoll	span-nend
7 Vincent will Meer	2010	Spielfilm-Drama	Drama	Drama	Drama	Würdigung der Wirk-lichkeit/ Drama	Jugend-drama	empfind-sam, ernst, nachdenk-lich, witzig, sarkastisch, schwärme-risch	aben-teuerlich, roman-tisch
8 Wickie u.d. starken Männer	2009	Spielfilm-Abenteuer	Kinder-film	Komödie/ Kinder-film/Aben-teuerfilm	Action/ Ad-venture/ Family/ Comedy	Verspottung d. Wirk-lichkeit/ Komödie	Fantasy-komödie, Abenteuer-komödie	heiter, witzig, ironisch, derb	kindlich
9 Zweiohr-küken	2009	Spielfilm-Komödie	Komö-die	Komödie/ Liebes-komödie	Comedy/ Romance	Verein-fachung der Wirklich-keit/Geburt einer Liebe	Roman-tische Komödie	witzig, heiter, streitlustig, leiden-schaftlich, leicht, herzerwär-mend	kraftvoll
10 Die Päpstin	2009	Spielfilm-Historien-film		Drama/ Biografie/ History	Drama/ Romance	Verein-fachung der Wirklich-keit/Melo-drama	His-torischer Film	verstörend, mitreißend, eindring-lich,	roman-tisch
11 Keinohr-hasen	2008	Spielfilm-Komödie		Komödie/ Liebes-komödie	Comedy/ Romance	Verein-fachung der Wirklich-keit/Geburt einer Liebe	Roman-tische Komödie	witzig, heiter, streitlustig, leiden-schaftlich, leicht, herzerwär-mend	kraftvoll
12 Unsere Erde	2008	Dokumen-tarfilm-Natur		Dokumen-tarfilm	Docu-mentary	Würdigung der Wirk-lichkeit/ Dokumen-tationen	Kultur-/ Gesell-schafts-Dokumen-tarfilm	weit-schweifig	erhaben
13 Die Welle	2008	Spielfilm-Drama	Drama	Drama	Drama/ Thriller	Würdigung der Wirk-lichkeit/ Drama	Politisches Drama	düster, verstörend, bedrohend	Span-nend, zwang-haft

	Filme	Jahr	Genre (FFA)	Genre (Media Control)	Genre nach Blothner & imdb	Genre (imdb)	Genre-Klan und Genre-familie nach Thau	Subgenres nach Thau	Töne nach Thau	Ergänzung Töne (zu Thau)
14	Der Baader Meinhof Komplex	2008	Spielfilm-Drama	Drama	Drama/ Biografie/ History	Action/ Bio-graphy/ Crime/ Drama/ History	Würdigung der Wirk-lichkeit/ Drama	Politisches Drama	düster, verstörend, bedrohend	roman-tisch
15	Die wilden Kerle 4	2007	Kinder-film	Kinder-film	Kinderfilm	Comedy/ Family/ Sport	Verein-fachung der Wirklich-keit/Melo-drama	Kinderfilm	mitreißend, mutig, streitlustig	kindlich
16	Lissi u.d. wilde Kaiser	2007	Trickfilm/ Komödie	Komö-die	Animati-onsfilm/ Kinder-film/ Komödie	Animati-on/Ad-venture/ Comedy	Verspottung der Wirk-lichkeit/ Komödie	Parodie	lustig, ironisch, aufregend, albern	kindlich
17	Die wilden Hühner u.d. Liebe	2007	Komödie	Kinder-film	Kinder-film/ Liebes-komödie	Comedy/ Family/ Romance	Verein-fachung der Wirklich-keit/Melo-drama	Kinderfilm	mitreißend, heiter, witzig	kindlich
18	Das Parfum	2006	Drama/ Thriller		Film Noir/ Mystery/ Krimi/ Drama	Crime/ Drama/ Fantasy	Verein-fachung der Wirklich-keit/Andere Wesen und Welten	Kostüm-Horrorfilm	bedrohend, unheimlich, eindring-lich, makaber	mystisch
19	Deutsch-land ein Sommer-märchen	2006	Dokumen-tarfilm	Doku-mentar-film	Dokumen-tarfilm/ Biografie	Docu-mentary/ Sport	Würdigung der Wirk-lichkeit/ Dokumen-tationen	Lebensstil-Dokumen-tation	euphorisch, kraftvoll, hell, über-schwäng-lich, mit-reißend	heiter, leicht, herzlich
20	7 Zwerge – d. Wald ist nicht genug	2006	Komödie (Märchen)	Komö-die	Komödie	Comedy/ Fantasy	Verspottung der Wirk-lichkeit/ Komödie	Parodie, Fantasyko-mödie	heiter, lustig, witzig, spöttisch, liebenswür-dig, leicht, spritzig	kindlich
21	Die weisse Massai	2005	Drama	Drama	Drama/ Abenteuer-film/Lie-besdrama/ Biografie	Drama/ Romance	Verein-fachung der Wirklich-keit/Geburt einer Liebe	Abenteuer-romanze	rührselig, schwär-merisch, leiden-schaftlich, mutig, auf-wühlend	kitschig,

Filme	Jahr	Genre (FFA)	Genre (Media Control)	Genre nach Blothner & imdb	Genre (imdb)	Genre-Klan und Genre-familie nach Thau	Subgenres nach Thau	Töne nach Thau	Ergän-zung Töne (zu Thau)
22 Die wilden Kerle 2	2005	Kinder-film	Kinder-film	Kinderfilm	Comedy/ Family/ Sport	Verein-fachung der Wirklich-keit/Melo-drama	Kinderfilm	mitreißend, mutig, streitlustig	kindlich
23 Barfuss	2005	Drama/ Komödie	Komö-die	Drama/ Liebesdra-ma/Liebes-komödie	Comedy/ Drama/ Romance	Verein-fachung der Wirklich-keit/Geburt einer Liebe	Roman-tische Komödie	heiter, witzig	
24 (T)raum-schiff Surprise	2004	Science-Fiction/ Komödie	Komö-die	Komödie/ Science-Fiction-Film	Comedy/ Sci-Fi	Verspottung der Wirk-lichkeit/ Komödie	Parodie, Science-fiction-Komödie	spöttisch, respektlos, vertrottelt, verrückt, albern	kindlich
25 7 Zwerge – Männer allein im Wald	2004	Komödie (Märchen)	Komö-die	Komödie	Comedy/ Family	Verspottung der Wirk-lichkeit/ Komödie	Parodie, Fantasyko-mödie	heiter, lustig, witzig, spöttisch, liebenswür-dig, leicht, spritzig	kindlich
26 Der Unter-gang	2004	Drama (His-torienfilm)	Drama	Drama/ History/ Kriegsfilm/ Biografie	Bio-graphy/ Drama/ History/ War	Verein-fachung der Wirklich-keit/Melo-dram oder Würdigung der Wirk-lichkeit/ Drama	Histori-scher Film, Histori-sches Epos, Kriegs-drama, Politisches Drama	auf-wühlend, eindring-lich, ernst, angespannt, klaustro-phobisch, unheilvoll,	ver-störend, auf-wühlend, düster
27 Good Bye, Lenin!	2003	Komödie	Komö-die	Komödie	Comedy/ Drama/ Romance	Verspottung der Wirk-lichkeit/ Komödie	Gesell-schafts-komödie,	ironisch, nachdenk-lich, mit-fühlend	lustig,
28 Das Wunder von Bern	2003	Drama	Drama	Drama/ History/ Biografie	Comedy/ Drama/ Sport	Würdigung der Wirk-lichkeit/ Drama	Sport-drama	mitreißend, eindring-lich,	kämpfe-risch,
29 Luther	2003	Drama (His-torienfilm)	Drama	Drama/ History/ Biografie	Bio-graphy/ Drama/ History	Verein-fachung der W./Melo-drama oder Würdigung der Wirk-lichkeit/ Drama	Histori-sches Epos, politisches Drama, Religiöses Drama,	verstörend, mitreißend, eindring-lich,	schwüls-tig, über-steigert, drama-tisch, kitschig,

Filme	Jahr	Genre (FFA)	Genre (Media Control)	Genre nach Blothner & imdb	Genre (imdb)	Genre-Klan und Genre-familie nach Thau	Subgenres nach Thau	Töne nach Thau	Ergänzung Töne (zu Thau)
30 Fliegende Klassenzimmer	2003	Kinderfilm	Kinderfilm	Kinderfilm	Family/Comedy	Verspottung der Wirklichkeit/Komödie	Kinderfilm	Mitreißend, heiter, witzig	kindlich
31 Bibi Blocksberg	2002	Kinderfilm	Kinderfilm	Kinderfilm	Comedy/Family/Fantasy	Vereinfachung der Wirklichkeit/Andere Wesen und Welten oder Melodrama	Kinder-Fantasy, Fantasieabenteuer, Kinderfilm	mitreißend, witzig	spannend, kindlich
32 Nirgendwo in Afrika	2002	Drama (Abenteuer)		Drama/Abenteuerfilm/Biografie	Biography/Drama	Würdigung der Wirklichkeit/Drama	Politisches Drama, Kriegsdrama, Familiendrama	rührselig, nachdenklich, eindringlich, wehmütig	episch, schnulzig, kitschig,
33 Knallharte Jungs	2002	Komödie	Komödie	Komödie	Comedy	Verspottung der Wirklichkeit/Komödie	Sexkomödie	witzig, heiter, herzlich, leicht, derb	mitfühlend
34 Der Schuh des Manitu	2002/2001	Westernkomödie	Komödie	Komödie/Western	Comedy/Western	Verspottung der Wirklichkeit/Komödie	Parodie	, schrullig, spöttisch, derb, albern	ironisch, lustig, kindlich
35 Fabelhafte Welt d. Amélie	2001	Großstadt-Märchen		Drama/Komödie/Liebesdrama	Comedy/Romance	Vereinfachung der Wirklichkeit/Melodrama	Romantische Komödie	verträumt, schwärmerisch, heiter, nachdenklich, witzig	
36 Der kleine Eisbär	2001	Zeichentrick/Kinder	Kinderfilm	Animationsfilm/Kinderfilm/Komödie	Animation/Family/Adventure	Vereinfachung der Wirklichkeit/Andere Wesen und Welten oder Melodrama	Kinder-Fantasy, Tierfilm, Fantasie-Abenteuer, Kinderfilm	herzerwärmend, leicht, heiter, witzig	freundlich, spannend, lieb, kindlich
37 Mädchen Mädchen!	2001	Komödie	Komödie	Komödie	Comedy	Verspottung der Wirklichkeit/Komödie	Sexkomödie	heiter, herzlich, leicht, witzig	
38 Anatomie	2000	Thriller/Horror	Thriller	Thriller/Horrorfilm	Horror/Thriller	Vereinfachung der Wirklichkeit/Abenteuer und Heldentaten	Verbrechensthriller	verstörend, angespannt, gruselig, entsetzlich, verrückt, grausig	beklemmend,

Filme	Jahr	Genre (FFA)	Genre (Media Control)	Genre nach Blothner & imdb	Genre (imdb)	Genre-Klan und Genre-familie nach Thau	Subgenres nach Thau	Töne nach Thau	Ergän-zung Töne (zu Thau)
39 Harte Jungs	2000	Komödie	Komö-die	Komödie	Comedy	Verspottung der Wirk-lichkeit/ Komödie	Sexkomö-die	heiter, herzlich, leicht, derb, witzig	mit-fühlend
40 Crazy	2000	Komödie (Drama)	Drama	Drama	Drama	Würdigung der Wirk-lichkeit/ Drama	Jugend-drama	empfind-sam, ernst, nachdenk-lich, leicht, witzig	

Quelle:[291]

Hinsichtlich der Genauigkeit der Genreangaben lässt sich ein durchaus positives Fazit ziehen. Die gewählten Quellen FFA, Media Control, IMDb, Blothner und Thau unterscheiden sich in ihren Aussagen, um welches Genre es sich bei einem Film handelt nur marginal. Bei Zuschauern dürfte nicht das Gefühl aufkommen, dass hier „Marketingmittel den Zweck heiligten". Verleiher haben wohl nicht im großen Stile Filme an einigen Stellen unter falschem Genre ausgegeben und beworben. Im Umkehrschluss bedeutet dies, dass die kursierenden Angaben über das Genre eines Films für die Zuschauer bei der Filmauswahl durchaus verlässlich waren. Es gilt nun im zweiten Schritt herauszufinden, ob es immer dieselben Genre waren, für die sich die Zuschauer entschieden.

Die FFA weist für die Filme der Untersuchung oftmals nur das Hauptgenre aus. Dieses wurde leider in nur 1–2 Worten angegeben, z. B. Spielfilm/Drama. Leider wurde hierdurch oftmals der eigentliche Charakter des Films nicht ausreichend ausgedrückt. Als Beispiel soll hier der Film „Luther" dienen. Ihn definierte die FFA als „Drama". Eine weitere Spezifikation durch die Genrebegriffe „Historienfilm" oder „Biografie" wären der genaueren Erfassung des Filmgenres zuträglich gewesen. Media Control lieferte leider für manche Filme keine Genrespezifikation. Das macht eine einheitliche Bewertung nach dem Genrekatalog Media Control fast unmöglich. IMDb vermittelte hingegen eine durchgängig umfangreiche Definition der Haupt- und Subgenres. Für die Einteilung nach Blothner und Thau musste eine eigene Einteilung nach dem Genrekatalog der Verfasser vorgenommen werden. Auch hier ergab sich

---

291   Vgl. An der Gassen, 2014- die Matrix befindet sich in grafischer Darstellung im Anhang 7.4.

ein zufriedenstellendes Ergebnis hinsichtlich der zur Verfügung stehenden Genrebegriffe. Es wurde an diesen beiden Stellen die Entscheidung pro Mehrfachnennungen getroffen, um eine möglichst umfangreiche Genredefinition jeden einzelnen Films zu erhalten.

Auswertung und Interpretation der Ergebnisse für „Genre und Erzählton"

Versucht man, mögliche Verdichtungen für den Genrebegriff und den Erzählton herauszukristallisieren, so ergibt sich zunächst für die Top 40-Filme die Gewichtung nach den drei stilistischen Hauptgenres Spiel-, Dokumentar- und Animationsfilm:

- **35 Spielfilme (87,5 %), 3 Animationsfilme (7,5 %), 2 Dokumentarfilme (5 %).**

87,5 % aller Erfolgsfilme waren somit mit überragender Mehrheit Spielfilme, nur 7,5 % Animationsfilme und nur 5 % Dokumentarfilme. Man kann hieraus eine deutliche Präferenz der Zuschauer für den Spielfilm ablesen. Im Unterschied zum Dokumentarfilm, der eine Geschichte real, unverfälscht und authentisch erzählt und im Unterschied zum Animationsfilm, der eine Geschichte verfremdet, realitätsfern, fiktionalisiert, fantastisch und fantasievoll erzählt, steht der Spielfilm für eine andere Visualität und Ästhetik. Der Spielfilm erzählt eine fiktionalisierte Geschichte mit realistischer Ästhetik, welche von Schauspielern dargestellt wird. Der Spielfilm suggeriert somit eine Abbildung der Realität bei gleichzeitiger Erhöhung und/oder Dramatisierung der Geschichte. Dies scheinen die Zuschauer zu präferieren.

Schaut man sich, über die Aufspaltung in die drei stilistischen Hauptgenre hinaus, die Top 40-Filme in einer Übersicht an, so zeigt sich ein großes Spektrum an Hauptgenres, Genre-Klans, Subgenres und Erzähltönen. Schon auf den ersten Blick springen den Betrachtern Gemeinsamkeiten ins Auge. Anspruch dieser Studie ist es jedoch, auch noch einen Blick tiefer zu schauen. Tatsächlich ergeben sich auf den zweiten, tieferen Blick noch weitere interessante Gemeinsamkeiten und Unterschiede. Um diese ans Tageslicht zu befördern, werden nachfolgend Kondensate definiert. Diese kondensierten Gemeinsamkeiten können in einer bestimmten Erzählform (z. B. Komödie, Drama) oder Grundstimmung (Liebesfilm, Thriller), hinsichtlich des Themas der Handlung (Kriminalfilm, Fantasyfilm) oder in historischen oder räumlichen Bezügen (Historienfilm) bestehen.[292]

---

292   Vgl. Wikipedia, 2013b.

3.4.1.1.1 *Kondensate nach Hauptgenre*

<u>Komödien:</u> Filme, die im Hauptgenre eine Komödie sind und so beworben wurden:

> „Kokowääh", „What a Man", „Wickie auf großer Fahrt", „Friendship", „Konferenz der Tiere", „Wickie und die starken Männer", „Zweiohrküken", „Keinohrhasen", „Lissi und der wilde Kaiser", „Die wilden Hühner und die Liebe", „7 Zwerge – Der Wald ist nicht genug", „Barfuss", „(T)raumschiff Surprise", „7 Zwerge – Männer allein im Wald", „Good Bye, Lenin!", „Das fliegende Klassenzimmer", „Bibi Blocksberg", „Knallharte Jungs", „Der Schuh des Manitu", „Fabelhafte Welt der Amélie", „Der kleine Eisbär", „Mädchen Mädchen!", „Harte Jungs", „Crazy"
> Summe Filme: 24

<u>Drama:</u> Filme, die im Hauptgenre als Drama ausgewiesen und beworben wurden:

> „Vincent will Meer",„Die Päpstin",„Die Welle",„Der Baader Meinhof Komplex",„Das Parfum", „Die weisse Massai", „Barfuss", „Der Untergang", „Wunder von Bern", „Luther", „Nirgendwo in Afrika", „Crazy".
> Filme, die das Drama im Subgenre haben: „Good Bye, Lenin!", „Fabelhafte Welt der Amélie".
> Summe Filme: 12 bzw. 14

<u>Kinderfilme/Family:</u> Filme, die im Hauptgenre als Kinderfilm oder *Family* ausgewiesen und beworben wurden:

> „Wickie auf großer Fahrt", „Konferenz der Tiere", „Wickie und die starken Männer", „Die wilden Kerle 4", „Lissi und der wilde Kaiser", „Die wilden Hühner und die Liebe", „Die wilden Kerle 2", „Das fliegende Klassenzimmer", „Bibi Blocksberg", „Der kleine Eisbär".
> Summe Filme: 10

<u>Thriller/Horror/Mystery:</u> Filme, die im Hauptgenre als Thriller, Horror- oder Mysteryfilme ausgewiesen und beworben wurden:

> „Resident Evil: Afterlife", „Das Parfum", „Anatomie".
> Summe Filme: 3

<u>Ergebnis der Kondensate nach Hauptgenre:</u>

Fasst man die Kondensate der Top 40-Filme zusammen, so ergibt sich folgendes Resultat:

- **24 Komödien (60 %)**
- **12 bzw. 14 Dramen (30 bzw. 35 %)**
- **10 Kinderfilme (25 %)**
- **3 Thriller, Horror oder Mystery Filme (7,5 %)**

Das Ergebnis der Analyse zeigt, dass die meisten Filme der Top 40 Komödien waren (24 Filme, 60 %). 12 bzw. 14 Filme (30 bzw. 35 %) beanspruchten die Definition „Drama", 10 Filme (25 %) waren Kinderfilme und nur 3 Filme (7,5 %) konnten den Genres Thriller, Horror oder Mystery zugeordnet werden. Mehrfachnennungen waren möglich.

Mit deutlicher Mehrheit waren es also überwiegend Komödien, die Zuschauer ins Kino lockten (60 %). Dramen und Kinderfilme haben in etwa eine gleichgroße Magnetwirkung auf das Publikum (25–35 %). Düstere, spannendere Filme aus der Gattung Thriller, Horror und Mystery konnten nur wenige im Untersuchungspool gefunden werden (7,5 %). Eine eindeutige Korrelation eines bestimmten Genres mit dem Erfolg lässt sich somit nicht ausmachen. Jedoch weist die Übermacht der Komödie auf eine große Präferenz des deutschen Publikums hin. Zu diesem Ergebnis kommt übrigens auch Feuerer innerhalb ihrer Studie:

> „Ein Einfluss des Genres auf den Erfolg eines Spielfilms konnte nicht nachgewiesen werden. Betrachtet man jedoch die durchschnittliche Besucherzahl pro Genre ist zu erkennen, dass die Komödie während des Untersuchungszeitraums einen hohen Appeal aufweist."[293]

Bei genauerer Betrachtung reicht eine Einteilung nach Hauptgenres nicht aus, will man weiteren Parallelen auf die Spur kommen. Neben der Definition des Hauptgenres lässt sich ein Film auch noch weiter spezifizieren. Diese Spezifikationen werden an dieser Stelle „Elemente" genannt. Elemente sind weitere Ausprägungen des Genres, welche die Art und Weise, wie ein Film sich darstellt oder anfühlt, wiedergibt. Für die Filme der Untersuchung zeigen sich folgende Kondensate:

3.4.1.1.2 Kondensate nach Elementen

<u>Wirklichkeit/Erdung</u>: Filme, die unabhängig vom Genre „geerdet" sind. Im Unterschied zu Filmen mit Fantasie- und Science-Fiction-Elementen, die oftmals auch als *supernatural,* realitätsfern, fantastisch und „nicht von dieser Welt" bezeichnet werden, bilden die „geerdeten Filme" die Wirklichkeit ab:

> Fast alle Filme der Untersuchung bilden die Wirklichkeit ab, außer die folgenden drei Filme: „Resident Evil: Afterlife", „(T)raumschiff Surprise", „Bibi Blocksberg".
> Summe Filme: 37

<u>Liebe/Romance</u>: Filme, die unabhängig vom Genre (auch) das Element Liebe, Partnerschaft und/oder Romanze beinhalten. In dieser Kategorie verschwimmt

---

293   Feuerer, 2001, S. 46–48.

ebenfalls wieder Genre/Erzählton und explizites Thema, denn bei manchen Filmen ist Liebe das zentrale Thema, bei anderen Filmen wird es als *add on* wahrgenommen:

Zentrales Genre und Thema: „Kokowääh", „What a Man", „Zweiohrküken", „Keinohrhasen", „Die wilden Hühner und die Liebe", „Die weisse Massai", „Barfuss", „Knallharte Jungs", „Fabelhafte Welt der Amélie", „Mädchen Mädchen!", „Harte Jungs", „Crazy".
Wird neben anderen Tönen peripher miterzählt: „Friendship", „Vincent will Meer", „Die Päpstin", „Die Welle", „Baader Meinhof Komplex", „Die wilden Kerle", „Lissi und der wilde Kaiser", „Das Parfum", „7 Zwerge – Der Wald ist nicht genug", „Die wilden Kerle 2", „(T)raumschiff Surprise", „7 Zwerge – Männer allein im Wald", „Der Untergang", „Good Bye, Lenin!", „Das Wunder von Bern", „Das fliegende Klassenzimmer", „Bibi Blocksberg", „Nirgendwo in Afrika", „Der Schuh des Manitu", „Anatomie".
Summe Filme: zentrales Genre & Thema: 12, peripheres Thema: 20, Summe: 32

Komödiantische Elemente: Filme, die unabhängig vom Genre komödiantische Elemente und/oder Erzähltöne beinhalten:

Filme im Hauptgenre Komödie: „Kokowääh", „What a Man", „Wickie auf großer Fahrt", „Friendship", „Konferenz der Tiere", „Wickie und die starken Männer", „Zweiohrküken", „Keinohrhasen", „Lissi und der wilde Kaiser", „Die wilden Hühner und die Liebe", „7 Zwerge – Der Wald ist nicht genug", „Barfuss", „(T)raumschiff Surprise", „7 Zwerge – Männer allein im Wald", „Good Bye, Lenin!", „Das fliegende Klassenzimmer", „Bibi Blocksberg", „Knallharte Jungs", „Der Schuh des Manitu", „Fabelhafte Welt der Amélie", „Der kleine Eisbär", „Mädchen Mädchen!", „Harte Jungs", „Crazy"
Filme mit komödiantischen Elementen: „Vincent will Meer", „Die wilden Kerle 4", „Die wilden Kerle 2"
Summe Filme: 27

„Laute" Komödien: Komödien, die „lautere" komödiantische Elemente beinhalten:

„What a Man", „Wickie auf großer Fahrt", „Friendship", „Konferenz der Tiere", „Wickie und die starken Männer", „Lissi und der wilde Kaiser", „7 Zwerge – Der Wald ist nicht genug", „(T)raumschiff Surprise", „7 Zwerge – Männer allein im Wald", „Good Bye, Lenin!", „Knallharte Jungs", „Der Schuh des Manitu", „Mädchen Mädchen!", „Harte Jungs".
Summe Filme: 14

„Leise" Komödien: Filme, die „leisere" komödiantische Elemente beinhalten, weil sie entweder einem anderen Hauptgenre angehören oder als Komödie mit eher subtilem, spärlich gesetztem Humor arbeiten:

„Kokowääh", „Vincent will Meer", „Zweiohrküken", „Keinohrhasen", „Die wilden Kerle 4", „Die wilden Kerle 2", „Die wilden Hühner und die Liebe", „Barfuss", „Das fliegende Klassenzimmer", „Bibi Blocksberg", „Fabelhafte Welt der Amélie", „Der kleine Eisbär", „Crazy".
Summe Filme: 13

<u>Infantile Elemente:</u> Filme, die unabhängig vom Genre kindliche, infantile Elemente und/oder Erzählweisen beinhalten. Oft lassen sich diese auch durch die erweiterte Zielgruppe „Kinder" identifizieren.

Hauptgenre Kinderfilm: „Wickie auf großer Fahrt", „Konferenz der Tiere", „Wickie und die starken Männer", „Die wilden Kerle 4", „Lissi und der wilde Kaiser", „Die wilden Hühner und die Liebe", „Die wilden Kerle 2", „Das fliegende Klassenzimmer", „Bibi Blocksberg", „Der kleine Eisbär".
Filme mit anderem Hauptgenre, jedoch kindlichem Erzählton: „7 Zwerge – Männer allein im Wald", „7 Zwerge – Der Wald ist nicht genug", „(T)raumschiff Surprise", „Schuh des Manitu".
Summe Filme: 14

<u>Biografie/History:</u> Filme, die unabhängig vom Genre, eine wahre Lebensgeschichte erzählen (*based on a true story*). Hier verschwimmen die Grenzen zwischen den Genre und dem expliziten Thema:

„Die Päpstin", „Unsere Erde", „Der Baader Meinhof Komplex", „Deutschland- ein Sommermärchen", „Die weisse Massai", „Der Untergang", „Das Wunder von Bern", „Luther", „Nirgendwo in Afrika".
Summe Filme: 9

<u>Abenteuer/der Alltagswelt entfliehend:</u> Filme, die unabhängig vom Genre, Elemente des Abenteuers und der Flucht aus der Alltagswelt beinhalten. Hier verschwimmen die Grenzen zwischen Genre und explizitem Thema:

Filme, die einen starken Abenteueraspekt innehaben: „Wickie auf großer Fahrt", „Friendship", „Konferenz der Tiere", „Resident Evil: Afterlife", „Vincent will Meer", „Wickie und die starken Männer", „Die weisse Massai", „Nirgendwo in Afrika", „Der kleine Eisbär".
Summe Filme: 9

<u>Teenager/coming-of-age:</u> Filme, die unabhängig vom Genre in der Welt von Teenagern und dem Erwachsenwerden spielen. Die hier agierenden Figuren bilden größtenteils auch die Zielgruppe ab:

„Die Welle", „Die wilden Kerle 4", „Die wilden Hühner und die Liebe", „Die wilden Kerle 2", „Das fliegende Klassenzimmer", „Knallharte Jungs", „Mädchen Mädchen!", „Harte Jungs", „Crazy".
Summe Filme: 9

<u>Märchenhafte Elemente:</u> Filme, die unabhängig vom Genre märchenhafte Elemente und/oder Erzählweisen beinhalten:

„Wickie auf großer Fahrt", „Wickie und die starken Männer", „Lissi und der wilde Kaiser", „7 Zwerge – Der Wald ist nicht genug", „7 Zwerge – Männer allein im Wald", „Bibi Blocksberg", „Fabelhafte Welt der Amélie".
Summe Filme: 7

Düstere, verstörende, dunkle Elemente: Filme, die unabhängig vom Genre düstere, verstörende, dunkle Elemente oder Erzähltöne beinhalten.

Hauptgenre Thriller/Horror/Mystery: „Resident Evil: Afterlife", „Das Parfum", „Anatomie".
Filme mit anderem Hauptgenre und düsteren Elementen: „Baader Meinhof Komplex", „Die Welle", „Der Untergang", „Luther".
Summe Filme: 7

Sport: Filme, die unabhängig vom Genre, das Element Sport beinhalten. Die Grenzen zwischen Genre und explizitem Thema sind hier fließend:

„Die wilden Kerle 4", „Deutschland- ein Sommermärchen", „Die wilden Kerle 2", „Wunder von Bern".
Summe Filme: 4

Ergebnis der Kondensate nach Elementen:

Die Tiefenanalyse der Top 40-Filme hat gezeigt, dass sich über die Hauptgenres hinaus, interessante Verdichtungsmengen unter den Filmen ergeben. Diese sind nach Häufigkeit geordnet und geben wieder, wie viele Filme diese Erzähltöne oder Elemente beinhalten:

- **Wirklichkeit/Erdung: 37 Filme**
- **Liebe/Romance: 32 Filme**
- **Komödiantische Elemente: 27 Filme**
- **Infantile Elemente: 14 Filme**
- **„Laute" Komödien: 14 Filme**
- **„Leise" Komödien: 13 Filme**
- **Biografie/History: 9 Filme**
- **Abenteuer/der Alltagswelt entfliehend: 9 Filme**
- **Teenager/coming-of-age: 9 Filme**
- **Märchenhafte Elemente: 7 Filme**
- **Düstere, verstörende, dunkle Elemente: 7 Filme**
- **Sport: 4 Filme**

37 Filme der Untersuchung (92,5 %) bilden die Wirklichkeit ab und sind im Unterschied zu Fantasy- und Science-Fiction-Filmen realitätsnah und „geerdet". Sie spielen nicht mit Regeln der Naturgesetze und haben überwiegend eine Ästhetik der „Abbildung der Realität". Will man aus diesen 92,5 % eine

Präferenz bei den Zuschauern ableiten, so würde man schlussfolgern, dass sich das Publikum gern realitätsnahen Geschichten widmet. Vielleicht liegen diese näher an der Erfahrungswelt der Zuschauer. Hier können sie aus ihrem eigenen Leben schöpfen oder, in der Hoffnung auf eine Nachwirkung, für ihr eigenes Leben Rückschlüsse ziehen und Lerneffekte nutzen.

Der Erzählton „Liebe und *romance"* fand sich in insgesamt 32 Filmen (80 %). Davon waren 12 reine Liebesfilme und weitere 20 beinhalteten neben einem anderen Hauptgenre das periphere Thema „Liebe" oder „*romance"*. Aus der großen Anzahl der Liebesfilme lässt sich ableiten, dass Zuschauer das Element Liebe gern mögen. Sie scheinen gern in Liebesgeschichten zu schwelgen, die sie vielleicht zum Träumen anregen. Liebesgeschichten versprechen die Flucht in eine heile Welt, in eine Welt voller Gefühl.

24 bzw. 27 Filme (60 bzw. 67,5 %) beinhalten komödiantische Elemente. Filme, wie „Vincent will Meer" oder die Reihe „Die wilden Kerle" sind keine klassischen Komödien. Sie beinhalten jedoch in weiten Teilen komödiantische Elemente, Szenen und/oder Erzähltöne. Wenn 67,5 % aller Filme eine komödiantische Farbe beinhalten, spricht das dafür, dass Zuschauer sich gern heitern, leichten und witzigen Filmen aussetzen. Dabei muss es nicht gleich eine klassische Komödie sein. Wurden jedoch auch z. B. innerhalb eines Dramas komödiantische Töne bedient, war das förderlich für den Erfolg.

Splittet man die komödiantischen Filme noch weiter auf in „laute" und „leise" Komödien, ergibt sich eine fast gleiche Verteilung. Es befinden sich insgesamt 14 „laute" (35 %) und 13 „leise" Komödien (32,5 %) im Untersuchungskorpus. Man kann hierbei somit nicht von einer klaren Präferenz der deutschen Zuschauer hinsichtlich derberen, expliziteren oder feineren, subtileren, vielleicht tragisch-komischen Komikelementen sprechen.

In gleichem Anteil kommen Filme mit infantilen Elementen in den Top 40-Filmen vor. 14 Filme (35 %) beinhalten eine kindliche Ästhetik oder Erzählweise. Wie die Filme „(T)raumschiff Surprise", „Schuh des Manitu" und die Filme aus der Reihe „7 Zwerge im Wald" zeigen, muss dabei das Hauptgenre kein Kinderfilm sein. Auffällig ist, dass sich das Genre Komödie mit diesem Erzählton auch um die Zielgruppe „Kinder" erweitert. Im Sinne der Erfolgsbeobachtung ein intelligenter Schachzug, spricht man mit diesen Filmen doch die ganze Familie an.

9 Filme (22,5 %) erzählen unabhängig von ihrem Genre eine biografische und/oder historische, wahre (Lebens-)geschichte (*based on a true story*). Hier verschwimmen die Grenzen zwischen explizitem Thema und Erzählton. Knapp ein

Viertel der Top 40-Filme beschäftigen sich mit der Abbildung der Realität in einer fiktionalen oder dokumentarischen Aufbereitung. Das deutsche Publikum scheint dieser Realitätsbegegnung somit durchaus positiv gegenüberzustehen.

Ebenso 9 Filme (22,5 %) beinhalten Elemente des Abenteuers und der Flucht aus der Alltagswelt. Dieses Element lässt sich auch als explizites Thema oder auch als Genre/Erzählton definieren. Zuschauer scheinen die Beschäftigung mit eskapistischen Themen und Genres zu mögen, machen diese Filme doch ein Viertel der Filme aus.

Teenager- und *coming-of-age*-Elemente waren in 9 Filmen (22,5 %) zu finden. Der Erzählton und die Themen beschäftigen sich mit dem Erwachsenwerden. Auch deshalb scheint hier eine bestimmte Teenager-Zielgruppe angesprochen zu werden, welche die *coming-of-age*-Elemente präferiert. Diese Filme machen ein Viertel der Top 40 aus.

In 7 Filmen (17,5 %) wurden märchenhafte Elemente und/oder Erzählweisen gefunden. Unabhängig davon, ob es sich um eine Komödie oder ein Drama handelte, schienen diese märchenhaften Elemente einen Anteil am Erfolg zu haben, z. B. bei „Die fabelhafte Welt der Amélie". Vielleicht sind hierbei Aspekte wie Träumen, Entfliehen, Fabelwelt, Unmögliches wird wahr und Schwelgen wichtig.

Düstere, verstörende, dunkle Elemente fanden sich in insgesamt 7 Filmen (17,5 %). Interessant ist, dass hierunter Filme waren, die den Dramen zuzuordnen sind, wie z. B. „Die Welle", „Der Untergang" oder „Der Baader Meinhof Komplex". Filme, die neben einer dramatischen Grundgeschichte auch düstere Erzähltöne aufweisen, scheinen dem Publikum zuzusagen.

4 Filme der Untersuchung (10 %) beinhalten das Element Sport. Hierbei verschwimmen jedoch die Grenzen von Thema und Genre. Allen gemein ist der Wettkampf und das Streben nach Sieg, welches für das Genre und die Erzählweise eine besondere Spannungskurve bedeutet. Mit einem relativ geringen Anteil von 10 % kann man jedoch nicht von einer validen Präferenz der Zuschauer für dieses Element sprechen.

Zusammenfassung der Kondensate nach Elementen:

Aus der oben gefertigten Analyse lässt sich schließen, dass Zuschauer primär gern realitätsnahe, geerdete Komödien mit Liebeselementen mögen. Die Realitätsnähe bezieht sich dabei auf die Abbildung der Wirklichkeit im Unterschied zu z. B. Science-Fiction-Filmen. Für den komödiantischen Ton ist es gleichwertig zu sehen, ob es sich um laute oder leisere Komödien handelt. Wichtig ist ein komödiantischer, heiterer Ton, der sich um Liebesgeschichten oder –elemente dreht. Gern gesehen sind dabei auch infantilere Erzählweisen.

Es drängt sich der Eindruck auf, dass die Zuschauer der Masse gern leicht, herzlich und heiter unterhalten werden wollen. Denn dieses Gefühl, diese Ästhetik, dieser Erzählton ist die primäre Gemeinsamkeit der meisten Top 40-Filme. Verstörende, düstere, aufwühlende Filme, wie z. B. „Der Untergang" waren in der deutlichen Minderheit der Filme.

Für alle anderen Elemente der kondensierten Betrachtung lassen sich keine eindeutigen Präferenzen ausmachen. Vielmehr kann man hier von vielen möglichen Elementen sprechen, die jedoch nicht eindeutig dem Erfolg zuzuordnen sind.

3.4.1.2 Thema & Story

Wie im vorherigen Absatz beschrieben, konzentrierte sich der Absatz „Genre und Erzählton" eher auf die „Form", während sich dieser Absatz nun mit dem „Inhalt" (explizites Thema) beschäftigt. Im Kapitel Operationalisierung festgelegt, sollte an dieser Stelle eine Einteilung nach Filmthemen erfolgen. Martin Thau und eine eigene Einschätzung sollten das explizite Thema des Films definieren, um eine Aussage darüber treffen zu können, ob es Verdichtungsmengen und Gemeinsamkeiten unter den Themen der Top 40 gibt.

Um das Filmthema klarer fassen zu können, wurde zunächst versucht, eine *logline* für jeden Film zu formulieren. *Loglines* bringen den Nutzen, dass man in 1–3 Sätzen den Film auf sein wesentliches Sujet und die sechs W-Fragen kondensieren muss (wer, wann, wo, was, wie, warum). Dieses Kondensat erleichtert die Benennung eines Filmthemas. Zur Definition des Filmthemas wurde auch der Vertriebstrailer des jeweiligen Films gesichtet. Wie bereits hergeleitet, informierte und lockte überwiegend der Trailer die potenziellen Zuschauer ins Kino. Zur Nachvollziehbarkeit findet sich der *link* zum Trailer, die *loglines* und die Zuweisung von Filmthemen der Top 40-Filme in der folgenden Auflistung:

1. „Kokowääh" ist eine häusliche Komödie, die in freundlicher Art aus der Sicht eines Mannes, der unerwartet Vater einer 8-jährigen Tochter wird, schildert, wie aus einem Singlemann jemand wird, der Verantwortung übernimmt und sein Kind liebt.
    Thema (nach Thau): Elternschaft, Alleinerziehende, Väter und Töchter
    Thema (eigene Def.): um die 30, Alleinerziehende Väter, Vater-Tochter-Beziehung, Emanzipation/Häuslichwerdung d. Mannes, Übernehmen von Verantwortung, Beginn Ernsthaftigkeit des Lebens
    Trailer: http://www.kino.de/kinofilm/kokowaeaeh/132422

2. „What a man" zeigt als romantische Komödie in heiterer Art und Weise aus der Sicht des Mannes, wie ein sensibler Mitdreißiger durch die Trennung von seiner Freundin in Selbstzweifeln fast versinkt und dann zu sich selbst findet.
    Thema (nach Thau): Geschlechterrollen, Leben um die Zwanzig

Thema (eigene Def.): Selbstfindung, Erwachsen werden, Probleme d. Generation 30, Verantwortung übernehmen, im Leben ankommen
Trailer: http://www.kino.de/kinofilm/what-a-man/131569

3. **„Wickie auf großer Fahrt"**: Der Familienfilm ist die Fortsetzung der gleichnamigen witzigen derben Fantasykomödie, in welcher der clevere Wikingerjunge Wickie nun erwachsen werden muss, indem er Anführer wird, seinen entführten Vater und dann den Schatz der Götter rettet.
Thema (nach Thau): Gewagte Rettungen
Thema (eigene Def.): Abenteuer bestehen, Verantwortung übernehmen, Kinder ganz groß
Trailer: http://www.kino.de/kinofilm/wickie-auf-grosser-fahrt/128557

4. **„Friendship!"** ist eine Gesellschaftskomödie, die in heiterer und witziger Art vom Kulturschock erzählt, die 2 ostdeutsche junge Männer in den USA erleben, während sie auf der Suche nach dem Vater von einem der beiden sind.
Thema (nach Thau): fremd in der Umgebung, Kulturschock, zwischen Rassen und Kulturen
Thema (eigene Def.): Ost trifft West, culture clash, wahre Freundschaft, Leben um die 20, endgültig Erwachsenwerden, Aufarbeitung der Kindheit, im Leben ankommen
Trailer: http://www.kino.de/kinofilm/friendship/113284

5. **„Konferenz der Tiere"**: Der Zeichentrickfilm ist ein Abenteuerfilm für die ganze Familie, der auf heitere und spannende Art und Weise die Antwort der Tiere auf das Versiegen der Quellen durch die Bauten der Menschen zeigt.
Thema (nach Thau): Heroisches Streben bzw. Mission, Rennen gegen die Zeit, wenn Tiere angreifen
Thema (eigene Def.): Leben der Tiere, Natur, Versiegen des Wassers, Zerstörung der Erde durch den Menschen, Klimawandel, Abenteuer bestehen, Mission erfüllen
Trailer: http://www.kino.de/kinofilm/konferenz-der-tiere/111482

6. **„Resident Evil: Afterlife"**: Dieser spannende Science-Fiction-Katastrophenfilm handelt von der Apokalypse, bei der fast die gesamte Menschheit ausgerottet wurde. Alice findet die letzten Überlebenden in Alaska und sucht einen Weg, dass sie ihr Leben retten.
Thema (nach Thau): Ende der Welt, außerirdische falsche Identitäten, Mutanten, nach d. Apokalypse
Thema (eigene Def.): Ende der Welt, Abenteuer bestehen, Verantwortung übernehmen
Trailer: http://www.kino.de/kinofilm/resident-evil-afterlife/121355

7. **„Vincent will Meer"** ist ein dramatisches und zugleich witziges Roadmovie über einen am Tourette-Syndrom leidenden jungen Mann, der seiner Mutter den letzten Wunsch erfüllen und ihre Asche nach Italien ans Meer bringen will. Auf dieser Reise erlebt er mit der magersüchtigen Marie und dem zwangsneurotische Alexander zahlreiche Abenteuer.

Thema (nach Thau): Mission, Heroisches Streben, fremd in der Umgebung, Leben um die 20

Thema (eigene Def.): Behinderung, Ausbruch aus der eigenen Welt, Rebellion gegen das Bestehende, Abenteuer bestehen

Trailer: http://www.kino.de/kinofilm/vincent-will-meer/121441

8. **„Wickie und die starken Männer"**: Der Familienfilm ist eine witzig-derbe Fantasy-komödie, in welcher der clevere Wikingerjunge als neuer Häuptling die Wikinger anführt, um seinen Vater zu befreien.

Thema (nach Thau): Gewagte Rettungen, große Schlachten

Thema (eigene Def.): Kinder ganz groß, Kampf Gut gegen Böse, Abenteuer bestehen, Verantwortung übernehmen

9. Trailer: http://www.kino.de/kinofilm/wickie-und-die-starken-maenner/110763

10. **„Zweiohrküken"** ist eine romantische Komödie, die in leichter Art und auf amü-sante Weise die Schwierigkeiten des Alltags der zwischenmenschlichen Beziehung zwischen dem Reporter und der Kindergärtnerin erzählt.

Thema (nach Thau): Geschlechterrollen, Leben um die Zwanzig,

Thema (eigene Def.): Beziehungsalltag, Liebesbeziehung, Probleme d. Generation 30

11. Trailer: http://www.trailerseite.de/archiv/trailer-2009/12419-zweiohrkueken-film.html

12. **„Die Päpstin"** ist ein historischer Film, der in eindringlicher Form den (unmögli-chen) Aufstieg einer Frau in das höchste Amt der katholischen Kirche zeigt.

Thema (nach Thau): gekrönte Häupter, Frau in Gefahr, gesellschaftlicher Aufstieg, Botschaft von Gott

Thema (eigene Def.): Biografie, Aufstieg einer Frau, das Unmögliche möglich ma-chen, Grenzüberschreitung, Religion, Glaube, Liebesbeziehung

13. Trailer: http://www.trailerseite.de/archiv/trailer-2009/12409-die-paepstin-film.html

14. **„Keinohrhasen"** ist eine romantische Komödie, die in leichter Art und auf amüsante Weise den stacheligen Beginn einer Beziehung zwischen zwei sehr unterschiedlichen Menschen, einem zu gemeinnütziger Arbeit verurteilten Reporter und einer Kinder-gärtnerin, erzählt.

Thema (nach Thau): sich anziehende Gegenteile, Untergebene und Chefs

Thema (eigene Def.): Liebesbeziehung, Beginn einer Liebe Probleme d. Generation 30, endgültig Erwachsenwerden, Verantwortung übernehmen, im Leben ankommen,

Trailer: http://www.moviepilot.de/movies/keinohrhasen-3/trailer

15. **„Unsere Erde"** ist ein Naturfilm für die ganze Familie, der in erhabenen Bildern aus der Luftperspektive herrlichste Aufnahmen von Flora und Fauna zeigt.

Thema (nach Thau): wenn Tiere angreifen, Mission, Rennen gegen die Zeit

Thema (eigene Def.): Leben der Tiere, Natur, unsere Welt, Zerstörung der Erde durch den Menschen, Klimawandel

Trailer: http://www.trailerseite.de/archiv/trailer-2007/unsere-erde-wunder-des-lebens-trailer.html

16. **„Die Welle"** ist ein spannendes politisches Drama, das anhand eines ungewöhn-
lichen Experimentes mit Schülern diesen und den Zuschauern beunruhigend klar
macht, dass auch heute noch das Entstehen einer Diktatur in Deutschland möglich
ist und wie leicht jemand durch Macht verführbar ist.
Thema (nach Thau): zwanghaftes Streben, heroisches Streben, totalitäre Staaten,
Lehrer und Schüler, Experiment läuft aus dem Ruder
Thema (eigene Def.): Veranschaulichung von politischen/gesellschaftlichen Missständen, Machtmissbrauch, Gehorsam, Schule, Grenzüberschreitung, Abenteuer bestehen
Trailer: http://www.trailerseite.de/archiv/trailer-2008/die-welle-trailer.html

17. **„Der Baader Meinhof Komplex"** ist ein aufwendiger und um ein Höchstmaß an
Authentizität bemühter Thriller, der die Geschichte der RAF in Szene setzt. Andreas
Baader und Ulrike Meinhof kämpfen dabei gegen das, was sie als das neue Gesicht
des Faschismus begreifen.
Thema (nach Thau): totalitäre Staaten, zwanghaftes Streben, große Schlachten
Thema (eigene Def.): Veranschaulichung von politischen/gesellschaftlichen Miss-
ständen, Machtmissbrauch, Gehorsam, Grenzüberschreitung
Trailer: http://www.kino.de/kinofilm/der-baader-meinhof-komplex/104479

18. **„Die wilden Kerle 4"** ist ein Familienfilm, der in mitreißender Art aus Sicht einer
Gruppe ca. 16 jähriger Jungen ihre Welt, die z. T. gruselig und mystisch ist, mit Mo-
torradfahren, Bewundern eines Mädchens, das ihnen auf dem Motorrad überlegen
ist, zeigt.
Thema (nach Thau): Erfolg ist die beste Rache, erste Liebe
Thema (eigene Def.): Wettkampf, Sport, Kinder ganz groß, Abenteuer bestehen, Be-
ginn einer Liebe
Trailer: http://www.youtube.com/watch?v=_m9oAtgSSQY

19. **„Lissi und der wilde Kaiser":** Der Familien-Zeichentrickfilm ist eine lustige Parodie
auf „Sissi- die letzte Kaiserin", bei der die Kaiserin Lissi entführt wird.
Thema (nach Thau): gewagte Rettungen, gekrönte Häupter
Thema (eigene Def.): Liebesbeziehung, Abenteuer bestehen, Monarchie
Trailer: http://www.kino.de/kinofilm/lissi-und-der-wilde-kaiser/95351

20. **„Die wilden Hühner u.d. Liebe":** Der zweite Film um die 5 Mädchen ist ein turbu-
lentes Teenabenteuer mit charmantem, kindgerechtem Witz, welches sich um das
Kribbeln der ersten Liebe dreht. Doch Verknallt sein, ist manchmal richtig anstren-
gend. Und so lösen die 5 Freundinnen jede Menge Aufregung aus.
Thema (nach Thau): erste Liebe, sexuelles Erwachen
Thema (eigene Def.): Beginn einer Liebe, Kinder ganz groß, wahre Freunde
Trailer: http://www.kino.de/kinofilm/die-wilden-huehner-und-die-liebe/98536

21. **„Das Parfum"** ist ein Kostüm- Horrorfilm, der in eindringlichem und mystischem
Ton die Geschichte eines Mannes erzählt, der für die Schöpfung eines neuen Par-
fums mordet.

Thema (nach Thau): zwanghaftes Streben, Frau in Gefahr, jung sterben, verrückter Wissenschaftler

Thema (eigene Def.): das Unmögliche möglich machen, Grenzüberschreitung, Weg zum Erfolg, Abenteuer bestehen

Trailer: http://www.filmstarts.de/kritiken/38710-Das-Parfum/trailer/2815.html

22. **„Deutschland ein Sommermärchen"** ist eine mitreißende Dokumentation für alle Sportbegeisterten über die Vorbereitung und den Erfolg der Deutschen Fußball-Nationalmannschaft bei der WM 2006.

Thema (nach Thau): gesellschaftlicher Aufstieg, von ganz unten nach ganz oben

Thema (eigene Def.): Sport, Wettkampf, Weg zum Erfolg, Unmögliches möglich machen, Abenteuer bestehen

Trailer: http://www.filmstarts.de/kritiken/41593-Deutschland-Ein-Sommerm%c3%a4rchen.html

23. **„7 Zwerge – d. Wald ist nicht genug"** ist ein Familienfilm, der als Parodie das Märchen „Schneewittchen und die 7 Zwerge" mit dem Kampf gegen das Böse zum Inhalt hat. Sehr witzig und heiter wird die Dummheit aber auch die Schlauheit der Zwerge zum Zentrum der Geschichte.

Thema (nach Thau): Geschwister, Frau in Gefahr, Zauberer und Magier

Thema (eigene Def.): Kampf gegen das Böse, Abenteuer bestehen, wahre Freunde, mit Freunden alle Gefahren bestehen

Trailer: http://www.filmstarts.de/kritiken/38768-7-Zwerge-Der-Wald-ist-nicht-genug.html

24. **„Die weisse Massai"** ist eine Abenteuerromanze, die in schwärmerischer und rührseliger Art von einer schicksalshaften Liebe zwischen 2 Menschen aus völlig anderen Kulturen und Lebenskreisen erzählt: einer Europäerin und einem Schwarzafrikaner. Ihre Liebe überwindet alle Schranken.

Thema (nach Thau): sich anziehende Gegenteile, schicksalhafte Liebe, Geschlechterrollen, fremd in der Umgebung, Beziehung unter den Rassen, Weiße unter Farbigen

Thema (eigene Def.): Liebesbeziehung, culture clash, das Unmögliche möglich machen, Grenzüberschreitung, Abenteuer bestehen

Trailer: http://www.kino.de/kinofilm/die-weisse-massai/64661

25. **„Die wilden Kerle 2"** ist ein Kinderfilm, der in mitreißender Art die großen Anstrengungen der ca. 10-jährigen Fußballfreunde um ein Kickerturnier zeigt. Als Bandengirlie Vanessa ihre ersten romantischen Gefühle entdeckt, gerät ihre Welt aus den Fugen.

Thema (nach Thau): Erfolg ist die beste Rache, erste Liebe

Thema (eigene Def.): Wettkampf, Sport, Kinder ganz groß, Abenteuer bestehen, Beginn einer Liebe, wahre Freundschaft

Trailer: http://www.kino.de/kinofilm/die-wilden-kerle-2/83447

26. **„Barfuss"** ist eine romantische Komödie, die in heiterer Art ihren Witz aus dem Gegensatz zwischen der Naivität und Weltfremdheit der psychisch gestörten Leila und dem chaotischen Versager Nick, bezieht. Der lernt langsam, die Welt mit ihren Augen zu sehen.

Thema (nach Thau): Fremd in der Umgebung, Erste Liebe
Thema (eigene Def.): Liebesbeziehung, Behinderung
Trailer: http://www.kino.de/kinofilm/barfuss/82076

27. **„(T)raumschiff Surprise- Periode 1"** ist eine Parodie auf „Raumschiff Enterprise".
In persiflierender, übersteigerter, humoristischer Form wird von der spannenden
Rettung der Erde vor den ehemaligen Kolonialisten durch die Raumschiffbesatzung,
die u. a. bayrischen Dialekt spricht, teils schwul erscheint, erzählt.
Thema (nach Thau): Raumfahrt, freundliche Außerirdische
Thema (eigene Def.): Abenteuer bestehen, Kampf gegen das Böse
Trailer: http://www.video.de/videofilm/traumschiff-surprise-periode-1-dvd-leih/80695

28. **„7 Zwerge – Männer allein im Wald"** ist ein Familienfilm, der als Parodie das Mär-
chen „Schneewittchen und die 7 Zwerge" mit neuen Abenteuern zum Inhalt hat.
Sehr witzig und heiter werden die Abenteuer der Zwerge im Stil großer Blockbuster-
Mystikfilme (z. B. Herr der Ringe) und Abenteuerfilme präsentiert.
Thema (nach Thau): Geschwister, Frau in Gefahr, Zauberer und Magier
Thema (eigene Def.): Kampf gegen das Böse, Abenteuer bestehen, wahre Freunde,
mit Freunden alle Gefahren bestehen
Trailer: http://www.kino.de/kinofilm/7-zwerge-maenner-allein-im-wald/74556

29. **„Der Untergang"** ist ein aufwühlendes, eindringliches Drama und ein Historienfilm
für ein erwachsenes Publikum. Vor dem Hintergrund eines realen zeithistorischen
Ereignisses erzählt der Film aus der Perspektive der Sekretärin Hitlers vom zwang-
haften Streben Hitlers und dem Untergang des NS-Regimes.
Thema (nach Thau): zwanghaftes Streben, totalitäre Staaten, Untergebene und Chefs,
Aufstieg und Fall, große Schlachten, Ende der Welt, Frauen im Krieg
Thema (eigene Def.): Veranschaulichung von politischen/gesellschaftlichen Missstän-
den, Streben nach Macht (Machtmissbrauch), Grenzüberschreitung, Krieg, Gehorsam
Trailer: http://www.kino.de/kinofilm/der-untergang/74888

30. **„Good Bye, Lenin!"** ist eine humorvolle, ironische und liebenswürdige Gesell-
schaftskomödie. Als Alex' Mutter wenige Monate nach dem Mauerfall aus dem
Koma aufwacht, sieht sich Alex zur mentalen Schonung der Mutter gezwungen, die
DDR in ihren 79 qm aufrechtzuerhalten. Da die überzeugte Genossin immer mehr
fordert, gerät Daniel in einen nicht enden wollenden Strudel aus Anstrengungen und
Verstrickungen.
Thema (nach Thau): Vergangenheit holt einen ein
Thema (eigene Def.): Abenteuer bestehen, Grenzüberschreitung/Unmögliches mög-
lich machen
Trailer: http://www.kino.de/kinofilm/good-bye-lenin/58913

31. **„Das Wunder von Bern"** ist ein warmherziges Sportdrama, das vor dem Hintergrund der Fußballweltmeisterschaft 1954 aus der persönlichen Sicht des 11-jährigen
Mattes, dessen Vater gerade aus der Kriegsgefangenschaft gekommen ist und die erst
als Familie wieder zusammenfinden müssen, zeigt, welches Wunder im Sport für
jeden einzelnen steckt.

Thema (nach Thau): von ganz unten nach ganz oben, zu Hause aus dem Krieg
Thema (eigene Def.): Sport, Wettkampf, Abenteuer bestehen, Kinder ganz groß, Unmögliches möglich machen, Krieg, Nachkriegsdeutschland
Trailer: http://www.kino.de/kinofilm/das-wunder-von-bern/59806

32. „Luther" ist ein Historienepos, das in heroischer, dramatischer Art die Geschichte der Reformation der katholischen Kirche in Deutschland erzählt.
Thema (nach Thau): Heroisches Streben, Mission
Thema (eigene Def.): Religion, Glaube, Unmögliches möglich machen, Mission, Abenteuer bestehen, Streben nach Macht, politische/gesellschaftliche Missstände
Trailer: http://www.kino.de/kinofilm/luther/66126

33. „Das fliegende Klassenzimmer" ist ein turbulenter Kinderfilm, nach der Vorlage von Kästner, über den Problemschüler Jonathan, der als letzte Bewährungschance in den Thomanerchor aufgenommen wird. Mit seinen frischgebackenen Freunden plant er die Inszenierung einer Space-Oper in bester Star-Treck-Tradition. Dazu müssen Autoritäten gefoppt und externe Feinde bezwungen werden.
Thema (nach Thau): Lehrer und Schüler, Mission
Thema (eigene Def.): Schule, Kinder ganz groß, Freundschaft, Abenteuer bestehen, Mission
Trailer: http://www.kino.de/kinofilm/das-fliegende-klassenzimmer/64353

34. „Bibi Blocksberg" ist ein Kinderfilm, der auf spannende Weise vom Kampf der guten Hexe Bibi gegen die böse Hexe Rabia zur Befreiung ihrer Eltern erzählt.
Thema (nach Thau): Hexerei
Thema (eigene Def.): Kinder ganz groß, Kampf gegen das Böse, Mission, Abenteuer bestehen, Grenzüberschreitung/Unmögliches möglich machen
Trailer: http://www.kino.de/kinofilm/bibi-blocksberg/63029

35. „Nirgendwo in Afrika" ist ein intensives gefühlsbetontes Drama nach einer Autobiographie, das 1938 im Spannungsbogen des Exils der Protagonisten in einer exotischen neuen Heimat -Afrika- angesiedelt ist. Es zeigt aus weiblicher Sicht die Schwierigkeit der Integration und eine Dreiecksbeziehung.
Thema (nach Thau): fremd in der Umgebung, Dreiecksbeziehung, Weiße unter Farbigen
Thema (eigene Def.): Culture clash, Liebesbeziehung, Abenteuer bestehen, Grenzüberschreitung/Unmögliches möglich machen, Krieg
Trailer: http://www.kino.de/kinofilm/nirgendwo-in-afrika/54715

36. „Knallharte Jungs": Derbe, witzige Sexkomödie um die ersten sexuellen Probleme männlicher Jugendlicher. Flo verknallt sich in Maja und versucht seinem sprechenden Penis einzurichten, was das Wort „Monogamie" bedeutet. Red Bull hat eine besonders romantische Idee: Er trägt Frauenkleider, infiltriert ein Damen-Hockey-Team und hofft auf „sportliche" Abenteuer.
Thema (nach Thau): Sexuelles Erwachen, erste Liebe
Thema (eigene Def.): Sexuelles Erwachen, Liebesbeziehung, wahre Freundschaft, Abenteuer erleben
Trailer: http://www.kino.de/kinofilm/knallharte-jungs/63030

37. **„Der Schuh des Manitu"** ist eine Westernparodie, die in ironischer Weise Indianer-
filme wie „Winnetou und Old Shatterhand" parodiert. Apachen-Häuptling Abahachi
und sein Blutsbruder Ranger sind zuständig für Frieden und Gerechtigkeit. Als
Abahachi bei den Schoschonen einen Kredit zur Finanzierung eines Stamm-Lokals
aufnimmt, beginnen die Schwierigkeiten.
Thema (nach Thau): Beziehung unter den Rassen, wahre Freunde
Thema (eigene Def.): wahre Freunde, Western, Kampf gegen das Böse, Abenteuer
bestehen
Trailer: http://www.kino.de/kinofilm/der-schuh-des-manitu/57361

38. **„Fabelhafte Welt der Amélie"** ist ein Großstadt-Märchen, welches in leichter und
verträumter Weise die teils romantische, teils tragische Geschichte einer jungen Frau
in Paris erzählt. Ihre soziophobischen Züge gleicht Amelie durch ihre liebenswürdige
Naivität aus und entführt den Zuschauer so in die Abenteuer ihrer ganz eigenen Welt.
Thema (nach Thau): Innenstadt-Melancholie, sexuelles Erwachen, das gibt's alles
nur in deinem Kopf
Thema (eigene Def.): Liebesbeziehung, Erwachsen werden
Trailer: http://www.kino.de/kinofilm/die-fabelhafte-welt-der-amelie/56263

39. **„Der kleine Eisbär"** ist ein Kinder-Zeichentrickfilm, der in freundlicher Art von
dem kleinen Eisbären Lars erzählt, der mit seinen Freunden alle Gefahren besteht.
Thema (nach Thau): wenn Tiere angreifen, gewagte Rettungen, Mission
Thema (eigene Def.): Abenteuer bestehen, wahre Freundschaft, Leben der Tiere/Natur
Trailer: http://www.kino.de/kinofilm/der-kleine-eisbaer/55428

40. **„Mädchen Mädchen!"** ist eine witzige Teen-Komödie, die sich um die Probleme der
ersten weiblichen Sexualität dreht. Inken und ihre beiden Freundinnen begeben sich
dazu auf ganz unterschiedliche Suche nach dem ersten Orgasmus.
Thema (nach Thau): Sexuelles Erwachen, erste Liebe
Thema (eigene Def.): Sexuelles Erwachen, Liebesbeziehung, wahre Freundschaft
Trailer: http://www.kino.de/kinofilm/maedchen-maedchen/57174

41. **„Anatomie"** ist ein Verbrechensthriller, der in spannender und beklemmender
Art von mörderischen medizinischen Experimenten an der Heidelberger Universität
erzählt. Als die Medizinstudentin Paula hinter die Machenschaften um menschliche
Versuchsopfer kommt, muss sie um ihr Leben bangen.
Thema (nach Thau): Ärzte und Patienten, Zeuge eines Verbrechens, Verrückter Wis-
senschaftler
Thema (eigene Def.): Schule/Universität, Unmögliches möglich machen/Grenzüber-
schreitung, moralischer Zwiespalt
Trailer: http://www.moviepilot.de/movies/anatomie-3/trailer

42. **„Harte Jungs":** Diese Komödie um das sexuelle Erwachen zeigt in heiterer Art das
Spannungsfeld zwischen den eigenen sexuellen Fragen der Jugendlichen, den Hem-
mungen der Erwachsenen und den ersten Einblicken in die Sexualität.
Thema (nach Thau): Sexuelles Erwachen

Thema (eigene Def.): Sexuelles Erwachen, Liebesbeziehung, wahre Freundschaft, Abenteuer erleben
Trailer: http://www.kino.de/kinofilm/harte-jungs/53222

43. **„Crazy"** zeigt als Drama in einfühlsamer Weise aber mit humorvollem Abstand die Spannungen, das Auf und Ab der Pubertät mit dem sexuellen Erwachen, den ersten Rivalitäten und der ersten zarten Liebe in einer Gruppe von Internatsschülern.
Thema (nach Thau): Sexuelles Erwachen, Dreiecksbeziehung, Internatsleben, erste Liebe
Thema (eigene Def.): Schule, Behinderung, sexuelles Erwachen, Liebesbeziehung, wahre Freundschaft
Trailer: http://www.kino.de/kinofilm/crazy/53829

3.4.1.2.1 Kondensat der Filmthemen

Um Kongruenzen auf die Spur zu gehen, wurden nachfolgend die definierten Filmthemen der Top 40-Filme in Kondensate eingeteilt:

<u>Abenteuer bestehen, Verantwortung übernehmen, Mission:</u>
17 Filme: „Resident Evil: Afterlife", „Wickie auf großer Fahrt", „Die Päpstin", „Vincent will Meer", „Die Welle", „Lissi und der wilde Kaiser", „7 Zwerge – der Wald ist nicht genug", „7 Zwerge – Männer allein im Wald", „Die weisse Massai", „(T)raumschiff Surprise", „Good Bye, Lenin!", „Luther", „Das fliegende Klassenzimmer", „Bibi Blocksberg", „Nirgendwo in Afrika", „Der Schuh des Manitu", „Der kleine Eisbär"
4 Filme im Nebenthema: „Die wilden Kerle 4", „Die wilden Kerle 2", „Knallharte Jungs", „Harte Jungs"

<u>Liebesbeziehung/Beginn einer Liebe:</u>
16 Filme: „Die Päpstin", „Zweiohrküken", „Vincent will Meer", „Keinohrhasen", „Die wilden Kerle 4", „Die wilden Kerle 2", „Lissi und der wilde Kaiser", „Die wilden Hühner und die Liebe", „Die weisse Massai", „Barfuss", „Nirgendwo in Afrika", „Knallharte Jungs", „Fabelhafte Welt der Amélie", „Mädchen Mädchen!", „Harte Jungs", „Crazy"

<u>Wahre Freundschaft:</u>
13 Filme im Nebenthema: „Friendship", „Die wilden Hühner und die Liebe", „Die wilden Kerle 4", „Die wilden Kerle 2", „7 Zwerge – der Wald ist nicht genug", „7 Zwerge – Männer allein im Wald", „Das fliegende Klassenzimmer", „Knallharte Jungs", „Der Schuh des Manitu", „Der kleine Eisbär", „Mädchen Mädchen!", „Harte Jungs", „Crazy"

<u>Grenzüberschreitung/Unmögliches möglich machen:</u>
12 Filme: „Die Päpstin", „Das Parfum", „Die Welle", „Der Baader Meinhof Komplex", „Der Untergang", „Deutschland ein Sommermärchen", „Die weisse Massai", „Good Bye, Lenin!", „Luther", „Bibi Blocksberg", „Nirgendwo in Afrika", „Anatomie"

<u>Kampf gegen das Böse:</u>
7 Filme: „Resident Evil: Afterlife", „Wickie auf großer Fahrt", „7 Zwerge – der Wald ist nicht genug", „7 Zwerge – Männer allein im Wald", „(T)raumschiff Surprise", „Bibi Blocksberg", „Der Schuh des Manitu"

Kinder ganz groß:
7 Filme: „Wickie auf großer Fahrt", „Wickie und die starken Männer", „Die wilden Kerle 4", „Die wilden Kerle 2", „Die wilden Hühner und die Liebe", „Das fliegende Klassenzimmer", „Bibi Blocksberg"

Erwachsen werden, Ernst des Lebens erkennen:
5 Filme: „Kokowääh", „What a man", „Friendship!", „Keinohrhasen", „Fabelhafte Welt der Amélie"

Sexuelles Erwachen:
6 Filme: „Die Päpstin", „Die wilden Hühner und die Liebe", „Knallharte Jungs", „Mädchen Mädchen!", „Harte Jungs", „Crazy"

Culture clash:
4 Filme: „Friendship!", „Good Bye, Lenin", „Die weisse Massai", „Nirgendwo in Afrika"

(Veranschaulichung von) politischen/gesellschaftlichen Missständen, Machtmissbrauch:
4 Filme: „ Die Welle", „Der Baader Meinhof Komplex", „Der Untergang", „Luther"

Sport/Wettkampf:
4 Filme: „Die wilden Kerle 4", „Die wilden Kerle 2", „Deutschland ein Sommermärchen", „Das Wunder von Bern"

Schule/Universität:
4 Filme: „Die Welle", „Das fliegende Klassenzimmer", „Anatomie", „Crazy"

Probleme der Generation 30:
4 Filme: „Kokowääh", „What a man", „Zweiohrküken", „Keinohrhasen"

Leben der Tiere, Natur:
3 Filme: „Konferenz der Tiere", „Unsere Erde", „Der kleine Eisbär"

Behinderung, fremd in der Umgebung:
3 Filme: „Vincent will Meer", „Barfuss", „Crazy"

Leben um die 20:
2 Filme: „Vincent will Meer", „Friendship"

Ost trifft West:
2 Filme: „Friendship!", „Good Bye, Lenin"

Religion, Glaube:
2 Filme: „Die Päpstin", „Luther"

Krieg:
1 Film: „Der Untergang"
2 Filme im Nebenthema: „Das Wunder von Bern", „Nirgendwo in Afrika"

Ergebnis der Kondensate nach Filmthemen:

Zusammengefasst seien an dieser Stellen noch einmal die 19 gefundenen und kondensierten Filmthemen nach Häufigkeit ihres Vorkommens in den Top 40-Filmen genannt:

- **Abenteuer bestehen, Verantwortung übernehmen, Mission: 17 Filme und 4 Filme im Nebenthema (42,5 %/10 %)**
- **Liebesbeziehung/Beginn einer Liebe: 16 Filme (40 %)**
- **Wahre Freundschaft: 13 Filme (32,5 %)**
- **Grenzüberschreitung/Unmögliches möglich machen: 12 Filme (30 %)**
- **Kampf gegen das Böse: 7 Filme (17,5 %)**
- **Kinder ganz groß: 7 Filme (17,5 %)**
- **Sexuelles Erwachen: 6 Filme (15 %)**
- **Erwachsen werden, Ernst des Lebens erkennen: 5 Filme (12,5 %)**
- **Culture clash: 4 Filme (10 %)**
- **(Veranschaulichung von) politischen/gesellschaftlichen Missständen, Machtmissbrauch: 4 Filme (10 %)**
- **Sport/Wettkampf: 4 Filme (10 %)**
- **Schule/Universität: 4 Filme (10 %)**
- **Probleme der Generation 30: 4 Filme (10 %)**
- **Leben der Tiere, Natur: 3 Filme (7,5 %)**
- **Behinderung, fremd in der Umgebung: 3 Filme (7,5 %)**
- **Leben um die 20: 2 Filme (5 %)**
- **Ost trifft West: 2 Filme (5 %)**
- **Religion, Glaube: 2 Filme (5 %)**
- **Krieg: 1 Film: „Der Untergang" und 2 Filme im Nebenthema (2,5 %/5 %)**

Die Auswertung der Analyse hat ergeben, dass es größere und kleinere Verdichtungsmengen unter den Filmthemen gibt. Man kann nicht davon sprechen, dass es „immer dieselbe Story" oder „immer dasselbe Thema" war, das in den Jahren 2000–2011 erfolgreich war. Aus den Filmen der Untersuchung zeigt sich ein buntes Potpourri an Sujets, welches jedes für sich, einen anderen Kern hat. Schaut man „unter die Decke" der offensichtlichen Filmstories und versucht, für jeden Film ein oder mehrere Themen zu benennen, so entpuppen sich jedoch wiederkehrende Elemente.

17 Filme der Untersuchung (42,5 %) verkörpern das Thema „Abenteuer bestehen, Verantwortung übernehmen, eine Mission durchlaufen" (die Mehrfacheinteilung in unterschiedliche Themengruppen war möglich). Weitere 4 Filme (10 %) beinhalteten dieses Sujet als Nebenthema. Zusammengenommen ergibt das 21 Filme mit 52,5 % und stellt somit das häufigst vorkommende Filmthema unter den Top

40-Filmen dar. Auch bereits die Genreanalyse im letzten Kapitel hat gezeigt, dass
9 Filme der Untersuchung dem Genre Abenteuer zuzuordnen sind. Filme, die ein
Abenteuer versprechen, die der Alltagswelt entfliehen, freuen sich somit großer
Beliebtheit. Dabei reicht die Spanne des Abenteuers sehr weit: von der Bekämp-
fung fremder Wesen („Resident Evil: Afterlife"), über das Bewältigen von Hürden
eines neuen Lebens in Afrika („Die weisse Massai"), bis hin zum Durchleben
erster sexueller Abenteuer und jugendlicher Selbstfindung („Knallharte Jungs").
Das Thema „Abenteuer bestehen" ist somit ein sehr weit reichendes. Der Begriff
sowie die Ausprägung sind sehr dehnbar. Darüber hinaus kommt der Abenteuer-
begriff fast einem Obligatorium in der klassischen Filmdramaturgie gleich: Der
Protagonist erfährt die Konfrontation mit einem Problem, welches seine bisherige
Welt aus den Fugen geraten lässt. Er muss sich verhalten und durchläuft im 2. Akt
ein Abenteuer, um dieses Problem/diesen Konflikt zu lösen, um im 3. Akt seine
Läuterung/Lösung zu erfahren. Das Abenteuer als reines Filmthema darf somit
nicht überbewertet werden. Auch eine Komödie kann Elemente des Abenteuers
beinhalten, wie z. B. „Good Bye, Lenin!".

Um das Thema „Liebesbeziehung" und „Beginn einer Liebe" drehten sich 16 Filme der Top 40 (40 %). Dabei kommt das Thema Liebe in ganz unterschiedlichen
Ausprägungen vor: von einer fast nebenbei erzählten Thematik, wie in „Vincent
will Meer", bis hin zu einem Kernthema wie in „Zweiohrküken". Liebe scheint
eine erzählerische Ingredienz vieler erfolgreicher Filme zu sein. Dabei kann es als
primäres Hauptthema oder *nonchalant* am Rand, als Beiwerk zu einem anderen
Hauptthema erzählt werden.

13 Filme handeln von wahrer Freundschaft (32,5 %). Das Element „wahre Freundschaft" hält zum einen zwei oder mehrere Protagonisten erzählerisch zusammen
(*buddies*) und stellt zum anderen die Geschichte von Freundschaft in der Fokus
der Geschichte. Erstes zeigt sich z. B. in „Friendship", Zweites in „Crazy". Die
Funktion des erzählerischen Zusammenhalts von zwei oder mehreren Figuren
dominiert deutlich unter den Top 40-Filmen. Dies lässt den Schluss zu, dass
„wahre Freundschaft" hauptsächlich als Nebenthema definiert werden kann. Als
Nebenthema lässt sich dieses jedoch immerhin in knapp einem Drittel aller Filme
finden.

12 Filme wagen sich in den Themenkreis von Grenzüberschreitungen und das
Unmögliche möglich machen (30 %). Diese Filme spielen mit dem Element, des
„Über-sich-Hinauswachsens", der Courage und des Schneids („Die Päpstin", Luther"). Man könnte vielleicht ableiten, dass Zuschauer diese Art des Filmthemas
mögen, da sie anderen Menschen gern bei Grenzerfahrungen zuschauen. Alle

Filme hatten darüber hinaus ein *happy end*, woraus man schlussfolgern kann, dass Zuschauer eine erfolgreiche Bezwingung des Unmöglichen mögen.

Den Kampf gegen das Böse traten 7 Filme der Untersuchung an (17,5 %). Filme, wie z. B. „Wickie auf großer Fahrt" oder „Bibi Blocksberg" handeln im Kernthema von dem archaischen Kampf gegen „das Böse". In moderneren, zeitgenössischen Filmen würde man nicht vom „Bösen" sprechen, sondern eher von antagonistischen Figuren und Elementen. Viele US-amerikanische Filme haben dieses Thema inne, scheinbar jedoch weniger deutsche Filme. Der Antagonist oder das zu überwindende Ziel ist in deutschen Filmen weniger als „das Böse" personifiziert. Vielmehr trifft man auf realistische, alltägliche Gegner, Konflikte und Probleme. Auffällig ist, dass ausschließlich historische Filme oder Filme mit Fantasy-Anteilen dieses Element enthalten. Es fällt außerdem auf, dass das Thema oftmals durch Komödien besetzt ist. Mit einem Anteil von 17,5 % an den Top 40 kann man jedoch nicht von einer deutlichen Präferenz der Zuschauer für dieses Filmthema sprechen.

Ebenfalls 7 Filme behandeln das Thema „Kinder ganz groß" (17,5 %). „Die wilden Kerle" oder „Das fliegende Klassenzimmer" definieren ihr Hauptthema primär über dieses Element. Das Thema „Kinder ganz groß" spielt mit Begriffen wie z. B. „Behauptung gegen die Erwachsenen", „Mündigkeit", „Selbstvertrauen", „selbst etwas auf die Beine stellen". Die 7 Filme sind ausschließlich Kinderfilme, was über die Genredefinition hinweg auch kongruent zur Zielgruppe ist. Betrachtet man diese Gruppe gesondert, so lässt festhalten: Insgesamt befinden sich 10 Kinderfilme (25 %) unter den Top 40-Filmen. Wenn davon 7 Filme das Thema „Kinder ganz groß" behandeln, so lässt sich eine relativ große Präferenz dafür feststellen. 70 % aller Kinderfilme definierten dieses als ihr Kernthema.

6 Filme behandeln das Thema „sexuelles Erwachen" (15 %). Filme, wie „Die wilden Hühner und die Liebe" oder „Mädchen Mädchen!" stehen Beispiel dafür, dass bis auf einen Film, hauptsächlich Teenager-Komödien dieses Thema besetzen. Hier lässt sich schlussfolgern, dass dieses Thema für die Zielgruppe Teenager prädestiniert ist. Ebenso scheint sich das Genre Komödie dafür zu eignen.

„Erwachsen werden" und/oder „den Ernst des Lebens erkennen" griffen 5 Filme der Top 40 auf (12,5 %). Obwohl dieses Thema nicht unbedingt an ein bestimmtes Genre gebunden ist (möglich wäre z. B. auch Drama), fällt auf, dass sich innerhalb der Top 40-Filme nur Komödien mit diesem Thema beschäftigen (z. B. „Kokowääh", „What a man", „Keinohrhasen"). Man könnte meinen, dass Zuschauer die Beschäftigung mit diesem Thema in besonders leichter und unterhaltsamer Art, gegenüber einem schweren Drama vorziehen.

In 4 Filmen wird das Thema *culture clash* betrachtet (10 %). Hierbei scheint kein festes Genre im Mittelpunkt zu stehen (z. B. „Friendship!", „Die weisse Massai", „Nirgendwo in Afrika"). Mit einem Anteil von 10 % an den Top-Filmen kann man nicht von einer klaren Präferenz der Zuschauer für *culture clash*-Themen sprechen. Festhalten kann man jedoch, dass es sicherlich eine Zielgruppe unter den *movie goern* gibt, die dieses Thema anspricht, sonst wäre es vermutlich nicht unter den Filmen der Top 40 zu finden.

In ebenso 4 Filmen werden politische oder gesellschaftliche Missstände und/oder Machtmissbrauch veranschaulicht (10 %). Unabhängig davon, welches politische System oder welche historische Epoche betrachtet wird, fällt auf, dass alle Filme diesen Themas „ernster" und „düsterer" sind („Die Welle", „Der Untergang", „Baader Meinhof Komplex"). Scheinbar eignet sich für diesen Themenkreis das Genre Drama.

Das Thema Sport und/oder Wettkampf stand im Mittelpunkt vom 4 Filmen (10 %). Auffällig und allen Filmen gemein ist, dass sie sich alle um Fußball drehen („Die wilden Kerle", „Deutschland ein Sommermärchen", „Das Wunder von Bern"). Deutsche Kinozuschauer aller Altersstufen haben somit bewiesen, dass das Thema Fußball in Deutschland ein wichtiges ist. Klassischerweise sind alle Filme diesen Themas durch Elemente wie Erfolg, Streben nach Sieg und Ehrgeiz geprägt. Dementsprechend ist der Erzählton auch bei all diesen Filmen sehr ähnlich.

Weitere 4 Filme spielen im Themenkreis Schule oder Universität (10 %). Dieser Erzählkosmos ist ein sehr spezieller, beinhaltet er doch meist Elemente wie Behaupten gegen die Lehrenden, Selbstfindung in einem Gruppenverband, Pädagogik etc. Diese Elemente haben die folgenden Filme gemein: „Die Welle", „Das fliegende Klassenzimmer", „Anatomie", „Crazy". Dabei lässt sich jedoch keine zwangsläufige Gemeinsamkeit von Zielgruppen oder einem bestimmten Genre ausmachen.

In 4 Filmen kämpfen Protagonisten mit den Problemen der Generation 30 (10 %): „Kokowääh", „What a man", „Zweiohrküken" oder „Keinohrhasen". Allen 4 Filmen ist das Hauptthema „Liebe" gemein, jedoch auch, dass sich die Figuren von einem noch ungeformten Charakter (Lebensgefühl der 20er) hin zu einem geformten Charakter (Lebensgefühl der 30er) entwickeln. Substanzielle Fragen wie: „was will ich, wer bin ich und wo will ich hin" treffen auf die Figuren und werden gelöst. Als dramaturgische Läuterung drängt sich der Begriff „Ankommen" auf. Da alle 4 Filme von männlichen Protagonisten aus erzählt werden, ist auch das Thema des (erwachsenen) „Mannwerdens" hier enthalten.

Mit dem <u>Leben der Tiere oder der Natur</u> beschäftigen sich 3 Filme (7,5 %): zwei Filme in Animationsform für Kinder („Konferenz der Tiere", „Der kleine Eisbär"), ein Film in dokumentarischer Art für eine sehr breite Zielgruppe („Unsere Erde"). Mit einem Anteil von 7,5 % und unterschiedlichen Ausprägungen bzw. Zielgruppen kann man nicht von einer Präferenz für dieses Thema sprechen. Vielmehr ist es eins von vielen möglichen.

3 Filme (7,5 %) spielen im Themenumfeld der <u>Behinderung oder „fremd in der Umgebung"</u>. Filme, wie „Vincent will Meer", „Barfuss" oder „Crazy" haben alle Elemente wie Ausgrenzung, Andersartigkeit, Anpassung an das „Normale" inne. Die Filme schöpfen hieraus ihre Besonderheit. Auffällig ist, dass alle 3 Filme eine zugleich dramatisch/tragische und komische Tonalität wählen. Auch bei der Zielgruppe ist von 14–39 jährigen, gebildeten, reflektierten Zuschauern für alle Filme auszugehen.

Die Thematik <u>„Leben um die 20"</u> behandeln 2 Filme (5 %). Beiden Filmen („Vincent will Meer", „Friendship") ist dabei gemein, dass dies nicht ihr Hauptthema ist, sondern als Nebenthema geführt wird. Elemente wie „frei sein", „Aufbegehren gegen die Eltern/Obrigkeit", „Jahre des Sichfindens", „offene Rechnungen begleichen" machen diese Filme aus. Da jedoch nur 2 Filme der Untersuchung diese Parallele aufweisen, kann man nicht von einer Präferenz sprechen.

Mit dem Thema <u>„Ost trifft West"</u> spielen 2 Filme (5 %). Diese Filme („Friendship!", „Good Bye, Lenin") beziehen ihre Kerngeschichte aus diesem Thema, welches auf die Teilung Deutschlands und die damit einhergehenden besonderen Ausprägungen in der DDR aufbaut. Auffällig ist, dass beide Filme äußerst humorvoll mit dem Thema umgehen.

Insgesamt 2 Filme kreisen um das Kernthema <u>Religion und Glaube</u> (5 %). Für die beiden Filme „Die Päpstin" und „Luther" definiert sich ebenfalls der Fokus der Geschichte, sein Erzählduktus und seine Zielgruppe gleich. Beiden gemein ist, dass sie wahre historische Persönlichkeiten porträtieren (hierauf wird noch im Kapitel Zeitgeist eingegangen).

1 bzw. 2 weitere Filme beschäftigen sich mit dem Thema <u>Krieg oder dessen Auswirkungen</u> (2,5 %/5 %). Während „Der Untergang" das Thema sehr explizit behandelt, so erzählen „Das Wunder von Bern" oder „Nirgendwo in Afrika" die Auswirkungen und Nachwehen eines Krieges als Nebenthema. Da der Anteil dieser Thematik an den Top 40 so gering ist, kann nicht von einer Präferenz ausgegangen werden.

Konklusion:

Die Analyse der Top 40-Filme nach Filmthema (Thema & Story) hat hervorgebracht, dass es hinsichtlich des Themas von Filmen durchaus Präferenzen bei Zuschauern gibt. Thematische Vorlieben gab es dabei für Abenteuer- und Liebesgeschichten, aber auch für Stories, die mittels wahrer Freundschaft erzählt werden oder die von Grenzüberschreitungen und vom „Unmöglichen möglich machen" handeln. Alle weiteren gefunden Kondensate von Filmthemen lassen zwar vereinzelt Gemeinsamkeiten unter den Top 40-Filmen erkennen, jedoch keine weitere, klare, umspannende Präferenz.

Die durchgeführte Untersuchung hat versucht, das Genre, Erzählton, Thema & Story der Top 40-Filme zu betrachten, um eine Aussage über Kongruenzen der Filme treffen zu können. Die Ergebnisse haben dazu interessante Ergebnisse geliefert. Ob diese Kondensate eine wahrhaftige Gültigkeit für Präferenzen haben, kann nicht geklärt werden. Bei allen analytischen Bemühungen bleibt immer ein unübersetzbarer Rest.[294]

3.4.2 Film ist ein aktuelles Gesprächsthema/Zeitgeist (implizite Einordnung)

Innerhalb der Analyse des expliziten Themas und der Story der Top 40-Filme ließen sich einige interessante Kondensate und Parallelen finden. Darauf aufbauend soll nun innerhalb dieses Kapitels versucht werden, für die expliziten Themen auch eine implizite Einordnung zu finden. Die implizite Einordnung des Themas bezieht sich dabei auf den Zeitgeist eines Films und soll die Frage klären, inwieweit ein Film einen gewissen „Nerv der Zeit" getroffen hat. Hat jeder Film überhaupt ein zeitgeistiges Thema oder sind die meisten Themen eher universell und ohne Zeitbezug? Lassen die Ergebnisse dieses Kapitels einen Zusammenhang zwischen erfolgreichen Filmen und zeitgeistigen Themen erkennen? Würde das positiv beantwortet werden, würde sich eine gewisse Publikumspräferenz dafür ableiten lassen.

Dieses Kapitel und die dazugehörige Forschungsfrage greifen somit auch die signifikanten Ergebnisse für den Besuchsgrund „Film ist ein aktuelles Gesprächsthema" auf. Im Kapitel „Kriterien der Filmauswahl" wurde dieses Kriterium mit einem Anteil von 25,4 % als zweitwichtigster Grund (nach Thema & Story) für einen Kinobesuch herauskristallisiert.[295]

---

294   Vgl. Lotman, 1972, S. 107.
295   Vgl. An der Gassen, 2011b.

Um einen möglichen Zusammenhang zwischen Erfolg und zeitgeistigen Themen für die Filme dieser Studie sichtbar zu machen, werden die folgenden Elemente untersucht. Innerhalb der Operationalisierung im oberen Teil dieser Arbeit wurde dazu eine entsprechende Herleitung vorgenommen:

- A) Wie lautet das implizite Thema jedes Films, was möglicherweise einen gewissen Zeitgeist beschreibt?
- B) Handelt es sich um eine zeitgenössische, historische oder zeitlose Verortung des Films?
- C) Wie groß ist der Grad des öffentlichen Interesses an dem Thema (neutral bis groß)? Wurde der Film zum aktuellen Gesprächsthema oder nicht? Hatte das mit einem zeitgeistigen Thema zu tun oder nicht (Marketing)?
- D) Hat der Film ein zeitgeistiges Thema oder nicht?

Analyse der Filme

Für die Analyse des impliziten Themas lohnt sich der Blick auf die dezidierten Besuchsgründe der Top 40-Filme. Denn, im statistischen Mittel ergab sich zwar ein Anteil von 25,4 % am Besuchsgrund für das Kriterium „Film ist ein aktuelles Gesprächsthema", jedoch sieht dies von Film zu Film sehr unterschiedlich aus. Gerade im Hinblick auf die Untersuchung einer diffusen, öffentlichen Meinung oder eines Zeitgeists, lohnt die tiefere Analyse. Die Besuchsgründe der Top 40-Filme waren:

Tabelle 16: Besuchsgründe für die Top 40-Filme

	Film	Thema und Story	Schauspieler	Wunsch der Begleitperson	Mit anderen etwas unternehmen	Film ist aktuelles Gesprächsthema	SFX/ Animation	Erreichbarkeit des Kinos	Film ist Fortsetzung, Teil einer Serie	Sneak preview	Sonstiges	Nominierung, Auszeichnung d.Films	Kenne die Buchvorlage
1	Kokowääh	49	55,5	20,4	27,1	12,8	0,1	4,8	1,5	1,9	8	0,4	0
2	What a Man	43,8	52,8	22,8	34,6	9,1	0	1,7	0	1	7,5	1,1	0
3	Wickie auf großer Fahrt	26,5	0,5	47,3	20	4,7	2	7,5	37	2,8	12,1	0,2	1,7
4	Friendship	61	28,4	24,9	34,7	6,1	1	5,3	0,7	2,4	8,6	1,8	0,1
5	Konferenz der Tiere	34	0	42,7	40,8	1,3	14,6	5,8	0	1	12,4	0,2	3

	Film	The- ma und Story	Schau- spieler	Wunsch der Begleit- person	Mit ande- ren etwas un- ter- neh- men	Film ist ak- tuelles Ge- sprächs- thema	SFX/ Ani- mati- on	Er- reich- bar- keit des Kinos	Film ist Fort- set- zung, Teil einer Serie	Sneak pre- view	Sons- tiges	No- minie- rung, Aus- zeich- nung d.Films	Kenne die Buch- vor- lage
6	Resident Evil: After- life	28,4	6,5	15,7	22,9	3,8	30,5	5,3	55,8	3,8	4,8	0	1,3
7	Vincent will Meer	58	21,1	27,1	32	5,2	0	7,3	0	3,4	17,4	0,9	0
8	Wickie u.d. starken Männer	44,9	18,3	40,9	24,7	17,5	1,6	4,7	1,4	0,7	13	k.A.	k.A.
9	Zweiohr- küken	36,4	30,5	14,4	22,5	10,2	0	1,1	61,3	1	5,2	k.A.	k.A.
10	Die Päpstin	76,2	7,8	19	16,7	19	0	5,6	0	1,4	21,8	k.A.	k.A.
11	Keinohr- hasen	45,9	45,8	19,9	27,8	22,5	0	3,6	0	0,2	8,7	k.A.	k.A.
12	Unsere Erde	70,5	0,9	21,1	17,3	26,7	6,5	4,7	0,1	0,1	12,2	k.A.	k.A.
13	Die Welle	79,3	16,6	16,7	21,3	21,9	0	2,1	0,2	0,5	13,8	k.A.	k.A.
14	Der Baader Meinhof Komplex	82,9	12,1	17,6	13,4	32,4	0,7	2,2	0,2	0,3	9,3	k.A.	k.A.
15	Die wilden Kerle 4	21,1	9,1	44,3	20,7	7,9	0	2,4	43,4	0,2	6,3	k.A.	k.A.
16	Lissi u.d. wilde Kaiser	38,1	18	28,5	31,5	25	15,2	2,6	3,4	0,8	13,3	k.A.	k.A.
17	Die wilden Hühner u.d. Liebe	31,8	8,1	43,3	20	8,7	0	7,4	40,1	0	8,3	k.A.	k.A.
18	Das Parfum	73,9	3,5	21,2	15,9	36,1	0,9	3,5	0	0,4	17,3	k.A.	k.A.
19	Deutsch- land ein Sommer- märchen	75,6	10,4	17,2	10,4	45,7	0,2	1,7	0,6	0,3	6,3	k.A.	k.A.

	Film	The-ma und Story	Schau-spieler	Wunsch der Begleit-person	Mit ande-ren etwas un-ter-neh-men	Film ist ak-tuelles Ge-sprächs-thema	SFX/ Ani-mati-on	Er-reich-bar-keit des Kinos	Film ist Fort-set-zung, Teil einer Serie	Sneak pre-view	Sons-tiges	No-minie-rung, Aus-zeich-nung d.Films	Kenne die Buch-vor-lage
20	7 Zwerge – d. Wald ist nicht genug	21	26,5	28,3	23,1	11,3	2,4	4,1	48,8	0,2	6,4	k.A.	k.A.
21	Die weisse Massai	73,8	3,9	22,1	17,9	17,6	0,5	5	0	k.A.	14	k.A.	k.A.
22	Die wilden Kerle 2	32,7	6,6	60,8	13,9	7,3	0	2,7	39,1	k.A.	1,5	k.A.	k.A.
23	Barfuss	57,5	50,5	21,3	27,9	6	0,2	5,7	0	k.A.	0,2	k.A.	k.A.
24	(T)raum-schiff Surprise	41,8	48,9	19	15,3	45,4	4,6	1,7	k.A.	k.A.	k.A.	k.A.	k.A.
25	7 Zwerge – Männer allein im Wald	34,5	53,7	24,7	29,5	25,2	1,2	2,9	k.A.	k.A.	k.A.	k.A.	k.A.
26	Der Untergang	86,6	16,8	12,8	9,1	48,4	0,8	2,1	k.A.	k.A.	k.A.	k.A.	k.A.
27	Good Bye, Lenin!	k.A.	k.A.	k.A.	k.A.	k.A.	k.A.	k.A.	k.A.	k.A.	k.A.	k.A.	k.A.
28	Das Wunder von Bern	k.A.	k.A.	k.A.	k.A.	k.A.	k.A.	k.A.	k.A.	k.A.	k.A.	k.A.	k.A.
29	Luther	k.A.	k.A.	k.A.	k.A.	k.A.	k.A.	k.A.	k.A.	k.A.	k.A.	k.A.	k.A.
30	Das fliegende Klassen-zimmer	k.A.	k.A.	k.A.	k.A.	k.A.	k.A.	k.A.	k.A.	k.A.	k.A.	k.A.	k.A.
31	Bibi Blocks-berg	k.A.	k.A.	k.A.	k.A.	k.A.	k.A.	k.A.	k.A.	k.A.	k.A.	k.A.	k.A.
32	Nirgend-wo in Afrika	k.A.	k.A.	k.A.	k.A.	k.A.	k.A.	k.A.	k.A.	k.A.	k.A.	k.A.	k.A.
33	Knallharte Jungs	k.A.	k.A.	k.A.	k.A.	k.A.	k.A.	k.A.	k.A.	k.A.	k.A.	k.A.	k.A.
34	Der Schuh des Manitu	k.A.	k.A.	k.A.	k.A.	k.A.	k.A.	k.A.	k.A.	k.A.	k.A.	k.A.	k.A.

Film	Thema und Story	Schauspieler	Wunsch der Begleitperson	Mit anderen etwas unternehmen	Film ist aktuelles Gesprächsthema	SFX/Animation	Erreichbarkeit des Kinos	Film ist Fortsetzung, Teil einer Serie	Sneak preview	Sonstiges	Nominierung, Auszeichnung d.Films	Kenne die Buchvorlage
35 Fabelhafte Welt d.Amélie	k.A.	k.A.	k.A.	k.A.	**k.A.**	k.A.	k.A.	k.A.	k.A.	k.A.	k.A.	k.A.
36 Der kleine Eisbär	k.A.	k.A.	k.A.	k.A.	**k.A.**	k.A.	k.A.	k.A.	k.A.	k.A.	k.A.	k.A.
37 Mädchen Mädchen!	k.A.	k.A.	k.A.	k.A.	**k.A.**	k.A.	k.A.	k.A.	k.A.	k.A.	k.A.	k.A.
38 Anatomie	k.A.	k.A.	k.A.	k.A.	**k.A.**	k.A.	k.A.	k.A.	k.A.	k.A.	k.A.	k.A.
39 Harte Jungs	k.A.	k.A.	k.A.	k.A.	**k.A.**	k.A.	k.A.	k.A.	k.A.	k.A.	k.A.	k.A.
40 Crazy	k.A.	k.A.	k.A.	k.A.	**k.A.**	k.A.	k.A.	k.A.	k.A.	k.A.	k.A.	k.A.

Quelle:[296]

Legende: „k.A." = keine Angabe: Die Studie „Der Kinobesucher" erhob in diesen Jahren und/oder für diesen Besuchsgrund keine Daten

Mit dem Wissen um den dezidierten Besuchsgrund jeden Films, wurde nun nachfolgend jeder einzelne Film der Top 40 betrachtet. Im Fokus lag dabei, wie wichtig das Kriterium „Film war aktuelles Gesprächsthema" war, wie der Film visuell verortet ist, was genau das implizite Thema ist, wie groß der Grad des öffentlichen Interesses an dem Thema und Film war und ob es sich abschließend nun um einen zeitgeistigen Film handelt oder nicht. Da die ausführliche Analyse jedes Films an dieser Stelle zu viel Platz in Anspruch nehmen würde, werden folgend exemplarisch 3 Filme ausführlicher analysiert, um die Methodik der Untersuchung transparent zu machen. Für die übrigen 37 Filme werden im Anschluss daran die Endergebnisse formuliert.

1. „Kokowääh": „Kokowääh" generierte die meisten Zuschauer aufgrund seiner Besetzung (55,5 %). Das Kriterium „Film ist aktuelles Gesprächsthema"

---

296 Eigene Darstellung nach: FFA-Filmförderungsanstalt & Neckermann, 2001, 2002; FFA-Filmförderungsanstalt & Zoll, 2003; FFA-Filmförderungsanstalt & Deisenroth, 2004; FFA-Filmförderungsanstalt, 2005, 2006, 2007, 2008, 2009, 2010, 2011, 2012, 2013.

erhielt nur 12,8 % aller Stimmen. Jedoch hatte „Thema & Story" 49 % Anteil am Besuchsgrund. Das implizite Thema dieses Films, welches zeitgenössisch verortet ist, beschäftigt sich mit der steigenden Verantwortung von (allein-erziehenden) Vätern, der „Eman(n)zipation" und der Häuslichwerdung des Mannes. Ein Thema, dass im Jahre 2011 einen hohen Grad an öffentlichem Interesse hatte, wie die folgende gesellschaftspolitische, soziologische Recherche beweist. Der Grad des allgemeinen öffentlichen Interesses wird somit mit dem Faktor 2 bewertet.

- 2009 BGH: neues Unterhaltsrecht[297]
- 2011 EuGH/Bundestag: Umgangs- und Auskunftsrecht biologischer Väter[298]
- 2010: Jahrestagung deutsche Liga für das Kind „Väter in neuer Verantwortung"
- 2011 Elternzeit/-geld: Väterbeteiligung mit insg. 27,3 % auf Höchststand. 77 % aller Väter betreut 2 Monate lang das Kind, 7 % der Väter sogar 12 Monate.[299]

Produzent und Regisseur Til Schweiger vermeidet sehr bewusst, dass im Vorfeld Kritiker über seine Filme schreiben. So auch geschehen bei „Kokowääh".[300] Es ist also anzunehmen, dass die Zuschauer nicht explizit vorher über den Film sprachen. Trotzdem behandelt der Film implizit ein Thema, welches stark am Puls der Zeit liegt. Möglicherweise wirkte dies unbewusst auf die Zuschauer und ihr Interesse für den Film.

3. „Wickie auf großer Fahrt": Dieser Kinderfilm hat hauptsächlich Zuschauer ins Kino gelockt, weil es der Wunsch der Begleitperson war (47,3 %). Die Vermutung liegt nahe, dass hier das Kind als Begleitperson den Filmwunsch äußerte. Schwer wog auch, dass der Film ein *Sequel* ist (37 %). „Thema & Story" (26,5 %) und „Film ist aktuelles Gesprächsthema" (4,7 %) waren leider in diesem Fall nicht der Auslöser für den Filmbesuch.

Der Film ist visuell zeitlos und unverortet. Ebenso kann man bei der Suche des impliziten Themas kein rechtes Zeitgeistthema finden. Es geht um die Flucht aus der Wirklichkeit, um Gut gegen Böse, um Jung gegen Alt. Diese Themen könnte man als universell und zeitlos einstufen. „Wickie auf großer Fahrt" ist kein Film,

---

297   Vgl. Zeit online, 2014.
298   Vgl. Deutscher Bundestag, 2014.
299   Vgl. Statistisches Bundesamt (Destatis), 2013.
300   Vgl. Die Welt, 2013.

der öffentliches Interesse kreiert hätte, aufgrund eines besonderen aktuellen, zeitgeistigen Themas. Vielmehr ist der Grad des öffentlichen Interesses an diesem Thema als neutral einzustufen (0).

12. „Unsere Erde": Der Dokumentarfilm „Unsere Erde" aus dem Jahr 2008 wurde ein sehr überraschender Publikumserfolg. Dass ein Dokumentarfilm überhaupt zu den Top 3 des Jahres gehört, hat Seltenheitswert. Deshalb sollte der dieser Film und der Besuchsgrund „Film war aktuelles Gesprächsthema" etwas genauer angesehen werden. 26,7 % aller Stimmen gingen an diesen Besuchsgrund. Dieses Kriterium ist somit nach „Thema & Story" mit überwältigenden 70,5 % der Stimmen das zweitwichtigste Kriterium für den Filmbesuch. Wenn das Thema & die Story so interessierten, sprach man sicherlich auch darüber. Worüber sprach das Publikum jedoch? Worum handelt das implizite Thema des Films? „Unsere Erde" ist ein zeitgenössisch verortet Film, der sich einer sehr aktuellen und zugleich universellen Thematik annimmt: dem Zustand unseres Planeten. Große, bunte, beeindruckende Bilder, welche die Zuschauer eintauchen lassen in Gefilde unserer Erde, an denen sie noch nie zuvor waren. Gleichzeitig werden die Zuschauer über den prekären, ökologischen Zustand der Erde informiert. Das implizite, darunterliegende Thema ist somit ein sehr zeitgeistiges Thema: es geht um die Zerstörung unseres Planeten. Ökologisches Bewusstsein, Errettung und Erhalt des natürlichen Gleichgewichts unserer Erde sind Themen, die besonders in Deutschland in der letzten Dekade stark am Puls der Zeit lagen. Dies zeigt sich z. B. an:

- Der Einführung des Einwegpfands (Dosen und Flaschen) in Deutschland 2003 (bis heute eines der wenigen Länder dieser Welt),
- das Mülltrennungssystem in jedem Haushalt (Recycling) und Aufstellung von Sammelcontainern,
- Bündnis 90/Die Grünen gewinnen durch Themen der Umweltpolitik immer mehr an Popularität und sind erstmals von 1998–2005 Teil der Bundesregierung (rot-grüne Koalition). In der Bundestagswahl 2009 erreichten sie sogar mit 10,7 %[301] das beste Ergebnis ihrer Geschichte.

Der Grad des öffentlichen Interesses ist somit als hoch (2) zu bewerten. „Unsere Erde" kann somit als Film mit zeitgeistigem Thema deklariert werden.

---

301   Vgl. Wikipedia, 2013a.

Ergebnis der Analyse aller Top 40-Filme nach Gesprächsthema und Zeitgeist:

Tabelle 17: Analyseergebnisse der Top 40-Filme für Kriterium „Zeitgeist" und „aktuelles Gesprächsthema"

Nr.	Filme	Jahr	A) Implizites Thema/ Zeitgeistthema	B) Zeitliche Verortung (zeitgenössisch, historisch, zeitlos/unverortet)	C) Grad d. allgem., öffentl. Interesses am Thema:0-Neutral/ kein, 1 mittleres, 2 großes	D) Zeitgeistthema oder nicht? (• universell/ zeitlos)• zeitgeistiges Thema• kein zeitgeistiges Thema
1	Kokowääh	2011	steigende Verantwortung der Väter, Alleinerziehende Väter, Emanzipation/Häuslichwerdung des Mannes	zeitgenössisch	2	Zeitgeist
2	What a Man	2011	Suche nach der Männlichkeit/über sich Hinauswachsen	zeitgenössisch	1	kein Zeitgeist
3	Wickie auf großer Fahrt	2011	Flucht aus der Wirklichkeit, Gut gegen Böse	zeitlos/unverortet	0	kein Zeitgeist
4	Friendship	2010	Aufarbeitung der DDR -Sehnsucht nach der großen weiten Welt	historisch	1	kein Zeitgeist
5	Konferenz der Tiere	2010	Freundschaft	zeitlos/unverortet	0	kein Zeitgeist
6	Resident Evil: Afterlife	2010	Flucht aus der Wirklichkeit	zeitlos/unverortet	0	kein Zeitgeist
7	Vincent will Meer	2010	Behinderte, Integration, Inklusion	zeitgenössisch	2	Zeitgeist
8	Wickie u.d. starken Männer	2009	Parodien-Flucht aus der Wirklichkeit	zeitlos/unverortet	0	kein Zeitgeist
9	Zweiohrküken	2009	Erhalt der Liebe/Beziehung	zeitgenössisch	0	kein Zeitgeist
10	Die Päpstin	2009	Frauen in Führungspositionen	historisch	2	Zeitgeist
11	Keinohrhasen	2008	Suche nach der Liebe	zeitgenössisch	0	kein Zeitgeist
12	Unsere Erde	2008	Ökologie -Rettung des Planeten	zeitgenössisch	2	Zeitgeist
13	Die Welle	2008	Führer-Gefolgschaft contra Demokratie; Angst vor totalitärer Bestimmung	zeitgenössisch	2	Zeitgeist
14	Der Baader Meinhof Komplex	2008	Angst vor Terrorismus	historisch	2	Zeitgeist

Nr.	Filme	Jahr	A) Implizites Thema/ Zeitgeistthema	B) Zeitliche Verortung (zeitgenössisch, historisch, zeitlos/unverortet)	C) Grad d. allgem., öffentl. Interesses am Thema:0- Neutral/ kein, 1 mittleres, 2 großes	D) Zeitgeistthema oder nicht? (• universell/ zeitlos)• zeitgeistiges Thema• kein zeitgeistiges Thema
15	Die wilden Kerle 4	2007	Fußball, Zusammenhalt, Freundschaft	zeitgenössisch	0	kein Zeitgeist
16	Lissi u.d. wilde Kaiser	2007	Parodien-Flucht aus der Wirklichkeit	zeitlos/unverortet	0	kein Zeitgeist
17	Die wilden Hühner u.d. Liebe	2007	Pubertät, Suche nach der Liebe	zeitgenössisch	0	kein Zeitgeist
18	Das Parfum	2006	Traumwelten, Schöpfertum, Das Unmögliche möglich machen	historisch	1	kein Zeitgeist
19	Deutschland ein Sommermärchen	2006	Stärkung des deutschen Nationalgefühls	zeitgenössisch	2	Zeitgeist
20	7 Zwerge – d. Wald ist nicht genug	2006	Parodien-Flucht aus der Wirklichkeit	zeitlos/unverortet	0	kein Zeitgeist
21	Die weisse Massai	2005	Neuanfang- Eskapismus-Rassen…	zeitgenössisch	1	kein Zeitgeist
22	Die wilden Kerle 2	2005	Fußball, Freundschaft, Zusammenhalt	zeitgenössisch	0	kein Zeitgeist
23	Barfuss	2005	Behinderung, Challenge, Gegensätze ziehen sich an	zeitgenössisch	1	kein Zeitgeist
24	(T)raumschiff Surprise	2004	Parodien-Flucht aus der Wirklichkeit	zeitlos/unverortet	0	kein Zeitgeist
25	7 Zwerge – Männer allein im Wald	2004	Parodien-Flucht aus der Wirklichkeit	zeitlos/unverortet	0	kein Zeitgeist
26	Der Untergang	2004	Drittes Reich, Aufarbeitung	historisch	2	kein Zeitgeist
27	Good Bye, Lenin!	2003	DDR, Aufarbeitung	historisch	2	Zeitgeist
28	Das Wunder von Bern	2003	Stärkung des deutschen Nationalgefühls	historisch	1	kein Zeitgeist
29	Luther	2003	Religionsfreiheit, katholische vs. Evangelische Kirche	historisch	1	kein Zeitgeist
30	Das fliegende Klassenzimmer	2003	Freundschaft	zeitlos/unverortet	0	kein Zeitgeist
31	Bibi Blocksberg	2002	Übernatürliches, das Gute siegt	zeitlos/unverortet	0	kein Zeitgeist

Nr.	Filme	Jahr	A) Implizites Thema/ Zeitgeistthema	B) Zeitliche Verortung (zeitge-nössisch, historisch, zeitlos/unver-ortet)	C) Grad d. allgem., öffentl. Interesses am Thema:0-Neutral/ kein, 1 mittleres, 2 großes	D) Zeitgeist-thema oder nicht? (• universell/ zeitlos)• zeitgeistiges Thema• kein zeitgeistiges Thema
32	Nirgendwo in Afrika	2002	Neuanfang, Eskapismus, Rassen, Liebe	historisch	0	kein Zeitgeist
33	Knallharte Jungs	2002	Sexuelle Befreiung, Pubertät	zeitgenössisch	0	kein Zeitgeist
34	Der Schuh des Manitu	2002/ 2001	Parodien – Flucht aus der Wirklichkeit	zeitlos/unver-ortet	0	kein Zeitgeist
35	Fabelhafte Welt d. Amélie	2001	Flucht in Traumwelten, Selbstfindung	zeitlos/unver-ortet	0	kein Zeitgeist
36	Der kleine Eisbär	2001	Freundschaft	zeitlos/unver-ortet	0	kein Zeitgeist
37	Mädchen Mädchen!	2001	Sexuelle Befreiung, Liebe, Pubertät	zeitgenössisch	0	kein Zeitgeist
38	Anatomie	2000	Medizinethik, Menschen-versuche, Wissenschaft	zeitgenössisch	1	kein Zeitgeist
39	Harte Jungs	2000	Sexuelle Befreiung, Pubertät	zeitgenössisch	0	kein Zeitgeist
40	Crazy	2000	Erwachsen werden, Homosexualität	zeitgenössisch	1	kein Zeitgeist
	Summen:			18	22	8
				9	9	32
				13	9	
	Summe Filme:			40	40	40

Quelle:[302]

In der obigen Tabelle sind nun die Ergebnisse der Analyse der 40 Filme hinsicht-lich ihres impliziten, zeitgeistigen Themas übersichtlich zusammengefasst. Sie liefern Aussagen über die Forschungsfragen A, B, C und D.

Die Betrachtung der <u>zeitlichen Verortung der Filme (B)</u> hat ergeben, dass:

---

302   Vgl. An der Gassen, 2014 – eine graphische Darstellung der Matrix findet sich auch im Anhang 7.4.

- **18 Filme (45 %) zeitgenössisch,**
- **13 Filme (32,5 %) zeitlos/unverortet und**
- **9 Filme (22,5 %) historisch in Szene gesetzt wurden.**

Die Präferenz für zeitgenössische oder zeitlose Visualitäten und somit auch für Themen aus dem Hier und Jetzt ist somit nicht von der Hand zu weisen. Zusammen machen diese beiden Bereiche 77,5 % der Filme aus.

Die Einschätzung des allgemeinen, öffentlichen Interesses am Thema des Films (C) lässt sich wie folgt zusammenfassen:

- **die Themen von 22 Filmen (55 %) sind neutral oder lösten kein allgemeines, öffentliches Interesse aus,**
- **die Themen von 9 Filmen (22,5 %) lösten mittleres und**
- **weitere 9 (22,5 %) lösten großes, allgemeines, öffentliches Interesse aus.**

In der Mehrheit befinden sich also solche Themen unter den Filmen der Top 40, die überwiegend neutral und nicht von allgemeinem, öffentlichem Interesses sind.

Dieses Ergebnis stimmt mit der finalen Betrachtung des Zeitgeists (D) überein:

- **32 Filme (80 %) haben kein Zeitgeistthema,**
- **8 Filme (20 %) haben ein zeitgeistiges Thema.**

80 % der Filme wurden erfolgreich und erreichten die Top 3 jeden Jahres, obwohl sie überwiegend kein zeitgeistiges Thema behandelten. Nur 20 % der Filme setzen auf dieses „Pferd" und bedienten Themen, die am Puls der Zeit lagen.

Fazit für aktuelles Gesprächsthema und Zeitgeist:

Die von Blothner und Zag aufgestellte Behauptung, dass ein erfolgreicher Film ein zeitgenössisches, zeitgeistiges Thema inne haben muss, kann an dieser Stelle für die Filme dieser Untersuchung widerlegt werden. Zwar hat der Faktor Zeitgeist durchaus Einzug in die erfolgreichsten Filme des Jahres gehalten (z. B. „Deutschland- ein Sommermärchen", „Kokowääh", „Die Welle"), zeitgeistige Themen als Erfolgsgarant zu deklarieren wäre jedoch eine Falschaussage. Denn der überwältigende Teil der Filme (80 %) punktete mit Themen, denen kein Zeitgeist anhaftete. Obwohl die Filme überwiegend in einem zeitgenössischen oder zeitlosen Handlungsraum spielten und somit jede Möglichkeit zur unmittelbaren Behandlung von zeitgeistigen Themen gehabt hätten, so fand diese meist nicht statt.

Auch wenn Filme ein aktuelles Gesprächsthema waren und dies ein entscheidender Faktor des Besuchsgrunds war, so hieß das noch nicht, dass er Gesprächsthema aufgrund seines (möglicherweise zeitgeistigen) Themas wurde. Oftmals war hier geschicktes Marketing im Spiel, wie z. B. bei „Der Untergang".

Auffällig innerhalb der Untersuchung ist auch, dass besonders Kinder- oder *family entertainment-* **Filme kein Zeitgeistthema bedienten. Hier blieben die Filmemacher sehr zeitlos: Meist geht es um universelle Themen, wie Freundschaft, Liebe, Zusammenhalt.** Filme, wie „Die wilden Kerle", „Wickie und die starken Kerle", „Die wilden Hühner" stehen dafür Beispiel.

3.4.3 Schauspieler

Für die Kategorie Schauspieler stellten sich drei Fragen: Welche Hauptdarsteller spielen im Film mit, in welche Marktwertkategorien lassen sich die Hauptdarsteller einordnen und gibt es Tendenzen, dass häufig dieselben Schauspieler für die Hauptrollen der Top 40-Film besetzt wurden?

Nachdem, so wie in der Operationalisierung erläutert, jeweils der 1.–6. Hauptdarsteller jedes Top 40-Films namentlich ermittelt wurde, wurde nachfolgend für jeden dieser Schauspieler ihr bzw. sein *starmeter* zum Zeitpunkt des Kinostarts in Deutschland recherchiert. Dieser *starmeter* wurde in die Marktwertkategorien A-D eingeordnet.

In der Summe ergab sich daraus die Veranschaulichung, wie viele Schauspieler der Top 40-Filme aus welcher Marktwertkategorie stammen. Im Anschluss daran folgte eine Betrachtung, wie viele und welche Schauspieler mehrfach engagiert wurden und somit mit Filmerfolg in Zusammenhang gebracht werden könnten. Betrachtet wird zunächst die Marktwertkategorie, dessen Ergebnis sehr eindeutig ausfällt.

Schauspieler und ihre Marktwertkategorie

Insgesamt wurden in den Top 40-Filmen 192 Hauptrollen vergeben. Für diese 192 Rollen wurden Schauspieler aus den folgenden Marktwertkategorien besetzt:

- **124 Rollen wurden an A- Schauspieler vergeben (64,4 %)**
- **47 Rollen wurden an B- Schauspieler vergeben (24,5 %)**
- **15 Rollen wurden an C- Schauspieler vergeben (7,8 %)**
- **6 Rollen wurden an D- Schauspieler vergeben (3,1 %)**.

Zur Erinnerung: In der Kategorie A sind Schauspieler mit einem *starmeter* von 1–20.000, B von 20.001–50.000, C von 50.001–100.000 und D von >100.001.

An diesem Ergebnis lässt sich mit klarer Tendenz ablesen, dass überwiegend Schauspieler der Kategorie A für die Hauptrollen besetzt wurden. 124 Rollen

wurden an Schauspieler aus der Kategorie A vergeben. Das sind 64,6 % der gesamt zu vergebenden Rollen. Deutlich weniger häufig (24,5 %) griffen die Entscheidungsträger auf Schauspieler der Kategorie B zurück. Nur 47 Rollen innerhalb der Top 40-Filme gingen an B- Schauspieler. Schauspielern der Kategorie C und D konnten noch geringere Präsenz in den Top 40-Filmen nachgewiesen werden (B: 47 Rollen und 24,5 %, C: 6 Rollen und 3,1 %).

Was sagen diese Ergebnisse aus? Der *starmeter* einer Schauspielerin oder eines Schauspielers ist durchaus gleichzusetzen mit ihrem bzw. seinem Bekanntheitsgrad. Der IMDb-*starmeter* ist ein weltweites *Ranking*, welches sich aus marktwertkorrelierenden Elementen zusammensetzt, wie z. B. *box office* der letzten Filme der Schauspielerin oder des Schauspielers, Anzahl von Artikeln über sie bzw. ihn, Anzahl der Klicks auf ihren bzw. seinen Namen usw. Auf die Plätze unter 20.000 zu kommen, ist eine Leistung, die beachtlich ist. Sie steht zum einen für die sogenannte *bankability*, als auch für den Bekanntheitsgrad der Schauspielerin oder des Schauspielers. Deshalb ist die Aussage zulässig, dass sich durch dieses Ergebnis eine Tendenz ablesen lässt, dass die Top 40-Filme überwiegend mit bekannten und berühmten Hauptdarstellern besetzt wurden. Ihr Gesicht ist landläufig den meisten Zuschauern bekannt.

Durch dieses Ergebnis lässt sich jedoch keine Korrelation zum Erfolg an der Kinokasse ausmachen. Denn es stellt sich nach wie vor die Frage, ob die Zuschauer nicht auch ohne diese Schauspieler in den Film gegangen wären. Eine Negativprobe bleibt hier aus und kann somit das Gegenteil nicht beweisen. Lediglich eine Tendenz ist hier feststellbar.

Die Zahlen von vier konkreten Filmen zeigen z. B. auch, dass im Einzelfall die Schauspieler, obwohl berühmt und aus der Kategorie A und B, kein Grund waren, sich für diesen Film zu entscheiden. Dieses Phänomen zeigt sich beim „Parfum", bei „Die wilden Kerle III" und im gewissen Sinne auch bei der Dokumentation „Deutschland- ein Sommermärchen". Im letzten Beispiel haben die Protagonisten des Films, die deutsche Fußballnationalmannschaft, durchaus einen hohen Bekanntheitsgrad und eine Sogwirkung. Bei allen drei Filmen waren die Schauspieler jedoch unterdurchschnittlich verantwortlich für den Besuchsgrund. Beim „Parfum", der mit international renommierten Schauspielern, wie z. B. Dustin Hoffman oder Alan Rickman besetzt wurde, haben die Schauspieler nur einen Anteil von 3,5 % am Besuchsgrund. Die Erkenntnisse aus dem Kapitel „Kriterien der Filmauswahl" haben gezeigt, dass der durchschnittliche Besuchsgrund für die Kategorie Schauspieler bei 22,9 % liegt. 3,5 % ist somit weit unter dem Durchschnitt und zeigt, dass andere Kriterien noch schwerer bei der Filmauswahl wogen. Im Fall des Films „Parfum" war es das Thema und Story (73,9 %).

Tabelle 18: Besuchsgründe der vier Top-Filme des Jahres 2006

Besuche in %, Mehrfachnennungen möglich	Gesamt	Buchvorlage Das Parfum	Doku Deutschland-ein Sommermärchen	Komödie 7 Zwerge II	Kinder Die wilden Kerle III
Thema und Story	54	73,9	75,6	21,0	21,2
Schauspieler	16	3,5	10,4	26,5	6,9
Wunsch der Begleitperson	26	21,2	17,2	28,3	48,1
Mit anderen e. unternehmen	22	15,9	10,4	23,1	14,7
Film ist akt. Gesprächsthema	7	36,1	45,7	11,3	10,5
Special effects/ Animation	14	0,9	0,2	2,4	0,3
Erreichbarkeit des Kinos	4	3,5	1,7	4,1	1,8
Fortsetzung, Teil einer Serie	15	0,0	0,6	48,8	45,2
Sneak preview	2	0,4	0,3	0,2	0,2
Sonstiges	9	17,3	6,3	6,4	5,7

Quelle:[303]

Bei dem Film „7 Zwerge II" hingegen wogen die Schauspieler schwerer (26,5 %), als Thema und Story (21,0 %). Dass der Film ein *Sequel* war, veranlasste jedoch die meisten Zuschauer, sich für den Film zu entscheiden (48,8 %). Gute Erfahrungswerte aus dem 1. Teil und/oder ein vermitteltes, geringes Enttäuschungsrisiko könnten hieran Anteil haben.

Eine mögliche Begründung für die unterschiedliche Gewichtung des Besuchsgrunds „Schauspieler" könnte auch sein, dass es sich bei den Filmen um Filme für unterschiedliche Altersgruppen handelt. Während „Die wilden Kerle III" sicherlich ein Film für eine jüngere Zielgruppe ist, richtet sich „Das Parfum" sicherlich überwiegend an ältere Zuschauer.

---

[303]   Vgl. FFA-Filmförderungsanstalt, 2007, S. 61).

Der Blick auf die Präferenzen unterschiedlicher Altersgruppen zeigt allerdings, dass der Besuchsgrund „Schauspieler" über alle Altersklassen hinweg relativ konstant ist. Er bewegte sich im Jahre 2005 zwischen 19–23 % bei Personen zwischen 10 und 60+ Jahren.

Tabelle 19: Besuchsgrund nach Altersgruppen

In %, Mehr-fachnennungen möglich	Dt. Produk-tion[304]	Nicht-dt. Produk-tion	10–19 Jah-re[305]	20–29 Jahre	30–39 Jahre	40–49 Jahre	50–59 Jahre	60 + Jahre
Schauspieler	22	20	20	23	20	19	22	20

Quelle: steht an entsprechender Stelle in der Tabelle

Das heißt, dass „die Schauspieler" als Besuchsgrund auch über alle Altersgruppen hinweg im Durchschnitt wichtig waren. Sie wurden durch alle Altersgruppen hindurch als zweitwichtigster Besuchsgrund nach dem Thema und Story wahrgenommen.

Der Detailblick ist hier wohl der Schlüssel, der das Rätsel löst. Denn die oben angeführten Zahlen der vier Erfolgsfilme zeigen, dass Zuschauer die Wichtigkeit der Schauspieler für ihre Filmentscheidung für jeden Film unterschiedlich wahrnahmen. Sie konnten mal einen „höheren Anteil", mal einen „geringeren Anteil" am Besuchsgrund haben. Die hohe Zahl von 22,9 % im Durchschnitt, ist leider „nur" eine Durchschnittszahl. Sie bedeutet nicht, dass die Schauspieler per se der zweitwichtigste Grund bei der Entscheidung waren. Die weitere Auswertung der Analyse der Top 40-Filme wird zeigen, ob es bestimmte Schauspieler waren, welche die Zuschauer ins Kino lockten, oder wie dieser hohe Durchschnittswert von 22,9 % zustande kam.

Die konkrete Analyse der Top 40-Filme in diesem Kapitel hat ergeben, dass in erhöhtem Maße bekannte Schauspieler der Kategorien A und B besetzt wurden. Dieses Ergebnis ist erstaunlich. Wurde doch gerade herausgefunden, dass die Zuschauer von Film zu Film entscheiden, ob ihnen die Schauspieler wichtig sind oder nicht. Wieso wurden dann überwiegend Schauspieler der Kategorie A und B besetzt? Kann man hierbei von Zufall sprechen? War es Zuschauern tatsächlich „nicht so wichtig", ob Schauspieler bekannt sind? Dafür könnten diese Zahlen sehr wohl sprechen. Nur der Fakt allein, dass überwiegend bekannte Schauspieler besetzt wurden, beweist noch nicht, dass es einen Zusammenhang zwischen

304   Vgl. FFA-Filmförderungsanstalt, 2006, S. 67.
305   Vgl. FFA-Filmförderungsanstalt, 2006, S. 56.

bekannten Schauspielern und dem Besuchsgrund „in manchen Filmen sind die Schauspieler wichtig" gibt. Trotzdem ist davon auszugehen, dass der Zufall an dieser Stelle zu groß wäre für diese Erklärung. Nicht ohne Grund haben es alle Filme, welche innerhalb dieser Studie untersucht werden, in die Top 40 geschafft. Der Fakt, dass überwiegend bekannte Schauspieler besetzt wurden, muss somit in irgendeiner Weise Anteil an der Entscheidung für die Filme haben.

Mit einem Anteil von durchschnittlich 22,9 % an der Entscheidung für einen Film (Mehrfachnennungen möglich) waren die Schauspieler zwar nicht der dominierende Besuchsgrund, jedoch der zweitwichtigste nach dem Thema & Story (54,9 %).[306] Dies bedeutet: Schauspieler waren wichtig, aber nicht vielleicht unbedingt ein „bestimmtes Gesicht"? Der Eindruck drängt sich auf, dass Schauspieler aus einer bestimmten Kategorie stammen mussten – sie mussten „bekannt" sein. Die Tatsache, dass der Schauspieler bekannt war, half den Zuschauern möglicherweise, den Film richtig einzuordnen. Bekannte Schauspieler vermittelten einen gewissen Eindruck für den Film und seine „Professionalität". Bekannte Schauspieler, die selbst ein gutes Renommee haben, konnten so vielleicht einen Imagetransfer leisten, so dass der Film unbewusst eine Art „Gütesiegel" erhielt.

Bekannte Schauspieler können sich die Projekte und Engagements meist aussuchen. Da sie die Wahl haben, wählen sie überwiegend „erfolgsversprechende Filme" aus. Sie wählen eher Projekte aus, die „interessant" sind, die ein gutes Drehbuch haben, eine bekannte Regisseurin oder einen bekannten Regisseur, ein hohes Budget und eine professionelle Produktionsfirma. Sind bekannte Schauspieler in einem Film besetzt, so suggeriert das im Umkehrschluss nun den Zuschauern, dass es sich tendenziell um einen „guten Film"[307] handelt. Ein möglicher Gedankengang eines Zuschauers könnte z. B. sein: „Wenn Schauspieler XY dort mitspielt, dann muss es ja ein guter Film sein.".

Die Zuschauer greifen hier sicherlich auch auf einen gesammelten Erfahrungsschatz zurück. Haben sie ein- oder mehrere Male einen guten Film mit einer bestimmten Schauspielerin oder einem bestimmten Schauspieler gesehen, die oder der ihnen gefallen hat, bei der oder dem sich das „Investment" gelohnt hat, werden die Zuschauer tendenziell dazu neigen, sich wieder für einen Film mit dieser Schauspielerin bzw. diesem Schauspieler zu entscheiden. Diese Tendenz

---

306 Vgl. An der Gassen, 2011b- siehe Anhang 7.4.
307 Das Wort „gut" ist in diesem Zusammenhang synonym verwandt mit dem Aspekt, dass ein Film dem Zuschauer gefällt, dass er seinen, wie auch immer gearteten, Erwartungen entspricht.

ließ sich auch im Internetblog von Filmfans ausmachen. Als Beispiel soll hier der Kommentar von Johnnydeppfan90, 23.11.2005, 18:39 Uhr dienen:

> „Wenn ich im Kino sitz, einen Trailer seh und den hammer find dann wird der Film natürlich auch geguckt. Schauspieler sind mir in den meisten Fällen egal, aber ich seh mir natürlich alle Filme mit Johnny an [sic]!"[308]

Neben dem „Gütesiegel" helfen Schauspieler auch bei der Einordnung, um welche Art von Film es sich handelt (z. B. anspruchsvoller Film, klamaukiger Film, Actionfilm). Die Schauspielerin oder der Schauspieler selbst, ihre bzw. seine Agentur oder Management sorgt dafür, dass sie bzw. er Rollen annimmt, die zu ihr bzw. zu ihm passen, welche ihr bzw. ihm gefallen oder „liegen". Sie alle sind an dem Erhalt des Marktwerts und des Images der Schauspielerin bzw. des Schauspielers interessiert. Bekannte Schauspieler haben sich dadurch meist bereits ein Image erarbeitet und stehen für eine gewisse Art von Filmen und Genres. Z.B. Tom Gerhard, Otto Waalkes oder auch Michael Bully Herbig haben sich überwiegend ein Image als Schauspieler der Komödie erworben. Sieht man sie in den Hauptrollen für ein existenzialistisches Drama, so wird man überrascht sein.

Die Zuschauer haben für die Einschätzung eines Films nur die vor Kinobesuch ihnen zur Verfügung stehenden Informationen, z. B. aus Trailer und Poster. Da, wie festgestellt wurde, der zu erbringende Aufwand, das Geld und das Zeitinvestment der Zuschauer enorm hoch ist, sind sie stetig darum bemüht, das Enttäuschungsrisiko zu minimieren.

So ist es auch zu erklären, dass in der Analyse der Top 40-Filme überwiegend bekannte Schauspieler der Kategorie A und B anzutreffen sind. Sie halfen, das Enttäuschungsrisiko für die Zuschauer zu senken und schenkten Vertrauen für den Film, was die objektiven und vorauserkennbaren Parameter eines Films angeht. Es lässt sich daraus schlussfolgern: Je höher der Bekanntheitsgrad der Schauspielerin bzw. des Schauspielers war, desto mehr Zuschauer kannten sie bzw. ihn, desto mehr Vertrauensvorschuss genoss der Film.

In keinem Falle ist der Umkehrschluss zulässig, dass man nur bekannte Schauspieler besetzen muss, um Zuschauer ins Kino zu locken. Dies allein wird nicht über den Entscheidungsgrund Nummer eins „Thema & Story" hinwegtäuschen. Wenn das Thema nicht überzeugt, werden auch keine bekannten Schauspieler helfen. Sie können lediglich „das Zünglein an der Waage" sein und mehr Vertrauen für einen Film generieren.

---

308 JohnDoe u. a., 2005.

Mehrfachbesetzung von Schauspielern

Nachfolgend wird die zweite Forschungsfrage des Themenblocks behandelt: Waren es überwiegend dieselben Schauspieler, welche für die Top 40-Filme besetzt wurden? Die Tabelle gibt darüber Auskunft:

Tabelle 20: Schauspieler und die Häufigkeit ihrer Besetzung in den Top 40-Filmen

Anzahl Schauspieler gesamt	Schauspielername	Anzahl Hauptrollen in Top 40-Filmen						
1	Til Schweiger	5	51	Benno Fürmann	1	101	Maria Simon	1
2	Matthias Schweighöfer	4	52	Birthe Wolter	1	102	Marie Bäumer	1
3	Johanna Wokalek	3	53	Christiane Paul	1	103	Martina Gedeck	1
4	Karoline Herfurth	3	54	Chulpan Khamatova	1	104	Mathieu Kassovitz	1
5	Ulrich Noethen	3	55	Claire Cox	1	105	Matthias Habich	1
6	Axel Stein	2	56	Claire Maurier	1	106	Mavie Hörbiger	1
7	Boris Aljinovic	2	57	Daniel Brühl	1	107	Max Richter	1
8	Bruno Ganz	2	58	David Wenham	1	108	Max Riemelt	1
9	Christian Koch	2	59	Dustin Hoffman	1	109	Maximilian Befort	1
10	Christian Tramitz	2	60	Edward Petherbridge	1	110	Merab Ninidze	1
11	Corinna Harfouch	2	61	Emma Schweiger	1	111	Meret Becker	1
12	Cosma Shiva Hagen	2	62	Felicitas Woll	1	112	Michael Ballack	1
13	Diana Amft	2	63	Florian David Fitz	1	113	Michael Gwisdek	1
14	Elyas M'Barek	2	64	Florian Lukas	1	114	Michelle von Treuberg	1
15	Günther Kaufmann	2	65	Franka Potente	1	115	Milla Jovovich	1

Anzahl Schauspieler gesamt	Schauspielername	Anzahl Hauptrollen in Top 40-Filmen						
16	Heino Ferch	2	66	Frederic Welter	1	116	Mirko Lang	1
17	Heinz Hönig	2	67	Frederick Lau	1	117	Moritz Bleibtreu	1
18	Jimi Blue Ochsenknecht	2	68	Frederike Kempter	1	118	Nadja Tiller	1
19	Jonas Hämmerle	2	69	Friedrich Mücke	1	119	Nadja Uhl	1
20	Juliane Köhler	2	70	Hilmi Sözer	1	120	Nicky Kantor	1
21	Jürgen Vogel	2	71	Holger Speckhahn	1	121	Nina Hoss	1
22	Kevin Ianotta	2	72	Ian Glen	1	122	Olaf Krätke	1
23	Marlon Wessel	2	73	Isabelle Nanty	1	123	Oliver Kahn	1
24	Martin Schneider	2	74	Jacky Ido	1	124	Oona-Devi Liebich	1
25	Michael Bully Herbig	2	75	Janek Rieke	1	125	Paula Riemann	1
26	Mirco Nontschew	2	76	Jan-Josef Liefers	1	126	Peter Lohmeyer	1
27	Nic Romm	2	77	Jasmin Gerat	1	127	Philipp Lahm	1
28	Nora Tschirner	2	78	Jennifer Ulrich	1	128	Piet Klocke	1
29	Otto Waalkes	2	79	Jette Hering	1	129	Rachel Hurd-Wood	1
30	Raban Bieling	2	80	Jogi Löw	1	130	Rebecca Mosselman	1
31	Rick Kavanian	2	81	Johanna Gastdorf	1	131	Robert Stadlober	1
32	Sarah Kim Gries	2	82	Johannes Allmayer	1	132	Rufus	1
33	Tobias Schenke	2	83	John Goodman	1	133	Samuel Finzi	1
34	Waldemar Kobus	2	84	Jonathan Firth	1	134	Sebastian Blomberg	1
35	Wilson Gonzalez Ochsenknecht	2	85	Joseph Fiennes	1	135	Sebastian Koch	1

Anzahl Schau-spieler gesamt	Schauspieler-name	Anzahl Haupt-rollen in Top 40-Fil-men						
36	Alan Rickman	1	86	Julia Hummer	1	136	Sergio Peris-Mencheta	1
37	Alexandra Maria Lara	1	87	Jürgen Klinsmann	1	137	Shawn Roberts	1
38	Alexandra Neldel	1	88	Karoline Eckertz	1	138	Sibel Kekili	1
39	Alfred Molina	1	89	Katharina Müller-Elmau	1	139	Sidede Onyulo	1
40	Ali Larter	1	90	Katja Flint	1	140	Sidonie von Krosigk	1
41	Alicja Bachleda	1	91	Katja Riemann	1	141	Sir Peter Ustinov	1
42	Alwara Höfels	1	92	Katrin Saß	1	142	Sky du Mont	1
43	Anatole Taubman	1	93	Ken Duken	1	143	Spencer Locke	1
44	Andreas Christ	1	94	Kim Coates	1	144	Steffen Wink	1
45	Anja Kling	1	95	Lea Kurka	1	145	Stipe Ercek	1
46	Anna Loos	1	96	Lorella Cravotta	1	146	Tom Schilling	1
47	Audrey Tautou	1	97	Louis Klamroth	1	147	Valeria Eisenbart	1
48	Barbara Rudnik	1	98	Lucas Gregorowicz	1	148	Veronica Ferres	1
49	Bastian Schweinsteiger	1	99	Lucie Hollmann	1	149	Zsa Zsa Inci Bürkle	1
50	Ben Whishaw	1	100	Luise Helm	1		**Summe**	**192**

Quelle:[309]

Das Ergebnis ist überraschend. Die 192 zu vergebenden Hauptrollen der Top 40-Filme wurden an insgesamt 149 Schauspieler vergeben. Von den 149 Schauspielern wurden 114 Schauspieler nur 1-mal besetzt. Diese Zahl ist beachtlich, zeigt sie doch, dass es eben nicht immer „dieselben Gesichter" sind, welche die Zuschauer ins Kino lockten.

---

309   Vgl. An der Gassen, 2014 – siehe Anhang 7.4.

30 andere Schauspieler der Top 40-Filme wurden insgesamt 2-mal besetzt, 3 Schauspieler 3-mal, 1 Schauspieler 4-mal und 1 anderer Schauspieler sogar 5-mal.

In Namen ausgedrückt bedeutet dieses Ergebnis Folgendes: Til Schweiger wurde in 5 Filmen der Top 40 für eine Hauptrolle besetzt. Gefolgt von Matthias Schweighöfer, der in 4 Filmen in einer Hauptrolle zu sehen war. Johanna Wokalek, Karoline Herfurth und Ulrich Noethen erhielten für je 3 Filmen ein Engagement.

Versucht man diese Zahlen nun zu deuten, vermittelt sich der Eindruck, dass es keine eindeutige Korrelation zwischen dem Erfolg der Top 40-Filme und dem Besetzen von bestimmten Schauspielern gibt. Vielmehr hat sich gezeigt, dass es verhältnismäßig wenige Schauspieler nur sind, die häufiger in Filmen der Top 40 besetzt wurden.

Eine Konklusion, die daraus sicherlich gezogen werden muss, ist, dass es in Deutschland kein echtes Starsystem gibt. Nicht nur einige wenige Schauspieler können Zuschauer zum Filmbesuch „überreden", sondern auch andere. Viel wichtiger war es den Produzenten der Top 40-Filme hingegen, dass die Hauptdarsteller einen gewissen Bekanntheitsgrad genießen.

Vergleicht man dieses Ergebnis mit dem gängigen Filmplanungsprozess in den USA, so bestätigt sich auch hier wieder, dass die deutsche Filmbranche viel weniger zielgerichtet produziert. Während in den USA Filme sogar speziell für bestimmte Schauspieler entwickelt werden und somit um den *Star* als Nukleus herum geplant werden, so scheint in Deutschland der Fokus des Filmemachens eher auf den Inhalt des Films gerichtet zu sein. Rollen werden so besetzt, wie es die Geschichte verlangt und nicht andersherum. Das Ergebnis dieser Analyse beweist, dass man mit dieser Haltung durchaus erfolgreich sein kann, solange es Schauspieler der Kategorie A sind.

3.4.4 Vorlage

Ob die Filme der Untersuchung auf vorbestehenden Werken basierten, oder ob ihnen ein Originalskript zugrunde lag, sollte die Analyse zeigen. Für die Untersuchung stand die folgende Einteilung zur Verfügung:

- Fortsetzung/Teil einer Serie (*Sequel*)
- Buchvorlage
- Neuverfilmung (*Remake*)
- Ableger einer Vorlage (*Spin Off*)
- Comic
- Musical/Theaterstück

- Hörvorlage
- Realer Bezug/Ereignis (zeitgeschichtliches, historisches Ereignis oder Figur, Z.B. „Baader Meinhof Komplex" oder „Luther")
- Referenz auf Popkultur oder Kulturgüter (z. B. innerhalb eines *Spoofs*)
- Andere Vorlage
- Keine Vorlage/Originalskript[310]

Das Ergebnis dieser Untersuchungskategorie lässt sich wie folgt zusammenfassen:

- **72,5 % aller Top 40-Filme basierten auf einer Vorlage. In absoluten Zahlen bedeutet dies, dass 29 Filme der Untersuchung ein vorbestehendes Werk als Fundament hatten. Ein eindeutiges Ergebnis, heißt dies doch, dass mehr als 2/3 aller Filme das Attribut „*based on...*" vorweisen können.**
- **11 Filme (27,5 %) waren reine Neuentwicklungen, sogenannte originäre Werke.[311]**

Als Berauer die erfolgreichsten deutschen Filme der Jahre 1997–2006 (Filme ab 1 Million Umsatz) in seiner Studie für die SPIO untersuchte, kam er noch auf ein anderes Ergebnis. Bei Berauer basierten knapp 2/3 aller Filme auf Originalskripten.[312] **Das Ergebnis dieser Studie fördert somit eine tendenzielle Umkehrung von Berauer hervor. Die Entwicklung des Markts von 2000–2011 ging somit in die Richtung der Vorlage.**

Bedeutet diese Erkenntnis, dass der Kinomarkt so eng geworden ist, dass Zuschauer nur noch mit dem Wissensvorsprung und der Marketingpower von vorbestehenden Werken ins Kino gelockt werden konnten? Dass das Enttäuschungsrisiko bei originären Werken im Verhältnis zum Kenntnisstand über vorbestehende Werke zu groß war?

Dieser Eindruck könnte zutreffen, wenn nicht der tiefere Einblick in die *box office*-Zahlen von Berauer etwas anderes beweisen würden. Denn es wurden zwar in absoluten Zahlen die meisten Filme auf Basis von Originaldrehbücher verfilmt, jedoch erwirtschafteten diese wesentlich weniger Umsatz (4 Millionen Euro), als die Filme, die auf einer Vorlage basierten (8,1–17,6 Million Euro Umsatz). Das heißt: Filme, dessen Basis eine Vorlage war, waren monetär betrachtet wesentlich lukrativer, als Originalskripts.

---

310   Kategorisierung orientiert sich an den folgenden Quellen und einer eigenen Einteilung: Blickpunkt: Film, 2012; GfK, 2011; FFA-Filmförderungsanstalt, 2011; Feuerer, 2001.
311   Vgl. An der Gassen, 2014.
312   Vgl. Berauer, 2007, S. 2.

Vielleicht ist diese Erkenntnis auch der Grund dafür, warum sich Filmemacher in den Jahren 2000–2011, ob intuitiv oder analytisch, überwiegend an die Verfilmung von vorbestehenden Werken gemacht haben. In der Untersuchung zeigt sich, dass die 29 Filme, die als Quelle eine Vorlage aufweisen, konkret auf Folgendem basieren:

- **55,2 % Buchvorlage (16 Filme)**
- **27,6 % Sequel (8 Filme)**
- **17,2 % realer Bezug/Ereignis (zeitgeschichtliches Ereignis oder historische Figur, z. B. „Baader Meinhof Komplex" oder „Luther") (5 Filme)**
- **17,2 % Spoof (5 Filme)**
- **10,3 % Remake (3 Filme)**
- **3,4 % Hörspiel (1 Film)**
- **3,4 % Videospiel (1 Film)**[313]

(Mehrfachnennungen waren möglich, z. B. „Knallharte Jungs" ist ein *Sequel* und basiert auf einer Romanvorlage.)

Die Ergebnisse dieser Studie zeigen, dass die Buchvorlage mit 55,2 % die größte Gruppe der vorbestehenden Werke ausmacht. Auch Berauer attestierte den Büchern/Romanen den wichtigsten Rang unter den Vorlagen. Allerdings machte der Anteil hier nur 16,2 % aus, gefolgt von Filmen, die ihre Quelle im Fernsehen haben (7,6 %).[314]

Die Weiterverfilmungen, also die sogenannten *Sequels* sind mit 27,6 % (8 Filme) die zweitwichtigste Gruppe bei den Vorlagearten.

Auch Thurau hat den Wert von Vorlagen erkannt und widmete einen großen Teil seiner Studien dem monetären Wert von *brands, brand extentions, Sequels* und *Remakes* (leider nur für US-Amerikanischen Film). Er weist dem *Sequel* große Bedeutung zu und fordert Filmemacher auf, erfolgsprognostischer und dadurch risikominimierter zu arbeiten:

> „Hier sollte man die Vorbehalte überwinden und ökonomische Potenziale deutlich offensiver erschließen. Konkrete Anwendungsfelder liegen – neben der allgemeinen Erfolgsprognose, die traditionelle Entscheidungen unterstützen kann- nicht zuletzt in der Übertragung von Markenwertmodellen in die Filmbranche. So lässt sich der Markenwert von Filmfortsetzungen und Remakes ebenso monetär bestimmen wie der Wert von TV-Ausstrahlungsrechten und der Wertbeitrag von Bestsellern und Stars zum Kinoeinspielergebnis. Darüber hinaus können größere Firmen auf Basis gesicherter Prognosen das Risiko bestimmter Filmtypen berechnen und dies bei ihrer Entschei-

---

313   Vgl. An der Gassen, 2014.
314   Vgl. Berauer, 2007, S. 2.

dung berücksichtigen. Das alles können wichtige Informationen sein, um das Risiko von Fehlinvestitionen zu mindern und profitable Entscheidungen zu identifizieren."[315]

Wie die Ergebnisse der Studie zeigen, hat Thurau durchaus Recht. Dass allein 72,5 % aller Filme eine Vorlage aufweisen können, ist eine Tendenz, die nicht von der Hand zu weisen ist. Auch Berauers Studien beweisen, dass Filme mit einer Vorlage monetär wesentlich erfolgreicher waren, als Filme ohne Vorlage.

Für die Vorlageart *Sequel* kann jedoch hier kein abschließendes Fazit gezogen werden. Die Erkenntnis, dass 27,6 % aller Filme aus dieser Kategorie stammten, ist noch kein Beweis dafür, dass diese Vorlageart zwingendermaßen mit Zuschauererfolg oder -misserfolg assoziiert werden kann. Diese Zahl kann ebenso dem Fakt geschuldet sein, dass es in den letzten 12 Jahren einfach nicht mehr *Sequels* gab. Auch für die anderen Vorlagearten realer Bezug/Ereignis, *Spoof*, *Remake*, Hörspiel und Videospiel gilt ähnliches. Dass diese Vorlagearten anteilsmäßig geringer ausfielen, kann auch daran liegen, dass Produzenten in diesen Jahren nicht solche Filme produzierten.

Schaut man sich die Zahlen des letzten Kapitels an, in dem die Kriterien der Filmauswahl herauskristallisiert wurden, ergibt sich für das Kriterium „Film ist Fortsetzung/Teil einer Serie" (*Sequel*) ein Anteil von 6,3 % an der Kaufentscheidung für deutsche Filme.[316] Dasselbe Kriterium ist für nicht-deutsche Filme 18,0 % am Filmbesuch „wert".[317]

Die Konstanz dieses Kriteriums für den Entscheidungsprozess der Zuschauer ist über die Jahre relativ konstant (3,0 %–9,0 %). Das heißt, im statistischen Mittel scheint dieses Kriterium als nicht so wichtig an der Zuschauerentscheidung zu wiegen. Doch dieser Eindruck trügt, wie nun die Zahlen der Analyse der Top 40-Filme gezeigt haben. 2/3 aller Filme der Top 40-Filme basierten auf einer Vorlage. Genau diese Filme haben es in die Top 40 geschafft. Hätten sie dies auch geschafft, würde ihnen vorbestehendes Werk zugrunde liegen? Hätten sie dann ebenso viele Zuschauer gelockt? Hätte der Verleih ebenso großen Marketingaufwand betrieben?

Die folgenden Beispiele sollen bei der Beantwortung dieser Fragestellung helfen. Der Film „7 Zwerge II" war mit 3.568.643 Besuchern der dritterfolgreichste Film des Jahres 2006. Wie die folgende Tabelle zeigt, war der Hauptmotivationsgrund

---

315   Hennig-Thurau & Henning, 2009, S. 18.
316   Leider wurde im GfK-Fragebogen nur das Kriterium *Sequel* über einen längeren Zeitraum (6 Jahre) abgefragt. „Kenne die Buchverlage" wurde nur im Jahr 2010 erhoben und ergab einen Anteil von 5,0 % für deutsche und 6 % für nicht-deutsche Filme. Darüber hinaus wurde keine andere Vorlagenart abgefragt.
317   Vgl. An der Gassen, 2011b- siehe Anhang 7.2 und 7.3.

der Zuschauer für ihren Besuch, dass der Film eine Fortsetzung ist. Darüber hinaus ist dieser Film jedoch auch ein *Spoof* des bekannten Märchens der Gebrüder Grimm „Schneewittchen".

Tabelle 21: Besuchsgründe für drei Top-Filme der Jahre 2006, 2007 und 2009

Besuche in %, Mehrfachnennungen möglich	7 Zwerge II[318]	Zweiohrküken[319]	Die wilden Kerle 4[320]
Thema und Story	21,0	36,4	21,1
Schauspieler	26,5	30,5	9,1
Wunsch der Begleitperson	28,3	14,4	44,3
Mit anderen etwas unternehmen	23,1	22,5	20,7
Film ist aktuelles Gesprächsthema	11,3	10,2	7,9
Special effects/Animation	2,4	0,0	0,0
Erreichbarkeit des Kinos	4,1	1,1	2,4
Film ist Fortsetzung, Teil einer Serie	48,8	61,3	43,4
Sneak preview	0,2	1,0	0,2
Sonstiges	6,4	5,2	6,3

Quelle: siehe in der Tabelle an entsprechender Stelle

Der Besuchsgrund „Film ist Fortsetzung" überragte mit 48,8 % alle anderen Besuchsgründe. Das heißt, der Großteil der insgesamt 3.568.643 Besucher entschied sich schon allein aus diesem Grund, den Film sehen zu wollen. (Zum Vergleich: der 1. Teil der „7 Zwerge-Reihe" hatte 6.744.167 Besucher.)[321] Ein enorm hohes Grundvertrauen, dass die Zuschauer dem Film (ohne ihn vorher gesehen zu haben) entgegenbringen.

Der Verdacht liegt nahe, dass die Wahrscheinlichkeit hoch ist, dass Zuschauer, die den ersten Teil einer Reihe kennen, oder besser noch, die den ersten Teil einer Reihe gut fanden, auch in den zweiten Teil gehen. Diese These stützen auch die Zahlen der weiteren Beispiele in der Tabelle: „Zweiohrküken" und „Die wilden Kerle 4". Auch für diese beiden Filme der Top 40-Filme zeigt der Besuchsgrund „Film ist eine Fortsetzung" überdurchschnittliche hohe Zahlen (61,3 % und

---

318   Vgl. FFA-Filmförderungsanstalt, 2007, S. 61.
319   Vgl. FFA-Filmförderungsanstalt, 2010, S. 71.
320   Vgl. FFA-Filmförderungsanstalt, 2008, S. 71.
321   Vgl. An der Gassen, 2011a.

43,3 %). Das *Sequel* ist für die Top 40-Filme somit in Zusammenhang mit einer gesteigerten Zuschauerzahl zu bringen.

Die Analyse der Top 40-Filme hat gezeigt, dass gegensätzlich des Eindrucks, dass die Vorlage eines Films nur geringen Anteil am Besuchsgrund hat, 2/3 aller Filme jedoch auf einer Vorlage basieren. Man kann darüber nachdenken, warum dieser missverständliche Eindruck entsteht. Als Antwort fällt die „statistische Mittelung" ins Auge. Denn die Kriterien der Filmauswahl sind für alle Filme auf deutschen Leinwänden abgefragt worden, nicht nur für die Filme der Top 40. Das heißt, dass es im Mittel tatsächlich kein so wichtiger Besuchsgrund für Zuschauer ist, ob der Film ein *Sequel* ist. Geschuldet sicherlich auch der Tatsache, dass eben nur wenige Filme im Jahr überhaupt *Sequels* sind. Im Hinblick auf eine prognostische Aussage für planerische Zwecke kann an dieser Stelle nur darauf hingewiesen werden, dass eine Vorlage dem Erfolgspotenzial eines Films nur zuträglich sein kann. Wie weit und in welchem Ausmaß kann diese Analyse leider jedoch nicht klären.

Fazit der Analyse zur „Vorlage"

Die Ergebnisse der Untersuchungskategorie liefern Aufschluss darüber, dass die Top 40-Filme überwiegend auf vorbestehenden Werken basierten. Die Analyse konnte ebenso klären, dass die häufigste Quelle das Buch oder der Roman war, gefolgt vom *Sequel* und vom realen Bezug/Ereignis. Der reale Bezug auf ein Ereignis oder eine wahre historische Person stellt die drittwichtigste Vorlageart innerhalb der Analyse dar (17,2 %, 5 Filme).

Obwohl in der Anzahl der Filme in Berauers Studie nicht wirklich häufig vertreten, ergaben die Umsatzzahlen für Filme, die auf einem historischen Ereignis basieren, bei ihm einen größeren Erfolg: „Betrachtet man den jeweiligen Umsatz einer Filmgruppe verschiebt sich das Verhältnis. Filme mit Originalskript bilden mit 44,5 % immer noch die stärkste Gruppe, aber Buch/Roman (22,5 %) TV-Vorlage (14,2 %) und Historisches Ereignis (7,6 %) haben deutlich größere Anteile."[322] Er attestiert weiterhin:

> „Äußerst überraschend ist der Erfolg der Filme mit historischem Background, die real geschehene Geschichte in Form einer fiktionalen Aufarbeitung bildet in Bezug auf das durchschnittliche Boxoffice die erfolgreichste Gruppe. Der Kinofilm betreibt erfolgreich die Wiederverwertung von Geschichten, indem er auf die Popularität von Storys innerhalb anderer Medien oder die Bekanntheit von realen Ereignissen zurückgreift. Besonders erfolgreich scheint das zu funktionieren, je populärer und medialer die Story vorher war."[323]

---

322   Berauer, 2007, S. 2.
323   Berauer, 2007, S. 4.

Berauers Analyse ist wohl auch auf diese Untersuchung anzuwenden. Gerade, wenn man auch die nächste Gruppe des *Spoofs* mit hinzu zieht (17,2 %, 5 Filme). Denn ebenso wie das reale Ereignis oder eine historische Figur, referiert der *Spoof* auf eine nationale, tief soziologisch oder kulturell verwurzelte Basis. Bei den Zuschauern ist somit von einer Bekanntheit der zugrunde liegenden Geschichte, Person oder des Ereignisses auszugehen. Thurau würde an dieser Stelle von einem *brand* sprechen.

Dass die Filme der Top 40 überwiegend Filme mit einer Vorlage sind, ist wohl kein Zufall. Zuschauer bringen Filmen, deren Vorlage sie kennen, ein gewisses Grundvertrauen entgegen. Das viel zitierte Enttäuschungsrisiko, dass Zuschauer versuchen zu minimieren, da Kino ein hohes Investment an Zeit, Geld und Aufwand ist, kann durch Kenntnis der Vorlage eines Films entscheidend minimiert werden. Wenn Filme sich in dem engen Markt durchsetzen wollen, müssen sie ein geringes Enttäuschungsrisiko und ein hohes Zufriedenheitspotenzial ausstrahlen.

Wie das Genre eines Films mit der Quelle des Filmthemas zusammenhängt, zeigt die nachfolgende Grafik, die Berauer innerhalb seiner Studie angefertigte:

Tabelle 22: Zusammenhang zwischen Quelle eines Filmstoffs und dessen Genre

Quelle \ Genre	Abenteuerfilm	Actionfilm	Dokumentarfilm	Drama	Horrorfilm	Kinderfilm	Komödie	Musikfilm	Thriller	gesamt
Originalskript	1	3		46	1	3	57	1	15	127
Buch/Roman				4		24	3		1	32
TV-Vorlage						7	8			15
Historisches Ereignis/Person				5						5
Comic		1				2	3			6
Realvorlage			9							9
Hörvorlage							4			4
gesamt	1	4	9	55	1	40	71	1	16	198

Quelle:[324]

---

324 Berauer, 2007, S. 4).

Die Grafik zeigt, dass im Jahr 2007 besonders Dramen und Komödien ihre Geschichten originär mit Originalskripts entwickelten und weniger auf vorbestehende Werke zurückgriffen. Ganz im Gegenteil zum Kinderfilm: hier wurden 24 von 40 Filmen aus Buchvorlagen adaptiert.

3.4.5 Special effects, Animation

Die Betrachtung des SFX- und Animationsanteils der Top 40-Filme sollte klären, ob und inwieweit dies relevant für den Erfolg eines Films sein könnte. Dazu erfolgte eine eigene qualitative Einschätzung jeden einzelnen Films und die Einteilung in Klassen von 0–3.

Das Ergebnis dieser Untersuchung ist eindeutig:

- **37 Filme der Untersuchung sind sogenannte *live-action*-Filme (Realfilme), dies entspricht 93 % der Untersuchungsmenge,**
- **nur 3 Filme waren Animationsfilme, was einem Anteil von 8 % entspricht.**[325]

Der Fakt, dass Filme Animationen sind, weist somit also nicht auf eine Korrelation mit Erfolg hin – im Gegenteil. Die Zahlen der Untersuchung zeigen, dass 93 % der Top 40-Filme real gedrehte Filme waren, welche die meisten Menschen ins Kino gelockt haben.

Betrachtet man nun den Anteil der *special effects* der Top 40 Filme oder besser gesagt, der 37 *live-action*-Filme (denn nur bei diesen Filmen kann man von SFX sprechen), dann ergeben sich die folgenden Zahlen. Von den 37 Realfilmen weisen:

- **25 Filme = 68 % keine SFX (0),**
- **5 Filme = 14 % wenige SFX (1),**
- **6 Filme = 16 % mittlere SFX (2) und**
- **1 Film = 3 % viele SFX (3) auf.**[326]

Diese Zahlen sind ein wenig indifferent, was die Aussagekraft für den Wert von *special effects* angeht. Manch ein Film, wie z. B. „Resident Evil" definiert sich sicherlich sehr stark über seine SFX. Der Grad des Schauwerts, der sich bei diesem Film durch seine SFX niederschlägt, ist für viele Zuschauer und eine spezielle Zielgruppe als sehr hoch zu bewerten. Für andere Filme, wie z. B. „Vincent will Meer" ist der Anteil an SFX und somit der Schauwert, der sich hierüber definiert,

---

325   Vgl. An der Gassen, 2014.
326   Vgl. An der Gassen, 2014.

sicherlich verschwindend gering. In diesem Film geht es primär um ein „Kino der Narration" und weniger um ein „Kino der Attraktion", wie bei „Resident Evil".

68 % aller Realfilme kamen ganz ohne SFX aus, d. h. ihr Schauwert und ihre Magnetwirkung müssen sich aus anderen Bereichen gespeist haben. 16 % der Realfilme wiesen einen mittleren Anteil und 14 % einen geringen Anteil an SFX auf. Lediglich 3 % der Filme, was in absoluten Zahlen nur 1 Film ausmachte („Resident Evil") protzte mit vielen SFX. Auffälligerweise ist dieser Film eine auf Englisch gedrehte, internationale Koproduktion, mit überdurchschnittlichem Budget. Dieser Film kann nicht als klassisch deutsch angesehen werden. Umso interessanter ist, dass er der einzige SFX-definierte Film war.

Diese Zahlen passen in ihrer Aussagekraft sehr gut zu der Selbsteinschätzung der Zuschauer, was die Nennung des jeweiligen Filmbesuchsgrunds angeht. „SFX und Animation" hatten für deutsche Filme in den Jahren 2004–2010 lediglich einen Anteil von 2,0 % an der Entscheidung, warum sich Zuschauer einen bestimmten Film angesehen haben. Diese Zahlen waren über die Jahre konstant (1–3 %). Gänzlich anders stellen sich die Zahlen für nicht-deutsche Filme dar. Zuschauer gaben an, dass insgesamt 11,3 % an der Kaufentscheidung die SFX und Animationen ausgemacht haben. Auch diese Zahlen sind über die Jahre 2004–2010 relativ konstant (8–15 %).[327] Ein Unterschied, der eklatant ist.

Ein exemplarischer Blick auf vier deutsche Top-Filme aus dem Jahre 2006 bringt weitere Erkenntnisse:

Tabelle 23: Besuchsgründe für die vier Top-Filme in 2006

Besuche in %, Mehrfachnennungen möglich	Gesamt dt. u. nicht-dt.	Das Parfum	Deutschland-ein Sommermärchen	7 Zwerge II	Die wilden Kerle III
Thema und Story	54	73,9	75,6	21,0	21,2
Schauspieler	16	3,5	10,4	26,5	6,9
Wunsch der Begleitperson	26	21,2	17,2	28,3	48,1
Mit anderen etwas unternehmen	22	15,9	10,4	23,1	14,7
Film ist aktuelles Gesprächsthema	7	36,1	45,7	11,3	10,5

327   Vgl. An der Gassen, 2014.

Besuche in %, Mehrfachnennungen möglich	Gesamt dt. u. nicht-dt.	Das Parfum	Deutschland- ein Sommer- märchen	7 Zwerge II	Die wilden Kerle III
Special effects/ Animation	14	0,9	0,2	2,4	0,3
Erreichbarkeit des Kinos	4	3,5	1,7	4,1	1,8
Film ist Fortsetzung, Teil einer Serie	15	0,0	0,6	48,8	45,2
Sneak preview	2	0,4	0,3	0,2	0,2
Sonstiges	9	17,3	6,3	6,4	5,7

Quelle:[328]

Bei keinem der vier Erfolgsfilme, der jeder für sich weit über 2 Million Zuschauer ins Kino locken konnte („Das Parfum" 5,4 Mio., „Deutschland- ein Sommer-märchen" 3,9 Mio., „7 Zwerge II" 3,5 Mio., „Die wilden Kerle III" 2,1 Mio. Zu-schauer), war der Besuchsgrund „SFX und Animation" ein wichtiges Kriterium. Dieses Kriterium reihte sich für alle vier Filme auf dem letzten oder dem vor-letzten Platz ein. Selbst der groß und aufwendig produzierte Film „Das Parfum", der ein offizielles Budget von über 50 Millionen Euro hatte, lockte die Zuschauer nicht durch seine SFX. Lediglich 0,9 % der Stimmen gaben an, dass dies wichtig für ihren Besuchsgrund war.

Die Schlussfolgerung liegt nahe, dass sich das Deutsche Erfolgskino nicht primär mit SFX und Animationen schmückt. Der Schauwert von erfolgreichen deutschen Filmen speist sich somit nicht aus Effekten, Explosionen und Actionszenen, wie es z. B. in großem Stile das US-amerikanische Kino macht. Sicherlich ist es kein Zufall, dass der einzige Film der Untersuchung, der einen hohen Anteil an SFX aufweist, „Resident Evil" ist, welcher nach US-amerikanischer Manier erzählt, produziert und umgesetzt wurde.

Sucht man nach einer Definition für eine „typisch deutsche Kinematografie" würde man sicherlich nicht „Resident Evil" dazuzählen. Vielmehr zeigt diese Untersuchung, dass Deutsche Filme erfolgreich waren, die sich dem „Kino der Narration" gewidmet haben, Filme wie „Die Welle", „Die weisse Massai", „Good Bye, Lenin!" oder „Barfuss" stehen dafür Beispiel. Wie auch bereits die Zahlen der GFK-Statistik gezeigt haben, entschieden sich über 50 % der Zuschauer auf-

328   FFA-Filmförderungsanstalt, 2007, S. 61.

grund des Themas und der Story für einen Film. Scheinbar suchen Zuschauer bei Deutschen Filmen gezielt nach Filmen, die sich einer „Erzähltradition" widmen. **„Der Deutsche Film" und eine „Deutsche Kinematografie" scheint sich somit weniger den Effekten, als mehr den Inhalten zuzuwenden.**

Weder Animation, noch SFX waren signifikante Elemente der Top 40-Filme. Hieraus lässt sich somit keine Tendenz für Erfolg ableiten.

3.4.6 Regisseur

Die Betrachtung der Untersuchungskategorie „Regisseur" sollte aufzeigen, aus welcher Marktwertkategorie die Regisseure der Top 40-Filme stammen. Ebenso sollte geklärt werden, wie oft immer dieselben Regisseure beschäftigt wurden.

Regisseure und ihre Marktwertkategorie

Für insgesamt 40 Filme ergab sich die folgende Einteilung:

- **in 29 Filmen wurden A-Regisseure beschäftigt (72,5 %)**
- **in 8 Filmen wurden B-Regisseure beschäftigt (20 %)**
- **in 3 Filmen wurden C-Regisseure beschäftigt (7,5 %)**

In 29 von 40 Filmen wurden Regisseurinnen und Regisseure der Kategorie A beschäftigt (72,5 %), in 8 Filmen der Kategorie B (20 %) und in 3 Filmen der Kategorie C (7,5 %). Mit deutlicher Mehrheit inszenierten somit bekanntere, erfahrenere und erfolgreichere Regisseure die Filme der Top 40. Mit einem Prozentsatz von 72,5 % kann man wohl nicht von einem Zufall sprechen, sondern muss vielmehr nach den Gründen für diese Dominanz suchen.

Um den Gründen auf die Spur zu gehen, sei der folgende Exkurs gestattet: Der klassische *Workflow* eines Filmprojekts lässt sich in die folgenden Phasen einteilen: Stoffsuche, Entwicklung, Packaging, Finanzierung, Vorbereitung, Dreh, Postproduktion, Vertrieb, Marketing. Die Suche nach einer geeigneten Regisseurin oder einem geeigneten Regisseur findet klassischerweise gleich zu Beginn der Phase des Packagings statt. Denn: mit einem guten Stoff hat man große Chancen, eine renommierte Regisseurin oder einen renommierten Regisseur zu gewinnen. Mit einem guten Stoff und einer renommierten Regisseurin bzw. einem renommierten Regisseur hat man gute Chancen, renommierte, bekannte Schauspieler zu gewinnen. Dieser drei Komponenten bedarf es üblicherweise, um im Anschluss eine Finanzierung für das Filmprojekt auf die Beine zu stellen.

In der Praxis hat sich gezeigt, dass die Gewinnung einer renommierten Regisseurin oder eines renommierten Regisseurs eine der wichtigsten Entscheidungen im Filmplanungsprozess ist. Diese Personalie zieht eine Verkettung von Dingen nach sich. Die Vermutung liegt nahe: Wenn eine Regisseurin bzw. ein Regisseur der Kategorie A für das Projekt gewonnen werden kann, ist die Wahrscheinlichkeit höher, dass auch Schauspieler der Kategorie A zusagen. Dies hat wiederum zur Folge, dass das Budget tendenziell höher werden kann, da auch Förderungen, Partner, Distributoren tendenziell mehr bereit sind, Geld zu investieren. Regisseure der Kategorie A generieren mehr Vertrauen bei allen beteiligten Partnern. Somit senkt sich auch das Enttäuschungsrisiko, je höher der Marktwert der Regisseurin bzw. des Regisseurs ist. Durch ihren bzw. seinen Namen, also somit durch ihr bzw. sein erworbenes Image, verspricht sie bzw. er eine gewisse Art und Qualität von Film. Ebenso sagt die Kategorie A aus, dass diese Regisseurin oder dieser Regisseur schon vorher Filme inszenierte, die im weitesten Sinne erfolgreich waren. Sie haben sich ein gewisses Vertrauen erarbeitet, was risikominimierend im psychologischen Sinne auf Finanzierungspartner und andere Partner wirkt. Für die Branche, den Produktions- und Finanzierungsprozess ist der Name der Regisseurin oder des Regisseurs, welcher synonym mit ihrem oder seinem Marktwert zu setzen ist, somit sehr relevant. Der Fakt, dass 72,5 % aller Regisseure der Top 40-Filme aus der Kategorie A stammen, spricht eine eindeutige Sprache.

Den Zuschauern ist der Name der Regisseurin oder des Regisseurs in den meisten Fällen jedoch unbekannt. Auch der Fragebogen der GfK-Studie „Der Kinobesucher" enthielt nicht einmal die Kategorie „Regisseur" als Entscheidungsgrund für den Filmbesuch. Auch Feuerer, die in ihrer Studie eine mündliche Befragung in Kinos durchführte und fragte, wie denn der Name der Regisseurin oder des Regisseurs sei, deren bzw. dessen Film sie jetzt gleich ansehen werden, erhielt ein eindeutiges Ergebnis. Nur wenige Zuschauer konnten hierauf antworten. Feuerer kam zu folgendem Schluss, der sich auf den Bekanntheitsgrad unter den Zuschauern bezieht:

> „Der Bekanntheitsgrad eines Regisseurs beeinflusst den Erfolg eines Spielfilms
> insgesamt nur schwach. Bei Dramen ist der Einfluss des Bekanntheitsgrad des
> Regisseurs etwas stärker ausgeprägt, als bei Komödien, für alle anderen Genres konnte
> kein Zusammenhang nachgewiesen werden".[329]

---

329 Feuerer, 2001, S. 46–48.

Mehrfachbeschäftigung der Regisseure

Betrachtet man nun, wie häufig dieselben Regisseure die Filme der Top 40 inszenieren durften, so ergibt sich folgendes, interessantes Ergebnis:

Tabelle 24: Regisseure und die Häufigkeit ihrer Beschäftigung für die Top 40-Filme

Anzahl Regisseure gesamt	Name der Regisseurin/des Regisseurs	Anzahl der Beschäftigung in den Top 40-Filmen
1	Michael Herbig	4
2	Til Schweiger	4
3	Sönke Wortmann	3
4	Dennis Gansel	2
5	Hermine Huntgeburth	2
6	Joachim Masannek	2
7	Sven Unterwaldt	2
8	Alastair Fothergill, Mark Linfield	1
9	Caroline Link	1
10	Christian Ditter	1
11	Eric Till	1
12	Granz Henman	1
13	Hans-Christian Schmid	1
14	Jean-Pierre Jeunet	1
15	Marc Rothemund	1
16	Markus Goller	1
17	Matthias Schweighöfer	1
18	Oliver Hirschbiegel	1
19	Paul W.S. Anderson	1
20	Piet De Rycker, Thilo Rothkirch	1
21	Ralf Huettner	1
22	Reinhard Klooss, Holger Tappe	1
23	Stefan Ruzowitzky	1
24	Tom Tykwer	1
25	Tomy Wigand	1
26	Uli Edel	1

Anzahl Regisseure gesamt	Name der Regisseurin/des Regisseurs	Anzahl der Beschäftigung in den Top 40-Filmen
27	Vivian Naefe	1
28	Wolfgang Becker	1
	Summe	40

Quelle:[330]

Für 40 Filme wurden insgesamt 28 Regisseure (oder Regieteams) verpflichtet. Von den 28 Regisseuren wurden:

- **21 Regisseure nur 1-mal engagiert,**
- **4 Regisseure 2-mal,**
- **1 Regisseur 3-mal (Sönke Wortmann) und**
- **2 Regisseure 4-mal (Michael Herbig, Til Schweiger).**

Dieses Ergebnis zeigt, dass die meisten Filme nicht von denselben Regisseuren inszeniert wurden. Insgesamt nur 7 Regisseuren gelang es, mehr als einen Film unter den Top 40 zu platzieren. Besonders 3 Regisseure (Sönke Wortmann, Michael Herbig und Til Schweiger) sind tendenziell dem Erfolg mehr zugewandt, als andere Regisseure. Ihnen gelang es, innerhalb von 12 Jahren 3 bzw. 4 Filme in die Top 40 zu katapultieren.

Fazit der Analyse zum „Regisseur"

Nur sehr wenige Regisseure haben Bekanntheitswert beim Publikum. Viel wichtiger ist der Filmbranche der Name und somit der Marktwert der Regisseurin oder des Regisseurs. Mit einer deutlichen Mehrheit von 72,5 % stammen die Regisseure aus der Kategorie A.

3.4.7 Budget, production value, Look

Das Budget, das erkennbare *production value* und der *Look* eines Films ist für die Zuschauer ein wichtiges *Tool*, um den Film richtig einzuschätzen, um Erfahrungswerte und Erlebnismuster abrufen zu können. Inwiefern er erfolgsrelevant ist, wird die folgende Untersuchung zeigen.

---

330   Vgl. An der Gassen, 2014.

Höhe des Budgets und Einteilung in Budgetklassen:

Die Recherche der Herstellungskosten der Top 40-Filme gestaltete sich schwierig. Für nur insgesamt 23 Filme konnten überhaupt Herstellungskosten recherchiert werden. Alle anderen Filme blieben ohne Angabe. Inwieweit die Zahlen der 23 Filme verlässlich sind, kann an dieser Stelle leider nicht attestiert werden. Um dieser Ungenauigkeit Abhilfe zu schaffen, sollte eine Einteilung in gröbere Budgetklassen erfolgen. Das folgende Ergebnis ergab sich:

- **1 Film kostete <1 Mio. € (4,4 %)**
- **1 Film kostete 1–3 Mio. € (4,4 %)**
- **9 Filme kosteten 3–7 Mio. € (39,1 %)**
- **4 Filme kosteten 7–12 Mio. € (17,4 %)**
- **8 Filme kosteten >12 Mio. € (34,8 %)**

Dieses Ergebnis ist interessant, zeigt es doch, dass die meisten Filme (91,2 %) eine Budgetgröße ab 3 Millionen Euro aufweisen. Nur 2 Filme (8,8 %) wiesen ein Budget von wenig als 3 Millionen Euro auf.

Will man hierfür eine Begründung finden, muss man sich vor Augen halten, dass es sich bei den untersuchten Filmen um Kinofilme handelt. Die Zuschauer zahlen für jeden Filmbesuch, neben dem organisatorischen und logistischen Aufwand, ca. 7,39 Euro[331]. Im Unterschied zu einem Fernsehfilm muss sich ein Kinofilm durch seine Geschichten, seine Machart und seine Budgetgröße, also Reichhaltigkeit, auszeichnen. Er muss gegenüber dem Fernsehen einen Mehrwert aufweisen. Daher scheint es nicht verwunderlich, dass 91,2 % der untersuchten Filme deutlich über dem gängigen Budget eines Fernsehfilms liegen (ca. 1,3–2 Millionen Euro).

Einteilung in den Grad des *production values*:

Versucht man die Top 40-Filme nach ihrem *production value* einzuteilen, ergibt sich folgendes Ergebnis:

- **Hohen production value haben 18 Filme (45 %)**
- **Mittleren production value haben 22 Filme (55 %)**
- **Geringen production value haben 0 Filme (0 %)**

Interessant an diesem Ergebnis ist, dass kein Film der Untersuchung ein geringes *production value* aufzuweisen hat. Es scheint so, dass die erfolgreichsten Filme der

---

331   Vgl. SPIO, 2012; Vgl auch FFA – Filmförderungsanstalt, 2014, Preis gilt für das Jahr 2011.

Jahre 2000–2011 allesamt mehr oder weniger reich ausgestattet sind. Auch wenn dies keinen direkten Rückschluss auf den Erfolg eines Films zulässt, so ist dieses Ergebnis doch tendenziös. Es lässt sich festhalten, dass die Erfolgsfilme zumindest einen deutlichen optischen und ausstattungstechnischen Mehraufwand aufweisen.

Die Top 40-Filme heben sich sowohl im Budget, als auch in ihrer gefühlten Reichhaltigkeit deutlich von einem Fernsehfilm ab. Der Mehrwert, den Kino verspricht, wurde bei den erfolgreichsten Filmen der Jahre 2000–2011 eingelöst.

3.4.8 Vertrieb

Die vertriebsfokussierte Betrachtung der Top 40-Filme sollte Aussagen A) über die Herausbringungsgröße eines Films in Form von Kopienzahl (*Release* und *Peak*), B) von Kopienklasse und C) das möglicherweise gehäufte Auftreten von immer denselben Verleihern hervorbringen. Die Ergebnisse in dieser Untersuchungskategorie sind sehr interessant und lassen größere Rückschlüsse zu.

A) Herausbringungsgröße: Kopienzahl am Startwochenende und im Maximum:

Die 40 Filme der Untersuchung lieferten folgende Zahlen bezüglich ihrer Startkopienzahl und ihrer Kopienzahl im *Peak*:

Tabelle 25: Kopienzahl und Verleiher der Top 40-Filme

	Film	Jahr	Start-Kopien	max. Kopien	Verleih
1	Kokowääh	2011	666	775	Warner
2	What a Man	2011	349	479	20th Century Fox
3	Wickie auf großer Fahrt	2011	718	747	Constantin
4	Friendship	2010	371	430	Sony
5	Konferenz der Tiere	2010	725	725	Constantin
6	Resident Evil: Afterlife	2010	434	439	Constantin
7	Vincent will Meer	2010	153	220	Constantin
8	Wickie u.d. starken Männer	2009	746	816	Constantin
9	Zweiohrküken	2009	714	722	Warner
10	Die Päpstin	2009	465	542	Constantin
11	Keinohrhasen	2008	491	639	Warner
12	Unsere Erde	2008	147	431	Universum

	Film	Jahr	Start-Kopien	max. Kopien	Verleih
13	Die Welle	2008	279	463	Constantin
14	Der Baader Meinhof Komplex	2008	550	594	Constantin
15	Die wilden Kerle 4	2007	706	720	Disney
16	Lissi u.d. wilde Kaiser	2007	790	790	Constantin
17	Die wilden Hühner u.d. Liebe	2007	480	523	Constantin
18	Das Parfum	2006	700	823	Constantin
19	Deutschland ein Sommermärchen	2006	584	721	Kinowelt
20	7 Zwerge – D. Wald ist nicht genug	2006	813	824	UIP
21	Die weisse Massai	2005	385	561	Constantin
22	Die wilden Kerle 2	2005	497	510	Buena Vista
23	Barfuss	2005	425	495	Buena Vista
24	(T)raumschiff Surprise	2004	899	980	Constantin
25	7 Zwerge – Männer allein im Wald	2004	777	830	UIP
26	Der Untergang	2004	405	667	Constantin
27	Good Bye, Lenin!	2003	176	606	X-Verleih
28	Das Wunder von Bern	2003	411	644	Senator
29	Luther	2003	200	419	Ottfilm
30	Das fliegende Klassenzimmer	2003	450	587	Constantin
31	Bibi Blocksberg	2002	600	636	Constantin
32	Nirgendwo in Afrika	2002	224	229	Constantin
33	Knallharte Jungs	2002	444	444	Constantin
34	Der Schuh des Manitu	2002/2001	549	671	Constantin
35	Fabelhafte Welt d. Amélie	2001	156	287	Prokino
36	Der kleine Eisbär	2001	477	543	Warner
37	Mädchen, Mädchen	2001	333	522	Constantin
38	Anatomie	2000	386	454	Columbia Tristar
39	Harte Jungs	2000	450	585	Constantin
40	Crazy	2000	300	410	Constantin

Quelle:[332]

---

332   Vgl. An der Gassen, 2014- siehe auch Anhang 7.4.

B) Einteilung in Kopienklassen:

Untersucht man die Zahlen der Startkopien genauer und teilt sie in Kopienklassen ein, ergibt sich ein interessantes Ergebnis.

A. 1–9 Kopien: **kein Film** der Top 40 startete mit weniger als 9 Kopien
B. 10–49 Kopien: **kein Film** der Top 40 startete mit weniger als 49 Kopien
C. 50–99 Kopien: **kein Film** der Top 40 startete mit weniger als 99 Kopien
D. 100–199 Kopien: **4 Filme** starteten mit 100–199 Kopien („Vincent will Meer", „Unsere Erde", „Good Bye, Lenin!", „Fabelhafte Welt der Amélie")
E. 200–299 Kopien: **3 Filme** („Die Welle", „Luther", „Nirgendwo in Afrika")
F. 300–399 Kopien: **6 Filme** („What a man", „Friendship", „Die Weise Massai", „Mädchen, Mädchen", „Anatomie", „Crazy") → 3 Filme aus dieser Kopienklasse stammen aus den Jahren 2000–2001.
G. 400–499 Kopien: **12 Filme** („Resident Evil: Afterlife", „Die Päpstin", „Keinohrhasen", „Die wilden Hühner und die Liebe", „Die wilden Kerle 2", „Barfuss", „Der Untergang", „Das Wunder von Bern", „Das fliegende Klassenzimmer", „Knallharte Jungs", „Der kleine Eisbär", „Harte Jungs") → die mit Abstand häufigste Kopienklasse. Unterschiedliche Verleiher bringen ihre Filme in der Kopienklasse heraus.
H. 500–599 Kopien: **3 Filme** („Der Baader-Meinhof Komplex", „Deutschland- ein Sommermärchen", „Der Schuh des Manitu")
I. 600–699 Kopien: **2 Filme** („Kokowääh", „Bibi Blocksberg")
J. 700–799 Kopien: **8 Filme** („Wickie auf großer Fahrt", „Konferenz der Tiere", „Wickie und die starken Männer", „Zweiohrküken", „Die wilden Kerle 4", „Lissi uns der wilde Kaiser", „Das Parfum", „7 Zwerge – Männer allein im Wald") → die zweitbeliebteste Kopienklasse
K. >800 Kopien: **2 Filme** („7 Zwerge – Der Wald ist nicht genug", „(T)raumschiff Surprise") → auffällig ist, dass die zwei größten Kinostarts zwei *Sequels* sind

Fazit: Die meisten Filme (12 Filme) der Top 40 wurden mit 400–499 Kopien gestartet, gefolgt von 8 Filmen, die mit 700–799 Kopien gestartet wurden. Alle anderen Kopienklassen weisen keine große Auffälligkeit auf und verbleiben zwischen 2–6 Filmen. Kein Film der Top 40 ist mit weniger, als 99 Kopien gestartet.

Insgesamt 27 Filme der Top 40 wurden mit mehr als 400 Kopien gestartet. Hieran lässt sich eine deutliche Tendenz ablesen, dass überwiegend Filme erfolgreich waren, die mit einer großen Kopienmasse gestartet sind. Filme in dieser Kopienmenge haben häufig auch ein großes Marketingbudget und erregen viel Aufmerksamkeit. Man kann bei diesen Filmen nicht von sogenannten *sleepern* sprechen. Zu *sleepern* gehören, wenn überhaupt, nur die folgenden Filme, die mit 100–199 Kopien gestartet sind und sich lange in den Kinos halten konnten bzw. deren Kopienzahl dann aufgestockt wurde: „Vincent will Meer" (Kopien Start/max. 153/220), „Unsere Erde" (147/431), „Good Bye, Lenin!" (176/606), „Fabelhafte Welt der Amélie" (156/287).

Man kann somit schlussfolgern, dass es Filme mit einer geringen Kopienzahl schwer hatten, überhaupt ein Publikumserfolg zu werden. Dabei sind intrinsische Faktoren, wie Inhalt, Story, Schauspieler, Regisseurin bzw. Regisseur oder weiteren filmabhängige Faktoren irrelevant für den Zuschauererfolg. Diese Filme „gelangten" leider gar nicht erst in dem Maße an die Zuschauer, dass der Film an sich durch Inhalt und Qualität überzeugen konnte. Die sogenannte *distribution intensity*[333], die Vertriebspower, mit der ein Film in den Markt gepusht werden muss, damit er die Chance hat, ein Publikumserfolg zu werden, hat sich somit auch für die Untersuchung der deutschen Filme von 2000–2011 bestätigt.

C) Gehäuftes Auftreten derselben Verleiher

Inwiefern nun auch bestimmte Verleiher in den Zusammenhang gebracht werden können, vermehrt für den Erfolg der Top 40-Filme verantwortlich zu sein, das zeigt die folgende Analyse:

Tabelle 26: Die Häufigkeit spezifischer Verleihfirmen unter den Top 40-Filmen

Verleiher	Anzahl der Filme in den Top 40
Constantin Film	22 (55 %)
Warner	4 (10 %)
UIP, Buena Vista	je 2 (5 %)
20th Century Fox, Sony, Universum, Disney, Columbia Tristar, Kinowelt, Senator, X-Verleih, Prokino, Ottfilm	je 1 (2,5 %)
Summe Filme	**40 (100 %)**

Quelle:[334]

Das vorliegende Ergebnis ist beeindruckend. Es lässt deutliche Rückschlüsse auf einen signifikanten Zusammenhang zwischen Constantin Film als Verleih und das Platzieren von Filmen in den Top 40 zu. Constantin Film übernahm bei 22 Filmen (55 % der Filme) der Top 40 die Verleiharbeit. Weit dahinter abgeschlagen folgt Warner mit 4 Filmen (10 %), UIP und Buena Vista mit jeweils 2 Filmen (je

---

333   Vgl. Hennig-Thurau u. a., 2009, S. 169.
334   Vgl. An der Gassen, 2014- siehe auch Anhang 7.4.

5 %) und 20th Century Fox, Sony, Universum, Disney, Columbia Tristar, Kino-
welt, Senator, X-Verleih, Prokino und Ottfilm mit jeweils 1 Film (je 2,5 %). Wie es
Constantin Film gelang, diese herausragende Verleiharbeit zu verrichten, darüber
können an dieser Stelle nur Spekulationen aufgestellt werden. Sicherlich hat die
Ausrichtung der Firma einen großen Anteil an diesem Ergebnis, konzentriert sich
Constantin Film seit Jahren doch auf die Herausbringung von deutschen Filmen.
Verleiher, wie z. B. Buena Vista, UIP, Columbia Tristar und Disney konzentrieren
sich überwiegend auf die Herausbringung US-amerikanische Filme in Deutschland. Trotzdem ist diese Leistung nicht zu schmälern, trifft diese Firmenausrich-
tung doch auch auf andere deutsche Verleiher in den Jahren 2000–2011 zu, wie
z. B. X-Verleih, Senator, Kinowelt, Ottfilm, Movienet, Zorro Film, Farbfilm etc.

Vielmehr erscheint die klare Auswahl der Filme, die in den Verleih von Constantin
Film kamen, Hinweis für den Erfolg zu sein. Die Filme, die es in die Constantin-
Verleihstaffel schafften, würde man als kommerzielles, deutsches Kino mit einem
general audience-Profil beschreiben. Arthouse-, Independent- oder Genre-Filme
vermisst man hingegen weitestgehend im Constantin *slate*.

Um den ausgebauten Verleihapparat, bestehend aus Personal, Büroräumen, Dienst-
leistern und Netzwerk weiterhin bedienen zu können, definieren die meisten Verleiher einen sogenannten *break even*. Dieser *break even* beschreibt die notwendige
Zuschauerzahl, die ein Film mindestens erreichen muss, um die laufenden Kosten
des Verleihs (*overhead*) inklusive Investment (*p&a-costs*) zu decken. Von Constantin ist dieser *break even* bei ca. 400.000–750.000 Zuschauern angesetzt, von Disney
bei ca. 500.000–800.000[335], von Prokino bei ca. 100.000–400.000[336], bei kleineren
Boutique-Verleihern, wie z. B. Movienet auch nur bei ca. 20.000 Zuschauern[337].
Diese Zahlen schwanken natürlich von Film zu Film.

Setzt man als Constantin-Filmeinkäufer diese betriebswirtschaftliche Kennziffer
nun bei der Akquise ein, selektieren sich automatisch die „größeren, kommerziel-
leren“ Filme heraus. Leistet man darüber hinaus noch sehr gute Verleiharbeit
inklusive Presse-/Marketingarbeit, investiert angemessene *p&a-costs* und beweist
in der Bewertung der Zuschauerzahlen und somit in der Akzeptanz des Films
das richtige „Bauchgefühl“, so scheint einem Publikumserfolg nicht mehr viel im
Wege zu stehen. Externe Faktoren, wie Verleihumfeld zum Starttermin, Wetter,
Sommerloch etc. bleiben davon außen vor.

---

335   Vgl. Husemann, 2013.
336   Vgl. Wagner, 2011.
337   Vgl. Seelandt, 2012.

Betrachtet man die Herausbringungsgröße der Constantin-Top-40-Filme, so zeigt sich interessanterweise keine Regelmäßigkeit in der Höhe der Startkopien. 1 Film wurde mit 100–199 Kopien herausgebracht, 2 Filme mit 200–299, 3 Filme mit 300–399, 7 Filme mit 400–499, 2 Filme mit 500–599, 1 Film mit 600–699, 5 Filme mit 700–799 und 1 Film mit >800 Kopien. Es scheint so, als würde die individuelle Einschätzung jedes Films, die daraufhin abgestimmte Verleihstrategie und die notwendige Kopienzahl optimale Einspielergebnisse an der Kinokasse bringen. Diese Strategie bestätigt auch der Vorstandsvorsitzende Martin Moszkowicz im Interview.[338]

Als Gesamtfazit für die Untersuchungskategorie Vertrieb lässt sich somit schließen, dass sowohl die Größe der Herausbringung (Startkopien), als auch die Auswahl der spezifischen Verleihfirma in signifikantem Zusammenhang mit dem Erfolg der Top 40-Filmen stehen.

3.4.9 Resonanz

Die Beschäftigung mit dem Thema Resonanz sollte ein Ergebnis darüber liefern, ob die erfolgreichsten Top 40-Filme vor ihrem Kinostart Nominierungen, Filmpreise, Auszeichnungen erhielten oder eine Festival-Auswertung genossen haben. Wenn ja, wie viele, welche und welcher Güteklasse sind sie zuzuordnen?

Die FFA-Studie hatte gezeigt, dass die „Nominierung eines Films" oder eine „Auszeichnung" nur einen Anteil von im Durchschnitt 2,5 % am Besuchsgrund hatte (Mehrfachnennungen waren möglich). Nicht-deutsche Filme sogar nur 2,0 %.[339] (Diese Zahlen wurden leider nur für die Jahre 2009 und 2010 erhoben.) Dieser geringe Wert an der Kaufentscheidung kann entweder am geringen Wert eines Filmpreises für die Zuschauer liegen oder aber (auch) an der Tatsache, dass diese Filme einfach keinen Filmpreis vor ihrem Kinostart erhielten.

Die Untersuchung der Top 40-Filme hat gezeigt, dass wohl Letzteres die wahrscheinlichere Begründung ist, denn:

- **nur 8 Filme der 40 untersuchten Filme (20,0 %) erhielten überhaupt <u>vor Kinostart</u> eine Nominierung, Filmpreis oder liefen auf einem Festival. Die anderen 32 Filme (80,0 %) erhielten, wenn dann erst nach ihrer Kinoauswertung eine Nominierung, Filmpreis oder eine anderweitige Auszeichnung.**
- 6 dieser 8 Filme (15,0 %) konnten vor Kinostart eine Nominierung, Filmpreis oder Festival der Güteklasse A für sich verbuchen. Diese Filme waren:

338 Vgl. Moszkowicz, 2013.
339 An der Gassen, 2011b.

- „Die fabelhafte Welt der Amelie" (Karlovy Vary International Film Festival (06.07.2001), Edinburgh Film Festival (12.08.2001), (16.8.2001 Start D))
- „Good Bye, Lenin!" (Berlinale Filmfestival Wettbewerb 2002, Deutscher Drehbuchpreis 2002 („Bestes verfilmtes Drehbuch"), (13.02.2002 Start D))
- „Der Untergang" (Toronto International Film Festival (14.09.2004), (16.09.2004 Start D))
- „Die Weisse Massai" (Toronto International Film Festival (14.09.2005) (15.09.2005 Start D))
- „Die Welle" (Sundance Film Festival (18.01.2008), (13.03.2008 Start D))
- „Unsere Erde" (San Sebastián Film Festival (22.09.2007), (07.02.2008 Start))
- 2 weitere Filme und 2 der oben genannten Filme erhielten „nur" C-Filmpreise, C-Nominierungen oder liefen auf C-Festivals. Diese waren:
- „Crazy" (Emden International Film Festival 2000)
- „Luther" (Biberach Film Festival 2003 (30.10.03–2.11.03))
- „Good Bye, Lenin!" (Blauer Engel 2003, auf der Berlinale von der Organisation AGICOA vergeben für den besten europäischen Film im Wettbewerb)
- „Unsere Erde" (Vaduz Film Festival (14.07.2007), Athens Film Festival (Sept. 2007), (07.02.2008 Start D)

Dieses Ergebnis ist richtungsweisend. Zeigt es doch, dass 80 % aller Filme der Top 40 keine Filmpreise, Nominierungen oder Festivals vor ihrem Kinostart vorweisen konnten. Diese wurden in den allermeisten Fällen erst nach der Kinoauswertung vergeben. Somit erklärt sich auch das Ergebnis der FFA-Studie, welches Filmpreisen einen Anteil an der Kaufentscheidung von nur 2,5 % zuwies. Filmpreise haben somit kaum eine Bedeutung für die Filmentscheidung, weil sie selten vor Kinostart verliehen werden.

Wenn es überhaupt so etwas wie eine publikumswirksame Kraft von Filmpreisen gibt, dann kann dies nur auf Filmpreise und Festivals der Güteklasse A gelten. Nur diese schaffen es überhaupt, mit einer medialen Breitenwirkung „an die normalen Zuschauer" zu gelangen. Die Berlinale sei hier als größtes (und einziges deutsches A-Festival) herausgehoben. Zwar zählen Festivals, wie Sundance, Toronto oder Karlovy Vary zu den A-Festivals, zu diskutieren ist jedoch, wer als normale Zuschauerin oder Zuschauer schon je etwas von diesen Festivals gehört hat. Fraglich scheint, dass ausländische A-Festivals eine Marketingwirkung auf die Zuschauer haben. In den meisten Fällen werden A-Festivals genutzt, um innerhalb der Fachbranche den Film bekannt zu machen. Läuft ein Film auf einem A-Festival, kurbelt das in nicht geringem Maße die Auslandsverkäufe des Weltvertriebs an.

Anders zu betrachten ist jedoch die Berlinale, die als deutsches A-Festival durchaus Abbildung in den Popularmedien erhält. Laufen darüber hinaus auch noch deutsche Filme im Wettbewerb der Berlinale, berichtet die deutsche Presse in besonderem Maße davon. Schließt sich an die Berlinale der Kinostart des Films an und kann die Pressewelle genutzt werden, könnte man von einer gesteigerten Aufmerksamkeit bei den Zuschauern ausgehen.

Im Falle von „Good Bye, Lenin!" setzte der Verleih exakt auf diese Strategie. Der Film lief Anfang Februar 2002 auf der Berlinale und startete in den deutschen Kinos am 13.02.2002. Die Zahlen der Statistik zeigen, dass 56 % der Zuschauer des Films diesen Besuch bereits mehrere Tage vorher planten.[340] Man kann somit auch in diesem Fall nicht von „Zufallserfolgen" sprechen. Wenn es darum geht, woher die Zuschauer ihre Informationen über den Film bezogen (*source of awareness*), ergibt sich folgendes Bild: 22 % der Zuschauer wurde der Film von Freunden, Partner oder anderen Personen empfohlen, 18 % kamen durch Berichte, Kritiken in Zeitungen/Zeitschriften mit dem Film in Berührung, 14 % durch Werbung im Fernsehen, 14 % durch Internet, E-Mail-Service oder SMS, 13 % durch Filmvorschau/Trailer im Kino und 11 % durch Werbung, Berichte, Kritiken im Radio.[341] Die gute Filmbewertung der Zuschauer im Anschluss an den Besuch begründet die doch recht hohe Weiterempfehlungsquote von 22 %, die höher ist, als bei anderen Filmen dieses Jahres. 46 % der Zuschauer bewerteten den Film mit der Note 1, 45 % mit der Note 2, 8 % mit Note 3 und 2 % mit Note 4 und schlechter. Der Film kam also insgesamt sehr gut bei seinen Besuchern an.[342] „Good Bye, Lenin!" stand dabei besonders hoch in der Besuchergunst der Selbstständigen, Beamten, Angestellten und Rentner, die einen eher höheren Bildungsdurchschnitt haben. Die meisten Besucher haben entweder Abitur/Studium oder Mittlerer Reife/Fachschulabschluss.[343] Den Film auf der Berlinale zu platzieren, war retrospektiv betrachtet somit für den Verleih eine sehr gute Entscheidung. Alters- und Bildungsgruppe eines Filmfestivals wie Berlinale stimmten mit der Zielgruppe des Films überein.

Von einer derart hohen Marketingwirkung kann man beim Biberach Film Festival („Luther") oder beim Emden International Film Festival („Crazy") wohl nicht sprechen. Sie zählen zur Kategorie C und haben keinen nennenswerten Anteil am Erfolg. C-Festivals und C-Preise haben, wenn dann nur einen Marketing-

---

340 Vgl. FFA-Filmförderungsanstalt & Deisenroth, 2004, S. 41.
341 Vgl. FFA-Filmförderungsanstalt & Deisenroth, 2004, S. 46.
342 Vgl. FFA-Filmförderungsanstalt & Deisenroth, 2004, S. 55.
343 Vgl. FFA-Filmförderungsanstalt & Deisenroth, 2004, S. 22 ff.

effekt für Branchenteilnehmer und Fachpublikum. Welche Kinobesucher, die keine Branchenteilnehmer sind, haben z. B. vom Flaiano Film Festival gehört, auf dem 2003 „Good Bye, Lenin!" lief?

Auffällig am Ergebnis dieser Untersuchungskategorie ist auch, dass nur 8 Filme der Top 40 vor ihrer Kinoauswertung überhaupt auf einem Festival liefen. Gerade Festivals, im Unterschied zu Filmpreisen, sind normalerweise einer Kinoauswertung vorgelagert. Festivals haben meistens die Auflage, dass die eingereichten Filme noch keine Auswertung genossen haben dürfen. Die meisten A-Festivals bestehen sogar auf einer internationalen oder nationalen Uraufführung. Filmpreise können im Gegensatz dazu meist erst erworben werden, wenn der Film schon eine erfolgreiche Kinoauswertung hinter sich hat. Erst dann hat er sich imaginär für die meisten großen Filmpreise „qualifiziert".

Warum sind 32 von den 40 Top-Filmen nicht auf Festivals gelaufen?

Es ist sehr wahrscheinlich, dass die Top 40-Filme zu kommerziell für eine Festivalauswertung waren. Häufig begegnet man in der Praxis diesem Phänomen. Festivals beanspruchen oft den Status einer nichtkommerziellen, künstlerischen Veranstaltung. Meist sollen hier einem Fachpublikum die gelungensten Arthouse-Produktionen des letzten Jahres vorgeführt werden. Festivals richten sich somit nicht an das normale Publikum, sondern an Branchenteilnehmer. Breitenwirksame, sogenannte *general audience*-Filme sind somit eher unerwünscht. Vielleicht kommt hierbei auch der Aspekt hinzu, dass Verleiher ihre kommerziellen Filme gar nicht erst bei Festivals einreichen. Sie wissen um den geringen Wert von Festivals, wenn es darum geht, Zuschauer ins Kino zu locken. „Good Bye, Lenin!", der mit einer Mischung aus anspruchsvollem Feuilleton-Charakter und Kommerzialität für eine breite Zielgruppe, die Berlinale-Jury überzeugte, machte jedoch vor, wie Festivals durchaus für einen nachgelagerten Kinoerfolg sorgen können.

Filmpreise und Nominierungen vor Kinostart lassen sich, bis auf zwei Filmpreise für „Good Bye, Lenin! (Deutscher Drehbuchpreis 2002 („Bestes verfilmtes Drehbuch") und „Blauer Engel") nicht unter den Top 40-Filmen finden. Um Filmpreise zu gewinnen, scheint eine zuvor absolvierte Kinoauswertung Bedingung zu sein. Denn die meisten Filme haben durchaus Filmpreise der Güteklasse A vorzuweisen, z. B.: „Der Untergang" (Oscar „Bester ausländischer Film"), „Die fabelhafte Welt der Amélie" (Nominierung für mehrere Oscar-Kategorien), „Schuh des Manitu" (Deutscher Filmpreis in zwei Kategorien) etc. Bei 39 von 40 Filmen wurden die Filmpreise allerdings zeitlich weit nach der Kinoauswertung vergeben. Eine direkte, unidirektionale Marketingwirkung vom Filmpreis auf die Zuschauer lässt sich somit ausschließen.

Als Fazit für die Untersuchungskategorie „Resonanz" lässt sich fassen: Man kann nicht davon sprechen, dass Filmpreise, Nominierungen oder Festivals einen Anteil am Kinoerfolg der Top 40-Filmen hatten. Dabei sind ebenfalls die Güteklassen A, B und C unerheblich. Festivalpremieren lassen sich bei 8 Filmen finden, sie haben jedoch im Ausland keinen Marketingwert für die deutschen Zuschauer. Festivals im Inland waren zu klein, um Werbewirkung zu generieren. Darüber hinaus fand der deutsche Kinorelease auch meist nicht unmittelbar nach dem Festival statt, so dass man eine mögliche Pressewelle hätte nutzen können. Filmpreise konnte nur ein Film („Good Bye, Lenin!") vor Kinostart für sich verbuchen. Dieser Film ist zugleich auch der einzige Film der Untersuchung, der in den Verdacht kommt, dass die Berlinale als sogenannter *boost* für den sich anschließenden Kinostart gewirkt haben könnte.

3.4.10 Grafische Übersicht der Matrix

Die soeben formulierten Ergebnisse der 9 Untersuchungskategorien sind die Erträge, welche durch die Analyse innerhalb der Matrix zutage befördert werden konnten. Um diesem abstrakten Wesen „Matrix" eine Gestalt zu geben, findet sich im Anhang dieser Arbeit (Kapitel 7.4) eine grafisch und inhaltlich stark vereinfachte Abbildung dieser.

Die Matrix vereint die Funktion einer Datenbank, ebenso wie eines Analysetools.

3.5 Zusammenfassung Matrix

Das letzte Hauptkapitel widmete sich, nach vorangegangener Betrachtung des Besuchsgrunds (Warum haben sich Zuschauer für einen Film entschieden? Was sind die Kriterien der Filmauswahl? Welche Kriterien wogen schwerer als andere?), nun konkret der Analyse der zuschauerreichsten Filme der Jahre 2000–2011. Gibt es Kongruenzen und Verdichtungsmengen unter den Top 40-Filmen hinsichtlich der Kriterien, die im letzten Kapitel als „wichtig für die Filmentscheidung" proklamiert wurden? Wenn ja, könnte das tendenziell für ein Muster im Sehverhalten und Entscheidungsprozess der Zuschauer sprechen? Lässt sich hierdurch eine Typisierung „Deutschen Geschmacks" ableiten?

- Welche deutschen Kinofilme konnten die meisten Zuschauer für sich verbuchen?
- Weisen diese Erfolgsfilme Korrelationen hinsichtlich ihrer Einordnung in implizite und/oder explizite Themen auf? Ist es überwiegend das gleiche

Grundthema, das gleiche Genre oder der gleiche Erzählton, der sich in den erfolgreichsten Filmen spiegelt?

- Lag den meisten deutschen Erfolgsfilmen eine popkulturelle Referenz zugrunde? Bildete ihre Story einen gewissen Zeitgeist ab, spiegelte das Thema einen Nerv der Zeit?
- Waren es immer dieselben Schauspieler und Regisseure, welche die Zuschauer in ihre Filme lockten? Lässt sich somit ein deutsches Starsystem darlegen oder widerlegen? Gab es eine Magnetwirkung für diese *key positions*?
- Welchen Wert kann einer Vorlage zugewiesen werden, die einem Film zugrunde lag? Hatten *brand extensions* signifikanten Anteil am Erfolg?
- Lässt sich ein besonders hoher VFX- oder Animationswert herauskristallisieren?
- Spielte das Budget, der *production value* oder der *Look* eine Rolle oder ist diesen Variablen keine Bedeutung für Erfolg oder Misserfolg zuzuweisen?
- Hatte die Herausbringungsgröße zwingendermaßen Anteil am Erfolg? Liegt eine Signifikanz hinsichtlich des *Releases* durch eine bestimmte Verleihfirma vor? Brachten immer dieselben Verleiher Erfolgsfilme heraus?
- Welche Resonanz entwickelten Filmpreise, Nominierungen oder A-Festivals für Erfolgsfilme? Sind sie ein evidenter Indikator für Erfolg?

Das initiale Kapitel (Kriterien der Filmauswahl) legte durch die Bedeutung an der Filmentscheidung die Untersuchungskategorien für dieses Kapitel fest. Aufbauend auf diese Kategorien wurde ein geeignetes Forschungsdesigns (Matrix) entwickelt. Für diese Matrix wurde eine Operationalisierung der einzelnen Untersuchungskategorien definiert. Die Formulierung eines Untersuchungskorpus mit 40 Top-Filmen der Jahre 2000–2011 lieferte schließlich die nötige Basis, die Analyse innerhalb der Matrix zu beginnen.

Diese Analyse brachte interessante und signifikante Ergebnisse hervor, welche an dieser Stelle noch einmal kondensiert zusammengefasst werden:

3.5.1 Thema & Story, Genre und Erzählton

3.5.1.1 Genre und Erzählton

Versucht man, mögliche Verdichtungen für den Genrebegriff und den Erzählton zu finden, so ergibt sich zunächst für die Top 40-Filme die Gewichtung nach den drei stilistischen Hauptgenres Spiel-, Dokumentar- und Animationsfilm:

- **35 Spielfilme (87,5 %),**
- **3 Animationsfilme (7,5 %),**
- **2 Dokumentarfilme (5 %).**

Die überragende Mehrheit aller Filme sind somit Spielfilme (87,5 %). Hieraus lässt sich eine deutliche Präferenz bei den Zuschauern ablesen. Im Unterschied zum Dokumentarfilm, der eine Geschichte real, unverfälscht und authentisch erzählt und im Unterschied zum Animationsfilm, der eine Geschichte verfremdet, realitätsfern, fiktionalisiert, fantastisch und fantasievoll erzählt, so steht der Spielfilm für eine andere Visualität und Ästhetik. Der Spielfilm erzählt eine fiktionalisierte Geschichte mit realistischer Ästhetik, die von Schauspielern dargestellt wird. Der Spielfilm suggeriert somit eine Abbildung der Realität bei gleichzeitiger Erhöhung und/oder Dramatisierung der Geschichte.

Versucht man nun, die Top 40-Filme auf Parallelen innerhalb ihrer Hauptgenres zu untersuchen, ergibt sich folgendes interessante Ergebnis:

- **24 Komödien (60 %)**
- **12 bzw. 14 Dramen (30 bzw. 35 %)**
- **10 Kinderfilme (25 %)**
- **3 Thriller, Horror oder Mystery Filme (7,5 %)**

Mit deutlicher Mehrheit waren es also Komödien, die Zuschauer ins Kino lockten (60 %). Dramen und Kinderfilme haben in etwa eine gleichgroße Magnetwirkung auf das Publikum (25–35 %). Düstere, spannendere Filme aus der Gattung Thriller, Horror und Mystery konnten nur wenige im Untersuchungspool gefunden werden (7,5 %). Eine eindeutige Korrelation eines bestimmten Genres mit dem Erfolg lässt sich somit nicht ausmachen. Jedoch weist die Übermacht der Komödie auf eine große Präferenz des deutschen Publikums für dieses Genre hin.

Neben den Hauptgenres wurden auch Kondensate für weitere erzählerische Elemente gefunden. Diese Verdichtungen sind nach Häufigkeit geordnet und geben wieder, wie viele Filme diese Erzähltöne oder Elemente beinhalten:

- **Wirklichkeit/Erdung: 37 Filme**
- **Liebe/Romance: 32 Filme**
- **Komödiantische Elemente: 27 Filme**
- **Infantile Elemente: 14 Filme**
- **„Laute" Komödien: 14 Filme**
- **„Leise" Komödien: 13 Filme**
- **Biografie/History: 9 Filme**
- **Abenteuer/der Alltagswelt entfliehend: 9 Filme**
- **Teenager/coming-of-age: 9 Filme**
- **Märchenhafte Elemente: 7 Filme**

- **Düstere, verstörende, dunkle Elemente: 7 Filme**
- **Sport: 4 Filme**

Es lässt sich zusammenfassen, dass deutsche Zuschauer primär gern realitätsnahe, geerdete Komödien mit Liebeselementen mögen. Die Realitätsnähe bezieht sich dabei auf die Abbildung der Wirklichkeit im Unterschied zu z. B. Science-Fiction-Filmen. Dabei ist es für den komödiantischen Ton unerheblich, ob es laute oder leisere komödiantische Elemente sind. Wichtig ist ein komödiantischer Ton, der sich um Liebesgeschichten oder -elemente dreht. Gern gesehen sind dabei auch infantilere Erzählweisen.

Es drängt sich der Eindruck auf, dass das Publikum gern leicht, herzlich und heiter unterhalten werden will. Denn dieses Gefühl, diese Ästhetik, dieser Erzählton ist die primäre Gemeinsamkeit der meisten Top 40-Filme. Verstörende, düstere, aufwühlende Filme, wie z. B. „Der Untergang" waren in der deutlichen Minderheit der Filme.

Man kann an dieser Stelle durchaus von der Sichtbarmachung und Detektion eines „Deutschen Geschmacks" sprechen. Präferenzen im Erzählton und im Haupt- und Nebengenre geben durchaus wiederkehrende Präferenzen des deutschen Publikums wieder.

3.5.1.2 Thema & Story

Die Auswertung der Analyse hat ergeben, dass es größere und kleinere Verdichtungsmengen unter den Filmthemen gibt. Man kann nicht davon sprechen, dass es „immer dieselbe Story" oder „immer dasselbe Thema" war, welches in den Jahren 2000–2011 erfolgreich war. Aus den Filmen der Untersuchung zeigt sich ein buntes Potpourri an Sujets, welches jedes für sich, einen anderen Kern hat. Schaut man „unter die Decke" der offensichtlichen Filmstories und versucht, für jeden Film ein oder mehrere Themen zu benennen, so offenbaren sich jedoch wiederkehrende Elemente.

Ergebnis der Kondensate nach Filmthemen:

Die kondensierten Filmthemen nach Häufigkeit ihres Vorkommens in den Top 40-Filmen:

- **Abenteuer bestehen, Verantwortung übernehmen, Mission: 17 Filme und 4 Filme im Nebenthema (42,5 %/10 %)**
- **Liebesbeziehung/Beginn einer Liebe: 16 Filme (40 %)**
- **Wahre Freundschaft: 13 Filme (32,5 %)**

- **Grenzüberschreitung/Unmögliches möglich machen: 12 Filme (30 %)**
- **Kampf gegen das Böse: 7 Filme (17,5 %)**
- **Kinder ganz groß: 7 Filme (17,5 %)**
- **Sexuelles Erwachen: 6 Filme (15 %)**
- **Erwachsen werden, Ernst des Lebens erkennen: 5 Filme (12,5 %)**
- **Culture clash: 4 Filme (10 %)**
- **(Veranschaulichung von) politischen/gesellschaftlichen Missständen, Machtmissbrauch: 4 Filme (10 %)**
- **Sport/Wettkampf: 4 Filme (10 %)**
- **Schule/Universität: 4 Filme (10 %)**
- **Probleme der Generation 30: 4 Filme (10 %)**
- **Leben der Tiere, Natur: 3 Filme (7,5 %)**
- **Behinderung, fremd in der Umgebung: 3 Filme (7,5 %)**
- **Leben um die 20: 2 Filme (5 %)**
- **Ost trifft West: 2 Filme (5 %)**
- **Religion, Glaube: 2 Filme (5 %)**
- **Krieg: 1 Film: „Der Untergang" und 2 Filme im Nebenthema (2,5 %/5 %)**

17 Filme (42,5 %) verkörpern das Thema „Abenteuer bestehen, Verantwortung übernehmen, eine Mission durchlaufen". Zum einen erscheint dieses wiederkehrende Thema oft, zum anderen ist eine relativierte Betrachtung nötig. Denn „Abenteuer" ist ein klassisches Motiv der westlichen Dramaturgie. Im 2. Akt eines Spielfilms durchläuft der Protagonist meist ein Abenteuer oder eine Mission, um sein Problem/Konflikt zu lösen. Vor einer Überbewertung dieses Filmthemas soll somit an dieser Stelle gewarnt sein.

Liebe scheint eine erzählerische Ingredienz vieler erfolgreicher Filme zu sein, dabei reicht die Spanne von der Betrachtung einer bestehendes Liebesbeziehung bis zum Beginn einer Liebe. 16 Filme der Untersuchung (40 %) behandeln dieses Thema als Haupt- oder als Nebenthema.

13 Filme handeln von wahrer Freundschaft (32,5 %). Die Mehrzahl aller Filme benutzt dieses Element jedoch hauptsächlich, um mehrere Hauptfiguren erzählerisch zusammenzuhalten (knapp ein Drittel der Top 40-Filme).

Im Themenkreis von Grenzüberschreitungen und „das Unmögliche möglich machen" befanden sich 12 Filme (30 %). Zuschauer scheinen diese Art des Filmthemas zu mögen, vielleicht weil sie anderen Menschen gern bei Grenzerfahrungen zuschauen. Alle Filme hatten ein *happy end*, woraus man schlussfolgern kann, dass Zuschauer eine erfolgreiche Bezwingung des Unmöglichen mögen.

Den Kampf gegen das Böse traten 7 Filme der Untersuchung an (17,5 %). Diese Filme handelten im Kernthema von dem archaischen Kampf gegen „das Böse". Mit einem Anteil von 17,5 % an den Filmen der Top 40 kann man jedoch nicht von einer deutlichen Präferenz der Zuschauer für dieses Filmthema sprechen.

7 Filme behandeln das Thema „Kinder ganz groß" (17,5 %). Das Thema „Kinder ganz groß" spielt mit Begriffen wie z. B. „Behauptung gegen die Erwachsenen", „Mündigkeit", „Selbstvertrauen", „selbst etwas auf die Beine stellen". Betrachtet man die Gruppe der Kinderfilme gesondert, so ergibt sich ein Anteil von 70 % an den Kinderfilmen, die das Thema „Kinder ganz groß" als Kernthema behandeln. Eine große Präferenz innerhalb dieser Zielgruppe lässt sich hieran ablesen.

6 Filme behandeln das Thema „sexuelles Erwachen" (15 %). Bis auf einen Film besetzen hauptsächlich Teenager-Komödien dieses Thema. Hier lässt sich schlussfolgern, dass dieses Thema für die Zielgruppe Teenager prädestiniert ist. Ebenso scheint sich das Genre Komödie dafür zu eignen.

„Erwachsen werden" und/oder „den Ernst des Lebens erkennen" griffen 5 Filme der Top 40 auf (12,5 %). Es fällt auf, dass sich nur Komödien mit diesem Thema beschäftigten (anstatt Dramen). Man könnte meinen, dass Zuschauer die Beschäftigung mit diesem Thema in besonders leichter und unterhaltsamer Art, gegenüber einem schweren Drama vorzogen.

Das Thema *culture clash* wird in 4 Filmen betrachtet (10 %). Hierbei scheint kein festes Genre im Mittelpunkt zustehen. Man kann nicht von einer klaren Präferenz aller Zuschauer für *culture clash*-Themen sprechen, aber von einer kleinen Zielgruppe unter den *movie goern*.

Politische oder gesellschaftliche Missstände und/oder Machtmissbrauch ist Thema in 4 Filmen (10 %). Über alle zeitlichen Epochen hinweg lässt sich dieses Thema mit einer überwiegend düsteren, ernsten, dramatischen Erzählweise antreffen.

Das Thema Sport und/oder Wettkampf stand im Mittelpunkt von 4 Filmen (10 %). Auffällig und allen Filmen gemein ist, dass sie sich alle um Fußball drehen. Dabei findet man alle Zielgruppen und Altersstufen unter dem Publikum. Auch der Erzählton ist ähnlich: alle Filme sind von Elementen wie Erfolg, Streben nach Sieg und Ehrgeiz geprägt.

4 weitere Filme spielen im Themenkreis Schule oder Universität (10 %) mit einem speziellen Erzählkosmos. Entsprechende Elemente wie Behaupten gegen die Lehrenden, Selbstfindung in einem Gruppenverband, Pädagogik etc. haben alle Filme gleich. Jedoch gibt es dabei keine Gemeinsamkeit von Zielgruppe oder Genre.

In 4 Filmen kämpfen Protagonisten mit den Problemen der Generation 30 (10 %). Allen Filmen ist das Hauptthema „Liebe" gemein, jedoch auch, dass sich die Figuren von einem noch ungeformten Charakter (Lebensgefühl der 20er) hin zu einem geformten Charakter entwickeln (Lebensgefühl der 30er). Substanzielle Fragen, wie „was will ich, wer bin ich und wo will ich hin" treffen auf die Figuren und werden gelöst. Als dramaturgische Läuterung drängt sich der Begriff „Ankommen" auf. Da alle 4 Filme von männlichen Protagonisten aus erzählt werden, ist auch das Thema des (erwachsenen) „Mannwerdens" und der „Eman(n)zipation" hier enthalten.

Mit dem Leben der Tiere oder der Natur beschäftigen sich 3 Filme (7,5 %): zwei Filme in Animationsform für Kinder, ein Film in dokumentarischer Art für eine sehr breite Zielgruppe. Mit 7,5 % Anteil an den Filmen und unterschiedlichen Ausprägungen kann man nicht von einer Präferenz für dieses Thema sprechen.

3 Filme (7,5 %) spielen im Themenumfeld der Behinderung oder „fremd in der Umgebung". Diese Filme haben alle Elemente wie Ausgrenzung, Andersartigkeit, Anpassung an das „Normale" inne. Die Filme schöpfen hieraus ihre Besonderheit. Auffällig ist, dass alle 3 Filme eine zugleich dramatisch/tragische und komische Tonalität wählen. Auch bei der Zielgruppe ist von 14–39 jährigen, gebildeten, reflektierten Zuschauern für alle Filme auszugehen.

Die Thematik „Leben um die 20" behandeln 2 Filme (5 %). Beiden ist dabei gemein, dass dies nicht ihr Hauptthema ist, sondern als Nebenthema geführt wird. Elemente wie „frei sein", „Aufbegehren gegen die Eltern/Obrigkeit", „Jahre des Sichfindens", „offene Rechnungen begleichen" machen diese Filme aus. Da jedoch nur 2 Filme der Untersuchung diese Parallele aufweisen, kann man nicht von einer Präferenz sprechen.

Insgesamt 2 Filme spielen mit dem Thema „Ost trifft West" (5 %). Die beiden Filme beziehen ihre Kerngeschichte aus diesem Thema, welches auf die Teilung Deutschlands und die damit einhergehenden besonderen Ausprägungen in der DDR aufbaut. Auffällig ist, dass beide Filme äußerst humorvoll mit dem Thema umgehen.

Um das Kernthema Religion und Glaube kreisen 2 Filme (5 %). Für die beiden Filme definiert sich ebenfalls der Fokus der Geschichte, sein Erzählduktus und seine Zielgruppe gleich. Beiden gemein ist auch, dass sie wahre historische Persönlichkeiten portraitieren (hierauf wird auch im Kapitel Zeitgeist eingegangen).

1 bzw. 2 weitere Filme beschäftigen sich mit dem Thema Krieg oder dessen Auswirkungen (2,5 %/5 %). Während „Der Untergang" das Thema sehr explizit behandelt, so erzählen „Das Wunder von Bern" oder „Nirgendwo in Afrika" die Auswirkungen und Nachwehen eines Krieges als Nebenthema. Da der Anteil

dieser Thematik an den Top 40 so gering ist, kann nicht von einer Präferenz ausgegangen werden.

**Die Analyse der Top 40-Filme nach Filmthema (Thema & Story) hat hervor-
gebracht, dass es hinsichtlich des Themas von Filmen durchaus Präferenzen
bei den Zuschauer gibt. Thematische Vorlieben gab es dabei für Abenteuer-
und Liebesgeschichten, aber auch für Stories, die mittels wahrer Freundschaft
erzählt werden oder die von Grenzüberschreitungen und vom „Unmöglichen
möglich machen" handeln. Alle weiteren gefunden Kondensate von Filmthemen lassen zwar vereinzelt Gemeinsamkeiten unter den Top 40-Filmen
erkennen, jedoch keine weitere, klare, umspannende Präferenz.**

3.5.2 Film ist aktuelles Gesprächsthema/Zeitgeist (implizites Thema)

Innerhalb der Untersuchung, ob die Top 40-Filme zeitgeistige Themen inne haben, konnten bemerkenswerte Ergebnisse zutage befördert werden.

Untersucht man die Filme auf ihre Parallelen hinsichtlich ihrer visuell-ästhetischen
Verortung hin, erkennt man, dass:

- **18 Filme (45 %) zeitgenössisch,**
- **13 Filme (32,5 %) zeitlos/unverortet und**
- **9 Filme (22,5 %) historisch in Szene gesetzt wurden.**

Die Präferenz für zeitgenössische oder zeitlose Visualitäten und somit auch für
Themen aus dem Hier und Jetzt ist somit klar zu erkennen. In Summe machen
diese beiden Bereiche 77,5 % der Filme aus.

Die Einschätzung des <u>allgemeinen, öffentlichen Interesses am Filmthema</u> ergab, dass:

- **die Themen von 22 Filmen (55 %) neutral sind oder kein allgemeines, öffentliches Interesse auslösten,**
- **die Themen von 9 Filmen (22,5 %) mittleres und**
- **weitere 9 (22,5 %) großes, allgemeines, öffentliches Interesse auslösten.**

Mit großer Mehrheit befanden sich Themen unter den Filmen der Top 40, die
überwiegend neutral und nicht von allgemeinem, öffentlichen Interesses waren.

Dieses Ergebnis stimmt mit der <u>finalen Betrachtung des Zeitgeists</u> überein:

- **32 Filme (80 %) haben kein Zeitgeistthema,**
- **8 Filme (20 %) haben ein zeitgeistiges Thema.**

80 % der Filme wurden erfolgreich und erreichten die Top 3 jeden Jahres, obwohl sie überwiegend kein zeitgeistiges Thema behandelten. Nur 20 % der Filme setzen auf dieses „Pferd" und bedienten Themen, die am Puls der Zeit lagen.

Fazit: Der Faktor Zeitgeist hat durchaus Einzug in die erfolgreichsten Filme des Jahres gehalten (z. B. „Deutschland- ein Sommermärchen", „Kokowääh", „Die Welle"), zeitgeistige Themen als Erfolgsgarant zu deklarieren wäre jedoch eine Falschaussage. Denn der überwältigende Teil der Filme (80 %) punktete mit Themen, denen kein Zeitgeist anhaftete. Obwohl die Filme überwiegend in einem zeitgenössischen oder zeitlosen Handlungsraum spielten und somit jede Möglichkeit zur unmittelbaren Behandlung von zeitgeistigen Themen gehabt hätten, so fand diese meist nicht statt. Auch wenn Filme ein aktuelles Gesprächsthema waren und dies ein entscheidender Faktor am Besuchsgrund war, so hieß das noch nicht, dass er Gesprächsthema aufgrund seines (möglicherweise zeitgeistigen) Themas wurde. Oftmals war hier geschicktes Marketing im Spiel, wie z. B. bei „Der Untergang".

Auffällig innerhalb der Untersuchung ist auch, dass besonders Kinder- oder *family entertainment*- Filme kein Zeitgeistthema bedienten. Hier blieben die Filmemacher sehr zeitlos: Meist geht es um universelle Themen, wie Freundschaft, Liebe, Zusammenhalt. Filme, wie „Die wilden Kerle", „Wickie und die starken Kerle", „Die wilden Hühner" stehen dafür Beispiel.

3.5.3 Schauspieler

Auffälliges Ergebnis der Untersuchungskategorie Schauspieler ist, dass überwiegend bekannte Schauspieler, also Schauspieler der Marktwert-Kategorie A (64,6 %) und B (24,5 %) in den Top 40-Filmen besetzt wurden. Diese hohen Zahlen weisen tatsächlich auf eine Korrelation zwischen Erfolg an der Kinokasse und der Besetzung von bekannten Schauspielern hin. Überraschenderweise ist es dabei aber relativ unerheblich, ob es bestimmte oder immer dieselben Schauspieler sind.

192 zu vergebenden Hauptrollen wurden an insgesamt 149 Schauspieler vergeben. Von den 149 Schauspielern wurden 114 Schauspieler nur 1-mal besetzt. 30 andere Schauspieler der Top 40-Filme wurden insgesamt 2-mal besetzt, 3 Schauspieler 3-mal, 1 Schauspieler 4-mal (Matthias Schweighöfer) und 1 anderer Schauspieler sogar 5-mal (Til Schweiger). Diese Zahlen sind beachtlich, denn sie beweisen, dass es eben nicht immer „dieselben Gesichter" sind, welche die Zuschauer ins Kino lockten. Der Anteil der Schauspieler, die mehrfach besetzt wurden ist im Verhältnis zu den „Einmal- oder Zweimalbesetzungen" relativ gering. Somit konnten

nicht nur einige wenige Schauspieler, wie z. B. Til Schweiger die Zuschauer zum Filmbesuch „überreden", sondern auch viele andere.

Das Fazit lautet somit, dass es deutliche Regelmäßigkeiten zwischen dem Erfolg der Top 40-Filme im Bezug auf die Marktwertkategorie der Schauspieler gibt, nicht jedoch auf die Besetzung von immer denselben Schauspielern.

Die Tatsache, dass die Schauspieler bekannt sind, hilft den Zuschauern, den Film richtig einzuordnen. Bekannte Schauspieler vermitteln einen gewissen Eindruck für den Film und seine „Professionalität". Ebenso stehen manche Schauspieler für eine gewisse Art von Film und sein Genre. Bekannte Schauspieler vermitteln ein „Gütesiegel" für den Film, schaffen Vertrauen und mindern so das Enttäuschungsrisiko der Zuschauer.

3.5.4 Vorlage

Fasst man die Analyseerkenntnisse der Untersuchungskategorie Vorlage zusammen, ergibt sich eine deutliche Bilanz:

- **72,5 % aller Top 40-Filme basierten auf einer Vorlage. In absoluten Zahlen bedeutet dies, dass 29 Filme der Untersuchung ein vorbestehendes Werk als Fundament hatten. Ein eindeutiges Ergebnis, heißt dies doch, dass mehr als 2/3 aller Filme das Attribut „based on..." vorweisen können.**
- **11 Filme (27,5 %) waren reine Neuentwicklungen, sogenannte originäre Werke.[344]**

Die Frage, auf welcher Vorlagenart die meisten Filme basierten, wurde anschließend untersucht. Dazu wurde ein Katalog von gängigen Vorlagearten entwickelt und die Filme darin eingeteilt. Es ergab sich das folgende Ergebnis:[345]

- **55,2 % Buchvorlage (16 Filme)**
- **27,6 % Sequel (8 Filme)**
- **17,2 % realer Bezug/Ereignis (zeitgeschichtliches Ereignis oder historische Figur, z. B. „Baader Meinhof Komplex" oder „Luther") (5 Filme)**
- **17,2 % Spoof (5 Filme)**
- **10,3 % Remake (3 Filme)**
- **3,4 % Hörspiel (1 Film)**
- **3,4 % Videospiel (1 Film)[346]**

---

344 Vgl. An der Gassen, 2014 – siehe auch Anhang 7.4.
345 Mehrfachnennungen waren möglich.
346 Vgl. An der Gassen, 2014 – siehe auch Anhang 7.4.

Ein klares Ergebnis für den Erfolgsfaktor Vorlage. Überwiegend Filme mit einer Vorlage bestimmten die Top 40 (72,5 %). Dabei dominierte das Buch als Vorlagenart, vor dem *Sequel*, dem realen Bezug/Ereignis, *Spoof, Remake*, Hörspiel und dem Videospiel.

Dieses Ergebnis spricht dafür, dass die erfolgreichsten Filme der Jahre 2000–2011 mit gesteigerten Zuschauerzahlen in Zusammenhang gebracht werden können. Entgegensetzlich der Meinung der FFA-Studie „Der Kinobesucher", in dem der Besuchsgrund *Sequel* nur durchschnittlich 6,3 % an der Kaufentscheidung ausmachte. Wie jedoch die konkreten Beispiele der Top 40-Filme gezeigt haben, wurde für die Top 40- Filme dieser Besuchsgrund im Einzelfall mit bis zu 61,3 % angegeben („Zweiohrküken"). Dieses Beispiel kombiniert mit dem Fakt, dass 2/3 aller Top 40- Filme auf vorbestehenden Werken basieren, lässt die Schlussfolgerung zu, dass der Erfolg eines Films in deutlichen Zusammenhang mit einer Vorlage gebracht werden kann. Vielleicht lässt die Vorlage die Filme erst „an die Oberfläche" des übervollen Filmteichs kommen? Ohne Vorlage wären sie vielleicht untergegangen und die Zuschauer hätten sie nicht „entdeckt"?

Es scheint so, als brächten Zuschauer jenen Filmen ein gewisses Grundvertrauen entgegen, deren Vorlage sie kennen. Das viel zitierte Enttäuschungsrisiko, dass Zuschauer versuchen zu minimieren, da „Kino" ein hohes Investment an Zeit, Geld und Aufwand ist, kann durch Kenntnis der Vorlage eines Films entscheidend minimiert werden. Ein wichtiges Kriterium auch für zukünftige Filmplanungsprozesse, denn in einem Markt, in dem pro Jahr mehrere Hundert Filme auf Deutschlands Leinwände kommen, in dem das VoD-Geschäft wächst und die drohende Gefahr von Internetpiraterie immer größer wird, müssen Kinofilme ein geringes Enttäuschungsrisiko und einen hohen Zufriedenheitsfaktor anzubieten haben.

3.5.5 Special effects, Animation

Von 40 Filmen der Untersuchung sind 37 Filme (93 %) sogenannte *live-action*-Filme (real gedrehte Filme), nur 3 Filme sind Animationen (8 %). Von den Realfilmen wiesen 68 % keine, 16 % mittlere, 14 % wenig und 3 % viel SFX auf. Weder Animation, noch SFX waren somit wichtige Elemente für die Filme der Top 40. Hieraus lässt sich somit sowohl für Animationen sowie für den Schauwert von SFX keine Tendenz für den Erfolg eines Films ableiten.

Ein Ergebnis, welches sehr gut zur Selbsteinschätzung der Zuschauer bei Befragung am *point of sales*, im Kino, passt. Denn die Zuschauer gaben in der GFK-Langzeituntersuchung „Der Kinobesucher" von 2004–2010 für deutsche

Kinofilme an, dass die SFX oder die Animation nur einen Anteil von 2,0 % am Besuchsgrund für sie hatten. Ein so geringer Anteil, dass man hier wohl nicht von einem relevanten Besuchsgrund sprechen kann. Im Unterschied dazu gaben die Zuschauer für ausländische Filme an, dass SFX und Animationen einen Anteil von 11,3 % an ihrer Kaufentscheidung hatten. Ein enormer Unterschied, der für eine gänzlich andere Art von Filmen und deren unterschiedlicher Bedürfnisbefriedigung für die Zuschauer spricht.

In Kombination mit den Ergebnissen aus dem Bereich Thema und Story liegt die Schlussfolgerung nahe, dass sich der Deutsche Erfolgsfilm primär nicht über Schauwerte, Effekte oder Actionszenen definiert. Es ist weder eine „Effekthascherei" noch ein „Kino der Attraktion", wie es beispielsweise das US-amerikanische Kino primär versucht. Es scheint, als definiert sich der Deutsche Erfolgsfilm in wesentlichen Teilen über ein „Kino der Narration". Will man den Versuch wagen, eine „typisch deutsche Kinematografie" zu definieren, würde sich diese Beschreibung sicherlich aus Inhalten, Geschichten und einer Erzähltradition speisen. Reine Schauwerte, SFX, Explosionen, Effekte oder Animationen sind es jedenfalls nicht.

3.5.6 Regisseur

Die Untersuchung der Kategorie „Regisseur" hat ergeben, dass die 40 Filme der Analyse mit deutlicher Mehrheit von A-Regisseuren inszeniert wurden. Im Detail fiel das Ergebnis wie folgt aus.

- **A-Regisseure: 29 (72,5 %)**
- **B-Regisseure: 8 (20 %)**
- **C-Regisseure: 3 (7,5 %)**

Regisseure der Kategorie A generieren mit hoher Wahrscheinlichkeit mehr Vertrauen bei anderen Partnern der Filmbranche. Wenn eine renommierte, erfahrene und erfolgreiche Regisseurin oder Regisseur *attached* ist, sagen tendenziell ebenso renommierte Schauspieler zu, sind Finanziers, Förderer, Sender, Verleiher etc. eher bereit, in das Projekt einzusteigen und hohe Summe zu investieren.

Regisseure, auch wenn sie der Kategorie A entstammen, haben in den seltensten Fällen einen Bekanntheitswert beim Durchschnittszuschauer. Hier kann man wohl eher nicht von einer Magnetwirkung sprechen.

Betrachtet man die Beschäftigungshäufigkeit der Regisseure, so zeigt sich, dass die meisten Filme nicht von denselben Regisseuren inszeniert wurden. Die Top 40-Filme wurden von insgesamt 28 Regisseurinnen und Regisseuren (oder Regieteams) inszeniert. Davon wurden 21 Regisseure nur für einen Film beschäftigt.

4 Regisseurinnen oder Regisseure durften zwei Filme der Top 40, 1 Regisseur 3 Filme (Sönke Wörtmann) und 2 weitere Regisseure sogar jeweils 4 Filme inszenieren. Dieses Ergebnis legt dar, dass manche Regisseurin oder Regisseur tendenziell mehr dem Erfolg zugeneigt waren, als andere. Ihnen gelang es, mehr als nur einen Film in die Top 40 zu katapultieren.

3.5.7 Budget, production value, Look

Um eine Aussage über den Zusammenhang zwischen Erfolg und Budget, beziehungsweise *production value* treffen zu können, wurde das Budget, die Budgetklasse und die „Reichhaltigkeit" der Top 40-Filme recherchiert und bewertet.

Leider gestaltete sich die Recherche der Herstellungskosten schwierig. Für nur 23 Filme konnten überhaupt Budgetzahlen gefunden werden. Um diese in ihrer möglichen Ungenauigkeit abzufangen, wurden sie in Budgetklassen eingeteilt. Das folgende Erkenntnis ergab sich:

A) 1 Film kostete <1 Mio. € (4,4 %)
B) 1 Film kostete 1–3 Mio. € (4,4 %)
C) 9 Filme kosteten 3–7 Mio. € (39,1 %)
D) 4 Filme kosteten 7–12 Mio. € (17,4 %)
E) 8 Filme kosteten >12 Mio. € (34,8 %)

Die meisten Filme (91,2 %) zeigen eine Budgethöhe von mehr als 3 Millionen Euro auf. Nur 2 Filme (8,8 %) wiesen ein Budget von wenig als 3 Millionen Euro auf.

Führt man sich vor Augen, dass es sich hierbei um Kinofilme handelt, scheint die Begründung auf der Hand zu liegen. Kinofilme, die neben organisatorischem und logistischem Aufwand die Zuschauer auch Geld kosten, müssen einen optischen Mehrwert bieten.

Versucht man die Top 40-Filme nach ihrem *production value* einzuteilen, ergibt sich folgendes Ergebnis:

- **Hohen production value haben 18 Filme (45 %)**
- **Mittleren production value haben 22 Filme (55 %)**
- **Geringen production value haben 0 Filme (0 %)**

Kein Film der Untersuchung hat einen geringen *production value* aufzuweisen. Dies ist interessant und stützt die oben geführte These, dass Kinofilme einen optischen Mehrwert gegenüber Fernsehfilmen bieten müssen. Alle Filme der Top 40 weisen einen mittleren oder hohen *production value* auf und liegen somit weit über dem üblichen Ausstattungsaufwand eines Fernsehfilms.

3.5.8 Vertrieb

Die meisten Filme der Untersuchung (27 von 40 Top-Filmen) starteten überwiegend mit einer großen Kopienzahl (>400 Kopien am Startwochenende). Kein Film der Untersuchung zählte weniger als 99 Kopien. 4 Filme wurden mit 100–199, 3 mit 200–299, 6 mit 300–399, 12 mit 400–499, 3 mit 500–599, 2 mit 600–699, 8 mit 700–799 und 2 mit >800 Kopien herausgebracht.

An dem Ergebnis der Vertriebsuntersuchung lässt sich eine deutliche Tendenz ablesen: **Überwiegend Filme, die mit einer großen Kopienmasse gestartet wurden, waren erfolgreich.** Filme in dieser Kopienmenge haben häufig ein großes Marketingbudget und erregen höhere Aufmerksamkeit. Filme, die mit einer geringeren Kopienzahl gestartet wurden, hatten laut den Ergebnissen dieser Studie kaum eine Chance, überhaupt ein Publikumserfolg zu werden. Die Präsenz und Dominanz der anderen, „größer" gestarteten Filme verdrängten die kleineren Filme von Markt und von potenziellen Zuschauern. Sogenannte *sleeper*, also kleinere Filme, die sich durch Mund-zu-Mund-Propaganda einen Erfolgsweg durch den Markt bahnen, gab es nicht in den Top 40-Filmen.

Eine weitere Schlussfolgerung der Analyse ist, dass intrinsische Faktoren, wie Inhalt, Story, Schauspieler, Regisseurin bzw. Regisseur oder weiteren filmabhängige Faktoren leider zweitrangig für den Erfolg eines Films waren. Diese Faktoren konnten erst „wirken", wenn sie in einer gewissen Vertriebsstärke an die Zuschauer gebracht wurden. Erfolgreiche Filme brauchten somit eine hohe Kopienzahl, um Zuschauer überhaupt erst für Faktoren, wie Thema und Story zu interessieren. Filme, die sich nur auf Inhalt, Story, Schauspieler etc. verlassen haben und mit einer relativ kleinen Kopienzahl (<99) gestartet sind, waren nicht unter den Top 40 zu finden.

Dass die Auswahl eines spezifischen Verleihs signifikante Auswirkungen auf die Präsenz in den Top 40 hatte, zeigt ebenfalls die Untersuchung. 22 Filme der Top 40 brachte mit überdeutlicher Mehrheit Constantin Film heraus (55 %). 4 Filme wurden von Warner (10 %), 2 Filme jeweils von UIP und Buena Vista (je 5 %) und jeweils 1 Film von 20th Century Fox, Sony, Universum, Disney, Columbia Tristar, Kinowelt, Senator, X-Verleih, Prokino und Ottfilm (je 2,5 %) herausgebracht. Dabei scheint Constantin Film kein festes Modell für die Startkopiengröße zu haben. Vielmehr wird jeder Film im Constantin *slate* individuell eingeschätzt und innerhalb einer Herausbringungsstrategie an die Zuschauer gebracht. Dieses Prozedere erwies sich als äußerst erfolgreich, platzierten sie doch 55 % aller Top 40-Filme. Diese Ergebnisse bestätigen ebenfalls die Aussagen von Martin Moszkowicz im geführten Interview.

Konklusion der Vertriebs-Betrachtung der Top 40-Filme ist, dass sowohl die Größe der Herausbringung (Startkopien), als auch die Auswahl der spezifischen Verleihfirma in signifikantem Zusammenhang mit dem Erfolg der Top 40-Filmen steht.

3.5.9 Resonanz

Nur 8 Filme der 40 untersuchten Filme (20,0 %) erhielten vor ihrem Kinostart eine Nominierung, Filmpreis oder liefen auf einem Festival. Die restlichen 32 Filme (80,0 %) erhielten, wenn dann erst nach ihrer Kinoauswertung eine Nominierung, Filmpreis oder anderweitige Auszeichnung. 6 der 8 Filme (15,0 %) verbuchten für sich eine Nominierung, Filmpreis oder Festival der Güteklasse A:

- „Die fabelhafte Welt der Amelie" (Karlovy Vary International Film Festival (06.07.2001), Edinburgh Film Festival (12.08.2001), (16.8.2001 Start D))
- „Good Bye, Lenin!" (Berlinale Filmfestival Wettbewerb 2002, Deutscher Drehbuchpreis 2002 („Bestes verfilmtes Drehbuch"), (13.02.2002 Start D))
- „Der Untergang" (Toronto International Film Festival (14.09.2004), (16.09.2004 Start D))
- „Die Weisse Massai" (Toronto International Film Festival (14.09.2005) (15.09.2005 Start D))
- „Die Welle" (Sundance Film Festival (18.01.2008), (13.03.2008 Start))
- „Unsere Erde" (San Sebastián Filmfestival (22.09.2007), (07.02.2008 Start))

2 weitere Filme und 2 der oben genannten Filme erhielten „nur" C-Filmpreise oder liefen auf C-Festivals. Diese waren:

- „Crazy" (Emden International Film Festival 2000)
- „Luther" (Biberach Film Festival 2003 (30.10.03–2.11.03))
- „Good Bye, Lenin!" (Blauer Engel 2003)
- „Unsere Erde" (Vaduz Film Festival (14.07.2007), Athens Film Festival (Sept. 2007), (07.02.2008 Start D)

Das Ergebnis der Untersuchung dieser Kategorie ist eindeutig: Man kann nicht davon sprechen, dass Filmpreise, Nominierungen oder Festivals einen relevanten Anteil am Erfolg der Top 40-Filme hatten. Dafür ist die Anzahl der Filme, die auf einem Festival liefen oder einen Preis gewannen, zu gering.

Generell kann man nur bei A-Festivals von marketingrelevantem Wert für den Kinostart eines Films sprechen. Wenn diese A-Festivals zudem noch im Ausland stattfinden und überwiegend nur in der Filmbranche bekannt sind (z. B. Toronto International Film Festival, San Sebastián Filmfestival oder Edinburgh Film

Festival) haben auch sie keinen Wert für den deutschen Kinostart. Dies gilt somit für 5 von 6 Filmen der Untersuchung.

Einzig „Good Bye, Lenin!" konnte vor Kinostart zwei Filmpreise (A- und C-Filmpreis) für sich verbuchen. Dieser Film ist zugleich auch der einzige Film der Untersuchung, der in den Verdacht gerät, dass er die Berlinale als sogenannten *boost* für den sich direkt anschließenden Kinostart genutzt haben könnte.

Mit dieser Analyse rückt nun auch das Ergebnis der FFA-Studie in ein anderes Licht. Machten Filmpreise nur 2,5 % am Besuchsgrund aus, so erklärt sich jetzt, dass die Filme schlichtweg keine oder kaum Filmpreise und Festivalruns auf-zuweisen hatten.

4 Gesamtfazit

Diese Forschungsarbeit setzte sich zum Ziel, sich dem Begriff „Kinofilm" als Wirtschaftsgut zu nähern und Filmauswahlprozesse sowie Regelmäßigkeiten im Filmkonsum aus wirtschaftswissenschaftlich-analytischer Sicht zu betrachten.

Eine größere Durchdringung des deutschen Filmmarkts und seiner erfolgs-induzierten Potenziale sollte gelingen. Dabei standen besonders die Analyse des Filmbesuchsgrunds für die Zuschauer und der Detektion von Kongruenzen hinsichtlich der wichtigsten, am Entscheidungsprozess beteiligten Kriterien innerhalb der erfolgreichsten Kinofilme im Fokus.

Im Ergebnis dieser Studie konnte ein transparentes und relativ konstantes Zuschauerverhalten im Filmauswahlprozess sichtbar gemacht werden. Zuschauer planten einen Filmbesuch von langer Hand. Ebenso wiesen sie einigen wenigen Filmkriterien innerhalb ihrer Besuchsentscheidung große Bedeutung zu, wie z. B. dem Thema und der Story. Man muss somit von äußerst mündigen, bewussten Zuschauern ausgehen.

Für die sich anschließende Untersuchung der zuschauerstärksten Top 40-Filme der Jahre 2000–2011 wurde eine Matrix entwickelt, welche die Anforderung einer Datenbank und eines Analysetools vereinte. Die profunde und sehr detailreiche Analyse dieser wichtigen, am Entscheidungsprozess beteiligten Kriterien hat zahlreiche interessante und evidente Auffälligkeiten zutage befördert. Ungewöhnlich viele Clusterbildungen und Kongruenzen konnten beobachtet werden.

Den erfolgreichsten Filmen der Untersuchungsjahre konnten Regelmäßigkeiten im Erzählton und im Haupt- bzw. Nebengenre nachgewiesen werden. Der Eindruck drängt sich auf, dass der deutsche Zuschauer gern realitätsnahe, geerdete Komödien mit Liebeselementen mochte. Die Realitätsnähe bezieht sich dabei auf die Abbildung der Wirklichkeit im Unterschied zu z. B. Science-Fiction-Filmen. Dabei war es für den komödiantischen Ton unerheblich, ob es laute oder leisere komödiantische Elemente waren. Wichtig war ein komödiantischer Ton, der sich um Liebesgeschichten oder -elemente drehte. Gern gesehen waren dabei auch infantilere Erzählweisen.

Das Publikum bevorzugte überwiegend „leicht", „herzlich" und „heiter" unterhalten zu werden. Dieses Gefühl, diese Ästhetik und dieser Erzählton ist die primäre Gemeinsamkeit der meisten Filme der Untersuchung. Verstörende, düstere oder aufwühlende Filme befanden sich in der deutlichen Minderheit.

Korrelationen, welche für weitere Präferenzen der Zuschauer sprechen, ließen sich auch beim „expliziten Thema" der Filme nachweisen. Thematische Vorlieben gab es dabei für Abenteuer- und Liebesgeschichten, aber auch für Stories, welche mittels „wahrer Freundschaft" erzählt wurden oder die von „Grenzüberschreitungen" und vom „Unmöglichen möglich machen" handelten.

Eine klare Präferenz für zeitgenössische oder zeitlose (im Unterschied zu historischen) Visualitäten und somit auch für Themen aus dem „Hier und Jetzt" konnte herausgearbeitet werden. Der Hang zum „Zeitlosen" spiegelt sich auch in den Ergebnissen des öffentlichen Interesses für das „implizite Filmthema" wieder. Überwiegend wurden Filme mit Themen erfolgreich, welche „neutral" und nicht von „allgemeinem, öffentlichen Interesse" waren. Diese Erkenntnis passt ebenso zum Analyseergebnis des „Zeitgeists". Denn, dem Faktor „Zeitgeist" kann keine kausale Relevanz für den Erfolg nachgesagt werden. Der überwältigende Teil der Filme wählte Sujets und Themen, welche Zeitgeist nicht ausdrücklich abbildeten. Ihre Themen blieben universell.

Man kann an dieser Stelle durchaus von der Sichtbarmachung und Detektion wiedererkennbarer Präferenzen sprechen. Die deutschen Zuschauer mochten es scheinbar überwiegend realitätsnah, geerdet, komödiantisch, liebesbezogen, leicht, herzlich und heiter, ebenso wie universell, zeitlos und zeitgenössisch. Hinsichtlich des Themas und der Story, welches das mit Abstand wichtigste Entscheidungskriterium für den Filmbesuch war, beschreibt diese Erkenntnis eine Konklusion und die Abbildung eines „Deutschen Geschmacks".

Immanuel Kants These bezüglich der Existenz von Geschmack und subjektiver Allgemeingültigkeit, welche ein kollektives Urteilen ausdrücken soll, was als „schön" oder „ansprechend" empfunden wird[347], kann somit auch für den deutschen Erfolgsfilm stattgegeben werden. Es existiert eine ästhetische Präferenz der Masse, welche sich auf das Thema und die Story eines Films bezieht.

Auch innerhalb der anderen Untersuchungskategorien dieser Studie ließen sich weitere Zuschauerpräferenzen kondensieren:

Hinsichtlich der Schauspieler konnte eine deutliche Regelmäßigkeit für die Marktwertkategorie A detektiert werden. Überraschenderweise ist es dabei relativ unerheblich, ob es bestimmte oder immer dieselben Schauspieler waren. Den Zuschauern schien es wichtig zu sein, das Gesicht des Schauspielers zu kennen. Die Bekanntheit vermittelte ein gewisses „Gütesiegel" für den Film, schaffte Vertrauen und minderte das Enttäuschungsrisiko beim Zuschauer.

---

347   Vgl. Kant, 2009.

Das Enttäuschungsrisiko schien insgesamt eine sehr wichtige Determinante im Auswahl- und Konsumentenverhalten zu sein. Dafür spricht auch die Dominanz von Filmen, welche auf einem vorbestehenden Werk basierten. Mit sehr deutlicher Mehrheit entschieden sich Zuschauer für Filme, die auf einer Vorlage beruhten. Unabhängig davon, ob die Zuschauer die Vorlage kannten, muss dieses Kriterium mit Erfolg in Zusammenhang gebracht werden.

Aus *special effects* oder Animationen kann hingegen keine Tendenz für Erfolg abgeleitet werden. Nur ein Film der Untersuchung wies einen großen Anteil an SFX auf. Dieser Film war zudem eine internationale Koproduktion („Resident Evil: Afterlife").

Überwiegend sehr erfahrene, jedoch nicht immer dieselben A-Regisseure inszenierten die Top 40-Filme. Diese Vorherrschaft von bekannteren, erfolgreicheren Regisseuren ist jedoch für die Zuschauer irrelevant und meist nicht bewusst. Das Grundvertrauen und die Investmentbereitschaft, die eine solche Regisseurin oder ein solcher Regisseur für die Fachbranche aussendete, stellt wohl die Konnotation zum Erfolg dar.

Fast alle Filme der Untersuchung wurden ihrem ästhetischen Erlebnisanspruch eines Kinofilms gerecht. Sie boten Visualitäten, Reichhaltigkeiten und *production values*, welche sich deutlich von Fernsehfilmen abhoben. Nahezu allen Filmen war eine Budgethöhe von mehr als 3 Millionen Euro nachzuweisen, welche eine klare erfolgsinduzierte Tendenz erkennen lässt.

Die Herausbringungsgröße, die Start-Kopienzahl und die Auswahl der spezifischen Verleihfirma konnten ebenso in Zusammenhang mit Erfolg gebracht werden. Die meisten Filme der Untersuchung starteten mit einer Kopienzahl von mehr als 400 Kopien. Nur ein Film startete mit weniger als 99 Kopien.

Dass Filmpreise, Nominierungen, Ehrungen oder Festivals einen signifikanten Anteil am Erfolg eines Films hatten, kann leider nicht bestätigt werden. Nur ein Film der Untersuchung konnte möglicherweise die Resonanz eines Festivals und zweier Filmpreise nutzen. Alle anderen Filme avancierten zu Publikumshits auch ohne Filmpreise, Festivals oder Ehrungen.

Fazit:

Der deutsche Erfolgsfilm definierte sich primär nicht über Schauwerte, Oberflächlichkeit oder Actionszenen. Er besticht weder mit „Effekthascherei", noch lässt er sich als „Kino der Attraktion" beschreiben.

Es scheint, als definiere sich der Deutsche Erfolgsfilm in wesentlichen Teilen als „Kino der Narration". Seine Erzählwelten charakterisieren sich eher über realitätsnahe, geerdete, komödiantische, liebesbezogene, leichte, herzliche

und heitere, ebenso wie universelle, zeitlose und zeitgenössische Themen und Töne. Will man den Versuch wagen, eine „Deutsche Kinematografie" zu definieren, würde sich eine Beschreibung sicherlich aus diesen Inhalten, Geschichten und Tönen speisen.

Diese erzählerische Ausprägung traf den Geschmack der Zuschauer und ließ die Filme der Untersuchung zu Publikumserfolgen avancieren. Der Erfolg der Filme ist somit in Verbindung zu diesen Themen, Genres und Töne zu bringen. Vorbestehende Werke, bekannte Schauspieler und Regisseure lösten bei Zuschauern sowie der Fachbranche gewisses Grundvertrauen aus und minderten das Enttäuschungsrisiko. Einen Anteil am Erfolg kann auch diesen Kriterien zugesprochen werden. Ebenso kann das Budget, der *production value* und die Herausbringung der Filme, welche sich durch die Start-Kopienzahl und Verleihfirma definiert, mit Erfolg konnotiert werden. *Special effects* und Filmpreisen konnte hingegen keine Relevanz für Erfolg nachgewiesen werden.

Ein wiederkehrender Auswahlprozess und Determinanten erfolgreicher deutscher Kinofilme konnten innerhalb dieser Forschungsarbeit detektiert werden. Darüber hinaus wurden „Deutsche Präferenzen" transparent, welche den Versuch einer Typisierung „Deutschen Filmgeschmacks" zuließen. Man kann an dieser Stelle nicht von Uniformität sprechen, jedoch offenbart sich eine gewisse Ästhetik und Charakterisierung des „Deutschen Erfolgsfilms".

Ein Ergebnis, welches für Filmemacher und Produzenten auch innerhalb zukünftiger Filmplanungsprozesse von unschätzbarem Wert sein könnte. Bereitet es doch die Basis dafür, dass der deutsche Erfolgsfilm in seinen Potenzialen besser wahrgenommen werden kann.

Das sogenannte Bauchgefühl könnte so einem Bewusstsein weichen.

5 Bibliografie

Adorno, T. W. (2010). *Ästhetische Theorie*. Frankfurt am Main: Suhrkamp Verlag.

Albert, S. (1998). Movie Stars and the Distribution of Financially Successful Films in the Motion Picture Industry. *Journal of Cultural Economics, 1*(22), 249–270.

Amend, H., & Bütow, M. (1997). *Der bewegte Film – Aufbruch zu neuen deutschen Erfolgen*. Berlin: Vistas.

An der Gassen, F. (2011a). Datensammlung der Top 5-Filme nach Gesamtbesucher von 2000–2010 (Primärdaten: Media Control, GfK und Verband der Filmverleiher). Unveröffentlicht.

An der Gassen, F. (2011b). Tabelle: Der Kinobesucher- statistische Werte des deutschen Films der Jahre 2004–2010. (Analyse der jährlich erscheinenden Primärquelle: Der Kinobesucher, Strukturen und Entwicklungen auf Basis des GfK-Panels. 2004–2010. Berlin. FFA). Unveröffentlicht.

An der Gassen, F. (2011c). Tabelle: Der Kinobesucher- statistische Werte des Films der Jahre 2000–2010. (Analyse der jährlich erscheinenden Primärquelle: Der Kinobesucher, Strukturen und Entwicklungen auf Basis des GfK-Panels. 2000–2010. Berlin. FFA). Unveröffentlicht.

An der Gassen, F. (2012). Datensammlung der Top 100-Filme im Zeitraum 2000–2011 auf Basis von Primärdaten der GfK, FFA, Media Control und EDI Nielsen (Filmhitlisten, Top 100, Zuschauerzahlen, Kopienzahl, Einspielergebnis). Unveröffentlicht.

An der Gassen, F. (2014). Die Matrix – Analysetool und Datenbank der Top 40-Filme. Unveröffentlicht.

Appeldorn, W. van. (2001). *Erfolgsfilme mit der richtigen Dramaturgie. So produzieren Sie Filme, die beim Publikum wirklich ankommen*. Wesseling: Reil.

Arseguel, F. (2013, Februar 14). Interview mit dem Geschäftsführer und Inhaber des Alamode Filmverleihs. Im Gespräch mit F. An der Gassen. Berlin [Tonaufnahme (unveröffentlicht)].

Asur, S., & Huberman, B. A. (2010). *Predicting the Future with Social Media*. Palo Alto: HP Lab. Abgerufen von http://www.hpl.hp.com/research/scl/papers/socialmedia/socialmedia.pdf.

Ayass, R., & Bergmann, J. R. (2006). *Qualitative Methoden der Medienforschung*. Reinbek: Rowohlt Taschenbuch.

Bachtin, M. M. (2011). *Zur Philosophie der Handlung*. Berlin: Matthes & Seitz.

BBC News. (2008). Toy Story 2 is „perfect film". Abgerufen 13. Februar 2008, von http://news.bbc.co.uk/1/hi/entertainment/film/3023511.stm

Benke, D. (2002). *Freistil. Dramaturgie für Fortgeschrittene und Experimentierfreudige*. Bergisch Gladbach: Lübbe GmbH & Co. KG, Verlagsgruppe.

Bentele, G., & Schrott, P. (1988). Kinobesuch und Werbeakzeptanz. Ergebnisse einer Kinobesucherumfrage in Berlin. *Media Perspektiven*, (11/88), 734–742.

Berauer, W. (2007). *Quellenanalyse deutscher Film 1997–2006. Woher kommt der Stoff der deutschen Traumfabrik ?*. Wiesbaden: SPIO, Abteilung für Statistik. Abgerufen von http://www.spio-fsk.de/index.asp?SeitID=351&TID=3.

Berg, E., & Frank, B. (1979). *Film und Fernsehen. Ergebnisse einer Repräsentativerhebung 1978*. Mainz: v. Hase & Koehler.

Bergfried, J. M. (2001). Marketing für Kinofilme: Mission Impossible! *klick.online*, (4), 23.

Blickpunkt: Film. (2010a). Endgültiges Aus für Boxoffice-Börsen. Abgerufen 3. Juli 2011, von http://www.mediabiz.de/film/news/endgueltiges-aus-fuer-boxoffice-boersen/292540

Blickpunkt: Film. (2010b). Senatsausschuss will geplante Boxoffice-Börsen verhindern. Abgerufen 3. Juli 2011, von http://www.mediabiz.de/film/news/senatsausschuss-will-geplante-boxoffice-boersen-verhindern/288797

Blickpunkt: Film. (2010c). US-Behörde gibt grünes Licht für erste Boxoffice-Börse. Abgerufen 3. Juli 2011, von http://www.mediabiz.de/film/news/us-behoerde-gibt-gruenes-licht-fuer-erste-boxoffice-boerse/291108

Blickpunkt: Film. (2012). Blickpunkt: Film. Abgerufen 10. Juni 2012, von http://www.mediabiz.de/film/news

Blothner, D. (1994). Wie wirkt der Spielfilm? *Zwischenschritte*, (2/1994), 8–24.

Blothner, D. (1999). *Erlebniswelt Kino- über die unbewußte Wirkung des Films*. Bergisch Gladbach: Bastei-Verlag Lübbe.

Blothner, D. (2000). *Filminhalte und Zielgruppen, Wirkungspsychologische Untersuchung zur Zielgruppenbestimmung von Kinofilmen der Jahre 1998 und 1999 auf der Basis des GfK-Panels*. Berlin: FFA-Filmförderungsanstalt. Abgerufen von http://www.ffa.de/downloads/publikationen/Filminhalte_und_Zielgruppen.pdf.

Blothner, D. (2001). *Filminhalte und Zielgruppen 2, Fortführung der Wirkungspsychologischen Untersuchung zur Zielgruppenbestimmung von Kinofilmen des Jahres 2000 auf der Basis des GfK-Panels*. Berlin: FFA-Filmförderungsanstalt. Abgerufen von http://www.ffa.de/downloads/publikationen/Filminhalte_und_Zielgruppen_2.pdf.

Blothner, D. (2002). *Genres und Zielgruppen*. Köln: Cinema Advertising Group.

Blothner, D. (2003a). *Das geheime Drehbuch des Lebens- Kino als Spiegel der menschlichen Seele.* Bergisch Gladbach: Bastei Lübbe.

Blothner, D. (2003b). *Filminhalte und Zielgruppen und die Wege der Filmauswahl, Wirkungspsychologische Analyse der GfK-Paneldaten des Jahres 2001.* Berlin: FFA-Filmförderungsanstalt. Abgerufen von http://www.ffa.de/downloads/publikationen/blothner_studie.pdf.

Blothner, D. (2004). *Filminhalte und Zielgruppen 4, Generalisierungen und Tendenzen zum Verständnis der Zielgruppenbildung im Kino, Wirkungspsychologische Analyse der GfK-Paneldaten der Jahre 1998–2002.* Berlin: FFA-Filmförderungsanstalt. Abgerufen von http://www.ffa.de/downloads/publikationen/filminhalte_und_zielgruppen_4.pdf.

Blothner, D. (2011). Kinomarkt. Abgerufen 3. Juni 2011, von http://www.filmwirkungsanalyse.de/kinomarkt.htm

Bordwell, D. (1987). *Narration in the Fiction Film.* London: Taylor & Francis Ltd.

Box Office Mojo. (2009). Perfume – The Story of a Murderer. Abgerufen 3. Juni 2009, von http://www.boxofficemojo.com/movies/?id=perfume.htm

Carrière, J. C. (2003). *Der unsichtbare Film.* Berlin: Alexander Verlag.

Carrière, J. C., & Bonitzer, P. (1999). *Praxis des Drehbuchschreibens & Über das Geschichtenerzählen.* Berlin: Alexander Verlag.

Ciompi, L. (2011). *Gefühle, Affekte, Affektlogik: Ihr Stellenwert in unserem Menschen- und Weltverständnis.* Wien: Picus Verlag.

Clayton, S. (2003). *What Makes a Perfect Blockbuster- Commercially commissioned research.* London: University of London. Abgerufen von http://news.bbc.co.uk/1/hi/entertainment/film/3023511.stm

Clement, M. (2004). Erfolgsfaktoren von Spielfilmen im Kino : eine Übersicht der empirischen betriebswirtschaftlichen Literatur. *Medien & Kommunikationswissenschaft, 52*(2), 250–271.

Cutting, J. (2005). Perceiving scenes in film and in the world. *Moving image theory: Ecological considerations,* 9–27.

Cutting, J. (2007). Framing the rules of perception: Hochberg vs. Galileo, Gestalts, Garner, and Gibson. In M. A. Peterson, B. Gillam, & H. Sedgwick (Hrsg.), *In the mind's eye: Julian Hochberg on the perception of pictures, film, and the world.* (S. 495–504). New York: Oxford University Press.

Daamen, U. G. (2008). *Die Performance deutscher Kinofilme und zeitgenössischer Darsteller des deutschen Films* (Dissertation). Universität Witten/Herdecke, Mering: Rainer Hampp Verlag.

Dahl, G. (2004). Qualitative Film-Analyse: Kulturelle Prozesse im Spiegel des Films. *Forum Qualitative Sozialforschung, 2,* Art. 27(5).

Deleuze, G. (1996). *Das Zeit-Bild: Kino 2*. Frankfurt am Main: Suhrkamp Verlag.

Deutscher Bundestag. (2014). Kabinett will leiblichen Vätern mehr Rechte geben. Abgerufen 5. April 2014, von http://www.bundestag.de/dokumente/textarchiv/2012/41049393_kw42_de_regierungsbefragung/

De Vany, A., & Walls, W. D. (1999). Uncertainty in the Movie Industry: Does Star Power Reduce the Terror of the Box Office? *Journal of Cultural Economics, 23*(4), 285–318.

De Vany, A., & Walls, W. D. (2002). Does Hollywood Make Too Many R-Rated Movies?: Risk, Stochastic Dominance, and the Illusion of Expectation. *Journal of Business, 75*(3), 425–451.

Die Welt. (2013). Kontroverse : Wie Til Schweiger Kritiken zu „Kokowääh" verhindert. Abgerufen 24. November 2013, von http://www.welt.de/kultur/kino/article113426723/Wie-Til-Schweiger-Kritiken-zu-Kokowaeaeh-verhindert.html

Doshi, L., Krauss, J., Nann, S., & Gloor, P. (2009). Predicting Movie Prices Through Dynamic Social Network Analysis. In *Collaborative Innovations Networks Conference: Proceedings COINs 2009*. Savannah.

Eick, D. (2006). *Drehbuchtheorien: Eine vergleichende Analyse*. Konstanz: UVK Verlagsgesellschaft mbH.

Elberse, A., & Eliashberg, J. (2003). Demand and Supply Dynamics for Sequentially Released Products in International Markets: The Case of Motion Pictures. *Marketing Science, 22*(3), 329–354.

Eliashberg, J., Elberse, A., & Leenders, M. A. A. M. (2006). The Motion Picture Industry: Critical Issues in Practice, Current Research, and New Research Directions. *Marketing Science, 25*(6), 638–661.

Eliashberg, J., & Shugan, S. M. (1997). Film critics: Influencers or predictors? *Journal of Marketing*, (Vol. 61), 68–79.

Epagogix. (2010). Epagogix.com. Abgerufen 7. Januar 2012, von http://www.epagogix.com

Feuerer, K. (2001). *Erfolgskriterien im deutschen Spielfilm* (Diplomarbeit). Hochschule für Fernsehen und Film München, München.

FFA- Filmförderungsanstalt. (1984). *Ermittlung von Ursachen und Gründen der Besucherentwicklung in den Filmtheatern. Vorschläge für marktgerechte Maßnahmen*. (Berichtsband No. 1). München: IMARC: FFA-Filmförderungsanstalt.

FFA-Filmförderungsanstalt. (2005). *Der Kinobesucher 2004, Strukturen und Entwicklungen auf Basis des GfK Panels*. Berlin: FFA-Filmförderungsanstalt. Abgerufen von http://www.ffa.de/downloads/publikationen/kinobesucher_2004.pdf.

FFA-Filmförderungsanstalt. (2006). *Der Kinobesucher 2005, Strukturen und Entwicklungen auf Basis des GfK Panels.* Berlin: FFA-Filmförderungsanstalt. Abgerufen von http://www.ffa.de/downloads/publikationen/kinobesucher_2005.pdf.

FFA-Filmförderungsanstalt. (2007). *Der Kinobesucher 2006, Strukturen und Entwicklungen auf Basis des GfK Panels.* Berlin: FFA-Filmförderungsanstalt. Abgerufen von http://www.ffa.de/downloads/publikationen/kinobesucher_2006.pdf.

FFA-Filmförderungsanstalt. (2008). *Der Kinobesucher 2007, Strukturen und Entwicklungen auf Basis des GfK Panels.* Berlin: FFA-Filmförderungsanstalt. Abgerufen von http://www.ffa.de/downloads/publikationen/kinobesucher_2007.pdf.

FFA-Filmförderungsanstalt. (2009). *Der Kinobesucher 2008, Strukturen und Entwicklungen auf Basis des GfK Panels.* Berlin: FFA-Filmförderungsanstalt. Abgerufen von http://www.ffa.de/downloads/publikationen/kinobesucher_2008.pdf.

FFA-Filmförderungsanstalt. (2010). *Der Kinobesucher 2009, Strukturen und Entwicklungen auf Basis des GfK Panels.* Berlin: FFA-Filmförderungsanstalt. Abgerufen von http://www.ffa.de/downloads/publikationen/kinobesucher_2009.pdf.

FFA-Filmförderungsanstalt. (2011). *Der Kinobesucher 2010, Strukturen und Entwicklungen auf Basis des GfK Panels.* Berlin: FFA-Filmförderungsanstalt. Abgerufen von http://www.ffa.de/downloads/publikationen/kinobesucher_2010.pdf.

FFA-Filmförderungsanstalt. (2012). *Der Kinobesucher 2011, Strukturen und Entwicklungen auf Basis des GfK Panels.* Berlin: FFA-Filmförderungsanstalt. Abgerufen von http://www.ffa.de/downloads/publikationen/kinobesucher_2011.pdf.

FFA-Filmförderungsanstalt. (2013). *Der Kinobesucher 2012, Strukturen und Entwicklungen auf Basis des GfK Panels.* Berlin: FFA-Filmförderungsanstalt. Abgerufen von http://www.ffa.de/downloads/publikationen/kinobesucher_2012.pdf#page=1&zoom=auto,0,548.

FFA-Filmförderungsanstalt. (2013). *Filmhitlisten der Jahre 2000–2012.* Berlin: FFA- Filmförderungsanstalt. Abgerufen von http://www.ffa.de/index.php?page=filmhitlisten.

FFA-Filmförderungsanstalt. (2014). *Besucher-, Umsatz- und Eintrittspreisentwicklung der deutschen Filmtheater 2009 bis 2013.* Berlin: FFA-Filmförderunganstalt. Abgerufen von http://www.ffa.de/downloads/marktdaten/3_Besucher_Umsatz_Preise/3.2_bundesw_alteundneue_BL/2009_bis_2013.pdf.

FFA-Filmförderungsanstalt, & Deisenroth, R. (2004). *Der Kinobesucher 2003, Strukturen und Entwicklungen auf Basis des GfK Panels.* Berlin: FFA-Filmförderungsanstalt. Abgerufen von http://www.ffa.de/downloads/publikationen/kinobesucher_2003.pdf.

FFA-Filmförderungsanstalt, & Neckermann, G. (2001). *Der Kinobesucher 2000, Strukturen und Entwicklungen auf Basis des GfK Panels.* Berlin: FFA-

Filmförderungsanstalt. Abgerufen von http://www.ffa.de/downloads/publikationen/kinobesucher_2000.pdf.

FFA-Filmförderungsanstalt, & Neckermann, G. (2002). *Der Kinobesucher 2001, Strukturen und Entwicklungen auf Basis des GfK Panels.* Berlin: FFA-Filmförderungsanstalt. Abgerufen von http://www.ffa.de/downloads/publikationen/kinobesucher_2001.pdf.

FFA-Filmförderungsanstalt, & Nörenberg, B. (2011). *Auswertung der Top 50-Filmtitel des Jahres 2010 nach soziodemografischen sowie kino- u. filmspezifischen Informationen auf Basis des GfK Panels.* Berlin: FFA-Filmförderungsanstalt. Abgerufen von http://www.ffa.de/downloads/publikationen/top_50_filme_2010.pdf.

FFA-Filmförderungsanstalt, & Zoll, M. (2003). *Der Kinobesucher 2002, Strukturen und Entwicklungen auf Basis des GfK Panels.* Berlin: FFA-Filmförderungsanstalt. Abgerufen von http://www.ffa.de/downloads/publikationen/kinobesucher_2002.pdf.

Field, S. (1984). *Screenplay: The Foundations of Screenwriting; A step-by-step guide from concept to finished script.* New York: Dell.

Foesl. (2005). Movie-Infos.net: Kriterien für einen Filmbesuch [Forum]. Abgerufen 4. Juni 2011, von http://community.movie-infos.net/thread.php?threadid=11320&threadview=1&hilight=&hilightuser=0&sid=3020514c770c4ceae4abde765e6ac1dc

Frankfurter Allgemeine Zeitung, & Thomann, J. (2003). Kino Zehn Prozent Handlung, acht Prozent Musik. Abgerufen 21. Juni 2015, von http://www.faz.net/aktuell/feuilleton/kino-zehn-prozent-handlung-acht-prozent-musik-1102336.html

Gaitanides, M. (2000). *Ökonomie des Spielfilms.* München: Fischer Taschenbuch Verlag.

Gaitanides, M. (2001). Was sind Moviestars wert? : Empirische Befunde zu Rangpositionen, Substitutionsmöglichkeiten und Kassenerfolg von Stars. *Stars in Film und Sport. Ökonomische Analyse des Starphänomens. München,* 7–22.

Gesetze im Internet. (2015). Gesetze im Internet – Das Filmförderungsgesetz (FFG). Abgerufen 23. Mai 2015, von http://www.gesetze-im-internet.de/bundesrecht/ffg_1979/gesamt.pdf

GfK. (2011). GfK. Abgerufen 9. November 2011, von http://www.gfk.com/de/Seiten/default.aspx

Gloor, P. (2005). *Swarm Creativity: Competitive Advantage through Collaborative Innovation Networks.* Oxford: Oxford University Press.

Gloor, P. (2009). Swarm Creativity Blog: Who will win the 2010 Oscar – Early predictions? Abgerufen 7. Januar 2012, von http://swarmcreativity.blogspot.com/2009/11/who-will-win-2010-oscar-early.html

Gloor, P., & Cooper, S. (2007). *Coolhunting: Chasing Down the Next Big Thing.* New York: Amacom.

Goldman, W. (1983). *Adventures in the screen trade : a personal view of Hollywood and screenwriting.* New York: Warner Books.

Gombert, I. (2001). *Durch die Brille des Kritikers. Der erfolgreiche deutsche Film der 80er und 90er Jahre im Spiegel der Kritik.* Köln: Teiresias Verlag.

Hennig-Thurau, T. (2009). Die deutsche Filmindustrie im 21. Jahrhundert. Ökonomische Betrachtungen aus wissenschaftlicher Sicht. In T. Hennig-Thurau & V. Henning (Hrsg.), *Guru Talk : die deutsche Filmindustrie im 21. Jahrhundert.* Marburg: Schüren.

Hennig-Thurau, T., & Dallwitz-Wegener. (2003). Zum Einfluss von Filmstars auf den Erfolg von Spielfilmen. *Medien Wirtschaft, 4*(1), 157–170.

Hennig-Thurau, T., & Henning, V. (Hrsg.). (2009). *Guru Talk : die deutsche Filmindustrie im 21. Jahrhundert.* Marburg: Schüren.

Hennig-Thurau, T., Houston, M. B., & Heitjans, T. (2009). Conceptualizing and Measuring the Monetary Value of Brand Extensions: The Case of Motion Pictures. *Journal of Marketing, Special Issue on „Marketing Strategy and Wall Street"*(73), 167–183.

Hennig-Thurau, T., Houston, M. B., & Walsh, G. (2006). The Differing Roles of Success Drivers Across Sequential Channels: An Application to the Motion Picture Industry. *Journal of the Academy of Marketing Science, 4*(34), 559–575.

Hennig-Thurau, T., Walsh, G., & Wruck, O. (2001). An Investigation into the Factors Determining the Success of Service Innovations: The Vase of Motion Pictures. *Academy of Marketing Science Review, 1*(6).

Hennig-Thurau, T., & Wruck, O. (2000). Warum wir ins Kino gehen. Erfolgsfaktoren von Kinofilmen. *Marketing ZFP, 3*(22), 241–256.

Hidalgo, C. A., Castro, A., & Rodriguez-Sickert, C. (2006). The effect of social interactions in the primary consumption life cycle of motion pictures. *New Journal of Physics, 8*(4), 52.

Hito. (2005). Movie-Infos.net: Kriterien für einen Filmbesuch [Forum]. Abgerufen 4. Juni 2011, von http://community.movie-infos.net/thread.php?threadid=11320&threadview=1&hilight=&hilightuser=0&sid=3020514c770c4ceae4abde765e6ac1dc

Horkheimer, M., & Adorno, T. W. (1988). *Dialektik der Aufklärung. Philosophische Fragmente.* Frankfurt am Main: Fischer.

Howe, R., & Graf, N. (2012). *Marketing für deutsche Kinospielfilme: Eine Analyse der aktuellen Marketingbedeutung in der deutschen Filmwirtschaft.* Saarbrücken: AV Akademikerverlag.

HSX. (2010). HSX.com. Abgerufen 7. Januar 2012, von http://www.hsx.com/about/

HSX. (2015). HSX.com – About HSX. Abgerufen 19. Mai 2015, von http://www.hsx.com/about/

Husemann, J. (2013, Juni 1). Gespräch mit der Head of Acquisition & Coproduction Disney Germany. Geführt mit F. An der Gassen. München [Unveröffentlicht].

IMDb. (2012). IMDb: Genres. Abgerufen 8. Juni 2012, von http://www.imdb.com/genre/

IMDb Pro. (2009). Perfume: The Story of a Murderer: Box Office. Abgerufen 24. Juni 2009, von http://pro.imdb.com/title/tt0396171/boxoffice

Inside Kino. (2013). Die besten Verleiher 2006. Abgerufen 2. Januar 2013, von http://www.insidekino.de/Studio/Zeugnis06DT.htm

Jansen, C. (2002). *The German Motion Picture Industry. Regulations and Economic Impact.* (Dissertation). Humboldt-Universität, Berlin.

Johannsen, J.-P. (2008, November 20). Interview mit dem Filmhistoriker, Archivar und Rechercheur. Im Gespräch mit F. An der Gassen. Berlin. [Unveröffentlicht].

JohnDoe, johnnydeppfan90, & u.a. (2005). Movie-Infos.net: Kriterien für einen Filmbesuch [Forum]. Abgerufen 4. Juni 2011, von http://community.movie-infos.net/thread.php?threadid=11320&threadview=1&hilight=&hilightuser=0&sid=3020514c770c4ceae4abde765e6ac1dc

Kandorfer, P. (2010). *Lehrbuch der Filmgestaltung: Theoretisch-technische Grundlagen der Filmkunde.* Berlin: Schiele & Schoen.

Kant, I. (1986a). *Kritik der praktischen Vernunft.* Stuttgart: Philipp Reclam.

Kant, I. (1986b). *Kritik der reinen Vernunft.* Stuttgart: Reclam, Philipp, jun. GmbH, Verlag.

Kant, I. (2009). *Kritik der Urteilskraft.* Meiner Verlag.

Keil, K. (2007). *Demografie und Filmwirtschaft- Studie zum demografischen Wandel und seinen Auswirkungen auf Kinopublikum und Filminhalte in Deutschland.* Berlin: Vistas.

Kochendörfer, M. (2013, Februar 13). Interview mit dem Geschäftsführer des X-Verleihs. Im Gespräch mit F. An der Gassen. Berlin [Tonaufnahme (unveröffentlicht)].

Kracauer, S. (1964). *Theorie des Films: Die Errettung der äußeren Wirklichkeit.* Frankfurt am Main: Suhrkamp Verlag.

Krützen, M. (2011). *Dramaturgie des Films: Wie Hollywood erzählt.* Frankfurt am Main: Fischer Taschenbuch Verlag.

Lange, J. P. (2003). *Einfluss und Strategien deutscher Spielfilmproduzenten der Gegenwart in Hinblick auf den kommerziellen Erfolg ihrer Kinofilme anhand ausgewählter Beispiele* (Diplomarbeit). Hochschule für Film und Fernsehen „Konrad Wolf", Potsdam. Abgerufen von http://www.grin.com/de/e-book/24917/einfluss-und-strategien-deutscher-spielfilmproduzenten-der-gegenwart-in

Los Angeles Times. (2003). A formula for boffo box office? Abgerufen 21. Juni 2015, von http://articles.latimes.com/2003/may/14/entertainment/et-quick14.4

Lotman, J. M. (1972). *Die Struktur literarischer Texte*. München: Fink.

Maag, N. (2013, Februar 5). Interview mit Produzentin der Barefoot Film (Inhaber: Til Schweiger). Im Gespräch mit F. An der Gassen. München [Tonaufnahme (unveröffentlicht)].

Marketplace, & Vanek Smith, S. (2013). What's behind the future of hit movies? An algorithm. Abgerufen 21. Juni 2015, von http://www.marketplace.org/topics/business/whats-behind-future-hit-movies-algorithm

McLuhan, M. (2001). *Understanding Media: The Extensions of Man*. London: Routledge.

Mikos, L. (2008). *Film- und Fernsehanalyse*. Stuttgart: UTB.

Mikos, L., & Wegener, C. (Hrsg.). (2005). *Qualitative Medienforschung: Ein Handbuch*. Konstanz: UVK Verlagsgesellschaft.

Mohring, J. (2007). *Dramaturgie made in Hollywood. oder: Wie werden Erfolgsfilme gemacht?*. Norderstedt: Books on Demand GmbH.

Moszkowicz, M. (2013, Januar 29). Interview mit dem Vorstandsvorsitzenden und Produzenten der Constantin Film. Im Gespräch mit F. An der Gassen. München [Tonaufnahme (unveröffentlicht)].

Neckermann, G., & Blothner, D. (2010). *Das Kinobesucherpotential 2010 nach sozio-demographischen und psychologischen Merkmalen*. Berlin: FFA-Filmförderungsanstalt.

Neelamegham, R., & Chintagunta, P. (1999). A Bayesian Model to Forecast New Product Performance in Domestic and International Markets. *Marketing Science*, 2(18).

Neumann, H.-J. (1986). *Der deutsche Film heute. Die Macher, das Geld, die Erfolge, das Publikum*. Frankfurt am Main: Ullstein Taschenbuchverlag.

New York Times, & Gilpin. (2003, Oktober 8). G.E. and Vivendi Agree on Terms of NBC Universal Merger. Abgerufen 18. Juni 2015, von http://www.nytimes.com/2003/10/08/business/08CND-VIVEND.html

Parker, P. (1999). *The art and science of screenwriting*. Exeter: Intellect.

Parker, P. (2005). *Die Kreative Matrix: Kunst und Handwerk des Drehbuchschreibens*. Konstanz: UVK.

Prommer, E. (2010). Das Kinopublikum im Wandel: Forschungsstand, historischer Rückblick und Ausblick. In P. Glogner & P. S. Föhl (Hrsg.), *Das Kulturpublikum: Fragestellungen und Befunde der empirischen Forschung*. Wiesbaden: VS Verlag.

Reinhardt, F.-M. (2005). *Der wirtschaftliche Wert des Deutschen Filmpreises* (Diplomarbeit). Hochschule für Fernsehen und Film München, München. Abgerufen von http://webopac.hff-muc.de/webOPACClient.hffsis/start.do?Login=wohff&Query=10="BV021297178"

Röscheisen, T. (1997). *Filmproduktion und Fernsehproduktion für internationale Märkte*. München: Fischer.

Rudolf, M., & Ulrich, H. (2003). Risiko und Rendite im Spielfilmgeschäft. In H. Leser & M. Rudolf (Hrsg.), *Handbuch institutionelles Asset Management* (S. 783–798). Wiesbaden: Gabler Verlag.

Schopen, H. (2013, Juni 5). Interview mit dem Head of Sales des Concorde Filmverleihs. Im Gespräch mit F. An der Gassen. München [Unveröffentlicht].

Schorr, A. (2000). *Publikums- und Wirkungsforschung*. Wiesbaden: Westdt. Verl.

Schweppenhäuser, G. (2007). *Ästhetik: Philosophische Grundlagen und Schlüsselbegriffe* (1. Aufl.). Frankfurt am Main: Campus Verlag.

Seelandt, L. (2012, Juni 15). Gespräch mit dem Geschäftsführer des Movienet Filmverleihs. Geführt mit F. An der Gassen. München [Unveröffentlicht].

Sigler, A. (2004). *Die Grusel-Formel*. London: London King's College. Abgerufen von http://www.wissenschaft.de/archiv/-/journal_content/56/12054/1115582/Die-Grusel-Formel/

Silicon Valley Watcher, Asur, S., & Huberman, B. A. (2015). HP Study Shows Twitter Predicts Success Of Movies. Abgerufen 19. Mai 2015, von http://www.siliconvalleywatcher.com/mt/archives/2010/04/hp_study_shows.php

Skarics, M. (2004). *Popularkino als Ersatzkirche?*. Münster u. a.: Lit.

Sky News. (2003). Perfect Film Needs 12 % Sex. Abgerufen 21. Juni 2015, von http://news.sky.com/story/183798/perfect-film-needs-12-percent-sex

Spiegel online. (2005). Mundpropaganda entscheidet über Kinoerfolg. Abgerufen 7. Januar 2012, von http://www.spiegel.de/wissenschaft/mensch/0,1518,360622,00.html

SPIO. (2012). SPIO – Statistik, Schlüsseldaten Filmwirtschaft 2011. Abgerufen 3. Januar 2012, von http://www.spio.de/index.asp?SeitID=3&TID=3

Statistisches Bundesamt (Destatis). (2013). Pressemitteilungen – Elterngeld: Väterbeteiligung mit 27,3 % auf neuem Höchststand. Abgerufen

24. November 2013, von https://www.destatis.de/DE/PresseService/Presse/
Pressemitteilungen/2013/05/PD13_176_22922.html

Stutterheim, K., & Kaiser, S. (2011). *Handbuch der Filmdramaturgie: Das Bauchgefühl und seine Ursachen.* Frankfurt am Main: Peter Lang Internationaler
Verlag der Wissenschaft.

Tagesspiegel online, & Bardow, D. (2010). Kinoerfolg: Die Hollywoodformel.
Abgerufen 7. Januar 2012, von http://www.tagesspiegel.de/weltspiegel/
kinoerfolg-die-hollywoodformel/1788182.html

Telegraph, & Rowley, T. (2014). The geeks who are directing Hollywood. Abgerufen 19. Juni 2015, von http://www.telegraph.co.uk/culture/film/film-
news/10547268/The-geeks-who-are-directing-Hollywood.html

Thau, M. (2002). *Genres, Themen, Töne.* München: Drehbuchwerkstatt München.

Thau, M. (2012). *Genre-Führer – Schule des Drehbuchs.* Norderstedt: Books on
Demand.

The Guardian. (2003). Lecturer reveals the secret to box office success. Abgerufen
21. Juni 2015, von http://www.theguardian.com/film/2003/may/13/shopping

The New Yorker, & Gladwell, M. (2010). The Formula – What if you built a
machine to predict hit movies? Abgerufen 20. April 2015, von http://www.
newyorker.com/magazine/2006/10/16/the-formula

Tudor, A. (2000). Critical Method…Genre. In J. Hollows, P. Hutchings, & M. Jan-
covich (Hrsg.), *The Film Studies Reader* (S. 95–97). Arnold.

Wagner, S. (2011, März 20). Gespräch mit der Prokino-Verantwortlichen für
Einkauf und Produktion. Geführt mit F. An der Gassen. München [Unver-
öffentlicht].

Wegener, C. (1994). *Reality-TV : Fernsehen zwischen Emotion und Information?.*
Opladen: Leske und Budrich.

Wegener, C. (2008). *Medien, Aneignung und Identität; „Stars" im Alltag jugendlicher Fans.* Wiesbaden: VS, Verl. für Sozialwiss.

Weymar, T. (2013, Januar 29). Interview mit dem Geschäftsführer der Telepool
GmbH. Im Gespräch mit F. An der Gassen. München [Tonaufnahme (unveröffentlicht)].

Wikipedia. (2010). Epagogix. Abgerufen 7. Januar 2012, von http://en.wikipedia.
org/wiki/Epagogix

Wikipedia. (2013a). Bündnis 90/Die Grünen. Abgerufen 24. November 2013,
von http://de.wikipedia.org/w/index.php?title=B%C3%BCndnis_90/Die_
Gr%C3%BCnen&oldid=124620154

Wikipedia. (2013b). Filmgenre. In *Wikipedia.* Abgerufen von http://de.wikipedia.
org/w/index.php?title=Filmgenre&oldid=122400565

Wikipedia. (2015). E-, U- und F-Musik. In *Wikipedia*. Abgerufen von https://de.wikipedia.org/w/index.php?title=E-,_U-_und_F-Musik&oldid=137977082

Winter, R. (2010). *Der produktive Zuschauer. Medienaneignung als kultureller und ästhetischer Prozess* (2., erweiterte und überarbeitete Auflage.). München: Halem.

Würtenberger, T. (1991). *Zeitgeist und Recht.* Tübingen: Mohr Siebeck.

Zag, R. (2005). *Der Publikumsvertrag : emotionales Drehbuchschreiben mit „the human factor"* (1. Aufl.). München: TR-Verlagsunion.

Zag, R. (2010). The human factor – Der Blog [Blog]. Abgerufen 7. Januar 2012, von http://blog.the-human-factor.de/?cat=4

Zee News India. (2003). British Academic finds formula for perfect feature film. Abgerufen 21. Juni 2015, von http://zeenews.india.com/home/british-academic-finds-formula-for-perfect-feature-film_98183.html

Zeit online. (2014). BGH-Urteil: Unterhalt für Alleinerziehende eingeschränkt. Abgerufen 26. Februar 2014, von http://www.zeit.de/online/2009/12/unterhaltsrecht

Zillmann, D., & Bryant, J. (1985). Affect, Mood, and Emotion as Determinants of Selective Exposure. *selective Exposure to Communication*, 157–190.

Zuta, P. (2008). *Publikumspräferenzen für Kinofilme: die publikumsinduzierte Kreation im Filmproduktionsprozess. Konsequenzen einer ressourcenorientierten Sicht auf die Filmherstellung* (Dissertation). Hochschule für Film und Fernsehen „Konrad Wolf", Berlin: Vistas.

6 Danksagungen

Frau Prof. Dr. Kerstin Stutterheim möchte ich für die Annahme und Betreuung dieses Dissertationsthemas danken. Danke für den Glauben an mich und dieses Thema. Bei der Planung, Durchführung und Ausformulierung der vorliegenden Arbeit unterstützte sie mich durch ihre außerordentlich sachkundigen, wertvollen und kompetenten Anmerkungen. Ihre immer freundliche, geduldige, zeitintensive Bereitschaft mir weiterzuhelfen, trug maßgeblich zum Gelingen dieser Forschungsarbeit bei. Besonders bedanken will ich mich auch für das richtige Maß an Freiheit, welches sie mir innerhalb der Gestaltung und Ausarbeitung gewährte.

Mein Dank geht auch an Frau Prof. Dr. Michaela Krützen, welche meine wissenschaftliche Leidenschaft entfachte und mich zu einer Dissertation ermutigte. Vielen Dank für die zahlreichen Hinweise, Hilfestellungen und persönlichen Worte, all die vielen Jahre lang. Vielen Dank für die wissenschaftlichen Grundlagen, welche ich innerhalb des Studiums, als auch innerhalb der vierjährigen Arbeit an ihrem Lehrstuhl erhielt.

Großem Dank bin ich auch Prof Dr. sc. Dieter Wiedemann verpflichtet, welcher das Zweitgutachten für diese Dissertation übernahm. Vielen herzlichen Dank für die Zeit, das Engagement und das große Interesse an meiner Arbeit und diesem Thema.

Beim Bayerischen Staatsministerium für Wissenschaft, Forschung und Kunst bedanke ich mich für die großzügige Unterstützung. Der zweifache Zuspruch eines Stipendiums ehrt mich sehr und hat mir den notwendigen finanziellen, zeitlichen und geistigen Freiraum gegeben, um diese Arbeit zu schreiben.

Die vorliegende Forschungsarbeit konnte nur mit validem Daten- und Zahlenmaterial gelingen. An dieser Stelle soll daher den vielen Institutionen und Firmen für die Zurverfügungstellung des großen Datenmaterials gedankt werden. Mein außerordentlicher Dank gilt der Filmförderungsanstalt (FFA), Nielsen EDI, Media Control, der Spitzenorganisation der Filmwirtschaft e. V. (SPIO) und der GfK.

Branchenvertreter und Experten ergänzten das Datenmaterial mit ihrem wertvollen Erfahrungsschatz. Fabien Arseguel (Alamode Film), Martin Kochendörfer (X-Verleih), Nina Maag (ehemals Barefoot Films), Martin Moszkowicz (Constantin Film), Hans Schopen (Concorde Filmverleih) und Dr. Thomas Weymar (Telepool) sei gedankt für ihre Zeit und Geduld sowie der Bereitschaft, firmen- und brancheninternes Wissen für diese Arbeit preiszugeben.

Ein ganz besonderer, aufrichtiger Dank geht an meine Eltern, die mir zwei Studien ermöglichten und mir auch während der Doktorarbeit immerzu motivierend und liebevoll zur Seite standen. Besonderer Dank gilt dabei meiner Mutter, dessen Hilfe und Unterstützung von unschätzbarem Wert war. Danke für das Korrekturlesen, den geistigen Austausch, die anregenden Gespräche und ermutigenden Worte.

Mein sehr persönlicher Dank geht an meinen Mann für seine unermüdliche Unterstützung, seine Liebe und sein Verständnis. Er hat mich in diesen 6 Jahren fortwährend motiviert, mir mit Rat und Tat zur Seite gestanden und „den Rücken freigehalten". Danke für die konstruktiven Diskussionen, die Engelsgeduld, ein immer offenes Ohr und die unendliche Hilfsbereitschaft.

7 Anhang

7.1 Film-Blog im Internet unter www.movie-infos.net

Vollständige Forums-Diskussion:

„JohnDoe, 23.11.2005, 17:24 Uhr
Kriterien für einen Filmbesuch
Nach welchen Kriterien entscheidet ihr welchen Film ihr anschauen wollt??
Schauspieler? Thema des films? Art des Films?? Was ist eure Priorität??
Für mich ist es das Thema eines Films. Ich muss mir nicht jeden Film anschauen der in
die Kinos kommt. Die Schauspieler sind Sekundär für mich. 😊 Es sei denn eine meiner
lieblingsschauspieler spielen mit.

Johnnydeppfan90, 23.11.2005, 18:39 Uhr
RE: Kriterien für ein Filmbesuch
Seh ich so wie du, ich schau mir auch nicht jeden Film im Kino an. Wenn mich ein Thema
nicht so sehr interessiert, ich dann aber gute Kritiken hier im Forum lese schau ich mir den
dann vielleicht mal auf DVD an.
Wenn ich im Kino sitz, einen Trailer seh und den hammer find dann wird der Film natürlich auch geguckt. Schauspieler sind mir in den meisten Fällen egal, aber ich seh mir
natürlich alle Filme mit Johnny an! 👍

JohnDoe, 23.11.2005, 18:46 Uhr
Der Trailer ist mitunter eines der wichtigsten kriterien für ein Kinobesuch.
Passt auch dann noch die Geschichte, dann ist es ein muss den Film sich anzuschauen.
Ich lasse mich aber dennoch nicht von Kritiken abschrecken, wenn ich der meinung bin
den Film sehen zu müssen. Im Gegenteil. Bin des öfteren durch meine Entscheidung zum
positiven Überrascht worden, obwohl ich einen Film mir angeschaut habe wo andere ganz
miese Kririken abgegeben haben. 📷
Da trifft es dann sehr oft zu, das man über Geschmack nicht streiten kann, oder doch????? 😎
Erwarte nicht immer ein Hammermovie zu sehen. Es muss nur stimmen.

True Tyler, 23.11.2005, 19:00 Uhr
Ich schau einfach wie der trailer und die storry rüberkommen und wenns mir gefällt
schau ich ihn an wenn nicht lass ichs! Na gut wenn mir total viele Leute von einem Film
abraten obwohl der trailer nen guten eindruck macht lass ich es auch und andersrum
auch: wenn der trailer scheisse ist und auch die Storry langweilig wirkt und dann alle
sagen wow is der geil geh ich auch rein!
Ich sag mal so ein Daniel Kübelböck in der Hauptrolle würde mir auch die beste Storry
abspennstig machen! 😊

Foesl, 23.11.2005, 20:30 Uhr
Naja es gibt Filme die für mich Pflicht sind: Zum Beispiel neues von Scorsese, Depp
oder Tarantino. Aber insgesammt achte ich auf die Thematik und das was ich über einen
Film höre....

Blindedeye, 23.11.2005, 22:57 Uhr
Für mich ist in erster Linie die Story wichtig, wenn ein Film eine wirklich gute Story zu
bieten hat und auch die Kritiken stimmen, dann schaue ich ihn mir auch an, wenn ich
niemanden von der Crew/Cast kenne...
Dann gibt es Filme, die ich mir anschaue, selbst wenn die Kritiken durchwachsen sind,
meist sind das Filme die mit meinen Lieblingsdarstellen protzen oder einen guten Regisseur an Bord haben, deren Filme ich bewundere
Und dann werd auch ich manchmal von den Massen angezogen und schaue mir einen
Film wegn dem Hype an! 😄

Martyy, 23.11.2005, 23:07 Uhr
Wichtig ist in erste Linie das die Handlung des Films in mir das Interesse weckt. Wenn
Schauspieler dabei sind die man besonders gerne sieht um so besser wobei bei mir jeder
Tom Hanks Film eine Pflicht für's Kino ist. Griff ins Klo weil die besten Szenen schon
im Trailer waren kann es natürlich immer geben.

DerPat, 24.11.2005, 20:08 Uhr
Ich achte auf Schauspieler, Regisseur und Thematik eines Filmes, die Atmosphäre bekommt ja man meistens durch den Trailer mit. Es kann aber passieren, wenn ein super
Film zB von Tarantino kommt, aber mich die Thematik überhaupt nicht interessiert,
dass ich ihn schaue erst auf DvD. Kritiken spielen da eher untergeordnete Rolle.

Ilan, 24.11.2005, 21:49 Uhr
Hm ich würde da Thematik, Regisseur, Schauspieler, Story, Genre da miteinbeziehen.
Aber das ist fast scho nebensächlich. Denn wenn keine Freunde mitgehen oder ich keine
Zeit habe, dann geh ich in keinen Film

Ardron, 25.11.2005, 11:16 Uhr
Also zu erst schaue ich meistens auf die Schauspieler. Wenn da welche dabei sind die
mich Interessieren dann hat der gute Karten 😄 Anschließend auf das Genre und dann
auf den Look. Auf die Story oder auf Kritiken achte ich eher weniger. Allerdings wenn
ein Film viel belobt wird dann schau ich mir den meistens auch auf DVD an

Joerch, 25.11.2005, 11:46 Uhr
Wenn mich etwas im Vorfeld reizt – und der Trailer gut aussieht – dann gehe ich rein!
Genre, Schauspieler, usw ... sind dann egal!
Sonst hätte ich ja Filme wie SAW nicht gesehen ...

Pendretti, 25.11.2005, 13:12 Uhr
@ joerch, geht mir da genauso. ich würde mir auch schnulzen anschauen, aber dazu
muss halt der trailer was vermitteln, um mich zu locken. aber es gibt auch filme, die

ich schon aus ethischen gründen 😵 ohne trailer etc… schauen würde: Rambo IV oder
True Lies 2 … 😎

Brause Klaus, 28.11.2005, 00:11 Uhr
Das einzige Kriterium ist meine Freizeit 😊 Da ich mir die Filme umsonst anschauen
kann, da ich im CineStar arbeite, nutze ich diese Möglichkeit bei fast allen Filmen im laufenden Programm. Die richtigen „Kinderfilme" oder Sachen, die die Welt nicht braucht,
lass ich dennoch außen vor, da mir ansonsten die Zeit zu schade dafür erscheint 😊

Hito, 28.11.2005, 23:40 Uhr
Bei Fortsetzungen von guten Filmen (Harry Potter Reihe) weiß ich schon vorher das
ich ins Kino gehe, bei allen anderen, entscheidet der Trailer und was Bekannte so sagen.
Manchmal schaut man sich dann auch schon nen Scheiss an (Siegfried z. B.) weil der
Trailer ganz gut aussah."[348]

---

348 JohnDoe u. a., 2005.

7.2 Tabelle: Der Kinobesucher – Source of Awareness und Besuchsgrund

Source of Awareness für dt. Filme	2004		2005		2006		2007		2008		2009		2010		Durchschnitt	
	dt.Filme	nicht-dt.Filme	dt.Filme	nicht-dt.Filme	dt.Filme	nicht-dt.Filme	dt.Filme	nicht-dt.Filme	dt.Filme	nicht-dt.Filme	dt.Filme	nicht-dt.Filme	dt.Filme	nicht-dt.Filme	dt.Filme	nicht-dt.Filme
Filmvorschau / Trailer im Kino	27,0%	40,0%	23,0%	38,0%	19,0%	30,0%	21,0%	30,0%	18,0%	28,0%	23,0%	31,0%	21,0%	28,0%	21,7%	32,1%
Empfehlung von anderen	26,0%	23,0%	25,0%	19,0%	22,0%	20,0%	21,0%	20,0%	24,0%	19,0%	18,0%	19,0%	22,0%	21,0%	22,6%	19,9%
Werbung im Fernsehen	32,0%	27,0%	19,0%	28,0%	24,0%	28,0%	22,0%	30,0%	24,0%	29,0%	26,0%	28,0%	19,0%	31,0%	23,7%	28,7%
Berichte, Kritiken im Fernsehen	23,0%	13,0%	15,0%	11,0%	16,0%	11,0%	14,0%	9,0%	15,0%	8,0%	13,0%	7,0%	8,0%	7,0%	14,9%	9,4%
Werbeanzeigen in Zeitungen / Zeitschriften	8,0%	8,0%	13,0%	8,0%	11,0%	9,0%	10,0%	8,0%	9,0%	7,0%	11,0%	9,0%	10,0%	9,0%	10,3%	8,1%
Berichte, Kritiken in Zeitungen / Zeitschriften	23,0%	21,0%	23,0%	18,0%	19,0%	24,0%	19,0%	15,0%	20,0%	15,0%	17,0%	12,0%	15,0%	9,0%	19,4%	16,3%
Werbung, Berichte, Kritiken im Radio	16,0%	13,0%	13,0%	13,0%	18,0%	14,0%	13,0%	13,0%	16,0%	13,0%	15,0%	13,0%	9,0%	9,0%	14,3%	12,6%
Internet, Email Service, SMS	2,0%	4,0%	3,0%	5,0%	2,0%	4,0%	1,0%	1,0%	0,0%	1,0%	1,0%	1,0%	1,0%	1,0%	1,4%	2,4%
Außenwerbung	7,0%	11,0%	4,0%	5,0%	6,0%	7,0%	7,0%	7,0%	7,0%	8,0%	3,0%	4,0%	3,0%	3,0%	5,3%	6,6%
andere Quellen					9,0%	8,0%	10,0%	8,0%	9,0%	8,0%	10,0%	10,0%	9,0%	8,0%	9,4%	8,4%
Kostenloses Kinoprogrammheft			4,0%	5,0%	5,0%	7,0%	9,0%	7,0%	5,0%	6,0%	8,0%	8,0%	9,0%	4,0%	6,7%	6,2%
Plakate, Dekoration, Werbung im Kino			9,0%	11,0%	9,0%	13,0%	12,0%	14,0%	11,0%	14,0%	8,0%	9,0%	11,0%	13,0%	10,0%	12,3%
Werbung im Internet									3,0%	5,0%	3,0%	6,0%	4,0%	6,0%	3,3%	5,5%
Berichte, Beiträge im Internet							3,0%	3,0%	3,0%	4,0%	2,0%	4,0%	3,0%	4,0%	2,8%	3,8%

Besuchsgrund deutsche Filme	2004		2005		2006		2007		2008		2009		2010		Durchschnitt	
	dt.Filme	nicht-dt.Filme	dt.Filme	nicht-dt.Filme	dt.Filme	nicht-dt.Filme	dt.Filme	nicht-dt.Filme	dt.Filme	nicht-dt.Filme	dt.Filme	nicht-dt.Filme	dt.Filme	nicht-dt.Filme	dt.Filme	nicht-dt.Filme
Thema und Story	55,0%	61,0%	59,0%	55,0%	58,0%	53,0%	50,0%	49,0%	59,0%	50,0%	54,0%	50,0%	49,0%	43,0%	54,9%	51,6%
Wunsch der Begleitperson	23,0%	26,0%	30,0%	25,0%	27,0%	25,0%	27,0%	24,0%	23,0%	25,0%	24,0%	22,0%	24,0%	23,0%	25,4%	24,3%
Mit anderen etwas unternehmen	21,0%	26,0%	22,0%	24,0%	19,0%	24,0%	26,0%	25,0%	23,0%	27,0%	21,0%	22,0%	24,0%	24,0%	22,3%	24,6%
Film ist eine Fortsetzung / Teil einer Serie			3,0%	14,0%	8,0%	18,0%	8,0%	23,0%	7,0%	15,0%	7,0%	22,0%	9,0%	16,0%	6,3%	18,0%
Schauspieler	34,0%	22,0%	22,0%	20,0%	16,0%	16,0%	22,0%	19,0%	22,0%	19,0%	26,0%	19,0%	18,0%	17,0%	22,9%	18,3%
Special Effects / Animation	3,0%	15,0%	1,0%	12,0%	2,0%	9,0%	2,0%	10,0%	2,0%	8,0%	1,0%	8,0%	3,0%	14,0%	2,0%	11,3%
Film ist aktuelles Gesprächsthema	30,0%	14,0%	12,0%	8,0%	21,0%	11,0%	13,0%	8,0%	18,0%	9,0%	13,0%	9,0%	7,0%	9,0%	16,3%	9,7%
Film war ein Preview, Kinoevent, besondere Aktion im Kino													4,0%	4,0%	3,5%	4,0%
Kenne die Buchvorlage											3,0%		5,0%	6,0%	5,0%	6,0%
Nominierung, Auszeichnung des Film													2,0%	2,0%	2,5%	2,0%
Erreichbarkeit der Kinos	4,0%	5,0%	6,0%	5,0%	5,0%	4,0%	6,0%	4,0%	5,0%	5,0%	3,0%	2,0%	5,0%	6,0%	5,3%	4,6%
Sneak Preview			2,0%	2,0%	1,0%	2,0%	3,0%	2,0%	1,0%	2,0%	5,0%	4,0%	6,0%	4,0%	1,8%	2,0%
Sonstiges					11,0%	9,0%	12,0%	9,0%	12,0%	10,0%	14,0%	11,0%	13,0%	11,0%	12,4%	10,0%

Quelle: Übersicht: FFA-Studie „Der Kinobesucher" 2004–2010, deutsche Filme & nicht-deutsche Filme (Mehrfachnennungen waren möglich)[349]

349   An der Gassen, 2011b.

7.3 Tabelle: Der Kinobesucher- Planung Kinobesuch, Begleitpersonen & Co.

	2000	2001	2002	2003	2004	2005	2006	2007	2008	2009	2010	Durchschnitt
Planung des Kinobesuchs (wieviel Tage vorher entschließt sich d.Zuschauer für diesen Film)												
am Besuchstag im Kino	k.A.	k.A.	k.A.	16,0%	14,0%	15,0%	13,0%	13,0%	12,0%	8,0%	9,0%	12,5%
am Besuchstag	k.A.	k.A.	33,0%	16,0%	19,0%	19,0%	18,0%	19,0%	18,0%	18,0%	18,0%	19,8%
1 Tag vorher	k.A.	k.A.	22,0%	16,0%	17,0%	17,0%	17,0%	18,0%	17,0%	17,0%	17,0%	17,6%
mehrere Tage vorher	k.A.	k.A.	45,0%	52,0%	51,0%	49,0%	52,0%	50,0%	53,0%	57,0%	56,0%	51,7%
Source of Awarness (Mehrfachnennungen möglich)												
Filmvorschau / Trailer im Kino	k.A.	k.A.	k.A.	21,0%	37,0%	36,0%	27,2%	29,0%	25,6%	28,6%	26,1%	28,8%
Filmvorschau / Plakate im Kino	k.A.	k.A.	22,0%	benannt		10,0%						16,0%
Empfehlung von anderen	k.A.	k.A.	15,0%	15,0%	24,0%	20,0%	20,3%	19,0%	20,2%	18,5%	20,8%	19,2%
Werbung im Fernsehen	k.A.	k.A.	19,0%	16,0%	28,0%	26,0%	27,1%	29,0%	27,3%	27,5%	26,8%	25,2%
Berichte, Kritiken im Fernsehen	k.A.	k.A.	7,0%	9,0%	16,0%	12,0%	12,2%	10,0%	10,0%	9,0%	6,9%	10,2%
Werbeanzeigen in zeitungen/ zeitschr	k.A.	k.A.	6,0%	5,0%	8,0%	9,0%	9,1%	8,0%	7,8%	8,8%	8,9%	7,8%
Berichte, Kritiken in Zeitungen/ Zeits	k.A.	k.A.	10,0%	13,0%	21,0%	19,0%	17,5%	16,0%	16,2%	13,2%	10,4%	15,1%
Werbung, Berichte, Kritiken im Radio	k.A.	k.A.	15,0%	8,0%	13,0%	13,0%	14,5%	13,0%	13,7%	13,7%	8,5%	12,5%
Internet, Email Service, SMS	k.A.	k.A.	2,0%	2,0%	3,0%	4,0%	0,6%	1,0%	0,8%	0,6%	0,6%	1,6%
Außenwerbung	k.A.	k.A.	k.A. (chträgl.)	6,0%	10,0%	5,0%	6,4%	7,0%	7,5%	3,5%	2,9%	6,4%
andere Quellen	k.A.	k.A.	4,0%		9,0%	k.A.	8,5%	9,0%	8,4%	10,1%	8,5%	7,9%
kostenloses Kinoprogrammheft						5,0%	6,2%	7,0%	6,0%	7,9%	5,5%	6,3%
Plakate / Dekoration / Werbung im Kino							12,7%	13,0%	12,9%	8,4%	12,3%	11,9%
Werbung im Internet							2,8%	4,0%	4,8%	4,8%	5,8%	4,4%
Berichte / Beiträge im Internet (Artikel, homepage, chat)							2,6%	3,0%	3,7%	3,0%	3,9%	3,2%
Filmvorschau / Trailer im Internet											9,5%	9,5%
	100,0%			95,0%	169,0%	159,0%	167,7%	168,0%	164,9%	133,5%	120,4%	

	2000	2001	2002	2003	2004	2005	2006	2007	2008	2009	2010	Durchschnitt
Anzahl der Begleitperson												
alleine	k.A.	k.A.	6,0%	7,0%	k.A.	k.A.	7,0%	8,0%	8,0%	9,0%	9,0%	7,7%
1 Person	k.A.	k.A.	42,0%	43,0%	k.A.	k.A.	43,0%	41,0%	41,0%	46,0%	46,0%	43,1%
2 Personen	k.A.	k.A.	20,0%	19,0%	k.A.	k.A.	20,0%	22,0%	23,0%	19,0%	19,0%	20,3%
3 Personen	k.A.	k.A.	14,0%	13,0%	k.A.	k.A.	14,0%	14,0%	13,0%	14,0%	13,0%	13,6%
4 Personen u.mehr	k.A.	k.A.	18,0%	18,0%	k.A.	k.A.	16,0%	15,0%	15,0%	13,0%	12,0%	15,3%
Durchschnitt Begleitpersonen je Kinol	k.A.	k.A.	2,3	2,5	k.A.	k.A.	k.A.	k.A.	k.A.	2,3	2,3	2,3
Besuchsgrund (Mehrfachnennungen), für dt. & ausl. Filme gesamt												
Thema und Story				59,0%	60,0%	56,0%	54,0%	49,1%	52,3%	51,1%	43,7%	53,2%
Wunsch der Begleitperson				24,0%	25,0%	26,0%	26,0%	24,5%	24,2%	22,3%	23,5%	24,4%
Mit anderen etwas unternehmen				21,0%	25,0%	24,0%	22,0%	25,2%	26,3%	21,5%	23,6%	23,6%
Film ist eine Fortsetzung/ Teil einer Serie				k.A.	k.A.	12,0%	15,0%	20,4%	11,9%	17,7%	14,5%	15,3%
Schauspieler				20,0%	25,0%	21,0%	16,0%	19,3%	20,2%	18,2%	16,8%	19,6%
Special Effects/ Animation				16,0%	12,0%	10,0%	14,0%	8,2%	6,1%	8,1%	11,6%	10,8%
Film ist aktuelles Gesprächsthema				18,0%	18,0%	9,0%	7,0%	8,8%	11,5%	9,9%	8,5%	11,3%
Film war ein Preview, Kinoevent, besondere Aktion im Kino										3,5%	3,8%	3,7%
Kenne die Buchvorlage											5,8%	5,8%
Nominierung, Auszeichnung des Film										2,1%	1,7%	1,9%
Erreichbarkeit der Kinos				4,0%	5,0%	5,0%	4,0%	5,0%	5,0%	4,5%	4,5%	4,6%
Sonstiges/ keine Angabe							9,0%	9,5%	10,6%	11,7%	11,4%	10,4%
Sneak preview						2,0%	2,0%	2,4%	2,0%			2,1%

Quelle: Datenerhebungen FFA „Der Kinobesucher" 2000–2010 (rot = bemerkenswert) [350]

350   An der Gassen, 2011c.

7.4 Die Matrix – Analysetool und Datenbank der Top 40-Filme

Als Analysetool für diese Forschungsarbeit wurde eine eigene Matrix entwickelt. Diese Datenbank, die sowohl den Charakter einer Datensammlung sowie eines „Untersuchungsapparats" inne hat, umfasst eine Vielzahl von Informationen, Zahlen, vergleichenden Inhaltsanalysen, Bewertungen, Übertragungen, Formeln und statistischen Berechnungen.

Trotz der Komplexität und Größe dieser Datenbank wurde nachfolgend versucht, die Matrix in ein grafisches Schema zu übersetzen.[351] Auf diesem Wege soll eine Nachvollziehbarkeit für den Leser gelingen.

Auf die Primärquellen, die Grundlage des Zahlenmaterials der Matrix darstellen, wurde an entsprechender Stelle im Untersuchungskapitel hingewiesen.

---

351 An der Gassen, 2014.

7.4.1 Die Matrix, Teil 1: 2011–2009

ID-Nr. Untersuchungskategorie/Film	Fragestellung	Operationalisierung	2011				2010				2009		Erläuterung Ergebnis
			1	2	3	4	5	6	7	8	9	10	
			Kokowääh	What a Man	Wickie auf großer Fahrt	Friendship	Konferenz der Tiere	Resident Evil Afterlife	Vincent will Meer	Wickie u.d.starken Männer	Zweiohrküken	Die Päpstin	
Kinostart D			3/2/11	25/8/11	29/9/11	14/1/10	7/10/10	16/9/10	22/4/10	09.09.2009 lt.MedContr. (10.09.09)	3/12/09	22/10/09	
1. Thema & Genre, Story	Thema, Story, & Genre, Ästhetik, • Welches Thema und welche Story behandelt der Film? • Worum geht es und wie wird erzählt (Erzählton)? • Welches Genre bedient der Film? • In welches Haupt- und welches Subgenre lässt sich der Film einteilen? Explizite Einordnung des Themas des Films	Genre (FFA)	Spielfilm/ Komödie	Spielfilm/ Komödie	Kinderfilm/ Abenteuer	Spielfilm-Komödie	Kinderfilm-Animation/ Zeichentrick	Spielfilm-Horror	Spielfilm-Drama	Spielfilm-Abenteuer	Spielfilm-Komödie	Spielfilm-Historienfilm	Komödien (24, 60 %,). Dramen (12, bzw.14, 30/35 %), Kinderfilme (10, 25 %), Thriller/ Horror o.Mystery (3,7,5 %). Zuschauer mögen primär gern realitätsnahe, geerdete Komödien mit Liebeselementen.Dabei egal ob laute o.leise Komödie. Wichtig ist komödiantischer, heiterer Ton, der sich um Liebesgeschichten oder -elemente dreht. Gern gesehen sind auch infantilere Erzählweisen. (zu expliziten Filmthemen siehe Reinschrift: besonders Abenteuer- und Liebesgeschichten dominieren die Top 40, gefolgt von wahrer Freundschaft und Grenzüberschreitungen/ Unmögliches möglich machen)
		Genre (Media Control)				Komödie	Kinderfilm		Drama	Kinderfilm	Komödie		
		Genre nach Blothner & imdb	Komödie/ Liebeskomödie	Komödie/ Liebeskomödie	Komödie/ Abenteuer/ Kinderfilm	Komödie	Animationsfilm/ Kinderfilm/ Komödie	Thriller/ Horrorfilm/ Actionfilm/ Science-Fiction	Drama	Komödie/ Kinderfilm/ Abenteuerfilm	Komödie/ Liebeskomödie	Drama/ Biografie/ History	
		Genre (imdb)	Comedy	Comedy/ Romance	Action / Adventure / Comedy / Family	Comedy	Animation / Comedy / Family	Action / Adventure / Horror / Sci-Fi	Drama	Action / Adventure / Family / Comedy	Comedy / Romance	Drama / Romance	

Jahr		2011			2010				2009			
ID-Nr.		1	2	3	4	5	6	7	8	9	10	
Untersuchungskategorie/Film → Fragestellung	Operationalisierung	Kokowääh	What a Man	Wickie auf großer Fahrt	Friendship	Konferenz der Tiere	Resident Evil: Afterlife	Vincent will Meer	Wickie u.d. starken Männer	Zweiohrküken	Die Päpstin	Erläuterung Ergebnis
	Genre-Klan und Genrefamilie nach Thau (Basis Trailer-ansicht)	Verspottung d.Wirklichkeit/Komödie	Verspottung d.Wirklichkeit/ Komödie	Verspottung d.Wirklichkeit/ Komödie	Verspottung der Wirklichkeit/ Komödie	Vereinfachung der Wirklichkeit/ Abenteuer&Heldenfilm o.Melodram	Vereinfachung der Wirklichkeit/ Andere Wesen und Welten	Würdigung der Wirklichkeit/ Drama	Verspottung d.Wirklichkeit/ Komödie	Vereinfachung der Wirklichkeit/ Komödie	Vereinfachung der Wirklichkeit/ Geburt einer Liebe / Melodrama	
	Subgenres nach Thau (Basis Trailer-ansicht)	Häusliche Komödie	Romantische Komödie	Fantasy-komödie, Abenteuer-komödie	Gesellschaftskomödie	Abenteuer für die ganze Familie, Kinderfilm	Science-fiction-Action, Sci-fi-Katastrophenfilm	Jugenddrama	Fantasykomödie, Abenteuer-komödie	Romantische Komödie	Historischer Film	
	Gliederung nach Zielgruppe (IMDB & Eigeneinschätzung)	junge Leute	junge Leute	Kinder	junge Leute	Kinder	Krimifans	Frauen	Kinder	junge Leute	ältere Leute	
	Einteilung nach Erzählform (IMDB & Eigeneinschätzung)	Komödie (IMDB)	Komödie (IMDB)	Komödie (IMDB)	Komödie (IMDB)	Kinderfilm		Drama (IMDB)	Komödie (IMDB)	Komödie (IMDB)	Drama (IMDB)	
	Einteilung nach der Stimmung (IMDB)		Romanze (IMDB)	Action (IMDB)			Action /Horror (IMDB)		Action (IMDB)	Romanze (IMDB)	Romanze (IMDB)	
	Einteilung nach der Handlung (IMDB & Eigeneinschätzung)			Abenteuer (IMDB)		Fantasy	Abenteuer/ Sci-Fi (IMDB)		Abenteuer (IMDB)			
	Erzähltöne nach Thau (Basis Trailer-ansicht)	heiter, witzig, ironisch	heiter, witzig, iro-nisch	heiter, witzig, iro-nisch	heiter, witzig	heiter, witzig, angespannt	angespannt, drohend, verstörend, gruselig, unheilvoll	empfindsam, ernst, nachdenklich, witzig, sarkastisch, schwärmerisch	heiter, witzig, ironisch, derb	witzig, heiter, streitlustig, leidenschaftlich, leicht, herzerwärmend	verstörend, mitreißend, eindringlich,	
	Erzähltöne (eigene Definition)	freundlich		kindlich	abenteuerlich	spannend, kindlich	spannend	abenteuerlich, romantisch	kindlich	kraftvoll	romantisch	

		2011				2010				2009	
Jahr											
ID-Nr.		1	2	3	4	5	6	7	8	9	10
Untersuchungs-kategorie/Film	Fragestellung:	Kokowääh	What a Man	Wickie auf großer Fahrt	Friendship	Konferenz der Tiere	Resident Evil Afterlife	Vincent will Meer	Wickie u.d. starken Männer	Zweiohrküken	Die Päpstin
	Operationalisierung:										
	Inhaltszusammenfassung (lt. Kino.de)	Komödie von und mit Til Schweiger, in dem neben einer Romanze eine Vater-Tochter-Beziehung im Zentrum steht.	Wann ist ein Mann ein Mann? Matthias Schweighöfer begibt sich als Regisseur, Produzent, Autor und Hauptdarsteller auf routiniert-komischen Selbstfindungstrip.	Fortsetzung zum Bully-Hit von 2009. Zwar ohne den bekannten Komiker, bleibt der Film dem Erfolgsrezept des Originals dennoch treu	Culture-Clash-Komödie, Buddy- und Roadmovie um zwei Ossis kurz nach der Maueröffnung in den USA.	Technisch hochkarätiges 3D-CGI-Animations-abenteuer, das nur lose auf Erich Kästners Buchvorlage basiert und viel mehr US-Vorbildern wie "König der Löwen" oder "Ice Age" nacheifert.	Vierter Teil der apokalyptischen Horror-Action-Reihe, basierend auf dem Videospiel gegen ein Virus, das die Menschen in mordrührige Untote verwandelt. Erstmals in 3D.	Witziges und pfiffiges Roadmovie über einen am Tourette-Syndrom leidenden jungen Mann, der seiner Mutter den letzten Wunsch erfüllen und ihre Asche nach Italien ans Meer bringen will	Bully Herbigs Leinwandadaption der populären Abenteuer-Zeichentrick-Serie ist großes Kino für die ganze Familie.	Fortsetzung des Millionen-erfolgs "Keinohrhasen" von und mit Til Schweiger.	Historienthriller nach der Bestseller-Vorlage von Donna W. Cross mit einer starken Johanna Wokalek in der Titelrolle.
	Trailer	http://www.kino.de/kinofilm/kokowaeah/132422	http://www.kino.de/kinofilm/what-a-man/131569	http://www.kino.de/kinofilm/wickie-auf-grosser-fahrt/128557	http://www.kino.de/kinofilm/friendship/113284	http://www.kino.de/kinofilm/konferenz-der-tiere/111482	http://www.kino.de/resident-evil-afterlife/121355	http://www.kino.de/kino-film/vincent-will-meer/121441	http://www.kino.de/kinofilm/wickie-und-die-starken-maenner/110763	http://www.trailerseite.de/archiv/trailer-2009/12419-zweiohrkueken-film.html	http://www.trailerseite.de/archiv/2009/12409-die-paepstin-die.html
	Filmthema nach Thau (Basis Trailer-ansicht)	Elternschaft, Alleinerziehende, Väter und Töchter	Geschlechterrollen, Leben um die Zwanzig	Gewagte Rettungen	fremd in der Umgebung, Kultur-schock, zwischen Rassen und Kulturen	Heroisches Streben bzw Mission, Rennen gegen die Zeit, wenn Tiere angreifen	Ende der Welt, außerirdische falsche Identitäten, Mutanten, nach der Apokalypse	Heroisches Streben, fremd in der Umgebung, Leben um die 20	Gewagte Rettungen, große Schlachten	Geschlechterrollen, Leben um die Zwanzig	gekrönte Häupter, Frau in Gefahr, gesellschaftlicher Aufstieg, Botschaft von Gott
	eigene Definition des Themas	Alleinerziehende Väter, Vater-Tochter-Beziehung, Emanzipation/ Häuslichwerdung	Selbstfindung, Erwachsen werden, Probleme d.Generation 30, Verantwortung übernehmen,	Erwachsenwerden, Abenteuer bestehen, Verantwortung übernehmen	Ost trifft West, culture clash, Leben um die 20, endgültig Erwachsen werden, Aufarbeitung,	Leben der Tiere, Natur, Versiegen des Wassers, Zerstörung der Erde durch den Menschen, Klimawandel, Abenteuer bestehen,	Ende der Welt, Abenteuer bestehen, Verantwortung übernehmen	Behinderung, Ausbruch aus der eigenen Welt, Rebellion gegen das Bestehende, Abenteuer bestehen,	Kinder ganz groß, Kampf Gut gegen Böse, Abenteuer bestehen, Verantwortung übernehmen	Liebesbeziehung, Probleme d.Generation 30, Beziehungsalltag	Biografie, Aufstieg einer Frau, das Unmögliche möglich machen, Grenzüberschreitung, Religion, Glaube, Liebesbeziehung
	Erläuterung Ergebnis										

ID-Nr.	Jahr	Untersuchungskategorie/Film	Fragestellung	Operationalisierung: eigene Definition Logline
1	2011	Kokowääh	des Mannes, Übernehmen von Verantwortung, Beginn Ernsthaftigkeit/ Sinn des Lebens	"Kokowääh" ist eine häusliche Komödie, die in freundlicher Art aus der Sicht eines Mannes, der unerwartet Vater einer achtjährigen Tochter wird, schildert, wie aus einem Singlemann jemand wird, der Verantwortung übernimmt und sein Kind und dann zu sich selbst liebt.
2	2011	What a Man	im Leben ankommen	"What a man" zeigt als romantische Komödie in heiterer Art und Weise aus der Sicht des Mannes, wie derben witzigen ein sensibler Mitdreißiger durch die Trennung von seiner Freundin in Selbst-zweifeln fast versinkt und dann zu sich selbst findet.
3	2011	Wickie auf großer Fahrt		Der Familienfilm "Wickie auf großer Fahrt" ist die Fortsetzung der gleichnamigen witzigen Fantasykomödie, in welcher der devere Wickinger-junge Wickie nun erwachsen werden muss, indem er Anführer wird, seinen Vater und dann den Schatz der Götter rettet.
4	2010	Friendship	der Kindheit, im Leben ankommen	"Friendship" ist eine Gesellschafts-komödie, die in heiterer und witziger Art vom Kultur-schock er-zählt, die 2 ostdeutsche junge Männer in den USA erleben.
5	2010	Konferenz der Tiere	Mission erfüllen	Der Zeichen-trickfilm "KON-FERENZ DER TIERE (3D)" ist ein Abenteuer-film für die ganze Familie, der auf heitere und spannende Art und Weise die Antwort der Tiere auf das Versiegen der Quellen durch die Bauten der Menschen zeigt.
6	2010	Resident Evil: Afterlife		Dieser spannende Science-fiction-Katastrophen-film handelt von der Apokalypse, bei der fast die gesamte Menschheit ausgerottet wurde. Alice findet die letzten Überlebenden in Alaska und sucht einen Weg, daß sie ihr Leben retten.
7	2010	Vincent will Meer		"Vincent will Meer" ist dramatisches und zugleich witziges Roadmovie über einen am Tourette-Syndrom leidenden jungen Mann, der seiner Mutter den letzten Wunsch erfüllen und ihre Asche nach Italien ans Meer bringen will. Auf dieser Reise erlebt er mit der magersüch-tigen Marie und dem zwangs-neurotischen Alexander zahlreiche Abenteuer.
8	2009	Wickie u.d.starken Männer		Der Familienfilm "WICKIE UND DIE STARKEN MÄNNER" ist eine witzig-derbe Fantasykomödie, in der der devere Wickingerjunge seine Freunde immer wieder aus schwierigen Situationen befreit.
9	2009	Zweiohrküken		"Zweiohr-küken" ist eine romantische Komödie, die in leichter Art und auf amüsante Weise die Schwierig-keiten des Alltags der zwischen-mensch-lichen Beziehung zwischen dem Reporter und der Kinder-gärtnerin erzählt.
10	2009	Die Päpstin		"Die Päpstin" ist ein historischer Film, der in eindringlicher Form den (unmöglichen) Aufstieg einer Frau in das höchste Amt der katho-lischen Kirche zeigt.
		Erläuterung Ergebnis		

ID-Nr.			2011				2010			2009			
Jahr			1	2	3	4	5	6	7	8	9	10	Erläuterung Ergebnis
Untersuchungskategorie/Film	Fragestellung:	Operationalisierung:	Kokowääh	What a Man	Wickie auf großer Fahrt	Friendship	Konferenz der Tiere	Resident Evil Afterlife	Vincent will Meer	Wickie u.d.starken Männer	Zweiohrküken	Die Päpstin	
2. Film ist aktuelles Gesprächsthema, Zeitgeist, am Puls der Zeit	• Was ist das implizite Thema des Films, welches den Zeitgeist ausdrückt. • Wie stark liegt der Film damit am Puls der Zeit? • Wie hoch ist der Grad des allgemeinen öffentlichen Interesses an diesem Thema? • Ist der Film aktuelles Gesprächsthema? • Behandelt der Film somit ein Zeitgeistthema oder nicht?(Einordnung des impliziten Themas des Films)	A) Implizites Thema / Zeitgeistthema	steigende Verantwortung d. Väter, Alleinerziehende Väter, Emanzipazion / Häuslichwerdung d.Manns	Suche nach der Männlichkeit/ über sich Hinauswachsen	Flucht aus der Wirklichkeit, Gut gegen Böse	Aufarbeitung der DDR -Sehnsucht nach der großen weiten Welt	Freundschaft	Flucht aus der Wirklichkeit	Behinderte, Integration, Inklusion	Parodien-Flucht aus der Wirklichkeit	Erhalt der Liebe/ Beziehung	Frauen in Führungspositionen	B) 18 Filme haben zeitgenössische, 13 Filme zeitlose/ unverortete u.9 Filme historische Themen, 9 Filme mit öffentl.Interesse, 9 Filme lösen mittleres u.9 großes öffentl. Interesse aus, E) 8 Filme haben ein Thema des Zeitgeists, 32 sind zeitlos.
		B) Zeitliche Verortung (zeitgenössisch, historisch, zeitlos/ unverortet)	zeitgenössisch	zeitgenössisch	zeitlos/ unverortet	historisch	zeitlos/ unverortet	zeitlos/ unverortet	zeitgenössisch	zeitlos/ unverortet	zeitgenössisch	historisch	
		C) Grad des allgemeinen öffentlichen Interesses an diesem Thema:	hoch (z.B. 2010-Jahrestagung deutsche Liga das Kind "Väter in neuer Verantwortung"; Urteile BGH 2009, EuGH 2010)	Thema ist immer präsent, aber nicht sehr intensiv, sporadisch (z.B. Gleichstellungsgesetz, Sexismus)								hoch (z.B. Disk. Frauenquoten für DAX-Unternehmen; Vorbild Ursula von der Leyen-ab 2005 Bundesministerin)	

ID-Nr.			Jahr	2011				2010			2009			
Untersuchungs-kategorie/Film				1	2	3	4	5	6	7	8	9	10	
	Fragestellung	Operationalisierung		Kokowääh	What a Man	Wickie auf großer Fahrt	Friendship	Konferenz der Tiere	Resident Evil: Afterlife	Vincent will Meer	Wickie u.d.starken Männer	Zweiohrküken	Die Päpstin	Erläuterung Ergebnis
		0- Neutral/ kein öffentl.Int, 1 mittleres Int, 2 großes Interesse		2	1	0	1	0	0	2	0	0	2	
		D) Einschätzung ob Film aktuelles Gesprächsthema war: • kein/ geringes, mittleres oder großes Thema		15.000 sprechen in Facebook darüber (696.000 "gefällt mir")	98 sprechen in Facebook darüber (88.000 "like it")	kein/ geringes Thema	43+35 sprechen in Facebook darüber (28.000 "like it")	Facebook (5.600 "like it")	Facebook (544.000 "like it")	Facebook (30.000 "like it")		Facebook (308.000 "like it")	72 sprechen in Facebook darüber (26.000 "like it")	
		E) Zeitgeistthema oder nicht? • univer-selles/ zeitloses, zeitgeistiges okein zeitgeistiges Thema		Zeitgeist	kein Zeitgeist	kein Zeitgeist	kein Zeitgeist	kein Zeitgeist	kein Zeitgeist	Zeitgeist	kein Zeitgeist	kein Zeitgeist	Zeitgeist	
3. Schauspieler	• Welche Hauptdarsteller spielen im Film mit? • In welche Marktwertkategorien lassen sich die Hauptdarsteller einordnen (A, B, C, D+)?	Namentliche Nennung		Til Schweiger	Matthias Schweighöfer	Jonas Hämmerle	Matthias Schweighöfer	kein	Milla Jovovich	Florian David Fitz	Jonas Hämmerle	Til Schweiger	Johanna Wokalek	Die 192 zu vergebenden Hauptrollen wurden an 149 Schauspieler vergeben. Davon wurden 114 Schauspieler nur 1mal besetzt, 30 Schauspieler 2mal, 3 Schauspieler 3mal, 1 Schauspieler 4mal und 1 Schauspieler 5mal
		Starmeter (imdb)		1.213	5.773	13.763	3.302		2 (40 am 5.9.10)	10.034	5.967	578	3.985	
		Marktwert-kategorie (starmeter) des Schauspielers							A					
		Marktwert-kategorien A: 1-20.000, B: 20.001-50.000, C: 50.001-100.000, D+: > 100.001, für Rolle 1-6		Emma Schweiger	Sibel Kekili	Waldemar Kobus	Friedrich Mücke	kein	Ali Larter	Karoline Herfurth	Waldemar Kobus	Nora Tschirner	David Wenham	
				6.290	2.000	18.041	18.213		147	7.014	3.420	4.709	824	

ID-Nr. Untersuchungskategorie/Film	Fragestellung	Operationalisierung	1 Kokowääh (2011)	2 What a Man (2011)	3 Wickie auf großer Fahrt (2011)	4 Friendship	5 Konferenz der Tiere (2010)	6 Resident Evil Afterlife (2010)	7 Vincent will Meer	8 Wickie u.d. starken Männer	9 Zweiohrküken (2009)	10 Die Päpstin	Erläuterung Ergebnis
			Jasmin Gerat	Elyas M'Barek	Valeria Eisenbart	Alicja Bachleda	kein	Kim Coates	Heino Ferch	Nic Romm	Matthias Schweighöfer	John Goodman	
			10.372	12.828	22.306	3.058		798	16.734	7.155	7.192	769	
			Samuel Finzi	Marvie Hörbiger	Nic Romm			Shawn Roberts	Katharina Müller-Elmau	Christian Koch	Ken Duken	Ian Glen	
			20.181	29.359	32.452			112	51.026	8.095	7.189	2.812	
			Meret Becker		Christian Koch			Sergio Peris-Mencheta	Johannes Allmayer	Olaf Kräke		Edward Petherbridge	
			28.326		43.644			3.607	55.816	5.153		25.412	
			Frederike Kempter		Günther Kaufmann			Spencer Locke		Günther Kaufmann		Anatole Taubman	
			25.895		29.535			1.066		8.057		10.191	
		Website des Films	http://wwws.warnerbros.de/kokowaa/	http://www.whataman.de/	http://www.wickie-film.de/#/home	http://www.friendship-derfilm.de/		http://www.sonypictures.com/movies/residentevilafterlife/site/	http://www.vincent.film.de/	http://wicki.der-film.de/wicki-und-die-starken_maenner/	http://wwws.warnerbros.de/zweiohrkuken/	http://www.constantin-film.de/kino/die-paepstin/	
4. Vorlage – Bastiert der Film auf einer Vorlage/vorbestehendes Werk?		• Vorlage Ja/ nein	nein	nein	ja	nein	ja	ja	nein	ja	ja	ja	73 % aller Filme hatten Vorlage. Davon 55 % Buchvorlage, 28 % sequel, 17 % realer Bezug, 17 % spoof, 10 % remake, 3 % Hörspiel und 3 % Games. (Mehrfachnennungen möglich)
		• Sequel			sequel			sequel			sequel		
		• Buchvorlage					Buchvorlage					Buchvorlage	
		• Neuverfilmung		remake	remake					remake			
		• Ableger (spin off)											
		• Comic											
		• Musical/ Theaterstück											
		• Hörvorlage											
		• Realer Bezug/ Ereignis											

ID-Nr. Untersuchungskategorie/Film (Fragestellung)	Operationalisierung	2011 Kokowääh (1)	What a Man (2)	Wickie auf großer Fahrt (3)	2010 Friendship (4)	Konferenz der Tiere (5)	Resident Evil: Afterlife (6)	Vincent will Meer (7)	2009 Wickie u.d.starken Männer (8)	Zweiohrküken (9)	Die Päpstin (10)	Erläuterung Ergebnis
	• spoof											
	• Andere Vorlage					inspiriert von Kästner	Videospiel					
	Bemerkung			TV-Serie					TV-Serie			
5. Special Effects, Animation — Ist der Film ein Animationsfilm? Oder besticht er durch SFX?	Animation	nein	nein	nein	nein	ja	nein	nein	nein	nein	nein	37 Real-filme & 3 Animationen. Davon 68 % keine, 16 % mittlere, 14 % wenig und 3 % viel SFX auf. Weder Animation, noch SFX waren somit wichtig für die Top 40-Filme. Keine Tendenz für Erfolg.
	SFX-Schauwert (0- keine, 1- wenig, 2- mittel, 3- viel)	0	0	1	0		3	0	1	0	0	
6. Regisseur — • Welcher Regisseur inszenierte den Film? • In welche Marktwertkategorie lässt sich der Regisseur einordnen (starmeter)?	Name	Til Schweiger	Matthias Schweighöfer	Christian Ditter	Markus Goller	Reinhard Klooss, Holger Tappe	Paul W.S. Anderson	Ralf Huettner	Michael Herbig	Til Schweiger	Sönke Wortmann	A-Regisseure: 29 (72,5 %), B: 8 (20 %), C: 3 (7,5 %). Für insg. 40 Filme wurden 28 Regisseure verpflichtet.
	Starmeter (imdb)	1.213 (06.02.2011)	5.773 (28.08.2011)	8.810 (02.10.2011)	22.829 (17.01.2011)	Klooss: 71.539 (10.10.2010) Tappe: 90.295 (10.10.2010)	134 (19.09.2010)	30.449 (25.04.2010)	3.332 (13.09.2009)	578 (06.12.2009)	10.311 (25.10.2009)	A-Regisseure: 29 (72,5 %) B-Regisseure: 8 (20 %) C-Regisseure: 3 (7,5 %)
	• In welche Marktwertkategorie lässt sich der Regisseur einordnen? — Marktwert-kategorie (starmeter): A: 1–20.000, B: 20.001–50.000, C: 50.001–100.000, D+: >100.001	A	A	A	B	C	A	B	A	A	A	A-Regisseure: 29 B-Regisseure: 8 C-Regisseure: 3

			Jahr										
			2011			2010				2009			
ID-Nr.			1	2	3	4	5	6	7	8	9	10	
Untersuchungskategorie/Film	Fragestellung	Operationalisierung	Kokowääh	What a Man	Wickie auf großer Fahrt	Friendship	Konferenz der Tiere	Resident Evil Afterlife	Vincent will Meer	Wickie u.d. starken Männer	Zweiohrküken	Die Päpstin	Erläuterung Ergebnis
7. Budget, producti-on value, Look	• Wie hoch war das Budget des Films? • Wie hoch ist der production value/Look des Films?	Wie hoch war das Budget in €?	5.650.000	2.800.000	11.000.000	k.A.	k.A.	60.000.000 $= 44.500.000 €	k.A.	k.A.	k.A.	22.000.000	21 von 23 Filmen haben Budget >3Mio, nur 2 Filme <3Mio, 22 Filme haben mittleren PV, 18 Filme hohen PV.
		Budgetklassen: A: < 1Mio €, B: 1-3Mio €, C: 3-7Mio €, D: 7-12Mio €, E: >12Mio	C	B	D			E				E	
		Quelle	imdb.pro	Berliner Zeitung 18.4.12	imdb.pro	imdb.pro	imdb.pro	imdb.pro	imdb.pro	imdb.pro	imdb.pro	imdb.pro	
		Wie hoch war der production value (Hoher PV, Mittlerer PV, Geringer PV)?	Mittlerer PV	Mittlerer PV	Hoher PV	Mittlerer PV	Mittlerer PV	Hoher PV	Mittlerer PV	Hoher PV	Mittlerer PV	Hoher PV	
8. Vertrieb	• Wie groß war die Herausbringung des Films? • Welcher Verleih übernahm die Herausbringung?	Kopienzahl zum Kinostart:	666	349	718	371	725	434	153	746	714	465	A, B, C=0,D=4, E=3, F=6, G=12, H=3, I=2, J=8, K=2 Filme. 22 x Constantin, 4x Warner, 2x UIP & Buena Vista, jeweils 1x die anderen Verleiher.
		Max. Kopienzahl:	775	479	747	430	725	439	220	816	722	542	
		Einteilung in Kopienklassen: A: 1-9, B: 10-49, C: 50-99, D: 100-199, E: 200-299, F: 300-399, G: 400-499, H: 500-599, I: 600-699, J: 700-799, K: >800	J	G	G	G	I	G	E	ja	J	H	

ID-Nr. Untersuchungskategorie/Film	Fragestellung	Operationalisierung	2011			2010				2009			Erläuterung Ergebnis
			1 Kokowääh	2 What a Man	3 Wickie auf großer Fahrt	4 Friendship	5 Konferenz der Tiere	6 Resident Evil: Afterlife	7 Vincent will Meer	8 Wickie u.d.starken Männer	9 Zweiohrküken	10 Die Päpstin	
		Name des Verleihs	Warner	20th Century Fox	Constantin	Sony	Constantin	Constantin	Constantin	Constantin	Warner	Constantin	
9. Resonanz	• Welche Nominierungen, Auszeichnungen, Filmpreise erhielt der Film vor Kinostart? • Auf welchen Festivals lief er vor Kinostart?	Nennung der Nominierungen, Auszeichnungen, Filmpreise und Festivals	0	0	0	0	0	0	0	0	0	0	nur 8 Filme erhielten vor Start Nominierung, Preis o. liefen auf Festival
		Einspielergebnis [€]	30.253.616	12.575.815	13.227.261	10.365.945	10.613.619	11.681.878	6.384.188	28.361.044	29.447.962	18.060.465	
		Quelle	media.biz	media.biz	media.biz	media.biz	media.biz	media.biz	media.biz	media.biz	media.biz	media.biz	
		Gross [$]		17.000.000 (Non-USA)	11.775.000 (Non-USA)	14.500.000 (Non-USA)	£2.133.051 (UK)	296.000.000	k.A.	k.A.	$24.100.000 (Non-USA)	4.000.000	
		Quelle		imdb.pro	imdb.pro	imdb.pro	imdb.pro	imdb.pro	imdb.pro	imdb.pro	imdb.pro	imdb.pro	

7.4.2 Die Matrix, Teil 1: 2008–2006

ID-Nr.	Jahr		2008				2007			2006			
Untersuchungskategorie/Film	Fragestellung	Operationalisierung	11	12	13	14	15	16	17	18	19	20	Erläuterung Ergebnis
			Keinohrhasen	Unsere Erde	Die Welle	Der Baader Meinhof Komplex	Die wilden Kerle 4	Lissi u.d.wilde Kaiser	Die wilden Hühner u.d.Liebe	Das Parfum	Deutschland ein Sommermärchen	7 Zwerge- d.Wald ist nicht genug	
Kinostart D			20/12/07	7/2/08	13/3/08	25/9/08	1/2/07	25/10/07	5/4/07	14/9/06	5/10/06	26/10/06	
1. Thema & Story	Thema, Story, Genre, Ästhetik, • Welche Thema und welche Story behandelt der Film? • Worum geht es und wie wird erzählt (Erzählton)? • Welches Genre bedient der Film? • In welches Haupt- und welches Subgenre lässt sich der Film einteilen? Explizite Einordnung des Themas des Films	Genre (FFA)	Spielfilm-Komödie	Dokumentarfilm-Natur	Spielfilm-Drama	Spielfilm-Drama	Kinderfilm	Trickfilm/Komödie	Komödie	Drama/Thriller	Dokumentarfilm	Komödie (Märchen)	Komödien (24, 60 %), Dramen (12. bzw.14, 30/35 %). Kinderfilme (10, 25 %), Thriller/Horror o.Mystery (3,7,5 %). Zuschauer mögen primär gern realitätsnahe, geerdete Komödien mit Liebes-elementen.Dabei egal ob laute o.leise Komödie. Wichtig ist komödiantischer, heiterer Ton, der sich um Liebesgeschichten oder –elemente dreht. Gern gesehen sind auch infantilere Erzählweisen. (zu expliziten Filmthemen siehe Reinschrift: besonders Abenteuer- und Liebesgeschichten dominieren die Top 40, gefolgt von wahrer Freundschaft und Grenzüberschreitungen/ Unmögliches möglich machen)
		Genre (Media Control)			Drama	Drama	Kinderfilm	Komödie	Kinderfilm		Dokumentarfilm	Komödie	

Jahr		2008				2007			2006			
ID-Nr.		11	12	13	14	15	16	17	18	19	20	
Untersuchungskategorie/Film	Fragestellung / Operationalisierung	Keinohrhasen	Unsere Erde	Die Welle	Der Baader Meinhof Komplex	Die wilden Kerle 4	Lissi u.d.wilde Kaiser	Die wilden Hühner u.d Liebe	Das Parfum	Deutschland ein Sommermärchen	7 Zwerge- d.Wald ist nicht genug	Erläuterung Ergebnis
	Genre nach Blothner & imdb	Komödie/ Liebeskomödie	Dokumentarfilm	Drama	Drama/ Biografie/ History	Kinderfilm	Animationsfilm/ Kinderfilm/ Komödie	Kinderfilm/ Liebeskomödie	Film Noir/ Mystery/ Krimi/ Drama	Dokumentarfilm/ Biografie	Komödie	
	Genre (imdb)	Comedy / Romance	Documentary	Drama / Thriller	Action / Biography / Crime / Drama / History	Comedy / Family / Sport	Animation / Adventure / Comedy	Comedy / Family / Romance	Crime / Drama / Fantasy	Documentary / Sport	Comedy / Fantasy	
	Genre-Klan und Genrefamilie nach Thau (Basis: Trailer-ansicht)	Vereinfachung der Wirklichkeit/ Geburt einer Liebe	Würdigung d.Wirklichkeit/ Dokumentationen	Würdigung der Wirklichkeit/ Drama	Würdigung der Wirklichkeit/ Drama	Vereinfachung der Wirklichkeit/ Melodrama	Verspottung der Wirklichkeit/ Komödie	Vereinfachung der Wirklichkeit/ Melodrama	Vereinfachung der Wirklichkeit/ Andere Wesen und Welten	Würdigung der Wirklichkeit/ Dokumentationen	Verspottung der Wirklichkeit/ Komödie	
	Subgenres nach Thau (Basis Trailer-ansicht)	Romantische Komödie	Kultur-/Gesellschafts-Dokumentarfilm	Politisches Drama	Politisches Drama	Kinderfilm	Parodie	Kinderfilm	Kostüm-Horrorfilm	Lebensstil-Dokumentation	Parodie, Fantasykomödie	
	Gliederung nach Zielgruppe (IMDB & Eigeneinschätzung)	junge Leute	ökologisch Interessierte	geschichtl. Interessierte	geschichtl. Interessierte	Kinder	Kinder	Kinder	Krimifans	Sportbegeisterte	Familie	
	Einteilung nach Erzählform (IMDB & Eigeneinschätzung)	Komödie (IMDB)	Dokumentation (IMDB)	Drama (IMDB)	Drama (IMDB)	Komödie (IMDB)	Komödie (IMDB)	Komödie (IMDB)	Drama (IMDB)	Dokumentation (IMDB)	Komödie (IMDB)	
	Einteilung nach der Stimmung (IMDB)	Romanze (IMDB)		Thriller (IMDB)	Action (IMDB)			Romanze (IMDB)				
	Einteilung nach der Handlung (IMDB & Eigeneinschätzung)				Biografie/ Krimi/ Geschichte (IMDB)	Sport (IMDB)	Abenteuer (IMDB)		Fantasy (IMDB)	Sport (IMDB)	Fantasy (IMDB)	
	Erzähltöne nach Thau (Basis Trailer-ansicht)	witzig, streitlustig, leidenschaftlich, leicht, herzerwärmend	weitschweifig	düster, verstörend, bedrohend	düster, verstörend, bedrohend	mitreißend, mutig, streitlustig	lustig, ironisch, aufgeregt, albern	mitreißend, heiter, witzig	bedrohend, unheimlich, eindringlich, makaber	euphorisch, kraftvoll hell, überschwänglich, mitreißend	liebenswürdig, heiter, lustig, witzig, spöttisch, leicht, spritzig	

	Jahr	2008				2007			2006		20	Erläuterung Ergebnis
ID-Nr.		11	12	13	14	15	16	17	18	19	20	
Untersuchungskategorie/Film	Operationalisierung	Keinohrhasen	Unsere Erde	Die Welle	Der Baader Meinhof Komplex	Die wilden Kerle 4	Lissi u.d.wilde Kaiser	Die wilden Hühner u.d.Liebe	Das Parfum	Deutschland ein Sommermärchen	7 Zwerge - d.Wald ist nicht genug	
Fragestellung	Erzähltöne (eigene Definition)	kraftvoll	erhaben	Spannend, zwanghaft	romantisch	kindlich	kindlich	kindlich	mystisch	heiter, leicht, herzlich	kindlich	
	Inhaltszusammenfassung (lt. Kino de)	Romantik-Komödie von und mit Til Schweiger, der vom rasenden Reporter und Halodri via Kindergarten-Einsatz zu Verantwortungsbewusstsein erzogen wird.	Die beeindruckende Naturdokumentation über den globalen Lauf der Jahreszeiten gewährt mit atemberaubenden Bildern einzigartige Blicke auf die Schönheit unseres Planeten.	Fesselnder Schulkrimi mit Jürgen Vogel als Lehrer, der mit seinen Schülern ein folgenschweres Experiment über die Verführbarkeit des Individuums startet.	Aufwändige und um ein Höchstmaß an Authentizität bemühte Verfilmung von Stefan Austs gleichnamigem Sachbuch über die Geschichte der RAF	Vierter Teil der erfolgreichen deutschen Kinder-Reihe um das Fußballteam "Die Wilden Kerle".	Eine wilde Mischung, die kaiserliche Unterhaltung bietet, ist diese CGI-Animation von Michael Bully Herbig	Zweiter Film um die Mädchenbande von Cornelia Funke.	Aufwändige Adaption des Weltbestsellers von Patrick Süskind.	Dokumentarfilm über die Fußball-WM 2006 in Deutschland vom "Das Wunder von Bern"-Macher Sönke Wortmann	Zweiter Comedy-Streich um die sieben Zwerge, die dem Schneewittchen das durchtriebene Rumpelstilzchen vom Hals schaffen sollen.	
	Trailer	http://www.moviepilot.de/movies/keinohrhasen-3/trailer	http://www.trailerseite.de/archiv/trailer-2007/unsere-erde-wunder-des-lebens-trailer.html	http://www.trailerseite.de/archiv/trailer-2008/die-welle-trailer.html	http://www.kino.de/kinofilm/der-baader-meinhof-komplex/104479	http://www.youtube.com/watch?v=m9oAgSSQY	http://www.kino.de/kinofilm/lissi-und-der-wilde-kaiser/95351	http://www.kino.de/kinofilm/die-wilden-huehner-und-die-liebe/98536	http://www.filmstarts.de/kritiken/38710-Das-Parfum/trailer/2815.html	http://www.filmstarts.de/kritiken/41593-Deutschland.-Ein-Sommerm%c3%a4rchen.html	http://www.filmstarts.de/kritiken/38768-7-Zwerge-Der-Wald-ist-nicht-genug.html	
	Filmthema nach Thau (Basis Trailer ansicht)	sich anziehende Gegenteile, Unter-gebene und Chefs,	wenn Tiere angreifen, Rennen gegen die Zeit	zwanghaftes Streben, heroisches Streben, totalitäre Staaten, Lehrer und Schüler, Experiment läuft aus dem Ruder	totalitäre Staaten, zwanghaftes Streben, große Schlachten,	Erfolg ist die beste Rache, erste Liebe	gewagte Rettungen, gekrönte Häupter	erste Liebe, sexuelles Erwachen	zwanghaftes Streben, Frau in Gefahr, jung sterben, verrückter Wissenschaftler	gesellschaftlicher Aufstieg, von ganz unten nach ganz oben	Geschwister?, Frau in Gefahr, Zauberer und Magier	

			2008					2007		2006			
ID-Nr.			11	12	13	14	15	16	17	18	19	20	
Untersuchungskategorie/Film	Fragestellung	Operationalisierung	Keinohrhasen	Unsere Erde	Die Welle	Der Baader Meinhof Komplex	Die wilden Kerle 4	Lissi u.d.wilde Kaiser	Die wilden Hühner u.d.Liebe	Das Parfum	Deutschland ein Sommermärchen	7 Zwerge- d.Wald ist nicht genug	Erläuterung Ergebnis
		eigene Definition des Themas	Probleme d.Generation 30, endgültig Erwachsenwerden, Verantwortung übernehmen, im Leben ankommen, Beginn einer Liebe	Leben der Tiere, Natur, unsere Welt, Zerstörung der Erde durch den Menschen, Klimawandel	Veranschaulichung von politischen/ gesellschaftlichen Missständen, Macht, missbrauch, Gehorsam, Schule, Grenzüberschreitung, Abenteuer bestehen	Veranschaulichung von politischen/ gesellschaftlichen Missständen, Macht, missbrauch, Gehorsam, Grenzüberschreitung	Wettkampf, Sport, Kinder ganz groß, Abenteuer bestehen, Beginn einer Liebe, wahre Freunde	Liebesbeziehung, Abenteuer bestehen, Monarchie	Beginn einer Liebe, Kinder ganz groß, wahre Freunde	das Unmögliche möglich machen, Grenzüberschreitung, Weg, Abenteuer bestehen	Sport, Wettkampf, Weg zum Erfolg, Unmögliches möglich machen, Abenteuer bestehen	Kampf gegen das Böse, Abenteuer bestehen, wahre Freunde, mit Freunden alle Gefahren bestehen	
		eigene Definition Logline	"Keinohrhasen" ist eine romantische für die ganze Komödie, der in erhabenen leicht die amüsante Art und auf Weise den Luftperspektive stacheligen herrlichste Beginn Aufnahmen einer von Flora Beziehung und Fauna zwischen zwei sehr unterschiedlichen Menschen, einem zu gemeinnütziger Arbeit verurteilten Reporter und einer Kindergärtnerin erzählt.	"Unsere Erde" ist ein Naturfilm für die ganze Familie, der in Bildern aus der Luft- und wie	"Die Welle" ist ein spannendes politisches Drama, das anhand eines ungewöhnlichen Experimentes mit den Schülern diesen und den Zuschauern beunruhigend klar macht, daß auch hette noch das Entstehen einer Diktatur in Deutschland möglich ist und wie leicht jemand durch Macht verführbar ist.	"Der Baader Meinhof Komplex" ist ein aufwändiger und um ein Höchstmaß an Authentizität bemüh-ter Thriller, der die Geschichte der RAF in Szene setzt. Bewundern Andreas Baader und Ulrike Meinhof kämpfen dabei gegen das, was sie als das neue Gesicht des Faschismus begreifen.	"Die wilden Kerle 4" ist ein Familienfilm, der in mitreißender Art aus Sicht einer Gruppe ca. 16 jähriger Jungen ihre Welt, die z. T. gruselig und mystisch ist, mit Motorradfahren, das innen auf dem Motorrad überlegen ist, zeigt	Der Familien-Zeichentrickfilm "LISSI UND DER WILDE KAISER" ist eine lustige Parodie auf "Sissi", bei der die Kaiserin Lissi entführt wird.	Der zweite Film um die 5 Mädchen ist ein turbulentes Teenabenteuer mit charmantem, kindgerechtem Witz, welches sich um das Kribbeln der ersten Liebe dreht. Doch Verknallt sein, ist manchmal richtig anstrengend. Und so lösen den 5 Freundinnen jede Menge Aufregung aus.	DAS PARFUM ist ein Kostümfilm, der in eindringlichem und mystischen Ton die Geschichte eines Mannes erzählt, der für die Schöpfung eines neuen Parfums mordet.	"DEUTSCHLAND. EIN SOMMERMÄRCHEN" ist eine mitreißende Dokumentation für alle Sportbegeisterten über die Vorbereitung und den Erfolg der Deutschen Fußball-Nationalmannschaft bei der WM 2006.	"7 Zwerge- d.Wald ist nicht genug" ist ein Familienfilm, der als Parodie das Märchen "Schneewittchen und die 7 Zwerge" mit dem Kampf gegen das Böse zum Inhalt hat. Sehr witzig und heiter wird die Dummheit aber auch die Schlauheit der Zwerge zum Zentrum der Geschichte.	

Untersuchungskategorie/Film	Fragestellung	Operationalisierung	2008				2007			2006			Erläuterung Ergebnis
		ID-Nr.	11	12	13	14	15	16	17	18	19	20	
			Keinohrhasen	Unsere Erde	Die Welle	Der Baader Meinhof Komplex	Die wilden Kerle 4	Lissi u.d.wilde Kaiser	Die wilden Hühner u.d.Liebe	Das Parfum	Deutschland ein Sommermärchen	7 Zwerge- d.Wald ist nicht genug	
2. Film ist aktuelles Gesprächsthema, Zeitgeist, am Puls der Zeit	• Was ist das implizite Thema des Films, welches den Zeitgeist ausdrückt? • Wie stark liegt der Film damit am Puls der Zeit? • Wie hoch ist der Grad des allgemeinen öffentlichen Interesses an diesem Thema? • Ist der Film aktuelles Gesprächsthema? • Behandelt der Film somit ein Zeitgeistthema oder nicht? (Einordnung des impliziten Themas des Films)	A) Implizites Thema/ Zeitgeistthema	Suche nach der Liebe	Ökologie -Rettung des Planeten	Führer-Gefolgschaft contra Demokratie; Angst vor totalitärer Bestimmung	Angst vor Terrorismus	Fußball, Zusammenhalt, Freundschaft	Parodien-Flucht aus der Wirklichkeit	Pubertät, Suche nach der Liebe	Traumwelten, Schöpfertum, Das Unmögliche möglich machen	Stärkung des deutschen Nationalgefühls	Parodien-Flucht aus der Wirklichkeit	B) 18 Filme haben zeitgenössische, 13 Filme zeitlose/ unverortete u.9 Filme historische Themen, C) 22 Filme haben Thema mit öffentl. Interesse, 9 Filme lösen mittleres u.9 großes öffentl. Interesse aus, D) 8 Filme haben ein Thema des Zeitgeists, 32 sind zeitlos.
		B) Zeitliche Verortung (zeitgenössisch, historisch, zeitlos/ unverortet)	zeitgenössisch	zeitgenössisch	zeitgenössisch	historisch	zeitgenössisch	zeitlos/ unverortet	zeitgenössisch	historisch	zeitgenössisch	zeitlos/ unverortet	
		C) Grad des allgemeinen öffentlichen Interesses an diesem Thema:	permanent	hoch: Schutz der Erde; Nachhaltigkeit		Internationaler Terrorismus (Dritte Welt gegen Alte Welt) hoch, RAF-niedrig					Fußball-WM		
		0- Neutral/ kein öffentl.Int., 1 mittleres Int., 2 großes Interesse	0	2	2	2	0	0	0	1	2	0	
		D) Einschätzung, ob Film aktuelles Gesprächsthema war: • kein/ geringes, mittleres oder großes Thema	Facebook (310.000 "like it")		Facebook (47.000+ 57.000 "like it")	Facebook (15.000 "like it")				Facebook (27.000 "like it")	Facebook (5.700 "like it")	Facebook (5.500 "like it")	

ID-Nr. / Untersuchungskategorie/Film — Fragestellung	Operationalisierung	Jahr 2008 – 11 Keinohrhasen	12 Unsere Erde	13 Die Welle	14 Der Baader Meinhof Komplex	2007 – 15 Die wilden Kerle 4	16 Lissi u.d.wilde Kaiser	17 Die wilden Hühner u.d.l liebe	2006 – 18 Das Parfum	19 Deutschland ein Sommermärchen	20 7 Zwerge- d.Wald ist nicht genug	Erläuterung/Ergebnis
3. Schauspieler • Welche Hauptdarsteller spielen im Film mit? • In welche Marktwertkategorien lassen sich die Hauptdarsteller einordnen (A, B, C, D+)?	E) Zeitgeistthema oder nicht? • univer-selles/zeitloses, zeitgeistiges o.kein zeitgeistiges Thema	kein Zeitgeist	Zeitgeist	Zeitgeist	Zeitgeist	kein Zeitgeist	kein Zeitgeist	kein Zeitgeist	kein Zeitgeist	Zeitgeist	kein Zeitgeist	Die 192 zu vergebenden Hauptrollen wurden an 149 Schauspieler vergeben. Davon wurden 114 Schauspieler nur 1mal besetzt, 30 Schauspieler 2mal, 3 Schauspieler 3mal, 1 Schauspieler 4mal und 1 Schauspieler 5mal
	Namentliche Nennung	Til Schweiger	kein	Jürgen Vogel	Martina Gedeck	Jimi Blue Ochsenknecht	kein	Michelle von Treuberg	Ben Whishaw	Jogi Löw	Otto Waalles	
	Starmeter (imdb)	1.895		10.734	4.640	16.447		21.040	2.921	24.399	11.877	
	Marktwertkategorie (starmeter) des Schauspielers	Nora Tschirner	kein	Frederick Lau	Moritz Bleibtreu	Wilson Gonzalez Ochsenknecht	kein	Lucie Hollmann	Alan Rickman	Jürgen Klinsmann	Mirco Nontschew	
	A: 1-20.000, B: 20.001-50.000, C: 50.001-100.000, D+:> 100.001, für Rolle 1-6	4.984		74.811	2.954	25.673		35.710	210	24.967	26.984	
		Matthias Schweighöfer		Max Riemelt	Johanna Wokalek	Sarah Kim Gries		Paula Riemann	Rachel Hurd-Wood	Bastian Schweinsteiger	Boris Aljinovic	
		10.819 (16.12.2007) A		18.840	8.155	38.506		16.802	1.016	47.457	25.125	
		Alwara Höfels		Jennifer Ulrich	Nadja Uhl	Marlon Wessel		Zsa Zsa Inci Bürkle	Dustin Hoffman	Philipp Lahm	Martin Schneider	
		57.119		37.599	11.699	43.196		43.838	415	28.518	31.950	
		Barbara Rudnik		Christiane Paul	Jan-Josef Liefers	Raban Bieling		Jette Hering	Karoline Herfurth	Michael Ballack	Heinz Hönig	

ID-Nr.		11	12	2008 13	14	15	2007 16	17	18	2006 19	20	
Untersuchungskategorie/Film	Fragestellung											Erläuterung Ergebnis
	Operationalisierung	Keinohrhasen	Unsere Erde	Die Welle	Der Baader Meinhof Komplex	Die wilden Kerle 4	Lissi u.d.wilde Kaiser	Die wilden Hühner u.d.Liebe	Das Parfum	Deutschland ein Sommermärchen	7 Zwerge- d.Wald ist nicht genug	
		35.951		10.906	13.103	63.199		38.657	8.070	12.778	24.481	
		Jürgen Vogel		Elyas M'Barek	Stipe Erceg	Kevin Ianotta		Veronica Ferres		Oliver Kahn	Cosma Shiva Hagen	
		11.389		37.058	15.089	52.619		14.951		21.209	5.885	
	Website des Films	http://www.warnerbros.de/keinohrhasen/		http://www.welle.film.de/	http://www.bmk.film.de/	http://www.dwk4.de/home.html		http://www.wildehuehnerde/index.php?id=28	http://www.parfum.film.de/	http://www.deutschland-einsommermaerchen.kinowelt.de/	http://www.filmstarts.de/kritiken/38768-7-Zwerge-Der-Wald-ist-nicht-genug/castcrew.html	
4. Vorlage	Basiert der Film auf einer Vorlage/ vorbestehendes Werk?											73 % aller Filme hatten Vorlage. Davon 55 % Buchvorlage, 28 % sequel, 17 % realer Bezug, 17 % spoof, 10 % remake, 3 % Hörspiel und 3 % Games. (Mehrfachnennungen möglich)
	• Vorlage ja/ nein	nein	nein	ja	ja	ja	ja	ja	ja	ja	ja	
	• Sequel					sequel		sequel			sequel	
	• Buchvorlage			Buchvorlage	Buchvorlage	Buchvorlage		Buchvorlage	Buchvorlage			
	• Neuverfilmung						remake					
	• Ableger (spin off)											
	• Comic											
	• Musical/ Theaterstück											
	• Hörvorlage											
	• Realer Bezug/ Ereignis						Realer Bezug			Realer Bezug		
	• spoof						spoof				spoof	
	• Andere Vorlage											
	Bemerkung											

ID-Nr. Untersuchungskategorie/Film	Fragestellung	Operationalisierung	2008				2007				2006		Erläuterung Ergebnis
	Jahr		11 Keinohrhasen	12 Unsere Erde	13 Die Welle	14 Der Baader Meinhof Komplex	15 Die wilden Kerle 4	16 Lissi u.d.wilde Kaiser	17 Die wilden Hühner u.d.Liebe	18 Das Parfum	19 Deutschland ein Sommermärchen	20 7 Zwerge- d.Wald ist nicht genug	
5. Special Effects, Animation	Ist der Film ein Animationsfilm? Oder besticht er durch SFX?	Animation	nein	nein	nein	nein	nein	ja	nein	nein	nein	nein	37 Real-filme & 3 Animationen. Davon 68 % keine, 16 % mittlere, 14 % wenig und 3 % viel SFX auf. Weder SFX auf. Weder Animation, noch SFX waren somit wichtig für die Top 40-Filme. Keine Tendenz für Erfolg.
		SFX-Schauwert (0- keine, 1- wenig, 2- mittel, 3- viel)	0	2	0	0	1	0	0	2	0	0	
6. Regisseur	• Welcher Regisseur inszenierte den Film? • In welche Marktwertkategorie lässt sich der Regisseur einordnen (starmeter)?	Name	Til Schweiger	Alastair Fothergill, Mark Linfield	Dennis Gansel	Uli Edel	Joachim Masannek	Michael Herbig	Vivian Naefe	Tom Tykwer	Sönke Wortmann	Sven Unterwaldt	A-Regisseure: 29 (72,5 %), C: 3 (7,5 %). Für insg. 40 Filme wurden 28 Regisseure verpflichtet.
	• In welche Marktwertkategorie lässt sich der Regisseur einordnen?	Starmeter (imdb)	1.895 (16.12.2007)	Fothergill: 14.959 (10.02.2008), Linfield: 48.328 (10.02.2008)	12.893 (16.03.2008)	4.909 (21.09.2008)	46.579 (04.02.2007)	3.890 (28.10.2007)	69.317 (08.04.2007)	4.103 (20.09.2009)	5.202 (08.10.2006)	37.106 (29.10.2006)	A-Regisseure: 29 (72,5 %) B-Regisseure: 8 (20 %) C-Regisseure: 3 (7,5 %)
		Marktwert-kategorie (starmeter): A: 1–20.000, B: 20.001–50.000, C: 50.001–100.000, D+: > 100.001	A	A	A	A	B	A	C	A	A	B	A-Regisseure: 29 B-Regisseure: 8 C-Regisseure: 3
7. Budget, production value, Look	• Wie hoch war das Budget des Films? • Wie hoch ist der production value/Look des Films?	Wie hoch war das Budget in €?	4.500.000	30.000.000	5.000.000	20.000.000	k.A.	k.A.	k.A.	50.000.000	k.A.	k.A.	21 von 23 Filmen haben Budget >3Mio, nur 2 Filme <3Mio. 22 Filme haben mittleren PV, 18 Filme hohen PV.

Jahr				2008				2007				2006		
ID-Nr.				11	12	13	14	15	16	17	18	19	20	
Untersuchungskategorie/Film	Fragestellung	Operationalisierung	Quelle	Keinohrhasen	Unsere Erde	Die Welle	Der Baader Meinhof Komplex	Die wilden Kerle 4	Lissi u.d.wilde Kaiser	Die wilden Hühner u.d.Liebe	Das Parfum	Deutschland ein Sommermärchen	7 Zwerge - d.Wald ist nicht genug	Erläuterung Ergebnis
		Budgetklassen: A: < 1Mio €, B: 1–3Mio €, C: 3–7Mio €, D: 7–12Mio €, E: >12Mio		C	E	C	E	A			E			
			Wie hoch war der production value (Hoher PV, Mittlerer PV, Geringer PV)?	imdb.pro / Mittlerer PV	imdb.pro / Hoher PV	imdb.pro / Mittlerer PV	imdb.pro / Hoher PV	imdb.pro / Mittlerer PV	imdb.pro / Mittlerer PV	imdb.pro / Mittlerer PV	imdb.pro / Hoher PV	imdb.pro / Mittlerer PV	imdb.pro / Hoher PV	
	8. Vertrieb • Wie groß war die Herausbringung des Films? • Welcher Verleih übernahm die Herausbringung?	Kopienzahl zum Kinostart:		491	147	279	550	706	790	480	700	584	813	A, B, C=0,D=4, E=3, F=6, G=12, H= 3, I=2, J= 8, K= 2 Filme. 22 x Constantin, 4x Warner, 2x UIP & Buena Vista, jeweils 1x die anderen Verleiher.
		Max. Kopienzahl:		639	431	463	594	720	790	523	823	721	824	
		Einteilung in Kopienklassen: A: 1–9, B: 10–49, C: 50–99, D: 100–199, E: 200–299, F: 300–399, G: 400–499, H: 500–599, I: 600–699, J: 700–799, K: >800		I	G	E	H	J	J	G	J	H	K	
		Name des Verleihs:		Warner	Universum	Constantin	Constantin	Disney	Constantin	Constantin	Constantin	Kinowelt	UIP	

	Jahr			2008					2007				2006		
ID-Nr.			11	12	13	14	15	16	17	18	19	20		
Untersuchungskategorie/Film	Fragestellung	Operationalisierung	Keinohrhasen	Unsere Erde	Die Welle	Der Baader Meinhof Komplex	Die wilden Kerle 4	Lissi u.d.wilde Kaiser	Die wilden Hühner u.d.Liebe	Das Parfum	Deutschland ein Sommermärchen	7 Zwerge– d.Wald ist nicht genug	Erläuterung Ergebnis
9. Resonanz	• Welche Nominierungen, Auszeichnungen, Filmpreise erhielt der Film vor Kinostart? • Auf welchen Festivals lief er vor Kinostart?	Nennung der Nominierungen, Auszeichnungen, Filmpreise und Festivals	0	San Sebastián Film Festival (22.09.2007), Vaduz Film Festival (14.07.2007), Athens Film Festival	Sundance Film Festival (18.01.2008)	0	0	0	0	0	0	0	nur 8 Filme erhielten vor Start Nominierung, Preis o.liefen auf Festival.
		Einspielergebnis [€]	40.272.116	22.478.659	15.245.589	17.562.337	11.476.492	13.683.810	4.824.531	38.863.407	23.836.703	19.801.640	
		Quelle	media.biz	media.biz	media.biz	media.biz	media.biz	media.biz	media.biz	media.biz	media.biz	media.biz	
		Gross [$]	60.500.000 (Non-USA)	117.001.863 (weltweit)	k.A.	16.576.270	16.400.000 (Non-USA)	k.A.	k.A.	77.208.939	k.A.	29.900.000 (Non-USA)	
		Quelle	imdb.pro	imdb.pro	imdb.pro	imdb.pro	imdb.pro	imdb.pro	imdb.pro	imdb.pro	imdb.pro	imdb.pro	

7.4.3 Die Matrix, Teil 1: 2005–2003

Untersu-chungskategorie/Film	Fragestellung	Operationalisierung	2005			2004				2003			Erläuterung Ergebnis
			21	22	23	24	25	26	27	28	29	30	
			Die weisse Massai	Die wilden Kerle 2	Barfuss	(T)raum-schiff Sur-prise	7 Zwerge-Männer allein im Wald	Der Untergang	Good Bye, Lenin!	Das Wunder von Bern	Luther	Das fliegende Klassenzimmer	
Kinostart D			15/9/05	17/2/05	31/3/05	22/7/04	28/10/04	16/9/04	13/2/03	16/10/03	30/10/03	16/1/03	
1. Thema & Story	Thema, Story, Genre, Ästhetik, • Welches Thema und welche Story behandelt der Film? • Worum geht es und wie wird erzählt (Erzählton)? • Welches Genre bedient der Film? • In welches Haupt- und welches Subgenre lässt sich der Film einteilen? Explizite Einordnung des Themas des Films	Genre (FFA)	Drama	Kinderfilm	Drama/ Komödie	Science-Fiction/ Komödie	Komödie (Märchen)	Drama (His-torienfilm)	Komödie	Drama	Drama (His-torienfilm)	Kinderfilm	Komödien (24, 60 %), Dramen (12, bzw.14, 30/35 %), Kinderfilme (10, 25 %), Thriller/ Horror o.Mystery (3/7.5 %), Zuschauer mögen primär gern realitätsnahe, geerdete Komödien mit Liebes-elementen.Dabei egal ob laute o.leise Komödie. Wichtig ist komödiantischer, heiterer Ton, der sich um Liebesgeschichten oder –elemente dreht. Gern gesehen sind auch infantilere Erzählweisen. (zu expliziten Filmthemen siehe Reinschrift: besonders Abenteuer- und Liebesgeschichten dominieren die Top 40, gefolgt von wahrer Freundschaft und Grenzüberschreitun-gen/ Unmögliches möglich machen)
		Genre (Media Control)	Drama	Kinderfilm	Komödie	Komödie	Komödie	Drama	Komödie	Drama	Drama	Kinderfilm	

Operationalisierung	21 Die weisse Massai (2005)	22 Die wilden Kerle 2 (2005)	23 Barfuss	24 (T)raumschiff Surprise (2004)	25 7 Zwerge-Männer allein im Wald (2004)	26 Der Untergang	27 Good Bye, Lenin!	28 Das Wunder von Bern (2003)	29 Luther (2003)	30 Das fliegende Klassenzimmer	Erläuterung Ergebnis
Genre nach Blothner & imdb	Drama/Abenteuerfilm/Liebesdrama/Biografie	Kinderfilm	Drama/Liebesdrama/Liebeskomödie	Komödie/Science-Fiction-Film	Komödie	Drama/History/Kriegsfilm/Biografie	Komödie	Drama/History/Biografie	Drama/History/Biografie	Kinderfilm	
Genre (imdb)	Drama/Romance	Comedy/Family/Sport	Comedy/Drama/Romance	Comedy/Sci-Fi	Comedy/Family	Biography/Drama/History/War	Comedy/Drama/Romance	Comedy/Drama/Sport	Biography/Drama/History	Family/Comedy	
Genre-Klan und Genrefamilie nach Thau (Basis Trailer-ansicht)	Vereinfachung der Wirklichkeit/Geburt einer Liebe	Vereinfachung der Wirklichkeit/Melodrama	Vereinfachung der Wirklichkeit/Geburt einer Liebe	Verspottung der Wirklichkeit/Komödie	Verspottung der Wirklichkeit/Komödie	Vereinfachung d.Wirklichkeit/Melodram o.Würdigung d.Wirklichkeit/Drama	Verspottung der Wirklichkeit/Komödie	Würdigung der Wirklichkeit/Drama	Vereinfachung d.Wirklichkeit/Melodram o.Würdigung d.Wirklichkeit/Drama	Verspottung der Wirklichkeit/Komödie	
Subgenres nach Thau (Basis Trailer-ansicht)	Abenteuerromanze	Kinderfilm	Romantische Komödie	Parodie, Sciencefiction-Komödie	Parodie, Fantasykomödie	Historischer Film, Historisches Epos, Kriegsdrama, Politisches Drama	Gesellschaftskomödie	Sportdrama	Historisches Epos, politisches Drama, Religiöses Drama,	Kinderfilm	
Gliederung nach Zielgruppe (IMDB & Eigeneinschätzung)	Frauen	Kinder	junge Leute	Comedyfans	Familie (IMDB)	geschichtlich Interessierte	geschichtl. Interessierte	Sportbegeisterte	geschichtl. Interessierte	Kinder	
Einteilung nach Erzählform (IMDB & Eigeneinschätzung)	Drama (IMDB)	Komödie (IMDB)	Komödie/Drama (IMDB)	Komödie (IMDB)	Komödie (IMDB)	Drama (IMDB)	Komödie/Drama (IMDB)	Komödie/Drama (IMDB)	Drama (IMDB)	Komödie (IMDB)	
Einteilung nach der Stimmung (IMDB)	Romanze (IMDB)		Romanze (IMDB)				Romanze (IMDB)				
Einteilung nach der Handlung (IMDB & Eigeneinschätzung)		Sport (IMDB)		Sci-Fi (IMDB)		Biographie Geschichte Krieg (IMDB)		Sport (IMDB)	Biographie Geschichte (IMDB)		

	Jahr	2005			2004				2003		
ID-Nr.		21	22	23	24	25	26	27	28	29	30
Untersuchungskategorie/Film	Fragestellung / Operationalisierung	Die weisse Massai	Die wilden Kerle 2	Barfuss	(T)Raumschiff Surprise	7 Zwerge- Männer allein im Wald	Der Untergang	Good Bye, Lenin!	Das Wunder von Bern	Luther	Das fliegende Klassenzimmer
	Erläuterung Ergebnis										
	Erzähltöne nach Thau (Basis Trailer-ansicht)	rührselig, schwärmerisch, leidenschaftlich, mutig, aufwühlend	mitreißend, mutig, streitlustig	heiter, witzig	spöttisch, respektlos, vertrottelt, verrückt, albern	heiter, lustig, witzig, spöttisch, liebenswürdig, leicht, spritzig	aufwühlend, eindringlich, ernst, angespannt, klaustrophobisch, unheilvoll	ironisch, nachdenklich, mitfühlend	mitreißend, eindringlich,	verstörend, mitreißend, eindringlich,	Mitreißend, heiter, witzig
	Erzähltöne (eigene Definition)	kitschig,	kindlich		kindlich	kindlich	verstörend, aufwühlend, düster	lustig,	kämpferisch,	schwülstig, übersteigert, dramatisch, kitschig,	kindlich
	Inhaltszusammenfassung (lt. Kino.de)	Bestsellerverfilmung mit Starbesetzung. Eine junge Schweizerin verliebt sich während eines Kenia-Urlaubs in einen Krieger der Samburu und zieht zu ihm.	Sequel des erfolgreichen Familien-Fußballmannschaft der wilden Kerle.	Romantische Komödie von und mit Til Schweiger über die ungewöhnliche Beziehung zwischen einer Selbstmordkandidatin und einem Versagertypen.	Bullys "Schuh des Manitu"-Nachfolgeprojekt lockt als "Star Trek"-Parodie mit Mr. Spuck, Schrotti und Captain Kork in die unendlichen Weiten des Weltalls.	Komödie um die mit bekannten Comedians besetzte berühmte "Männer-WG", sehr frei nach den Brüdern Grimm	Packendes, intensives Drama über den Untergang des Nazi-Regimes und die letzten Tage in Hitlers Führerbunker.	Komödie über eine sterbenskranke Sozialistin und die Illusion einer intakten DDR, die ihre Familie nach dem Mauerfall aufrecht zu halten versucht.	Warmherziger Familien-Fußball-Film um einen Jungen, der zwischen seinem Fußballer-Idol und dem aus der Kriegsgefangenschaft zurückgekehrten Vater steht	Starbesetztes Historienepos über das Leben Martin Luthers vom selbstzweiflerischen Mönch zum hartnäckigen Freigeist.	Frische Neuverfilmung des Kinderbuchklassikers von Erich Kästner über den widerspenstigen Schüler Jonathan und seine Internatsabenteuer.
	Trailer	http://www.kino.de/kinofilm/die-weisse-massai/64661	http://www.kino.de/kinofilm/die-wilden-kerle-2/83447	http://www.kino.de/kinofilm/barfuss/82076	http://www.kino.de/videofilm/videofilm/traumschiff-surprise-periode-1-dvd-leih/80695	http://www.kino.de/kinofilm/7-zwerge-allein-im-wald/74556	http://www.kino.de/kinofilm/der-untergang/74888	http://wwwkino.de/kinofilm/good-bye-lenin!/58913	http://www.kino.de/kinofilm/das-wunder-von-bern/59806	http://www.kino.de/kinofilm/luther/66126	http://www.kino.de/kinofilm/das-fliegende-klassenzimmer/64353

Jahr		2005			2004				2003			
Fragestellung:	Operationalisierung:	21	22	23	24	25	26	27	28	29	30	Erläuterung Ergebnis
ID-Nr.		Die weisse Massai	Die wilden Kerle 2	Barfuss	(T)Raumschiff Surprise	7 Zwerge – Männer allein im Wald	Der Untergang	Good Bye, Lenin!	Das Wunder von Bern	Luther	Das fliegende Klassenzimmer	
Untersuchungskategorie/Film	Filmthema nach Thau (Basis Trailer-ansicht)	sich anziehende Gegenteile, schicksalhafte Liebe, Geschlechterrollen, fremd in d.Umgebung, Beziehung unter Rassen, Weiße unter Farbigen	Erfolg ist die beste Rache, erste Liebe	Fremd in der Umgebung, Erste Liebe,	Raumfahrt, freundliche Außerirdische	Geschwister?, Frau in Gefahr, Zauberer und Magier	zwanghaftes Streben, totalitäre Staaten, Untergebene und Chefs, Aufstieg und Fall, große Schlachten, Ende der Welt, Frauen im Krieg	Vergangenheit holt einen ein	von ganz unten nach ganz oben, zu Hause aus dem Krieg	Heroisches Streben, Mission	Lehrer und Schüler, Mission	
	eigene Definition des Themas	Liebesbeziehung, culture clash, das Unmögliche möglich machen, Grenzüberschreitung, Abenteuer bestehen	Wettkampf, Sport, Kinder ganz groß, Abenteuer bestehen, Beginn einer Liebe, wahre Freundschaft	Liebesbeziehung, behinderung	Abenteuer bestehen, Kampf gegen das Böse	Kampf gegen das Böse, Abenteuer bestehen, wahre Freunde, mit Freunden alle Gefahren bestehen	Veranschaulichung von politischen/ gesellschaftlichen Missständen, Streben nach Macht (Machtmissbrauch), Grenzüberschreitung, Krieg, Gehorsam	Veranschaulichung von politischen/ gesellschaftlichen Missständen, Abenteuer bestehen, Grenzüberschreitung/ Unmögliches möglich machen	Sport, Wettkampf, Abenteuer bestehen, Kinder ganz groß, Unmögliches möglich machen, Krieg, Nachkriegsdeutschland	Religion, Glaube, Unmögliches möglich machen, Mission, Abenteuer bestehen, Streben nach Macht, politische gesellschaftliche Missstände	Schule, Kinder ganz groß, Freundschaft, Abenteuer bestehen, Mission	

		2005		2005		2004				2003		
Jahr												
ID-Nr.		21	22	23	24	25	26	27	28	29	30	
Untersuchungskategorie/Film		Die weisse Massai	Die wilden Kerle 2	Barfuss	(T)Raumschiff Surprise	7 Zwerge-Männer allein im Wald	Der Untergang	Good Bye, Lenin!	Das Wunder von Bern	Luther	Das fliegende Klassenzimmer	
Fragestellung:	Operationalisierung											Erläuterung Ergebnis
	eigene Definition											
	Logline	"Die weisse Massai" ist eine Abenteuerromanze, die in schwärmerischer und rührseliger Art von einer schicksalhaften Liebe zwischen Menschen aus völlig anderen Kulturen und Lebenskreisen: einer Europäerin und einem Schwarzafrikaner aus der Sicht der Frau erzählt. Im Trailer entsteht der Eindruck, daß die Liebe alle Schranken überwindet.	"Die wilden Kerle 2" ist ein Kinderfilm, der in mitreißender Art aus der Sicht einer Gruppe ca. 10 jähriger Jungen ihre Welt mit Fußball, Anschwärmen von Mädchen u.a. zeigt.	"Barfuss" ist eine romantische Komödie, die in heiterer Art ihren Witz aus dem Gegensatz zwischen der Naivität und Weltfremdheit der psychisch gestörten Leila und dem chaotischen Versager Nick, bezieht. Der lernt langsam, die Welt mit ihren Augen zu sehen.	"(T)RAUMSCHIFF SUR-PRISE – PERIODE 1" ist eine Parodie auf "Raumschiff Enterprise". In Comedy-Art wird in übersteigerter humoristischer Form von der Rettung der Erde vor den ehemaligen Kolonialisten durch die Raumschiffbesatzung, die u.a. bayrischen Dialekt spricht, teils schwul erscheint u.a., erzählt.	"7 Zwerge-Männer allein im Wald" ist ein Familienfilm, der als Parodie das Märchen "Schneewittchen und die 7 Zwerge" mit neuen Abenteuern zum Inhalt hat. Sehr witzig und heiter werden die Abenteuer der Zwerge im Stil großer Blockbuster-Mystikfilme (z.B. Herr der Ringe) und Abenteuerfilme präsentiert.	Der Untergang ist ein Film für ein erwachsenes Publikum, der vom Hauptgenre ein Drama ist, vom Subgenre ein Historienfilm ist. Vor dem Hintergrund eines realen zeithistorischen Ereignisses erzählt der Film aus der Perspektive der Sekretärin Hitlers vom Thema her vom zwanghaften Streben Hitlers und des Untergangs des NS-Regimes. Ein Film, der überwiegend aufwühlt, im Subton aber ernst und eindringlich ist	"Good Bye, Lenin!" ist eine humorvolle, ironische und liebenswürdige Gesell-schaftsko-mödie. Als Alex' Mutter wenige Monate nach dem Mauerfall aus dem Koma aufwacht, sieht sich Alex zur mentalen Schonung der Mutter gezwungen, die 79qm aufrecht-zuerhalten. Da die über-zeugte Genossin immer mehr fordert, gerät Daniel in einen nicht enden wollenden Strudel aus Anstrengungen und Verstrickungen.	"Das Wunder von Bern" ist ein warmherziges Sportdrama, das vor dem Hin-ter-grund der Fußballwelt-meisterschaft 1954 aus der persönlichen Sicht des 11jährigen Mattes, dessen Vater gerade aus der Kriegs-gefangen-schaft ge-kommen ist und die erst als Familie wieder zu-sammenfin-den müssen, zeigt, welches Wunder im Sport für jeden einzelnen steckt.	"Luther" ist ein Historien-epos, das in heroischer dramatischer Art die Geschichte der Reformation der katho-lischen Kirche in Deutsch-land erzählt	Das fliegende Klassen-zimmer ist ein turbulenter Kinderfilm nach der Vorlage von Kästner über den Problemschüler Jonathan, der als letzte Bewährungs-chance in den Thomanerchor aufgenommen wird. Mit seinen frisch-gebackenen Freun-den plant er die Inszenierung einer Space-Oper in bester Star-Trek-Tradition. Dazu müssen Auto-ritäten geöppt und externen Feinde in ihre Schranken verwiesen werden.	

ID-Nr. Untersuchungskategorie/Film	Operationalisierung	21	22	23	24	25	26	27	28	29	30	Erläuterung Ergebnis
Jahr		2005	2005	2005	2004	2004			2003	2003		
		Die weisse Massai	Die wilden Kerle 2	Barfuss	(T)Raumschiff Surprise	7 Zwerge Männer allein im Wald	Der Untergang	Good Bye, Lenin!	Das Wunder von Bern	Luther	Das fliegende Klassenzimmer	
2. Film ist aktuelles Gesprächsthema, Zeitgeist, am Puls der Zeit. Fragestellung: • Was ist das implizite Thema des Films, welches den Zeitgeist ausdrückt? • Wie stark liegt der Film damit am Puls der Zeit? • Wie hoch ist der Grad des allgemeinen öffentlichen Interesses an diesem Thema? • Ist der Film aktuelles Gesprächsthema? • Behandelt der Film somit ein Zeitgeistthema oder nicht? (Einordnung des impliziten Themas des Films)	A) Implizites Thema/ Zeitgeist thema	Neuanfang- Eskapismus- Rassen...	Fußball, Freundschaft, Zusammenhalt	Behinderung, Challenge, Gegensätze ziehen sich an	Parodien- Flucht aus der Wirklichkeit	Parodien- Flucht aus der Wirklichkeit	Drittes Reich, Aufarbeitung	DDR, Aufarbeitung	Stärkung des deutschen National-gefühls	Religionsfreiheit, katholische vs. Evangelische Kirche	Freundschaft	B) 18 Filme haben zeitgenössische, 13 Filme zeitlos/ unverortete u.9 Filme historische Themen. C) 22 Filme haben Thema mit öffentl.Interesse, 9 Filme lösen mittleres u.9 großes öffentl. Interesse aus. E) 8 Filme haben ein Thema des Zeitgeists, 32 sind zeitlos.
	B) Zeitliche Verortung (zeitgenössisch, historisch, zeitlos/ unverortet)	zeitgenössisch	zeitgenössisch	zeitgenössisch	zeitlos/ unverortet	zeitlos/ unverortet	historisch	historisch	historisch	historisch	zeitlos/ unverortet	
	C) Grad des allgemeinen öffentlichen Interesses an diesem Thema:						"Hitler sells"; Interesse hoch	permanent seit 1990	permanent		permanent	
	D) Einschätzung, ob Film aktuelles Gesprächsthema war: • kein/ geringes, mittleres oder großes Thema — 0- Neutral/ kein öffentl.Int., 1 mittleres Int., 2 großes Interesse	1	0	1	0	0	2	2	1	1	0	
		Facebook (8.000 "like it")		Facebook (25.000+ 6.000 "like it")	Facebook (17.000 "like it")		Facebook (12.000+ 12.000 "like it")	Facebook (50.000+5.000 "like it")	Facebook (7.000 "like it")	Facebook (24.000 "like it")		

			2005			2004				2003			
Jahr													
ID-Nr.			21	22	23	24	25	26	27	28	29	30	
Untersuchungskategorie/Film	Fragestellung	Operationalisierung	Die weisse Massai	Die wilden Kerle 2	Barfuss	(T)raumschiff Surprise	7 Zwerge-Männer allein im Wald	Der Untergang	Good Bye, Lenin!	Das Wunder von Bern	Luther	Das fliegende Klassenzimmer	Erläuterung Ergebnis
		E) Zeitgeistthema oder nicht? • univer-selles/ zeitloses, zeitgeistiges o.kein zeitgeistiges Thema	kein Zeitgeist	kein Zeitgeist	kein Zeitgeist	kein Zeitgeist	kein Zeitgeist	kein Zeitgeist	Zeitgeist	kein Zeitgeist	kein Zeitgeist	kein Zeitgeist	
3. Schauspieler	• Welche Hauptdarsteller spielen im Film mit?	Namentliche Nennung	Nina Hoss	Jimi Blue Ochsenknecht	Til Schweiger	Michael Bully Herbig	Otto Waalkes	Bruno Ganz	Daniel Brühl	Louis Klamroth	Joseph Fiennes	Ulrich Noethen	Die 192 zu vergebenden Hauptrollen wurden an 149 Schauspieler vergeben. Davon wurden 114 Schauspieler nur 1mal besetzt, 30 Schauspieler 2mal, 3 Schauspieler 3mal, 1 Schauspieler 4mal und 1 Schauspieler 5mal
	• In welche Marktwertkategorien lassen sich die Hauptdarsteller einordnen (A, B, C, D+)?	Starmeter (imdb)	10.011	14.164	1.734	1.788	5.473	1.742	6.376	86.906	739	16.600	
		Marktwert-kategorie (starmeter) des Schauspielers A: 1–20.000, B: 20.001–50.000, C: 50.001–100.000, D+: > 100.001, für Rolle 1–6	Jacky Ido	Wilson Gonzalez Ochsenknecht	Johanna Wokalek	Rick Kavanian	Mirco Nontschew	Alexandra Maria Lara	Katrin Saß	Peter Lohmeyer	Alfred Molina	Sebastian Koch	
			24.017	18.104	9.575	5.557	15.301	6.065	16.120	33.331	255	11.235	
			Katja Flint	Sarah Kim Gries	Nadja Tiller	Christian Tramitz	Boris Aljinovic	Corinna Harfouch	Chulpan Khamatova	Johanna Gastdorf	Jonathan Firth	Piet Klocke	
			19.254	27.520	28.054	6.213	11.142	10.334	14.332	395.109	3.157	45.124	
			Janek Rieke	Marlon Wessel	Michael Gwisdek	Til Schweiger	Martin Schneider	Ulrich Noethen	Maria Simon	Mirko Lang	Claire Cox		
			58.170	79.055	41.651	527	14.713	17.033	54.727	171.337	31.520		
				Raban Bieling	Steffen Wink	Anja Kling	Heinz Hönig	Juliane Köhler	Florian Lukas	Birthe Wolter	Sir Peter Ustinov		

Jahr			2005			2004				2003		
ID-Nr.		21	22	23	24	25	26	27	28	29	30	
Fragestellung	Operationalisierung	Die weisse Massai	Die wilden Kerle 2	Barfuss	(T)raumschiff Surprise	7 Zwerge-Männer allein im Wald	Der Untergang	Good Bye, Lenin!	Das Wunder von Bern	Luther	Das fliegende Klassenzimmer	Erläuterung Ergebnis
Untersuchungskategorie/Film												
			68.028	31.454	5.714	14.989	10.303	24.235	58.574	2.684		
			Kevin Ianotta	Alexandra Neldel		Cosma Shiva Hagen	Heino Ferch		Lucas Gregorowicz	Bruno Ganz		
			130.642	8.584		4.726	10.057		71.410	8.258		
	Website des Films	http://www.constantin-film.de/kino/die-weisse-massai/	http://pro.imdb.com/title/tt0418325/	http://www.barfuss-derfilm.com/index.php?action=show_site&id=108	http://www.constantin-film.de/kino/traumschiff-surprise-1/	http://pro.imdb.com/title/tt0382295/	http://www.constantin-film.de/kino/der-untergang/	http://www.good-bye-lenin.de/index2.php	http://www.daswundervonbern-derfilm.de/	http://pro.imdb.com/title/tt0309820/	http://www.kino.de/kino-film/das-fliegende-klassenzimmer/64353	
4. Vorlage	· Vorlage Ja/nein — Basiert der Film auf einer Vorlage/vorbestehendes Werk?	ja	ja	nein	ja	ja	ja	nein	ja	ja	ja	73 % aller Filme hatten Vorlage. Davon 55 % Buchvorlage, 28 % sequel, 17 % realer Bezug, 17 % spoof, 10 % remake, 3 % Hörspiel und 3 % Games. (Mehrfachnennungen möglich)
	· Sequel		sequel									
	· Buchvorlage	Buchvorlage	Buchvorlage				Buchvorlage				Buchvorlage	
	· Neuver-filmung											
	· Ableger (spin off)											
	· Comic											
	· Musical/Theaterstück											
	· Hörvorlage											
	· Realer Bezug/Ereignis						Realer Bezug		Realer Bezug	Realer Bezug		
	· spoof				spoof	spoof						
	· Andere Vorlage											
	Bemerkung											

ID-Nr. Untersuchungskategorie/Film	Fragestellung	Operationalisierung	Jahr 2005			2004			2003				Erläuterung Ergebnis
			21 Die weisse Massai	22 Die wilden Kerle 2	23 Barfuss	24 (T)raumschiff Surprise	25 7 Zwerg-Männer allein im Wald	26 Der Untergang	27 Good Bye, Lenin!	28 Das Wunder von Bern	29 Luther	30 Das fliegende Klassenzimmer	
5. Special Effects, Animation	Ist der Film ein Animationsfilm? Oder besticht er durch SFX?	Animation	nein	nein	nein	nein	nein	nein	nein	nein	nein	nein	37 Real-filme & 3 Animationen. Davon 68 % keine, 16 % mittlere, 14 % wenig und 3 % viel SFX auf. Weder SFX Animation, noch SFX waren somit wichtig für die Top 40-Filme. Keine Tendenz für Erfolg.
		SFX-Schauwert (0- keine, 1- wenig, 2- mittel, 3- viel)	0	0	0	2	1	1	0	2	2	0	
6. Regisseur	• Welcher Regisseur inszenierte den Film? • In welche Marktwertkategorie lässt sich der Regisseur einordnen (starmeter)?	Name	Hermine Huntgeburth	Joachim Masannek	Til Schweiger	Michael Herbig	Sven Unterwaldt	Oliver Hirschbiegel	Wolfgang Becker	Sönke Wortmann	Eric Till	Tomy Wigand	A-Regisseure: 29 (72,5 %), B: 8 (20 %), C: 3 (7,5 %). Für insg. 40 Filme wurden 28 Regisseure verpflichtet.
	• In welche Marktwertkategorie lässt sich der Regisseur einordnen?	Starmeter (imdb)	27.080 (19.09.2005)	55.263 (20.02.2005)	1.734 (03.04.2005)	1.788 (25.07.2004)	19.595 (31.10.2004)	4.875 (19.09.2004)	5.798 (16.02.2003)	4.750 (19.10.2003)	7.717 (02.11.2003)	4.824 (19.01.2003)	A-Regisseure: 29 (72,5 %) B-Regisseure: 8 (20 %) C-Regisseure: 3 (7,5 %)
		Marktwert-kategorie (starmeter): A: 1–20.000, B: 20.001–50.000, C: 50.001–100.000, D+: > 100.001	B	C	A	A	A	A	A	A	A	A	A-Regisseure: 29 B-Regisseure: 8 C-Regisseure: 3
7. Budget, production value, Look	• Wie hoch war das Budget des Films? • Wie hoch ist der production value/Look des Films?	Wie hoch war das Budget in €?	7.000.000	k.A.	4.700.000	9.000.000	k.A.	13.500.000	4.800.000 (imdb); 4.090.000 (8MioDM) lt. media.biz	7.300.000	21.000.000	k.A.	21 von 23 Filmen haben Budget >3Mio, nur 2 Filme <3Mio. 22 Filme haben mittleren PV, 18 Filme hohen PV.

			2005	2005	2005	2004	2004	2004	2003	2003	2003	2003	
ID-Nr.			21	22	23	24	25	26	27	28	29	30	
Untersuchungskategorie/Film	Fragestellung	Operationalisierung	Die weisse Massai	Die wilden Kerle 2	Barfuss	(Traum)schiff Surprise	7 Zwerge Männer allein im Wald	Der Untergang	Good Bye, Lenin!	Das Wunder von Bern	Luther	Das fliegende Klassenzimmer	Erläuterung Ergebnis
		Budgetklassen: A: < 1Mio €, B: 1-3Mio €, C: 3-7Mio €, D: 7-12Mio €, E: >12Mio	C		C	D		E	C	D	E		
		Quelle	imdb.pro	imdb.pro	imdb.pro	imdb.pro	imdb.pro	imdb.pro	imdb.pro /Mediabiz	imdb.pro	imdb.pro	imdb.pro	
		Wie hoch war der production value (Hoher PV, Mittlerer PV, Geringer PV)?	Hoher PV	Mittlerer PV	Mittlerer PV	Hoher PV	Hoher PV	Hoher PV	Mittlerer PV	Hoher PV	Hoher PV	Mittlerer PV	
	8. Vertrieb • Wie groß war die Herausbringung des Films? • Welcher Verleih übernahm die Herausbringung?	Kopienzahl zum Kinostart:	385	497	425	899	777	405	176	411	200	450	A, B, C=0,D=4, E=3, F=6, G=12, H=3, I=2, J=8, K=2 Filme. 22 x Constantin, 4x Warner, 2x UIP & Buena Vista, jeweils 1x die anderen Verleiher.
		Max. Kopienzahl: Einteilung in Kopienklassen: A: 1-9, B: 10-49, C: 50-99, D: 100-199, E: 200-299, F: 300-399, G: 400-499, H: 500-599, I: 600-699, J: 700-799, K: >800	561 F	510 G	495 G	980 K	830 J	667 G	606 D	644 G	419 E	587 G	
		Name des Verleihs:	Constantin	Buena Vista	Buena Vista	Constantin	UIP	Constantin	X-Verleih	Senator	Ottfilm	Constantin	

ID-Nr.	Jahr	2005				2004			2003			
Untersuchungs-kategorie/Film		21	22	23	24	25	26	27	28	29	30	
Fragestellung	Operationalisierung	Die weisse Massai	Die wilden Kerle 2	Barfuss	(T)Raumschiff Surprise	7 Zwerge-Männer allein im Wald	Der Untergang	Good Bye, Lenin!	Das Wunder von Bern	Luther	Das fliegende Klassenzimmer	Erläuterung Ergebnis
9. Resonanz												
• Welche Nominierungen, Auszeichnungen, Filmpreise erhielt der Film vor Kinostart? • Auf welchen Festivals lief er vor Kinostart?	Nennung der Nominierungen, Auszeichnungen, Filmpreise und Festivals	Toronto International Film Festival (14.09.2005)	0	0	0		Toronto International Film Festival (14.09.2004)	German Screenplay Award 2002 (7.2.2002); Capri European Film Award 2003;Flaiano Film Festival 2003; Berlinale 2003 Blauer Engel; Gilde-Filmpreis 2003 als bester dt. Film	0	Biberach Film Festival 2003 (30.10.03-2.11.03)	0	nur 8 Filme erhielten vor Start Nominierung, Preis o.liefen auf Festival.
	Einspielergebnis [€]	14.034.733	7.311.234	8.960.844	51.276.038	38.081.380	30.065.532	38.610.786	20.373.577	17.022.962	8.477.505	
	Quelle	media.biz	media.biz	media.biz	media.biz	media.biz	media.biz	media.biz	media.biz	media.biz	media.biz	
	Gross [$]	11.147.705 (Europe)	4.858.063 (Europe)	7.699.702 (Europe)	58.610.809 (Europe)	41.668.841 (Europe)	5.501.940 (USA)	4.063.859 (USA)	16.893.923 (Europe)	5.667.046 (USA)	4.227.074 (Europe)	
	Quelle	imdb.pro	imdb.pro	imdb.pro	imdb.pro	imdb.pro	imdb.pro	imdb.pro	imdb.pro	imdb.pro	imdb.pro	

7.4.4 Die Matrix, Teil 1: 2002–2000

	Jahr	2002			2001				2000			
ID-Nr.		31	32	33	34	35	36	37	38	39	40	
Untersuchungskategorie/Film	Operationalisierung	Bibi Blocksberg	Nirgendwo in Afrika	Knallharte Jungs	Der Schuh des Manitu	Fabelhafte Welt d.Amélie	Der kleine Eisbär	Mädchen Mädchen!	Anatomie	Harte Jungs	Crazy	Erläuterung Ergebnis
Fragestellung:												
Kinostart D		26/9/02	27/12/01	14/3/02	19/7/01	16/8/01	4/10/01	29/3/01	3/2/00	30/3/00	8/6/00	
1. Thema & Story Thema, Story, Genre, Ästhetik, • Welches Thema und welche Story behandelt der Film? • Worum geht es und wie wird erzählt (Erzählton)? • Welches Genre bedient der Film? • In welches Haupt- und welches Subgenre lässt sich der Film einteilen? Explizite Einordnung des Themas des Films	Genre (FFA)	Kinderfilm	Drama (Abenteuer)	Komödie	Westernkomödie	Großstadt-Märchen	Zeichentrick/ Kinder	Komödie	Thriller/ Horror	Komödie	Komödie (Drama)	Komödien (24, 60 %), Dramen (12, bzw.14, 30/35 %). Kinderfilme (10, 25 %), Thriller/ Horror o.Mystery (3,7,5 %). Zuschauer mögen primär gern realitätsnahe, geerdete Komödien mit Liebeselementen.Dabei egal ob laute oder leise Komödie. Wichtig ist komödiantischer, heiterer Ton, der sich um Liebesgeschichten oder –elemente dreht. Gern gesehen sind auch infantilere Erzählweisen. (zu expliziten Filmthemen siehe Reinschrift: besonders Abenteuer- und Liebesgeschichten dominieren die Top 40, gefolgt von wahrer Freundschaft und Grenzüberschreitungen/ Unmögliches möglich machen)
	Genre (Media Control)	Kinderfilm			Komödie		Kinderfilm	Komödie	Thriller	Komödie	Drama	
	Genre nach Blothner & imdb	Kinderfilm	Drama/ Abenteuerfilm/ Biografie	Komödie	Komödie/ Western	Drama/ Komödie/ Liebesdrama	Animationsfilm/ Kinderfilm/ Komödie	Komödie	Thriller/ Horrorfilm	Komödie	Drama	

Fragestellung / Untersuchungskategorie/Film	Operationalisierung:	31	32	33	34	35	36	37	38	39	40	Erläuterung Ergebnis
Jahr		2002	2002	2002	2002	2001	2001	2001	2001	2000	2000	
ID-Nr. / Film		Bibi Blocksberg	Nirgendwo in Afrika	Knallharte Jungs	Der Schuh des Manitu	Fabelhafte Welt d.Amelie	Der kleine Eisbär	Mädchen Mädchen!	Anatomie	Harte Jungs	Crazy	
	Genre (imdb)	Comedy / Family / Fantasy	Biography / Drama	Comedy	Comedy / Western	Comedy / Romance	Animation / Family / Adventure	Comedy	Horror / Thriller	Comedy	Drama	
	Genre-Klan und Genrefamilie nach Thau (Basis Trailer-ansicht)	Vereinfachung d. Wirklichkeit/ Andere Wesen & Welten o.Melodrama	Würdigung der Wirklichkeit/ Drama	Verspottung der Wirklichkeit/ Komödie	Verspottung der Wirklichkeit/ Komödie	Vereinfachung der Wirklichkeit/ Melodram	Vereinfachung der Wirklichkeit/ Andere Wesen und Welten oder Melodram	Verspottung der Wirklichkeit/ Komödie	Vereinfachung der Wirklichkeit/ Abenteuer und heldentaten	Verspottung der Wirklichkeit/ Komödie	Würdigung der Wirklichkeit/ Drama	
	Subgenres nach Thau (Trailer-ansicht)	Kinder-Fantasy, Fantasie-abenteuer, Kinderfilm	Politisches Drama, Kriegsdrama, Familiendrama	Sexkomödie	Parodie	Romantische Komödie	Kinder-Fantasy, Tierfilm, Fantasie-Abenteuer, Kinderfilm	Sexkomödie	Verbrechensthriller	Sexkomödie	Jugenddrama	
	Gliederung nach Zielgruppe (IMDB & Eigeneinschätzung)	Kinder	geschichtl. Interessierte/ Frauen	junge Leute	Comedy-fans	Frauen	Kinder	junge Leute	Krimifans	junge Leute	junge Leute	
	Einteilung nach Erzählform (IMDB & Eigeneinschätzung)	Komödie (IMDB)	Drama (IMDB)	Komödie (IMDB)	Komödie (IMDB)	Komödie (IMDB)	Kinderfilm (IMDB)	Komödie (IMDB)		Komödie (IMDB)	Drama (IMDB)	
	Einteilung nach der Stimmung (IMDB)					Romanze (IMDB)			Thriller / Horror (IMDB)			
	Einteilung nach der Handlung (IMDB & Eigeneinschätzung)	Fantasy (IMDB)	Biografie (IMDB)		Western (IMDB)		Abenteuer (IMDB)		Mysteryfilm			
	Erzähltöne nach Thau (Basis Trailer-ansicht)	mitreißend, witzig	rührselig, nachdenklich, eindringlich, wehmütig	witzig, heiter, herzlich, leicht, derb	schrullig, spöttisch, derb, albern	verträumt, schwärmerisch, heiter, nachdenklich, witzig	herzerwärmend, leicht, heiter, witzig	heiter, herzlich, leicht, witzig	verstörend, angespannt, gruselig, entsetzlich, verrückt, grausig	heiter, herzlich, leicht, derb, witzig	empfindsam, ernst, nachdenklich, leicht, witzig	

Jahr		2002			2001				2000			
ID-Nr.		31	32	33	34	35	36	37	38	39	40	Erläuterung Ergebnis
Untersuchungskategorie/Film		Bibi Blocksberg	Nirgendwo in Afrika	Knallharte Jungs	Der Schuh des Manitu	Fabelhafte Welt d.Amélie	Der kleine Eisbär	Mädchen Mädchen!	Anatomie	Harte Jungs	Crazy	
Fragestellung	Operationalisierung											
	Erzähltöne (eigene Definition)	spannend, kindlich	episch, schmutzig, kitschig.	mitfühlend	ironisch, lustig, kindlich		freundlich, spannend, lieb, kindlich		beklemmend	mitfühlend		
	Inhaltszusammenfassung (lt. Kino.de)	Realverfilmung des Kinderbestsellers, in deren Mittelpunkt das Duell zwischen Bibi und der bösen Hexe Rabia steht.	Nach dem autobiografischen Roman von Stefanie Zweig entstandenes Afrika-Epos über eine deutsche Familie, die sich 1938 in einer fremden Welt zurecht finden muss.	Fortsetzung des 2000er Comedy-Hits mit bewährten Fäkal-Humor und Wortwitz unter der Gürtellinie.	Westernparodie von Michael "Bully" Herbig um einen bayrischen Apachenhäuptling, seinen Trapperfreund und seinen schwulen Zwillingsbruder.	Romantisches, witziges, trickreiches, melancholisches und auch hintersinniges Kinomärchen.	Fantasievolle Verfilmung der Abenteuer des Eisbären Lars nach der Kinderbuchvorlage von Hans de Beer.	"Harte Jungs" aus weiblicher Sicht um drei Mädchen auf der Suche nach dem ersten Orgasmus.	Gnadenlos spannender Horror-thriller. Regisseur Stefan Ruzowitzky erweist sich mit der ersten Produktion der DCP Film-produktion als vielseitiger Filmemacher.	Einheimische Antwort auf "American Pie" über die aufkeimende Sexualität und erste Liebesnöte.	Verfilmung des autobiographischen Romans von Benjamin Lebert über das Leid des Erwachsenwerdens eines Internatschülers.	
	Trailer	http://www.kino.de/kinofilm/bibi-blocksberg/63029	http://www.kino.de/kinofilm/nirgendwo-in-afrika/54715	http://www.kino.de/kinofilm/knallharte-jungs/63030	http://www.kino.de/kinofilm/der-schuh-des-manitu/57361	http://www.kino.de/kinofilm/die-fabelhafte-welt-der-amelie/56263	http://www.kino.de/kinofilm/der-kleine-eisbaer/55428	http://www.kino.de/kinofilm/maedchen-maedchen/57174	http://www.moviepilot.de/movies/anatomie-3/trailer	http://www.kino.de/kinofilm/harte-jungs/53222	http://www.kino.de/kinofilm/crazy/53829	
	Filmthema nach Thau (Basis Trailer-ansicht)	Hexerei	fremd in der Umgebung, Dreiecksbeziehung, Weiße unter Farbigen	Sexuelles Erwachen, erste Liebe	Beziehung unter den Rassen,	Innenstadt-Melancholie, sexuelles Erwachen, das gibt's alles nur in deinem Kopf	wenn Tiere angreifen, gewagte Rettungen, Mission	Sexuelles Erwachen, erste Liebe	Ärzte und Patienten, Zeuge eines Verbrechens, Verrückter Wissenschaftler	Sexuelles Erwachen	Sexuelles Erwachen, Dreiecksbeziehung, Internatsleben, erste Liebe	

Jahr	ID-Nr.	Fragestellung: Untersuchungskategorie/Film	Operationalisierung: eigene Definition des Themas	eigene Definition Logline	Erläuterung Ergebnis
2002	31	Bibi Blocksberg	Kinder ganz groß, Kampf gegen das Böse, Mission, Abenteuer bestehen, Grenzüberschreitung/ Unmögliches möglich machen	"Bibi Blocksberg" ist ein Kinderfilm, der auf spannende Weise vom Kampf der guten Hexe Bibi gegen die böse Hexe Rabia zur Befreiung ihrer Eltern erzählt	
2002	32	Nirgendwo in Afrika	Culture clash, Liebesbeziehung, Abenteuer bestehen, Grenzüberschreitung/ Unmögliches möglich machen, Krieg	"Nirgendwo in Afrika" ist ein intensives gefühlsbetontes Drama nach einer Autobiographie, das im Spannungsbogen des Exils der Protagonisten in einer neuen Heimat -Afrika- angesiedelt ist. Es zeigt aus weiblicher Sicht die Schwierigkeit der Integration und eine Dreiecksbeziehung.	
2002	33	Knallharte Jungs	Sexuelles Erwachen, Liebesbeziehung, wahre Freundschaft, Abenteuer erleben	Diese Sexkomödie um die ersten sexuellen Probleme jugendlicher und lustiger Weise zeigt aus der Sicht junger Männer in derber witziger Art ihre Penisfixiertheit.	
2002	34	Der Schuh des Manitu	wahre Freunde, Western, Kampf gegen das Böse	Der "Schuh des Manitu" ist eine Westernparodie, die in ironischer Weise durch Verfremdung der Sprache (bayrisch, tuntig), Gestik und alberne Einlagen Indianerfilme wie Old Shutterhand parodiert.	
2001	35	Fabelhafte Welt d. Amelie	Liebesbeziehung, Erwachsen werden	Fabelhafte Welt der Amelie" ist ein Großstadt-Märchen, welches in leichter und verträumter Weise die teils romantische, teils tragische Geschichte einer jungen Frau in Paris erzählt. Ihre liebenswürdige Naivität aus und entführt den Zuschauer so in die Abenteuer ihrer ganz eigenen Welt.	
2001	36	Der kleine Eisbär	Abenteuer bestehen, wahre Freundschaft, Leben der Tiere/ Natur	Der kleine Eisbär ist ein Kinder-Zeichentrickfilm, der in freundlicher Art von dem kleinen Eisbären Lars erzählt, der mit seinen Freunden alle Gefahren besteht.	
2001	37	Mädchen Mädchen!	Sexuelles Erwachen, Liebesbeziehung, wahre Freundschaft	Mädchen Mädchen!" ist eine witzige Teen-Komödie, die sich um die Probleme der ersten weiblichen Sexualität dreht. Inken und ihre beiden Freundinnen begeben sich dazu auf ganz unterschiedliche Suche nach dem ersten Orgasmus.	
2001	38	Anatomie	Schule/ Universität, Unmögliches möglich machen/ Grenzüberschreitung, moralischer Zwiespalt	Anatomie ist ein Verbrechensthriller, der in spannender und beklemmender Art das um die mörderischen medizinischen Experimenten an der Heidelberger Universität. Als die Medizinstudentin Paula hinter die Machenschaften um menschliche Versuchsopfer kommt, muss sie um ihr Leben bangen.	
2000	39	Harte Jungs	Sexuelles Erwachen, Liebesbeziehung, wahre Freundschaft, Abenteuer erleben	Diese Komödie um das sexuelle Erwachen zeigt in heiterer Art das Spannungsfeld zwischen den eigenen sexuellen Fragen der jugendlichen, den Hemmungen der Erwachsenen und den ersten Einblicken in die Sexualität (Telefonsex, Sado-Maso, Striptease...)	
2000	40	Crazy	Schule, Behinderung, sexuelles Erwachen, Liebesbeziehung, wahre Freundschaft	Der Film zeigt als Drama in einfühlsamer Weise aber mit humorvollem Abstand die Spannungen, das Auf und Ab der Pubertät mit dem sexuellen Erwachen, den ersten Rivalitäten und der ersten zarten Liebe in einer Gruppe von Internatsschülern.	

ID-Nr.			2002			2001					2000		
Jahr			31	32	33	34	35	36	37	38	39	40	
Untersuchungskategorie/Film	Fragestellung:	Operationalisierung:	Bibi Blocksberg	Nirgendwo in Afrika	Knallharte Jungs	Der Schuh des Manitu	Fabelhafte Welt d.Amélie	Der kleine Eisbär	Mädchen Mädchen!	Anatomie	Harte Jungs	Crazy	Erläuterung Ergebnis
2. Film ist aktuelles Thema, Zeitgeist, am Puls der Zeit	• Was ist das implizite Thema des Films, welches den Zeitgeist ausdrückt? • Wie stark liegt der Film damit am Puls der Zeit? • Wie hoch ist der Grad des allgemeinen öffentlichen Interesses an diesem Thema? • Ist der Film aktuelles Gesprächsthema? • Behandelt der Film somit ein Zeitgeistthema oder nicht? (Einordnung des impliziten Themas des Films)	A) Implizites Thema / Zeitgeistthema	Über-natürliches, das Gute siegt	Neuanfang, Eskapismus, Rassen, Liebe	Sexuelle Befreiung, Pubertät	Parodien – Flucht aus der Wirklichkeit	Flucht in Traumwelten, Selbstfindung	Freundschaft	Sexuelle Befreiung, Liebe, Pubertät	Medizinethik, Menschenversuche, Wissenschaft	Sexuelle Befreiung, Pubertät	Erwachsen werden, Homosexualität	B) 18 Filme haben zeitgenössische, 13 Filme zeitlose/ unverortete u.9 Filme historische Themen, C) 22 Filme haben Thema mit öffentl. Interesse, 9 Filme lösen mittleres u.9 großes öffentl. Interesse aus, E) 8 Filme haben ein Thema des Zeitgeists, 32 sind zeitlos.
		B) Zeitliche Verortung (zeitgenössisch, historisch, zeitlos/ unverortet)	zeitlos/ unverortet	historisch	zeitgenössisch	zeitlos/ unverortet	zeitlos/ unverortet	zeitlos/ unverortet	zeitgenössisch	zeitgenössisch	zeitgenössisch	zeitgenössisch	
		C) Grad des allgemeinen öffentlichen Interesses an diesem Thema:	permanent	permanent	permanent	permanent	in gesellschaftlichen Schichten, die mit der Realität nicht klar kommen; hohe Arbeitslosigkeit (Frankreich)	permanent	permanent	permanent	permanent	permanent	
		0- Neutral/ kein öffentl.Int., 1 mittleres Int., 2 großes Interesse	0	0	0	0	0	0	0	1	0	1	

ID-Nr.			31	32	33	34	35	36	37	38	39	40	
Jahr			2002	2002	2002	2001	2001	2001	2000	2000	2000	2000	
Untersuchungskategorie/Film	Fragestellung	Operationalisierung	Bibi Blocksberg	Nirgendwo in Afrika	Knallharte Jungs	Der Schuh des Manitu	Fabelhafte Welt d.Amélie	Der kleine Eisbär	Mädchen Mädchen!	Anatomie	Harte Jungs	Crazy	Erläuterung Ergebnis
		D) Einschätzung, ob Film aktuelles Gesprächsthema war: • kein/ geringes, mittleres oder großes Thema		Facebook (2.000 "like it")	Facebook (1.400 "like it")	Facebook (31.000+ 6.000 "like it")	Facebook (91.000 "like it")		Facebook (5.200 "like it")	Facebook (1.700 "like it")	Facebook (1.000 "like it")		
		E) Zeitgeistthema oder nicht? • univer-selles/ zeitloses, zeit-geistiges o.kein zeitgeistiges Thema	kein Zeitgeist	kein Zeitgeist	kein Zeitgeist	kein Zeitgeist	kein Zeitgeist	kein Zeitgeist	kein Zeitgeist	kein Zeitgeist	kein Zeitgeist	kein Zeitgeist	
3. Schauspieler	• Welche Hauptdarsteller spielen im Film mit? • In welche Marktwert-kategorien lassen sich die Hauptdarsteller einordnen (A, B, C, D+)?	Namentliche Nennung	Sidonie von Krosigk	Juliane Köhler	Tobias Schenke	Michael Bully Herbig	Audrey Tautou	kein	Diana Amft	Franka Potente	Tobias Schenke	Robert Stadlober	Die 192 zu vergebenden Hauptrollen wurden an 149 Schauspieler vergeben. Davon wurden 114 Schauspieler nur 1mal besetzt, 30 Schauspieler 2mal, 3 Schauspieler 3mal, 1 Schauspieler 4mal und 1 Schauspieler 5mal
		Starmeter (imdb)	8.142	16.982	8.412	3.207	2.106		8.240	549	3.836	4.438	
		Marktwert-kategorie (starmeter) des Schauspielers A: 1–20.000, B: 20.001–50.000, C: 50.001–100.000, D+:> 100.001, für Rolle 1–6	Maximilian Befort	Merab Ninidze	Axel Stein	Christian Tramitz	Mathieu Kassovitz	kein	Felicitas Woll	Benno Fürmann	Axel Stein	Tom Schilling	
			31.113	32.831	10.603	7.814	1.279		14.045	113.249	20.207	2.938	
			Katja Riemann	Matthias Habich	Diana Amft	Sky du Mont	Rufus		Karoline Herfurth	Anna Loos	Luise Helm	Oona-Devi Liebich	
			5.817	23.779	6.312	3.158	7.780		16.271	17.500	6.894	12.763	
			Corinna Harfouch	Sidede Onyulo	Rebecca Mosselman	Marie Bäumer	Lorella Cravotta		Andreas Christ	Sebastian Blomberg	Nicky Kantor	Julia Hummer	
			10.253	76.024	30.141	3.844	37.494		43.271	20.185	121.453	8.535	

ID-Nr. Untersuchungskategorie/Film		31	32	33	34	35	36	37	38	39	40	Erläuterung Ergebnis
Jahr		2002	2002	2002	2001	2001	2001		2000	2000	2000	
Fragestellung	Operationalisierung	Bibi Blocksberg	Nirgendwo in Afrika	Knallharte Jungs	Der Schuh des Manitu	Fabelhafte Welt d.Amélie	Der kleine Eisbär	Mädchen Mädchen!	Anatomie	Harte Jungs	Crazy	
		Ulrich Noethen	Karoline Eckertz		Hilmi Sözer	Claire Maurier		Max Richter	Holger Speckhahn			
		17.614	41.272		12.802	14.662		102.227	111.220			
			Lea Kurka		Rick Kavanian	Isabelle Nanty		Frederic Welter				
			36.521		9.060	14.673		87.200				
	Website des Films	http://pro.imdb.com/title/tt0321436/	http://www.constantin-film.de/kino/nirgendwo-in-afrika/	http://www.constantin-film.de/kino/knallharte-jungs/	http://www.constantin-film.de/kino/der-schuh-des-manitu/	http://www.die-fabelhafte-welt-der-amelie.de/setup.htm		http://www.constantin-film.de/kino/maedchen-maedchen/	http://claussen-woelke-putz.de/film-archiv-details.php?film=Film-Archiv/Anatomie_1.php	http://www.constantin-film.de/kino/harte-jungs/	http://www.constantin-film.de/kino/crazy/	
4. Vorlage Basiert der Film auf einer Vorlage/ vorbestehendes Werk?	• Vorlage Ja/ nein	ja	ja	ja	ja	nein	ja	nein	nein	ja	ja	73 % aller Filme hatten Vorlage. Davon 55 % Buchvorlage, 28 % sequel, 17 % realer Bezug, 17 % spoof, 10 % remake, 3 % Hörspiel und 3 % Games. (Mehrfachnennungen möglich)
	• Sequel			sequel								
	• Buchvorlage		Buchvorlage	Buchvorlage			Buchvorlage			Buchvorlage	Buchvorlage	
	• Neuverfilmung											
	• Ableger (spin off)											
	• Comic											
	• Musical/ Theaterstück											
	• Hörspiel	Hörspiel										
	• Realer Bezug/ Ereignis											
	• spoof				spoof							
	• Andere Vorlage											
	Bemerkung											

Untersuchungskategorie/Film	Fragestellung	Operationalisierung	2002			2001					2000		Erläuterung Ergebnis
ID-Nr.			31	32	33	34	35	36	37	38	39	40	
			Bibi Blocksberg	Nirgendwo in Afrika	Knallharte Jungs	Der Schuh des Manitu	Fabelhafte Welt d.Amélie	Der kleine Eisbär	Mädchen Mädchen!	Anatomie	Harte Jungs	Crazy	
5. Special Effects, Animation	Ist der Film ein Animationsfilm? Oder besticht er durch SFX?	Animation	nein	nein	nein	nein	nein	ja	nein	nein	nein	nein	37 Real-filme & 3 Animationen. Davon 68 % keine, 16 % mittlere, 14 % wenig und 3 % viel SFX auf. Weder Animation, noch SFX waren somit wichtig für die Top 40-Filme. Keine Tendenz für Erfolg.
		SFX-Schauwert (0- keine, 1- wenig, 2- mittel, 3- viel)	2	0	0	0	0	0	0	0	0	0	
6. Regisseur	• Welcher Regisseur inszenierte den Film? • In welche Marktwertkategorie lässt sich der Regisseur einordnen (starmeter)?	Name	Hermine Huntgeburth	Caroline Link	Granz Henman	Michael Herbig	Jean-Pierre Jeunet	Piet De Rycker, Thilo Rothkirch	Dennis Gansel	Stefan Ruzowitzky	Marc Rothemund	Hans-Christian Schmid	A-Regisseure: 29 (72,5 %), B: 8 (20 %), C: 3 (7,5 %). Für insg. 40 Filme wurden 28 Regisseure verpflichtet.
	• In welche Marktwertkategorie lässt sich der Regisseur einordnen?	Starmeter (imdb)	21.612 (29.09.2002)	10.731 (30.12.2001)	24.443 (17.03.2002)	3.207 (15.07.2001)	1.171 (19.08.2001)	Rycker: 93.474 (07.10.2001), Rothkirch: 45.447 (07.10.2001)	12.117 (01.04.2001)	7.410 (06.02.2000)	18.483 (02.04.2000)	8.305 (11.06.2000)	A-Regisseure: 29 (72,5 %) B-Regisseure: 8 (20 % C-Regisseure: 3 (7,5 %)
		Marktwert-kategorie (starmeter): A: 1–20.000, B: 20.001–50.000, C: 50.001–100.000, D+: > 100.001	B	A	B	A	A	B	A	A	A	A	A-Regisseure: 29 B-Regisseure: 8 C-Regisseure: 3
7. Budget, production value, Look	• Wie hoch war das Budget des Films? • Wie hoch ist der production value/Look des Films?	Wie hoch war das Budget in €?	6.000.000 lt. imdb / 5,5 Mio lt. mediabiz	7.000.000	k.A.	7.000.000 DM= 3.579.000 €	77.000.000 FRF= 11.704.000 €	k.A.	k.A.	8.400.000 DM= 4.294.850 €	k.A.	k.A.	21 von 23 Filmen haben Budget >3Mio, nur 2 Filme <3Mio. 22 Filme haben mittleren PV, 18 Filme hohen PV.

Jahr		2002				2001			2000			
ID-Nr. Untersuchungskategorie/Film		31 Bibi Blocksberg	32 Nirgendwo in Afrika	33 Knallharte Jungs	34 Der Schuh des Manitu	35 Fabelhafte Welt d.Amélie	36 Der kleine Eisbär	37 Mädchen Mädchen!	38 Anatomie	39 Harte Jungs	40 Crazy	
Fragestellung:	**Operationalisierung:**											**Erläuterung Ergebnis**
	Budgetklassen: A: < 1Mio €, B: 1-3Mio €, C: 3-7Mio €, D: 7-12Mio €, E: >12Mio	C	E		C	D			C			
	Quelle	imdb.pro	imdb.pro	imdb.pro	imdb.pro	imdb.pro	imdb.pro	imdb.pro	imdb.pro	imdb.pro	imdb.pro	
	Wie hoch war der production value (Hoher PV, Mittlerer PV, Geringer PV)?	Hoher PV	Hoher PV	Mittlerer PV	Hoher PV	Hoher PV	Mittlerer PV	Mittlerer PV	Mittlerer PV	Mittlerer PV	Mittlerer PV	
8. Vertrieb • Wie groß war die Herausbringung des Films? • Welcher Verleih übernahm die Herausbringung?	Kopienzahl zum Kinostart:	600	224	444	549	156	477	333	386	450	300	
	Max. Kopienzahl:	636	229	444	671	287	543	522	454	585	410	
	Einteilung in Kopienklassen: A:1-9, B:10-49, C:50-99, D:100-199, E:200-299, F:300-399, G:400-499, H:500-599, I:600-699, J:700-799, K:>800	I	E	G	H	E	G	F	F	G	F	A, B, C=0,D=4, E=3, F=6, G=12, H=3, I=2, J=8, K=2 Filme. 22 x Constantin, 4x Warner, 2x UIP & Buena Vista, jeweils 1x die anderen Verleiher.
	Name des Verleihs:	Constantin	Constantin	Constantin	Constantin	Prokino	Warner	Constantin	Columbia Tristar	Constantin	Constantin	

			2002			2001				2000		
Jahr												
ID-Nr.			31	32	33	34	35	36	37	38	39	40
Untersuchungskategorie/Film			Bibi Blocksberg	Nirgendwo in Afrika	Knallharte Jungs	Der Schuh des Manitu	Fabelhafte Welt d.Amélie	Der kleine Eisbär	Mädchen Mädchen!	Anatomie	Harte Jungs	Crazy
Fragestellung	Operationalisierung	Erläuterung Ergebnis										
9. Resonanz	• Welche Nominierungen, Auszeichnungen, Filmpreise erhielt der Film vor Kinostart? • Auf welchen Festivals lief er vor Kinostart?	Nennung der Nominierungen, Auszeichnungen, Filmpreise und Festivals	nur 8 Filme erhielten vor Start Nominierung, Preis o.liefen auf Festival.	0	0	0	0	Karlovy Vary International Film Festival (06.07.2001), Edinburgh Film Festival (12.08.2001), Academy Awards 2002, USA 2002 nominated, American Cinema Editors 2002 nominated, USA	0	0	0	0	Emden International Film Festival 2000(31.5. bis 7.6.2000)
				http://www.gameshop.de/community/forum/specials/kinocharts_2851/kinochart-tipps-we-27-30-12-2001_19035/?p=1								
	Einspielergebnis [€]		9.913.385	9.494.495	5.795.032	64.886.516	18.303.755	12.146.830	9.851.462	11.474.444		7.901.407
	Quelle		media.biz	media.biz	media.biz	media.biz	media.biz	media.biz	media.biz	media.biz	media.biz	media.biz
	Gross [$]		6.812.150 (Europe)	6.173.485 (USA)	2.995.262 (Europe)	$1.849.062 (Europe)	152.101.661 (Worldwide)	7.290.619 (Europe)	k.A.	$5.725 (USA)	k.A.	k.A.
	Quelle		imdb.pro	imdb.pro	imdb.pro	imdb.pro	imdb.pro	imdb.pro	imdb.pro	imdb.pro	imdb.pro	imdb.pro

Babelsberger Schriften zur Mediendramaturgie und -Ästhetik

Herausgegeben von Kerstin Stutterheim

Band 1   Kerstin Stutterheim / Silke Kaiser: Handbuch der Filmdramaturgie. Das Bauchgefühl und seine Ursachen. 2., überarbeitete und erweiterte Auflage. 2011.

Band 2   Kerstin Stutterheim (Hrsg.): Studien zum postmodernen Kino. David Lynchs *Inland Empire* und Bennett Millers *Capote*. 2011.

Band 3   Tore Vagn Lid: Gegenseitige Verfremdungen. Theater als kritischer Erfahrungsraum im Stoffwechsel zwischen Bühne und Musik. 2011.

Band 4   Kerstin Stutterheim: Handbuch Angewandter Dramaturgie. Vom Geheimnis des filmischen Erzählens. Film, TV und Games. 2015.

Medienästhetik und Mediennutzung. Media Production & Media Aesthetics

Herausgegeben von Kerstin Stutterheim und Martina Schuegraf

Band 5   Gerd Naumann: Filmsynchronisation in Deutschland bis 1955. 2016.

Band 6   Mahelia Hannemann: Accept Diversity! Accept Equality? Eine analytische Untersuchung des Anspruchs und der Realität von Gleichstellung in der Filmindustrie mit Hinblick auf die Funktion des internationalen Filmfestivals Berlinale. 2016.

Band 7   Franziska An der Gassen: Der Deutsche Erfolgsfilm. Determinanten erfolgreicher Kinofilme und Typisierung eines „Deutschen Geschmacks" im Kontext zuschauerrelevanter Kriterien der Filmauswahl. 2019.

www.peterlang.com

www.ingramcontent.com/pod-product-compliance
Lightning Source LLC
Chambersburg PA
CBHW061627220326
41598CB00026BA/3907

* 9 7 8 3 6 3 1 7 6 8 2 4 2 *